# 国際貿易 グローバル化と政策の経済分析

John McLaren International Trade

ジョン・マクラレン 著

柳瀬 明彦 訳

文眞堂

エラ，ケナン，アレヴ，そしてもちろん，ママへ

# 著者について

ジョン・マクラレンの研究は，国際貿易，開発，産業組織，政治経済の分野に及び，*American Economic Review*，*Quarterly Journal of Economics*，*Review of Economic Studies* およびその他の様々なジャーナルに発表されている。彼は1992年にプリンストンで博士号を取得し，2000年からバージニア大学で教鞭を執っている。彼はまたプリンストン，イェール，コロンビア，メリーランド大学，そして最も遠い所ではウズベキスタンのタシケントにある世界経済外交大学でも教鞭を執ったことがある。

# はしがき

## アプローチ

　これは，学部，MBA，および行政学修士課程用の国際経済学の教科書だ。2〜3週のマクロ経済学トピックを含む国際経済学の1学期コースまたは国際貿易に特化したコースにふさわしい。このテキストは，学部生がそうした授業で学ぶはずの従来の理論をすべてカバーしているが，その提示の仕方は全く違っている。国際貿易の標準的なコースでは，一連のモデル——リカード・モデル，特殊要素，ヘクシャー＝オリーン，その他いくつか——を提示し，各理論モデルについてひとつないしそれ以上の政策的な問題への適用や実証的なエビデンス（科学的根拠）の議論を行う。この定評のある方法は，特に意欲の高い学生にはかなりうまく機能するものの，長い間教えていて気づいた2つの重大な欠点を抱えている。

・やる気を失って，**理論の吸収**に苦労する。なぜなら，モデルの**有用性**が学生の心に根付く前に，モデルをよく理解する上で必要な多くの専門的で詳細な点を経てモチベーションを維持することは，たいていの学生にとって難しいからだ。

・**理論の応用**に弱い。なぜなら，学生たちは「理論」と「政策」を2つの異なるトピックと考える傾向があるからだ。両者は互いに参照しあうものの，重要な形で相互に依存するものではない，と。しばしば，現実問題への応用は囲み欄に表示されるが，学生はそれを重要ではなく，試験に出る可能性が低いものだと認識する。実際，学生は理論で苦労した後，政策論争の議論中にいくらか活気づく傾向があるものの，一般的に両者を強く結びつけることはできないことが分かった。コースの最後に，学生たちに実世界の貿易政策を分析させる短い

記述式の課題を出したとき，理論モデルをまあまあよく理解している学生でさえ，実世界の問題を分析する際にそれらの理論を使用しないことが分かった。別の言い方をすれば，経済理論を**使える**ことは単に経済理論を**理解する**こととは異なる能力であり，私たちの経済学の授業はこのスキルを教えることを目指すべきだ。

このテキストでは，**逆向きの**手法と呼ぶものを使用している。つまり，各トピックの**冒頭**で現実世界の政策問題を紹介し，主要な事実と背景を提示し，その問題が重要である理由を学生たちに示し，政策問題へのある程度の感情的投資を行う。次に，その疑問に対する，ある解答または別の解答を提唱する人が行うひとつないし複数の重要な議論を提示し，**その後**，強調したい特定の議論について解説する過程において，**その議論を理解するために必要な理論モデルを提示する**。このようにして，理論モデルは現実世界への探索とは別物ではなく，最初から世界を理解するための**道具**として提示され，学生たちは理論モデルを重要な現実世界の疑問に対する可能な解決策として正しく理解する。

この手法をバージニア大学でのコースで使い始めてから，学生たちの授業への取り組みが大幅に改善していることを発見した（そして，私自身も楽しんでいる）。それぞれの主要な理論的アイデアは，現実世界からの鮮やかな疑問によって動機付けられる。例えば，リカードのモデルは，一般に各国が貿易を行う理由についての理論としてではなく，「ナイジェリアは食料の自給自足を追求すべきか？」という疑問に対する答えの一部として紹介している。ナイジェリア政府は，長年にわたって食料自給を明確な目標として掲げてきた。実際，1980 年代には，それを達成するためのステップとしてコメの輸入を禁止した。場合によってはこの種の政策に賛成する議論もあるが，経済学者はこれを有益な政策としては圧倒的に拒否している。なぜなら，それはその国が比較優位に基づいた特化の恩恵にあずかることを否定しているからだ。リカードのモデルは，その議論を可能な限り明確に行い，貿易の利益から生じる高所得のため国は食料自給率を放棄することで食料消費を増やすかもしれないという，多くの非経済学者にとって驚くべき観察を含んでいる。このように，リカードのモデルは不運にも文字通り生死に関わる重大問題になり，単なる抽象的な課題である場合よりも学生にとって非常に興味深いものになっている。

## 扱っている範囲

　本書は独特の体裁をとっていて，目次には理論的なトピックではなく一連の現実世界の政策問題が示されているが，この教科書は，標準的な国際貿易のテキストに含まれる**理論モデルをすべて含んで**おり，それらは**分析上の厳密さを完全に持った形**で提示されている。結果として，本書を変装した従来の貿易理論の教科書と解釈する人もいるだろうが，私は本書の貢献がそれ以上であることを望んでいる。各章でどのモデルが説明されているかを示す２つの表を添付しておいた。「理論ガイド」には，主要な理論のアイデアに関する簡単なリストが，各理論の章の位置とともに示され，「理論の内容に対する詳細なガイド付きの章リスト」には，各章における理論の内容が示されている。

## 専門性のレベル

　本書の専門性のレベルは中程度である。微積分は使わないが，多くのモデルでは，２つの未知数を持つ連立１次方程式の同時解法を伴い，また多くのかなり複雑な図が幾何学的に分析される。重要なミクロ経済学の道具は使う前に定義するので，授業の前提条件としては経済原論のみで十分だが，学生がすでに中級のミクロ経済学を履修済みの場合，彼らはその知識を最大限に活用できるだろう。モデルの分析はかなり詳細だが，動機付けの例に基づいて各章を構成することで，学生たちは詳細な均衡分析をやり遂げる意欲が高まることが分かった。その意味で，各章の最初に述べる実際の題材と，章の大部分を構成する理論的に精巧な分析は，代替するものではなく補完するものとして見なされるべきである。

## 追加的な特色

　本書の追加的ないくつかの特色について，言及しておきたい。

(i)　**実証分析による課題**。実際のデータに関するスプレッドシートを使用して簡単な演習を行うことにより，学生は現実のグローバル化について多くのことを

学ぶことができる。グローバル化について学ぶことができ，またあらゆる仕事で役立つ計量分析の技能を磨くことができるので，学生たちはこの特色を高く評価していることが分かった。例えば，第1章には，様々な国の貿易量，GDP，および国別・年別の人口に関する世界銀行のデータから作った簡素なスプレッドシートがある。章末問題では，時間の経過に伴う開放度の傾向と，国ごとのパターン（裕福な国や大きい国が貧しい国や小さい国よりも開放度が高いかどうかなど）の両方を明らかにすることを学生に求めている。第3章の産業内貿易に関する題材では，章末問題は，学生に国を選択し，その国と米国との貿易における（産業間ではなく）産業内貿易の割合を計算して，それが高い場合はなぜ高いのか，低い場合はなぜ低いのかを推測することを求めている。この計算は，その章で与えられた式を使って，スプレッドシートで簡単に行うことができる。

(ii) **スプレッドシートでの理論の演習**。いくつかの問題は，完全な数学的分析が大変な代数計算を伴うものがあり，それらについてはスプレッドシートの操作によって数学的な洞察のかなりの部分を得ることができる。これについては，貿易理論のためのスプレッドシートの教育学的使用に関するベリー大学のソウマヤ・トハミーとJ・ウィルソン・ミクソン Jr. の研究からいくらかインスピレーションを得た。第7章での最適関税や第3章でのメリッツ・タイプのモデルの生産性効果に関する学生の宿題用の問題は，この方法で設定されている。

(iii) **貿易モデルの系統図**。現実世界の貿易は複雑だ。米国とカナダ間の貿易は，米国とナイジェリア間の貿易とは似ても似つかない。衣料品部門などの競争産業における輸出自主規制の効果は，自動車部門などの寡占産業における効果とは大きく異なる。このため，私たちはこの世界を分析するために非常に異なるモデルの品揃えを必要としている。学生たちはこうした様々なモデルに面食らってしまうので，私は「貿易モデルの系統図」と名づけた図でそれらを整理した。これは，コース内のすべての理論を一目で要約した単一の図であり，結果としてコース資料をナビゲートするための地図として機能する。それは3つの枝から成っており，それぞれの枝は国際貿易の3つの主要な理由（比較優位，規模に関する収穫逓増，そして不完全競争）を示しているが，これはウィ

ルフレッド・イーシアによる洞察力に富んだ，そして私が思うに過小評価されている教科書で展開されたのと同様だ。私はコースの最初にこの系統図を見せ，3つの主要な枝に注目させる。そして授業では各トピックの最後にその図を再び見せて，どの枝について学んだかを示す。本書の各章の最後に，それまで見てきた系統図の部分を「私たちはどこにいるのか」という見出しの下に再現している。そうして，学生はコースにおける別々のモデルがどのようにつなぎ合わされるかが常にわかる。完全な系統図は，便宜を図るため本書の最後に再現されている。

(iv) **上級レベルの理論的トピック**。本書には，メリッツ・モデルの簡略化された説明，オフショアリングに関するフィーンストラ＝ハンソン・モデルとグロスマン＝ロッシ・ハンスバーグ・モデルの両方，共謀促進的取引慣行としての輸出自主規制（VER）に関するカラ・クリシュナの理論，そしてバグウェルとステイガーによる世界貿易機関に関する理論的研究やコープランドとテイラーによる汚染に関する理論的研究におけるアイデアについての単純化された均衡分析が収められている。最後の章では，本書の前半で展開した国際貿易モデルに基づいた，国際通貨均衡の単純なキャッシュ・イン・アドバンス・モデルを扱っている。こうしたトピックの集まりは，このレベルのテキストではほとんど扱われていないと思う。

## 理論ガイド：重要な理論が配置されている章

リカード・モデル：第2章
特殊要素モデル：第5章
ヘクシャー＝オリーン・モデル：第6章
寡占モデル：第4章
規模に関する収穫逓増モデル——内部的：第3章
規模に関する収穫逓増モデル——外部的：第9章
独占的競争：第3章
異質的企業：第3章
完全競争の下での関税と割当：第7章

寡占の下での関税と割当：第 10 章

幼稚産業保護：第 9 章

貿易創出と貿易転換：第 15 章

異時点間貿易と貿易不均衡：第 16 章

為替レートの決定：第 17 章

# 理論の内容に対する詳細なガイド付きの章リスト

I．グローバル化の原動力

| | |
|---|---|
| 1．グローバル化の第二の波 | グローバル化の重要な事実を歴史的な文脈で示し，貿易が行われる 3 つの主な理由を紹介する。つまり，その後の 3 つの章で取り上げる 3 つの主要な貿易理論の背後にある考え方を紹介する。 |
| 2．ナイジェリアは食料自給を目指すべきか？ | リカード・モデルおよび貿易の理由としての比較優位を説明する。 |
| 3．アメリカ人はなぜ自分たちのインパラをカナダから買うのか？ | 貿易の源泉としての規模に関する収穫逓増を提示する。外国市場への供給に関する輸出 vs. 直接投資（FDI）モデル，独占的競争の貿易モデル，メリッツ・モデルの直観的な説明について。 |
| 4．貿易と大企業：コダック vs 富士 | 寡占の貿易モデルを取り上げ，寡占それ自体がいかにして貿易の発生要因になるか，また寡占企業がいかにして敗者となり消費者が受益者となるかを示す。相互ダンピングのブランダー＝クルグマン・モデル，クールノー・モデルとベルトラン・モデルについて。 |

II．世界経済における政治と政策

| | |
|---|---|
| 5．なぜ北部は関税を求め，南部は目の敵にしたのか？ | 特殊要素モデルを紹介する。 |
| 6．自由貿易はアメリカの労働者に対する搾取か？ | ヘクシャー＝オリーン・モデルを取り上げ，それとともに貿易と賃金の論争に関する実証的根拠を述べる。 |
| 7．なぜ政府は私たちに砂糖を輸入してほしくないのか？ | 比較優位モデルにおける関税と割当の分析を紹介する。交易条件動機と利益団体動機について。VER の議論への拡張について。 |
| 8．WTO とは何者で，イルカに対してどんな仕打ちをしているのか？ | 保護主義の囚人のジレンマ的性質と多国間協調の論拠について。偽装された保護主義および貿易政策と環境政策の共通点について。 |
| 9．第三世界の政府は成長を促進するために関税を使うべきか？ | 外部的な規模の経済が存在する経済における関税と，幼稚産業保護について。 |

| | |
|---|---|
| 10. ロナルド・レーガンは日本の自動車メーカーにカモにされたのか？ | 寡占モデルでは VER がどれほど根本的に異なる効果を持ちうるかを示す。日本企業が 1980 年代に VER の恩恵を受けたという科学的証拠を検証し，これがベルトラン寡占でどのように発生するかを示す。（カラ・クリシュナによる「共謀促進的取引慣行」としての VER 理論の簡略版。）より一般的な戦略的貿易政策への拡張や，寡占の下での輸出補助金と輸入関税について。 |

**Ⅲ．最近の論点**

| | |
|---|---|
| 11. iPod はアメリカ人の労働者によって作られるべきか？ | オフショアリングに関するフィーンストラ＝ハンソン・モデルとグロスマン＝ロッシ・ハンスバーグ・モデルについて。実証的根拠も検討する。 |
| 12. 国境にフェンスを建てるべきだろうか？ | 第 5 章と第 6 章のモデルがいかに移民についての異なる議論を解明するかを示す。実証的根拠も検討する。 |
| 13. 貿易と環境：グローバル化は環境に優しいか？ | グローバル化が環境を悪化させるという「汚染逃避地」の議論と，グローバル化が環境に良いというヘクシャー＝オリーン・モデルに基づくアントワイラー＝コープランド＝テイラーの議論を概観する。第 6 章のモデルに汚染と汚染規制を追加する。 |
| 14. ブラック工場と児童労働：グローバル化と人権 | バス＝ヴァン・タイプの児童労働を第 5 章のモデルに追加し，エドモンズやパブニック，トポロバのアプローチと実証結果を理解する。グローバル化と人権に関するその他の問題について，あまり厳密ではない形で議論する。 |
| 15. NAFTA は貧困者に対する裏切りか，それとも繁栄への道か？ | 貿易創出，貿易転換，そして米国とメキシコの家計に対する NAFTA の効果について。第 6 章，第 7 章，第 11 章のモデルを応用する。 |

**Ⅳ．グローバル化のマクロ経済学的側面**

| | |
|---|---|
| 16. 貿易赤字は時限爆弾か？ | 異時点間貿易および貿易不均衡が起こりうる理由について。米国の貿易赤字に関する最近の見解に対する批判的検討。 |
| 17. 貿易と為替レート：人民元は悪者か？ | 無限期間キャッシュ・イン・アドバンス・モデルに基づく為替レートの均衡モデルについて。中国が為替操作を通じて不当な利益を得ているという主張を批判的に評価する。 |

## 追加的なリソース

**手引き用ウェブサイト**　本テキスト専用のウェブサイト http://bcs.wiley.com/he-bcs/Books?action=index&itemId=0470408790&bcsId=7861 （教員用）および http://bcs.wiley.com/he-bcs/Books?action=index&itemId=0470408790&bcsId=8051 （学生用）には，以下に述べる教育用・学習用のリソースが含まれている。

**教員用マニュアル**　本テキストの各章の価値を高める有益なリソースとして，各章の要旨，教え方，おすすめの関連文献，そしてすべての章末問題の解答を含んでいる。

**テストの貯蔵所**　それぞれの章について，難易度別に多肢選択式の問題や短答式の問題を揃えている。

**講義スライド**　各章の図や大まかな内容に関するスライドを手引き用ウェブサイトで提供しており，閲覧およびパソコンへのダウンロードが可能だ。

**追加の質問や問題**　各章に掲載されたものと同様の追加的な質問や問題を，さらなる演習や成績評価のために提供している。

**学生の練習用クイズ**　各章についてだいたい 10 個の多肢選択式の問題を揃えており，各学生の理解度を判断する助けとなる。

**エクセルのスプレッドシート**　手引き用ウェブサイトにあるエクセルのスプレッドシートを用いて解くことができる，選り抜きの問題を用意している。


# 謝　辞

　本書の個別の箇所について，非常に多くの同僚たちから支援や助言をいただいたので，それらすべてについて個別にお礼を述べることはできない。エルハン・アルトゥチ，ピーター・ドゥベーレ，メアリー・ラヴリー，アリク・レヴィンソン，ジョヴァンニ・ペリが，その一部に含まれる。以前の大学院のティーチングアシスタントであるフェリペ・ベングリア，シュシャニック・ハコビヤン，ジフン・ホンは，初期段階の本書を素晴らしいものへと方向付けてくれた。学生たちにも感謝している。様々な機会における彼らの反応は，テキストの改善につながった。章の草稿を読んで詳細なコメントを提供してくれた査読者たちは，本書を大きく改善してくれた。彼らの名は，匿名のままにすることを望んだ人々も含めて，以下にリストアップされている。ワイリー社のチームは大いに助けてくれた。全員に感謝したい。ジェニファー・マニアス，フリーノ・プロダクションのジャニーヌ・フリーノ，そしてエリノア・ワグナーは特に，本書をまとめるために私と密接に協力してくれた。最後に，本書の作成中，本当にいろいろ我慢してくれた私の家族に感謝したい。皆に心から感謝する。

# 査 読 者

マノジ・アトリア（フロリダ州立大学）

ニコラ・ボッリ（ボストン大学）

ジョセフ・ブラダ（アリゾナ州立大学）

アディプ・チャウドゥリ（ジョージタウン大学）

ジョセフ・ダニエルズ（マーケット大学）

スマイル・デュベ（カリフォルニア州立大学サクラメント校）

エリック・M.エルダー（アーカンソー大学）

エリック・フィッシャー（カリフォルニア州立工科大学）

デヴィッド・ギャラゴズルー（カリフォルニア州立大学サクラメント校）

エイミー・グラス（テキサス A&M 大学）

キショール・G.クルカルニ（メトロポリタン州立大学デンバー）

フレディー・リー（カリフォルニア州立大学ロサンゼルス校）

アンソニー・リマ（カリフォルニア州立大学イーストベイ校）

クリストファー・マギー（バックネル大学）

キース・マローン（ノースアラバマ大学）

マイケル・A.マクファーソン（ノーステキサス大学）

ウシャ・ナイエ＝ライカート（ジョージア工科大学）

ニーナ・パヴニック（ダートマス大学）

スニール・サプラ（カリフォルニア州立大学ロサンゼルス校）

チャーリー・ターナー（オールドドミニオン大学）

チョン・ウク・キム（ソノマ州立大学）

ケビン・ザン（イリノイ州立大学）

# 概略版目次

# 目　次

# グローバル化の第二の波

Michael Wells/fStop/Getty Images, Inc.

標準化されたコンテナーが積まれた貨物船。コンテナー輸送は 1960 年代以降,海上輸送に革命をもたらした。

　フェニキア人が横帆式の船を開発し地中海全域で貿易を行うようになったとき，それがグローバル化だった。ヨーロッパの探検家がアメリカ大陸にたどり着き，大西洋を横断する貿易航路を開拓したとき，それがグローバル化だった。大西洋の下に引いたケーブルを通じて初の電信メッセージがやり取りされたとき，それがグローバル化だった。グローバル化，それは国家間の経済的相互作用の拡大を促進するもの全般として定義され，非常に長い間続いているものだ。それは国境を越えた財やサービスの売買を容易にするすべてのことを伴う。例えば，ある国の企業が生産設備を他の国に建設すること，投資家が他の国で発行された証券に投資すること，ある国の労働者が雇用を求めて他の国へ移動すること，などだ。

　本書はグローバル化の経済分析の入門書である。本書は，グローバル化によって何が起き，世界経済に関して私たちはどんな政策を政府に要求するべきか，という疑問を追究する上で役立つ多くの分析道具を提示する。本章では歴史上の主要なグローバル化の動きを概観し，グローバル化のカテゴリーやグローバル化の主な理由について分析する。本章はまた，本書の残りの章に関する概要としての役割も果たしている。

## 1.1　第一波

　歴史学者は大昔にグローバル化が起きていたという説に反対するが，一般庶民の生活に劇的な変化をもたらした急速なグローバル化の第一波は19世紀に起きていた，と強く主張できる。経済史学者であるオルークとウィリアムソン（O'Rourke and Williamson 2002）は，第一波は1820年代に起きたと主張した。これは驚くべき結論だ。なぜなら，国際間の取引費用に対して最も大きな効果があると期待された2つの重大な発展，つまり蒸気船の台頭とスエズ運河の開通は，19世紀末まで起きなかったからだ。ちなみに，これら蒸気船とスエズ運河は，船がアフリカ最南端の喜望峰を通らずに地中海からアジアまで航行することを可能にした。オルークとウィリアムソンは，19世紀の極めて初期に，世界経済を実質的にさらに統合させた何かが起きたことを示唆し，2つの重要な科学的証拠を示した。ひとつは輸送費用に対する直接的な証拠で，もうひとつは製品価格に関する間接的な証拠である。

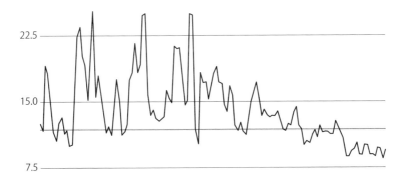

出典：Harley（1988），表9および Mitchell（1962），p. 469 および pp. 471-2。

**図1.1　1741〜1872年におけるイギリスの石炭輸出の輸送費**

　輸送費用に関しては，Harley（1988）のデータに基づいた図1.1が，その期間における貨物運賃の変化の程度を示している。その曲線は，1741〜1872年の期間におけるイギリスの都市タインから輸出先までの石炭の輸送費用指数を1トンあたり1800シリングで表している[1]。水平なグレーの線は1800年の運賃を示したものである。1820年代以前は事実上どの年も運賃が1800年のレベルを上回り，平均では遥かに上回っていたのに対し，1820年代以降は事実上どの年も1800年のレベルを下回り，平均では遥かに下回っていることに注目してほしい。この図は，1820年代には炭鉱の輸出がかなり容易になったということを示している。

　製品価格に関しては，科学的証拠の一例を図1.2に再現している。この図は

---

1　運賃指数は，Harley（1988）の表9に示された4つの石炭輸送の系列について単純平均をとったものである。それらは1741〜1823年については Mitchell（1962）の p. 469，1800〜1872年については pp. 471-472 に示された消費者物価指数でデフレートされ，重複する年について単純平均をとって1800年に同じ価格になるように調整されている。

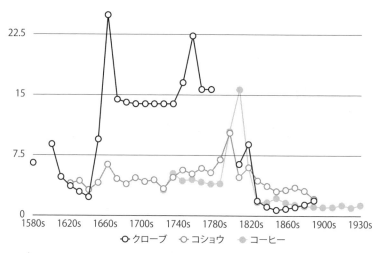

出典：O'Rourke and Williamson (2002). データは著者から提供。

**図 1.2　1580〜1939 年におけるスパイスとコーヒーのマークアップ：アムステルダム vs 東南アジア**

1580〜1939 年における，クローブ（チョウジ），黒コショウ，コーヒー——いずれも東南アジアからヨーロッパへと輸出された一次産品だ——について，アムステルダムの消費者が支払った価格と東南アジアの供給者が受け取った価格との比率を示したものだ。例えば，1660 年代のある時点では，アムステルダムの消費者はクローブ 1 ポンドに対して東南アジアの市場で購入できる同量のクローブの約 25 倍の値段を支払う必要があった。これらの比率は 1820 年代以降，劇的に下がった。クローブについて言えば，この時期に仕向地価格と原産地価格との比率はおよそ 2 にまで急激に下がった。この証拠は，19 世紀前半には世界中で一次産品の輸出がかなり容易になったことを示唆している——そんな訳で，国際貿易統計だけでなく一般庶民の生活も大きく影響を受けるようになった（例えば，市場では高すぎて購入できなかったヨーロッパの人々もクローブが手に入るようになった）。

　したがって，輸送費用に関する直接的な証拠と，各国間の製品価格の収束に関する間接的な証拠から，グローバル化の波は 19 世紀，特に 1820 年代頃に発生したことが示唆されており，その規模は一般庶民の生活に影響を及ぼすのに十分な

ものであった。

## 1.2　第二波

　しかし，グローバル化の第一波は長くは続かなかった。20世紀初頭に相次い
で保護主義政策が実施されたからだ。20世紀の最初の数十年間で，その後の数
十年の間に急速に削減されるまで，国際貿易への障壁が急速に増加した。図1.3
はこの期間における米国の**関税**の増減を描くことで，このことを示している。関
税とは輸入品にかかる税金のことで，図1.3で示されている「平均関税」とは，
ある年における米国への輸入品に課された関税からの総収入を総輸入額で割った
ものである。図における濃い時系列線は課税対象の輸入品，つまり課税が課され
た製品カテゴリーに対する関税収入の割合を示しており，薄い時系列線は非課税
品も含んだすべての輸入品に対する関税収入の割合で示している。関税について
は後の章，特に第6，7，10章で詳しく議論するが，ここでは高い関税が貿易を
減らすということだけを述べておこう。

　図1.3が示すように，米国の関税は20世紀初頭に急上昇したが，その後徐々

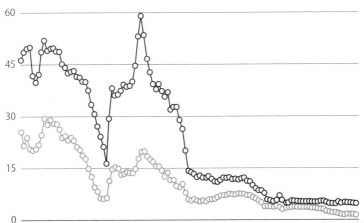

出典：米国国際貿易委員会（USITC）（2006）。

**図1.3　1891～2005年における米国の平均関税**

に下がっていった。1930 年のスムート・ホーリー法（第 8 章を参照）の下で高い値となってから 1960 年まで，米国の平均関税は 4 分の 3 低下し，その後さらに 3 分の 2 低下した。同様の図は，他の先進国の関税データからも描けるだろう。これらの関税の削減は，関税と貿易に関する一般協定（General Agreement on Tariffs and Trade：GATT）や世界貿易機関（World Trade Organization：WTO）を通じた国際協調の結果である。GATT や WTO は世界経済の展望における重要な特色を形成するもので，詳細については第 8 章で論じる。

　20 世紀後半における著しい関税引き下げや政府が課すその他の貿易障壁の削減は，**自由化**の一例である。一般的に，自由化とは政府によって課された国際取引への障壁におけるあらゆる削減を意味する。

　関税削減の他に，20 世紀後半にグローバル化を推し進めた主要な要因は，輸送技術の進歩である。これによって国際輸送費が激減したのだ。フンメルス（Hummels 2007）は世界中の輸送費の傾向に関する研究をサーベイしている。海上輸送における主要な革新は，**コンテナー輸送**の結果起こった。コンテナー輸送とは鉄道やトラック，船のすべてで利用できるように出荷用コンテナーを標準化するシステムで，それによってひとつの企業が貨物を梱包し，一度もコンテナーを開けることなく，トラックで鉄道まで運び，列車で港まで輸送し，船で世界の裏側まで運び，そして目的地まで鉄道やトラックで輸送できるようになった。コンテナー輸送は 1960 年代に米国で発祥し，1970 年代に世界中で広まった。コンテナー輸送は効率性には相当な効果があったものの，燃料価格が高騰したこともあり，貨物運賃の継続的な削減にはいたらなかった（Hummels 2007, pp. 140-145）。燃料価格の重要性は後の 1.3 節で述べるように，将来のグローバル化を考える上で留意すべき問題である。しかし，航空輸送においては，特にジェットエンジンの導入によって，運賃は下落した。トン・キロメートル当たりの平均航空輸送費は，1955〜2004 年において 90％以上も下落**した**（Hummels 2007, p. 138）。総じて，グローバル化を推し進めた要因としては 20 世紀後半の関税削減が輸送費用の削減よりも重要だったと言えるだろう。1958 年の米国の平均輸送費は平均関税の半分だったが，世紀末までには平均関税の 3 倍になっていた（Hummels 2007, p. 136）[2]。より最近では，インターネットの登場によっ

---

2　この基本的なメッセージは，アンダーソンとヴァン・ウィンクープ（Anderson and van Wincoop ↗

てもたらされた取引費用の削減は，財とサービスの両方の貿易にとって重要であると思われる（Freund and Weinhold 2002, 2004）。

　この貿易関税と輸送費の下落は，国境を越えた資本や人の移動に対する障壁の削減とともに，世界経済の統合を劇的に促進する結果となった。この統合について，複数の方法で見ていこう。まず，国際貿易が急増したことが挙げられる。図1.4をよく見てみよう。この図では長期間における米国の輸入額と輸出額

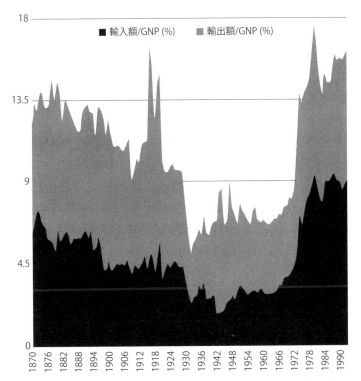

出典：Mitchell, B. R. (1998), *International Historical Statistics: The Americas, 1750–1993*, New York, NY: Macmillan Reference.

**図 1.4　1870〜1993 年における米国の貿易額（GNP に対するパーセンテージ）**

2004）によって強調されている。彼らは，貿易パターンを検討することによって，貿易費用の大きさと性質を分析した。ひとつの教訓は，たとえ関税やその他の政府による貿易障壁が非常に低い国の間でも，貿易費用は未だ十分大きいということだ。それに加えて，物理的に近いことは今なお貿易フローの重要な決定要因となっている。これらの考察は，たとえ関税が基本的に消滅したとしても，輸送費用が依然として国際貿易において非常に重要であることを示唆する。

を，米国の国民総生産（GNP）に対する割合として描いている。この図におい
て，上のグレーの部分の高さがその時点における米国の輸出額の対 GNP 比で，
黒の部分の高さが米国の輸入額の対 GNP 比である。その両方を足した高さが輸
出入額の合計の対 GNP 比で，しばしばその国の「開放度」のひとつの指標とし
て使用される。例えば，1958 年における米国の輸出額は GNP の 3.9%，輸入額
は GNP の 2.9%，開放度は 6.8%だった。この期間を通じて，図は明確な U 字型
を示している。20 世紀初めには，ほとんどの年において総貿易額（輸入額と輸
出額の合計）は GNP の 10～12%にのぼり，少しの例外を除けば貿易額は非常に
大きかった。20 世紀初期の保護主義政策の結果，貿易額は急激に減少し，1932
年には 5%まで下がった。1970 年代まで貿易額は実のところ回復せず，それ以降
GNP 比に対する貿易額は，過去のどの期間も持続しなかったレベルにまで急増
した。

　20 世紀後半に急に起きたグローバル化の 2 つ目の視点は，資本移動にある。
一方で，投資家はひとつの企業につきあまり多くの持ち株を持つことなく，外国
企業の株式や外国の証券を買うことができる。別の言い方をすると，彼らは海外
**証券投資**を行う。その一方で，投資家や企業が外国企業の経営の支配権を購入し
たり[3]，あるいは実際に他の国で生産設備を建設したり拡大したりする場合，そ
の投資は**海外直接投資**（foreign direct investment：FDI）といわれる。米国を
例にとると，**対内直接投資**は，外国人が米国の生産的な企業を買収したり，米国
で工場を建設あるいは拡大する場合に発生し，**対外直接投資**は，アメリカ人が外
国で同様のことをする場合に発生する。FDI は今までと比べて世界経済のかな
り大きな部分を占めるようになってきている。いくつかの実際のデータを引用す
ると，ボルドとアーウィンとアイケングリーン（Bordo, Irwin and Eichengreen
1999）は，1914 年における米国の対外累積 FDI ストックは米国の GNP の約 7%
で，1929～1930 年でもやはり 7%であり，1960 年には 6%へと少し下落したが，
1996 年までに 20%に急増したことを報告している。つまり，対外直接投資は 20
世紀の最後の数十年間で急速に増加したのだ。同様に，米国における外国資本ス
トックは 1914 年，1929～1930 年，そして 1960 年はそれぞれ GDP の 3～4%，

---

　3　直接投資に関して使われる定義は，使う人によって実に異なる。例えば，米国政府の経済分析局
　は，海外直接投資の定義において 10%の所有権を閾値として用いている。

1%，そして1%だったのが，1996年までに16%に跳ね上がった。明らかに，海外にある米国資本と米国にある外国資本の両方が，それまでよりも米国経済においてより大きな役割を果たしていると言える。

　グローバル化の躍進を象徴する3つ目の点は，世界労働市場の統合である。雇用主は業務遂行のために外国人労働者を雇うことができる。**オフショアリング**として知られている方法である（アウトソーシングと呼ばれることもあるが，この言葉には他の用法もあるため，紛らわしい用語だ）。あるいは，外国人労働者は，一時的な移住であれば出稼ぎ労働者として，永久移住なら移民として，雇用主がいる国に来ることができる。労働市場の統合に関するこれらの形態はすべて，20世紀後半に増加した。図1.5でこれらの傾向を見ることができる。この図は米国の国勢調査のデータを使って作成されており，1世紀半の間の米国人口における（合法あるいは不法入国した）外国生まれの労働者の割合を示したものである。米国は移民によって開拓された国であるから，19世紀における外国生まれの人の割合が14%を超えるような極めて高い水準であっても驚くことはない。20世紀初期に移民制限が行われてからその割合は下落し，1970年には4%にま

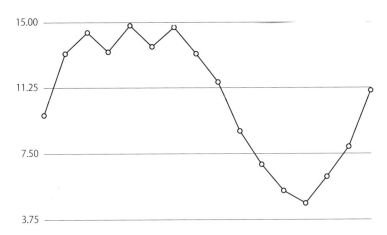

出典：Gibson and Lennon（1999）および Malone et al.（2003）。

図1.5　1850〜1990年における米国の人口に占める外国生まれの比率

で下がったが，20世紀最後の30年間で，外国生まれの人の割合は再び急増し，2003年までに12％近くという高い水準になった。

今までの議論を要約すると，これまでグローバル化の2つの大きな波があった。グローバル化とはつまり，財，サービス，あるいは生産要素の国際取引を促進する経済環境の変化として定義されるものだ。第一波は19世紀に起き，それは蒸気輸送の発生やスエズ運河の開通，大西洋横断ケーブルなどの技術革新の結果であった。この波は，グローバル化に対する政策的な障害，例えば関税障壁や移民制限などによって20世紀初頭に中断された。各国政府はようやくそれらの障壁を緩和し，20世紀の最後の30年間にはグローバル化の第二波が起こることとなった。

統合の進展は，いくつかのカテゴリーに分けられる。まず，世界の財市場のより大きな統合は，貿易量の増加をもたらす。次に，労働市場のさらなる統合はオフショアリングや出稼ぎ労働者あるいは移民の増加という形で現れる。金融市場の統合は海外証券投資の増加そのものを示し，資本市場の統合はより一般的にFDIの増加を示すこととなる。これら世界経済の統合拡大の形態はすべて，特に1970年代以降，目に見えた形で示されている。

## 1.3 危機，石油ピーク，海賊——そして脱グローバル化？

2009年の第1四半期に，世界経済が大規模な停滞に陥ったことに伴い，世界貿易は驚くべきことに30％も減少した。この世界貿易の突然の崩壊によって，大量のコンテナ船が「幽霊船」の状態で待機させられることとなった。その総数は米国と英国の全艦船の総数よりも多く，客を待ちながら空っぽのままシンガポール沿岸で係留していた（Parry 2009）。不況の規模を考えると，この凋落は一般的なマクロ経済の変動に対する貿易の反応の域を超えるものではないが（Freund 2009），歴史的傾向から考えると，グローバル化における将来の長期的傾向がどうなるか，また数十年にわたる国際的な統合への傾向が覆るのかという疑問が生じる。以下では，これらの疑問への答えを決めるのに重要となりうる要因をいくつか挙げよう。

1. **貿易の変動はもっと激しくなるかもしれない。**フロイント（Freund

2009）は，世界貿易のフローは常にマクロ経済の変動と相関してきたが，ますますこうした変動から影響を受けやすくなっているようだと述べている。これは生産のグローバル化が進み，各製品の生産ネットワークが複数の国に渡ってますます拡大しているためかもしれない──このトピックは第 11 章で詳細に議論する。製造業者が好況期に製品をより多くオフショアし，不況期に外国人労働力を減らすとしたら，その結果として総需要ショックが貿易フローに与える影響は拡大されるだろう。例えば，シャツの生産者が好況期において需要を充たすだけの生産をできず，国外のサプライヤーに余分のシャツの生産を発注したとしよう。後に不況になったとき，その生産者は国内生産の需要に見合うように，その発注を取りやめることとなる。

2．**石油ピーク**。海上輸送費に対する石油の影響力については，既に論じた（Hummels 2007）。世界の石油生産が，一部の観測筋が信じるように既にピークを迎えているとしたら，燃料費は無情にも上昇傾向になっていき，世界貿易にマイナスの影響を与えるだろう。

3．**海賊行為**。ソマリアの政治的崩壊は，重武装の集団が東アフリカ海岸を横行し，船を乗っ取ろうと取り囲み，積み荷を盗んだり，乗組員に乱暴したりするという新たな問題を引き起こした。この問題によって，この地域の海上輸送費が大幅に値上がりした（分析については Murphy（2009）を参照）。一般的に，海上輸送を狙った犯罪者は**海賊**と呼ばれるが，海賊行為が悪化し続ければ，それは間違いなくグローバル化の勢いを削ぐことになり得る。

4．**保護主義の新たな台頭？**　1929 年の危機的局面と，その後の数年で保護主義政策が急速に進んだことについては既に述べた。研究者の中には近年の経済的な問題が今日においても同様の影響を与え得ると懸念している者もいる。ヨーロッパの経済政策研究センター（CEPR）が後援している経済学者グループは，保護主義化の可能性を監視するためのプログラムを立ち上げ，世界貿易警報と呼ばれる定期報告書を発行して，保護貿易主義の急激な高まりを注意深く観察し続けている。これらの警報はウェブサイト www.voxeu.org で見ることができる。

5．**地球温暖化**。地球温暖化の潜在的で壊滅的な影響への懸念が高まるのに伴い，世界中の政府は化石燃料の使用により一層厳しい制限や税金を課すようになるだろう。世界中の貨物輸送は集中的に化石燃料を使用するため（上述

の2点目を思い出してほしい），結果として生じる燃料価格の上昇は世界貿易の足を引っ張ることになり得る。

グローバル化の第二波が，第一波がかつてそうであったように勢いがなくなっていくかどうかは，時とともに分かるだろう。

## 1.4　そこに働いている力

グローバル化が取り得る様々な形態について，時間を通じた盛衰とともに論じてきた。このことはすべて，次の疑問に繋がっていく。こうした国際的な経済活動はなぜ起きるのか？　自然による障壁や政策的な障壁が取り払われたら，自国のモノを売買しようと国外に目を向けるのに何か特別な理由があるだろうか？　なぜ貿易するのか？　なぜ海外投資を行って企業を設立するのか？　なぜ仕事をオフショアするのか？　なぜ移民するのか？　別の言い方をすれば，これらの大きな経済的変化を起こす原動力とは何だろうか？　さらに言えば，これらすべてのグローバル化の効果は何であろうか？　それは人類にとって良いものなのか，あるいは悪いものなのか？　政府はグローバル化を認めるべきか，停滞させるべきか，推進するべきか，制限するべきか，管理するべきか？

本書ではこれらの疑問について分析していく。その答えは産業や国，あるいは時代によって異なるだろうし，多くの場合，専門家の中でも意見が分かれるものである。これらの疑問に対するひとつの解答がすべてのケースに当てはまらないとしても，質問を整理するのに役立つ，ひとつの単純な原理を提示することはできる。それはつまり，まず最初の疑問に対する答えを，後に続く疑問に取りかかる前に考えることが重要だ，ということだ。言い換えれば，「なぜ貿易が行われるのか？」という疑問への一応の答えを導ければ，貿易の理論を手に入れることができ，そしてその貿易の理論を政策問題に適用することができる。しかし，「なぜ貿易が行われるのか？」という問いにいろいろな答えがある場合，それは貿易の理論も複数存在することを意味し，したがって一般的に政策問題への答えも異なってくる。私たちは異なる貿易の理論をいくつか見ていくが，それらすべてが現実世界の現象を説明する助けとなる。そして特定の産業や国の貿易に関する特定の疑問に対して選ばれた理論は，どの政策を適用するかを決める際に重

要な影響を持つ。この同じ論理は，「なぜ FDI が行われるのか？」や「なぜオフショアするのか？」など，その他の問いにも適用できる（そしてこれらの問いはすべて密接に絡み合っている）[4]。

　以下の章での議論を先取りすると，なぜ貿易が行われるのかという問いには大きく分けて 3 つの答えがある。第 1 に，それぞれの国は違いがあり，2 つの国の間でのいかなる違い——例えば技術や気候，文化，要素供給，消費者選好など——も，互いの国が貿易からの利益を享受できる機会につながる。この根拠に基づく理論は，**比較優位**理論と呼ばれている。第 2 に，多くの産業は規模に関する収穫逓増を示している。つまり，生産量が増加した場合に費用の増加は比例以下になるということだ。このことは，ある財の生産を 1 か所で集中的に行い，そこから全世界の市場に提供するのが，最も効率的で最も儲かることを意味する。第 3 に，多くの産業は寡占市場，つまり，価格決定に関して支配力を持つ少数の大企業によって支配されているということである。寡占は貿易を発生しうる。というのも，寡占企業は他の企業の市場に侵入することでお互いの市場から寡占利潤を得ようとするからだ。

　すべての貿易理論と貿易モデルは，これら 3 つの理由のどれかから生じると見ることができ，貿易モデルのタイプは本書の最後に大きな図で示した「貿易モデルの系統図」の 3 つの枝で表すことができる。本書で論じられるモデルはすべて，その系統図のどこかに章番号と一緒に配置される。各章でその系統図に小枝が書き足される（各章の最後にある図には，しかるべき場所に新しい小枝が現れ，それは系統図が完成するまで続く）。

　私たちは，比較優位モデル，収穫逓増モデル，そして寡占モデルについて詳しく分析していく。これら 3 つのタイプの各モデルは，現実世界における貿易の理由を理解するのに役立ち，また，与えられた事例に関する政策の考え方は，その事例に関するこれら 3 つの誘因の相対的重要性に依存する。また途中で，FDIやオフショアリング，移民といったグローバル化の他の形式についても並行して分析を進める。これらは貿易と同じように重要だが，あまり研究や理解が進んでいない。私たちはこれらすべてを行う際，一貫して，各モデルの実用性を示すため，一連のケース・スタディと政策問題を検証するという形で行っていく。

---

4　国際経済学の分析を体系化するためのこのアプローチは，Ethier（1994）に拠っている。

## 私たちはどこにいるのか

本章では，貿易モデルの系統図の３つの主要な枝を導入した。

各章でこれらの枝にいくつかの小枝が加えられていく。

## 章末問題

1．本文で述べたもの以外に，グローバル化を促進した技術的変化について述べなさい。本文で述べたもの以外に，グローバル化に貢献した政策の変更について述べなさい。自分の答えを説明すること。

以下の各問いでは，グローバル化におけるいくつかの傾向を定量化してもらう。それらは "world_bank_trade_spreadsheet.xls" というエクセルのスプレッドシートに基づいている。データは世界銀行からのものだ。国の「開放度」を，輸入と輸出の合計を国内総生産（GDP）で割ったものとして定義する。

2．世界経済における平均開放度は，問題としている年の間にどれだけ変化したか？
3．1991〜2001 年に，いくつの国が開放度の上昇を経験したか？　いくつの国が低下を経験したか？
4．データの最後の年を見て，上位 20 の大きな国（人口で測定）と下位 20 の小さな国の平均開放度を比較しなさい。どちらがより開放的か？
5．データの最後の年を再度見て，上位 20 の富裕国（１人当たり GDP で測定）と下位 20 の貧困国の平均開放度を比較しなさい。どちらがより開放的か？
6．問４と問５の結果に基づいて，どのような種類の国がより開放的で，どのような種類の国がそうでないかを要約しなさい。なぜそうなるか，仮説を立てることはできるか？

## 参考文献

Anderson, James E. and Eric van Wincoop (2004), "TradeCosts," *Journal of Economic Literature* 42 (September), pp. 691-751.

Bordo, Michael, Doug Irwin and Barry Eichengreen (1999), "Is Globalization Today Really Different than Globalization a Hundred Years Ago?" *Brookings Trade Forum* 1999, Washington, DC: Brookings Institution.

Ethier, Wilfred (1994), *International Economics* (3rd edition), W.W. Norton & Co.

Freund, Caroline (2009), "Demystifying the Collapse in Trade," *VOX: Research-based Policy Analysis and Commentary from Leading Economists*, July 3 (available at voxeu. org).

Freund, Caroline and Diana Weinhold (2002), "The Internet and International Trade in Services," *American Economic Review* 92: 2 (May), pp. 236-240.

Freund, Caroline and Diana Weinhold (2004), "The Effect of the Internet on International Trade," *Journal of International Economics* 62, pp. 171-189.

Gibson, Campbell J. and Emily Lennon (1999), "Historical Census Statistics on the Foreign-born Population of the United States: 1850-1990," Population Division Working Paper No. 29, Population Division, U.S. Bureau of the Census.

Harley, C. Knick (1988), "Ocean Freight Rates and Productivity, 1740-1913: The Primacy of Mechanical Invention Reaffirmed," *The Journal of Economic History* 48: 4 (December), pp. 851-876.

Hummels, David (2007), "Transportation Costs and International Trade in the Second Era of Globalization," *Journal of Economic Perspectives* 21: 3 (Summer), pp. 131-154.

Malone, Nolan, Kaari F. Baluja, Joseph M. Costanzo and Cynthia J. Davis (2003), "The Foreign-Born Population: 2000," Census 2000 Brief C2KBR-34, Washington, DC: Bureau of the Census.

Mitchell, B. R. (with Phyllis Deane) (1962), *Abstract of British Historical Statistics*, Cambridge: Cambridge University Press.

Murphy, Martin (2009), "Somali Piracy: Not Just a Naval Problem," Washington, DC: Center for Strategic and Budgetary Assessments Backgrounder.

O'Rourke, Kevin and Jeffrey Williamson (2002), "When Did Globalization Begin?" *European Review of Economic History* 6: 1 (April), pp. 23-50.

Parry, Simon (2009), "Revealed: The Ghost Fleet of the Recession," *Daily Mail (UK)*, September 13.

USITC (2006), "Value of U.S. Imports for Consumption, Duties Collected, and Ratio of Duties to Values: 1891-2005," Statistical Services Division, Office of Investigations, Office of Operations, U.S. International Trade Commission (March).

# 2

## ナイジェリアは
## 食料自給を目指すべきか？

Billy Rizcallah

ナイジェリアの村の少女

## 2.1 大統領の政治課題

　ナイジェリアよりも多くの政治的・経済的な大混乱を経験した国は，あまりな いだろう。1960 年の独立以来，石油ブームと石油不況，数度のクーデターと独 裁政治，悲惨な内戦，そして宗教的・民族的な緊張の高まりに同国は対処してき た。1999 年からは文民政治が始まり，いくらかの安定を得て，債務削減と政策 改革を実現した。2003 年に雑誌『ニュー・サイエンティスト』に発表された研 究では，ナイジェリア人を世界で最も幸せな国民と挙げてすらいる。

　残念なことに，そして石油からの莫大な富があるにも関わらず，ナイジェリア は持続的な成長を今まで成し遂げたことがなく，ほとんどの国民が劣悪な生活水 準に耐えている[1]。ナイジェリア政府が所得と生活水準の向上のためにどんな政 策をとるか，というトピックは，ここで論じるには冗長なものになってしまう が，その中のひとつ，ナイジェリア政府がかつてチャレンジして，再び挑戦する かもしれない政策について分析することにしよう。それは，貿易政策を用いた食 料の自給自足の達成だ。食料自給率は，ナイジェリア政府にとって度々最優先 されてきた課題である。例えば，1999 年から 2007 年までナイジェリアの大統領 だった H. E. オルシェグン・オバサンジョ氏は，ウガンダで 2004 年に開催され たアフリカの食料問題に関する会議に出席した際，彼の「全体的な農業・食料自 給戦略」を自慢し，彼の政府がいかにして「一国全体で食料自給を達成するため の目標や戦略，期限を設定し，その後の輸出振興策に続いたか」について説明し た。

　オバサンジョ大統領は，ナイジェリアを自給自足に向かわせた自分の努力を， 成長戦略，貧困撲滅戦略，そして食料安全保障戦略として誇りに思っていた。ナ イジェリア人は一般的に穀物消費量の 20％を輸入によって賄っており（Akande 2005, pp. 168），消費される穀物のすべてを国産で賄えるようにするという考え は，ナイジェリアを研究している様々な研究者とナイジェリア政府自身の両者 によって，何度も推進されてきた。1986〜1995 年において，政府はコメの国内

1　国連開発計画によると，出生時平均余命は 43.3 年で，5 歳未満児死亡率は出生 1 千人につき 197 人 である。

生産量を増やし自給自足を達成するために，他の穀物や関連する食品とともに（Nwosu 1992），コメの輸入を**禁止**していた（Akande 出版年不明）。つい最近の2006 年まで，ナイジェリア政府は，国際協定に反すると説得されて却下するまで（FAO 2006），再びその戦略を適用しようと考えていた[2]。

　このような政策は賢明か？　ナイジェリアの貧困と栄養不足を減らすだろうか？

　時として，食料自給政策をとるもっともな理由が存在する。例えば，もしも政府が封鎖の脅威にさらされているとしたら，食料の自給自足によって外敵に対する脆弱性を減らすことができるだろう。たとえ封鎖が起こらなくても，食料の自給は，外国からの確かな脅威を減らすことで自国の交渉力を高められるだろう。食料自給政策に対するこのような地政学的な議論は，ごく限られた場合——例えば，包囲攻撃に遭いやすい中世の都市や，もしかしたら1970 年代のかつてのソビエト連邦など——にしか正当性を見出せない。こうした推論は，国際的な制裁を受けて追い詰められた国などには当てはまるが，ナイジェリアにはおそらく適用できない。

　地政学的な議論はともかく，ほとんどの経済学者は食料自給政策に反対する。なぜなら彼らは，比較優位論に基づき，自給自足戦略は特化による自国の利益を阻害すると論じるからだ。本章では，この議論について詳しく見ていく。具体的には，比較優位に基づいて貿易が行われる世界では，特化によって貿易利益を得る国は，生産するのに比較的に最も適しているものを輸出し，比較的に最も適さないものを輸入して，結果的により豊かになる，ということが分かる。さらに，たとえ貿易を行うことによって食品産業を失うことになったとしても，その国はより高い効用を得て，食料の消費水準もより高まることになる。つまり，食料自給という政策は国家的な栄養不足を招くことになり得る。この結論はまさしく食料自給政策の支持者が得たい結果と正反対のものだ。

　次節で比較優位に基づく貿易利益を単純化したモデルによってこの推論を説明し，そしてナイジェリアがコメの自給自足を追求していくべきなのかという最初の問いに戻ることにする。

---

2　ムボヨ（Mpoyo 1992）とアカンデ（Akande 2005）はナイジェリアの農業政策について論評を提供しており，コメ自給計画を広く支持している。またホルメン（Holmen 2006）は，開発への包括的アプローチの一部として，より広い意味で食料自給政策を支持する議論をしている。

## 2.2 比較優位論の定式化：リカード・モデルの導入

　モデルの設定においては，英国の経済学者デヴィッド・リカードによって1817年に初めて発表された，古典的な比較優位の定式化を採用することにしよう。モデルの分析では単純な数値例を使用するが，主要な結論はこの単純なモデルよりもずっと一般的なものとなっている[3]。

　自給自足論の支持者は一般に，問題なのはナイジェリアのような国々が，その国にとって最大の非石油輸出品であるココア（カカオ豆）やパーム油のような輸出用の換金作物を育てるために自国の農業を発展させ，国内で消費するための食料をないがしろにしてきたことだと主張する。輸出用の作物と国内消費用の食用作物のどちらを選ぶべきかという問題をできるだけ単純にとらえるために，商品はコメとココアの2つしかないものとする。そしてナイジェリアの農家はそれぞれ，コメ1トンまたはココア3トンを1回の栽培期で生産できるものとする。他の貿易相手をすべて除外し，ナイジェリアはアメリカとしか貿易できないものとしよう。（ここでいう「アメリカ」とは，北米と南米の両方の地域を指すことにする。そうすることで，ブラジルのようなココアを育てている南米の地域を含めることができる。）やはり農業問題に焦点を当てるため，アメリカの農家はコメかココアを生産できるが，生産能力は異なっているものとする。つまり，アメリカの各農家は，1回の栽培期間で，コメ2/3トンまたはココア2/3トンを生産できるものとする。ナイジェリアには1.3億人の国民がいるが，そのすべてが農家であるとし[4]，アメリカには3.9億人の国民がいるとしよう。これらの仮定により，両国における，与えられたコメ生産量に対して経済が生産できるココアの最大量，つまりコメの**生産可能性フロンティア**を求めることができ，それは図2.1のように示される。例えば，ナイジェリアの生産可能性フロンティアにおける横軸の切片は，ナイジェリアで生産できるコメの最大量であり，それは1.3億人に

---

3　リカード・モデルのより一般的な取り扱いについては，Bhagwati, Panagariya and Srinivasan (1998) の2〜4章やDornbusch, Fisher and Samuelson（1977）を参照。
4　ナイジェリア人の70%が農業で働いているので，これは単純化し過ぎというわけではない。ばっさり省略したのはもちろん，同国の最大の輸出品である石油だが，そこでは多くのナイジェリア人が雇用されてはいない。ここでの議論は，そうした他の特徴を取り入れた，もっと複雑で現実的なモデルへと一般化されうる。

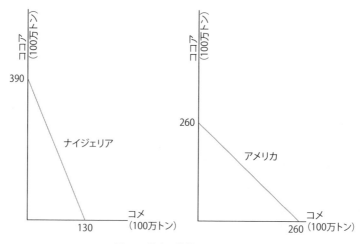

**図 2.1　生産可能性フロンティア**

1人当たりのコメ生産量1トンをかけたものである。

　ナイジェリアの経済にとって，コメ1トン生産するための機会費用はココア3トンであることに注目してほしい。コメ1トン生産するには1栽培期当たり1農家が必要であることを踏まえて機会費用を計算すると，その農家は同じ期間にコメ1トンの代わりにココア3トンを生産できたかもしれないということだ。アメリカの経済では，コメ1トン当たりの機会費用はココア1トンである。コメ1トンを生産するには1栽培期当たり3/2の農家が必要であることを踏まえて機会費用を計算すると，それらの農家はココア1トンを生産できたということだ。いずれの場合も，コメ生産の機会費用は2つの商品における限界生産物の比率であり，それは図2.1における直線の傾き（マイナスの符号は除く）に等しい。ここで注目すべきは，各国のココアの機会費用が，コメの生産の機会費用に対する逆数であるいうことだ。

　ある財の生産における自国の労働者の生産性が他国の労働者よりも高い場合，その国はその財に**絶対優位**を持つ，という。また，ある財の生産における自国の機会費用が他国よりも低い場合，その国はその財に**比較優位**を持つ，という。ある国があらゆる財について絶対優位を持つことは可能だ。ここでの例でいうと，ナイジェリアがそうだ。しかし，ある国が両方の財に**比較**優位（あるいは比較劣位）を持つことは不可能である。なぜなら，一方の財の機会費用が低い場合，も

う一方の財の機会費用は必ず高くなければならないからだ。ここでの例では，1
＜3なので，ナイジェリアはココアに比較優位を持ち，アメリカはコメに比較優
位を持つ。

　このモデルにおける均衡を分析するには，消費者の選好についていくつか仮定
を置く必要がある。そこで，両国におけるすべての消費者は常に所得の半分をコ
メに使い，もう半分をココアに使うと仮定しよう[5]。

　市場は競争的，つまりすべての生産者とすべての消費者が価格を与えられたも
のとして行動し，価格は市場の需給が一致するように調整されると仮定する。こ
こで2つの状況を比較する。つまり，ナイジェリアにおけるコメの輸入禁止と，
自由貿易である。コメの輸入禁止はもちろん，自給自足を実施するための荒っぽ
いやり方だが，すでに見てきたように，ナイジェリアの首都アブジャにある政府
にとっては評価されてきたものだ。この場合，コメの輸入禁止は，ナイジェリア
にとって全く貿易を行わないことに等しい。というのも，後で分かることだが，
コメはナイジェリア人が唯一輸入したい商品だからだ。そして，もし誰も何も輸
入できなければ，輸出もしたがらなくなる。経済学者は貿易が不可能，あるいは
許されていない状況の説明に**自給自足**という用語を使う。貿易が実際に何をもた
らすかを分析する際，自給自足の下で何が起こるかを想像し，貿易の下で生じる
結果と比較することがしばしば役に立つので，この用語は極めてよく使われるこ
とになる。この議論においては，**コメの輸入禁止**と**自給自足**を同義的に使用して
いく。

## 2.3　リカード・モデルにおける自給自足

　まず，ナイジェリアが自給自足のときを考えよう。自給自足の下では，市場の
需給が一致するためには各財のナイジェリア国内における生産量は消費量に等し
くなければならない。均衡がどうなるかを見るためには，各農家がどちらの商品
を生産するかを知る必要がある。コメとココアの価格をそれぞれ $P^R$ と $P^C$ で表
すことにする。すると，ナイジェリアの農家が1栽培期にコメを生産した場合に

---

5　実際のところ，私たちはすべての消費者が2つの財へのウェイトが等しいコブ＝ダグラス型の効用
　関数 $U(R, C) = R^{\frac{1}{2}} C^{\frac{1}{2}}$ を持つと仮定している。ここで $U$ は効用関数，$R$ はコメの消費量，$C$ はココア
　の消費量である。

得る所得は $P^R$ で，ココアを生産した場合に得る所得は $3P^C$ となる。その結果，以下の条件が満たされる場合，農家はココアではなくコメを生産しようとする：

$$P^R > 3P^C$$

つまり

$$P^R/P^C > 3$$

この場合，国内のすべての農家が同じ選択をするため，1栽培期におけるココアの生産量はゼロとなり，コメの生産量は1.3億トンとなる。同様に，もし $P^R/P^C$ < 3ならば，すべての農家がココアを生産するので，経済全体では1栽培期に3.9億トンのココアが生産され，コメは生産されない。$P^R/P^C$ = 3ならば，各農家はどちらの作物を生産しても無差別なので，経済全体で生産される2つの作物の組み合わせは任意の組み合わせのものとなる。以上が，私たちが知っておくべきこの経済の供給行動の全容であり，その行動は図2.2においてナイジェリアの**相対供給曲線** $RS$ として示されている。図2.2では縦軸にコメの**相対価格** $P^R/P^C$ をとり，横軸にコメの**相対供給量** $Q^R/Q^C$ をとっている。ここで $Q^R$ は一国全体で生産されるコメの総量を表しており，$Q^C$ は一国全体で生産されるココアの総量を示している。もし $P^R/P^C$ < 3ならば，コメは全く生産されないため，相対供給量はゼロに等しくなる。もし $P^R/P^C$ > 3ならば，ココアが全く生産されな

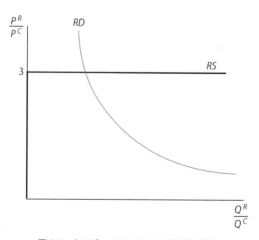

**図2.2 ナイジェリアにおける自給自足均衡**

いので，相対供給量は無限大となる。$P^R/P^C = 3$ のときは，どのような相対供給量も可能なので，相対供給曲線の水平部分となる。

自給自足の均衡を求めるためには，相対供給曲線を**相対需要曲線**と組み合わせる必要がある。コメの相対需要量は，$C^R/C^C$ と求められる。ここで $C^R$ は一国全体のコメの消費量であり，$C^C$ は一国全体でのココアの消費量である。需要行動に関する仮定から，消費者の所得が $I$ のとき，コメへの支出は $I/2$ となるのでコメの消費量は $I/(2P^R)$，ココアへの支出も $I/2$ となるのでココアの消費量は $I/(2P^C)$ となる。これらの関係を式で表現すると，以下を得る：

$$RD\left(\frac{P^R}{P^C}\right) \equiv \frac{C^R}{C^C} = \frac{P^C}{P^R} \tag{2.1}$$

これはつまり相対需要曲線であり，図 2.2 において $RD$ として描かれている。

ナイジェリアにおける自給自足消費量は，どの財についてもその財の生産量に等しくなければならないので，均衡では国内相対供給量もまた国内相対需要量に等しくなければならない。したがって，均衡は図 2.2 において $RD$ と $RS$ との交点で与えられる。均衡相対価格は 3 に等しく，それはコメを生産するときの機会費用でもあるので理解できる。そして，均衡において両方の財がともに生産される場合には，相対価格は必ずその値をとらなければならない。

ナイジェリアの消費者は，この自給自足均衡でどのように行動するだろうか？すべての農家にとって，コメを生産してもココアを生産しても所得は同じだということに注目してほしい。これは，彼らがコメを生産してもココアを生産しても無差別になるように価格調整が行われるためだ。ココア農家は 1 栽培期に 3 トンのココアを生産し，それぞれを $P^C$ の価格で販売するので，$3P^C$ の所得を得る。この情報を使って，農家の**予算線**を導出することができる。予算線とは，農家が消費できる全てのコメとココアの組み合わせを示したものだ（図 2.3 を参照）。例えば，農家は所得のすべてを使いきってココアを購入することができるので，予算線のココア軸（縦軸）との切片は農家の所得をココアの価格で割ったものに等しく，このことから切片は 3 となる。それに加えて，コメ軸（横軸）との切片は所得をコメの価格で割ったものなので，$3P^C/P^R$ となるが，$P^R/P^C = 3$ だから切片は 1 となる。すべての予算線と同様，その傾きは相対価格の $-1$ 倍，つまり $-3$ に等しくなる。

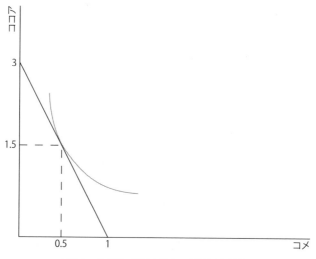

**図 2.3　ナイジェリアの農家の自給自足予算線**

　農家は予算線上で最も良い消費点を選ぶことで，効用を最大化する。効用を**無差別曲線**——消費者に同じ満足度あるいは効用をもたらす消費の組み合わせを結んだ曲線——で表現すると，最適な消費の組み合わせは無差別曲線が予算線と接する点になる。選好についての仮定（つまり，農家は常に所得をそれぞれの財に半分ずつ支出する）より，図で示されているように，最適消費点でのコメの消費は 0.5 トンで，ココアの消費は 1.5 トンとなる。

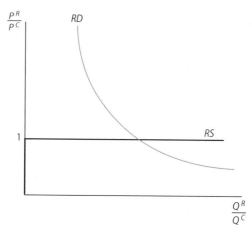

**図 2.4　アメリカにおける自給自足均衡**

これと同様のことがアメリカでも起こる。その相対供給曲線と相対需要曲線は、図2.4に示されている。

コメの自給自足相対価格は機会費用1に等しく、図2.5で示されているように、典型的なアメリカ農家の予算線はココア軸の切片2/3およびコメ軸の切片2/3を持つ。もちろん、予算線の傾きは相対価格の−1倍、つまり−1に等しい。アメリカの農家はコメもココアも、ともに1/3トンずつ消費する。この最適点および最適点を通る無差別曲線も、ともに図示されている。

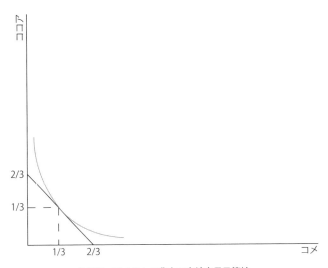

図 2.5　アメリカの農家の自給自足予算線

## 2.4　リカード・モデルにおける自由貿易

ここで、輸入禁止を解除し、両国が自由に貿易するとしよう。輸送費やその他の貿易に対する障害はないものとすると、コメとココアはそれぞれアメリカとナイジェリアの両国で同じ価格となる。したがって、ここからは**世界相対価格**を見ていくこととする。均衡を求めるには、世界の相対供給 $RS^W$ を世界の相対需要とともに考えなければならない。後者を導き出すのは簡単だ。(2.1)式で見たように、両国はともに同じ相対需要曲線を持つので、この共通の相対需要曲線が世界全体の相対需要曲線でもある。世界の相対供給曲線を分析するには、次の3つ

のステップを踏む必要がある。

　第 1 に，$P^R/P^C$ がアメリカでのコメの機会費用である 1 を下回るときに，供給量がどうなるかを考えよう。この場合，アメリカでもナイジェリアでも農家は皆ココアを生産することになるので，結果的にコメは世界中のどこでも生産されないことになる。したがって，この価格の範囲では，図 2.6 で示されているように世界の相対供給量はゼロに等しくなる。第 2 に，$P^R/P^C$ が 3 を上回るとき，両国の農家はコメしか生産しないので，世界の相対供給量は無限大となる。最後に，$P^R/P^C$ が 1 と 3 の間にあるとき，アメリカの農家は全員コメを生産し，ナイジェリアでは全員がココアを生産することになる。したがって，世界の相対供給量はアメリカのコメの最大供給量（3.9 億の農家が 1 農家当たり 2/3 トンのコメを 1 栽培期で作るので，2.6 億トン）を，ナイジェリアのココアの最大供給量（1.3 億の農家が 1 農家当たり 3 トンのココアを 1 栽培期で作るので，3.9 億トン）で割ったものに等しくなる。コメの相対供給量は 2/3 となり，これは図 2.6 において相対価格 1 と相対価格 3 を結んだ垂直線で示されている。ここで相対供給が垂直線であることに注目しよう。なぜならば，相対価格が 1 と 3 の間にある限り，価格が変わっても供給量に変動はないからだ。つまり，各国は単純にそれぞれ特定の財を可能な限り最大限に生産し続ける。

　図 2.6 において完成した曲線が，**世界の相対供給曲線** $RS^W$ である。これを相対需要曲線と合わせると，均衡が得られる。代数的には，均衡価格は次の方程式

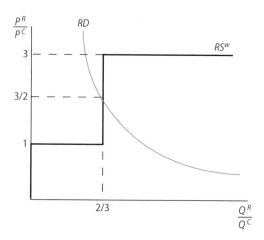

図 2.6　自由貿易均衡

の解として求められる：

$$RS^W \left( \frac{P^R}{P^C} \right) = RD \left( \frac{P^R}{P^C} \right) \qquad (2.2)$$

その解が世界のコメの均衡相対価格となり，それはアメリカの**交易条件**と呼ばれる。

より一般的には，ある国の交易条件は，その国の輸出品の価格を輸入品の価格で割ったものである。輸出品と輸入品がたくさんある国では，輸出品の価格指数を作り，それを輸入品の価格指数で割ることで，交易条件は計算される。これは国際経済学の重要な概念のひとつで，以降の章でも何度も議論していく。

さしあたり，$RS^W$ 曲線と $RD$ 曲線との交点が（図 2.6 で示されているように）中間の垂直線部分にあると仮定しよう。この場合，(2.2)式を解くことは次の式を解くことと同じとなる：

$$\frac{2}{3} = \frac{P^C}{P^R}$$

つまり，相対価格 $P^R/P^C$ は 3/2 に等しいと結論づけられる。3/2 は 1 と 3 の間にあり，したがって図 2.6 の $RS^W$ 曲線の垂直部分に入っているので，この仮定は正しいと結論づけることができ，これが均衡となる[6]。

ここで注目したいのは，アメリカはコメしか生産しないが両方の財を消費し，ナイジェリアはココアしか生産しないが両方の財を消費するので，アメリカはコメを輸出しココアを輸入する一方，ナイジェリアはココアを輸出しコメを輸入するということだ。つまり，**各国はその国の比較優位財を輸出し，比較劣位財を輸入する**。これはこの種のモデルで成立する一般原理であり，必然的にそうなることが図 2.6 からもはっきり分かる。ナイジェリアがココアに比較優位を持つのは，ココアを生産する機会費用がアメリカより低いからだ（幾何学的に言うと，アメリカが特化できる境界を表す $RS^W$ 曲線の水平部分が，ナイジェリアが特化できる境界の水平部分よりも低い相対価格のところで現れる）。なお，アメリカ

---

6　より一般的には，もしもこの計算によって得られる価格が 3 を超えるとすると，交点は $RS^W$ 曲線の上側の水平部分にあり（したがって，均衡相対価格は 3），逆にもしも価格が 1 よりも小さいとすると，交点は $RS^W$ 曲線の下側の水平部分にある（均衡相対価格は 1），と結論づけられる。

はコメに絶対劣位を持っているにもかかわらず，コメのすべてを生産することに注意してほしい。つまり，貿易パターンにとっては絶対優位ではなく，比較優位のみが重要なのだ。

この均衡は**完全特化**の特徴を持っていることに注目してほしい。つまり，どちらの国も1つの財しか生産していない。完全特化のため，均衡における予算線を簡単に分析することができる。それは図2.7に示されている。このグラフにおいて，自給自足の予算線は実線で示されており，自由貿易の予算線は破線で示されている。自由貿易のとき，ナイジェリアの各農家はココアのみを生産し，1栽培期で3トンのココアを生産するので，$3P^C$の所得を得る。この所得をココアの価格で割ると，予算線のココア軸での切片は以前と同じ3になるが，コメの価格で割るとコメ軸での切片は$3P^C/P^R = 3 \cdot (2/3) = 2$となる。この値は，元の切片の値である1の2倍だ。言い換えると，新しい予算線はココア軸上では同じ点を共有している（なぜなら，ココアの生産者はいつでも自分で生産した財を消費できるからだ）が，今や相対価格が変化したため，予算線の傾きはより緩やかになっている。したがって，予算線は外向きに旋回し，それは農家の消費機会を増やし，彼あるいは彼女の厚生を高めている。貿易によって予算線が外側に旋回することが分かったので，農家は自給自足のときよりも両方の財をたくさん消費でき，したがって輸入禁止よりも貿易の方が農家にとって望ましいと結論づけることができる[7]。図2.7において，自給自足での消費の組み合わせはA点で示されているのに対し，自由貿易における消費の組み合わせは，より高い無差別曲線上にあり，B点で示されている。

同様に，アメリカの農家の予算線も求めることができ，それは図2.8に示されている。このとき，農家はコメを生産するので，コメ軸の切片は変化しないが，ココア軸の切片は2/3ではなく1になるので，予算線は外向きに旋回する。注意すべきは，アメリカの農家にとって予算線の傾きは以前よりも急になる，ということで，やはりそれ以上の情報はアメリカの農家にとって貿易が望ましいと結論

---

7　私たちはひとつ深刻な問題をごまかしている。それは，西アフリカでのココア栽培における強制的な児童労働の存在だ。明らかに，ここでの厚生分析はこのような場合には適用されない。幸運なことに，児童労働の慣例はルールではなく例外的なもので，ココア労働者の1%以下（Aaronson 2007）だ。したがって，食料自給率の望ましさに関する今までの議論に対して影響を与えないが，依然として深刻な問題である。グローバル化と児童労働の問題については，第14章で検討する。

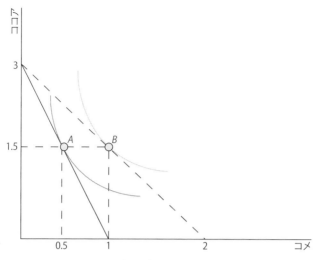

図 2.7 貿易の効果：ナイジェリア

づける上では必要ない。

　非常に重要な点がある。この種のモデルにおいて，食料の自給自足政策を行う
と，国民は比較優位に従った生産特化による利益を得られないのでもっと貧しく
なる，ということだ。貿易が可能になると，ナイジェリアの農家は，ココアを生
産して得た利益でコメを買うことによって，実質所得を最大化することができ

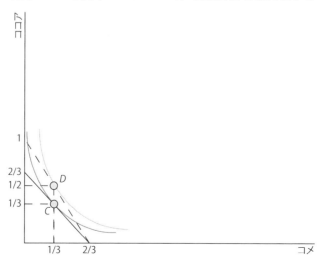

図 2.8 貿易の効果：アメリカ

る。貿易が禁止されていたときよりもココアの価格が高くなり，コメの価格は安くなるからだ。アメリカでは，逆の方向で同様に厚生水準が高まる。言い換えると，比較優位は**貿易利益**を生み出し，結果として両国ともにもっと裕福になる。

さて，輸入禁止を撤回したほうが，すべての農家がより豊かになることはもう分かった。実際の栄養状態としてはどうだろうか？　ナイジェリアはコメの生産をすべて失ったとして，ナイジェリア人のコメの消費は減るだろうか？　その答えは，各農家がコメへの支出に所得の半分を費やすという情報を用いて知ることができる。これは自給自足と貿易の両方においてコメへの支出が $(3/2)P^C$ であることを意味し，したがってコメの消費量は $(3/2)P^C/P^R$ となる。自給自足のときにはコメの相対価格は 3 なので，1 栽培期でコメは 1/2 トン消費されることになるが，自由貿易下でのコメの相対価格は 3/2 なので，コメの消費量は 1 栽培期当たり 1 トンに増える。ナイジェリアでコメの消費量が増えるのは，所得効果（実質所得が増え，消費者がより高い無差別曲線上の点を達成する）と代替効果（コメの相対価格が下落する）の両方による。したがって，**食料の自給自足という目標を諦める方が，政府は国民により良い食生活を与えることができる。**

## 2.5　では実際に何が起きたのか？

すでに見てきたように，リカード・モデルによると，1986 年から 1995 年の間に実施されたコメの輸入禁止は栄養面での悪化をもたらしたと予測される。実際にそうなっただろうか？

この期間にナイジェリアにおける実際の栄養状態に何が起きたかを評価することは，驚くほど難しい。初期の推計では，ヌウォス（Nwosu 1992, p. 7）が，輸入禁止の実施から最初の 2 年間で食料価格は急速に高騰し，価格上昇はインフレ率の 4〜5 倍であったと報告している。食料価格の高騰にも関わらず，彼のデータによると 1 人当たりの穀物消費量は純増していたが，他の栄養源については減少が見られ，結果として 1 人当たりの平均カロリー消費量は全体的に落ちていた（pp. 11-12）[8]。世界保健機関（World Health Organization：WHO）の調査

---

8　同時に，彼はその時点で利用可能だった食料消費データが信頼できないことを認めている。それに加えて，食料消費が人口全体に均等に分配されない限り，1 人当たりの食料消費は栄養失調について何も言ってないことに注意する必要がある。平均的な食料消費量が増加しても，それが不均等に分／

によると，輸入禁止の期間に子どもの栄養状態は緩やかに改善したとされているが，そのデータは様々な解釈の余地がある[9]。おそらく，全体的な栄養状態の結果に関する最も信頼できる尺度は，国連の食料農業機関（Food and Agriculture Organization：FAO）のもので，それは世界中の発展途上国で栄養不足の人々の人数に関する一貫した数値を集計しようとするものである。1980〜1996 年において，FAO の数値によるとナイジェリアにおける栄養不足の人口の割合は，40％から 8％に減少した（FAO 1999, p. 30）。これは，全世界の中で，この期間中における栄養状態の改善に関して 4 番目に良い結果だった（FAO 1999, p. 10）──これは優れた功績だ。

　したがって，穀物の輸入禁止は栄養状態の改善と関連があったかのように思える。このことは理論の反証となるだろうか？　いや，そうではない。なぜなら，輸入禁止の他にもたくさんの変化が同時に起きていたからだ。1980 年代初頭は経済危機の時期で，穀物の輸入禁止はマクロ経済の回復の時期と一致していた。つまり，輸入禁止は構造調整プログラムとして知られている改革と国際機関からの借り入れの複合的なパッケージの一部だったのだ（Nwosu 1992）。また政府は農村のインフラを改善し，貧困と闘い小規模農家の手助けとなるプログラムを策定した（Akande 2005）。そして新しい種類の多収性のキャッサバ（重要な根菜作物）により，キャッサバの収穫量は劇的に増加した（FAO 2001）。さらに非識字率もこの期間で劇的に低下した（FAO 2001, 表1）。これらの要素のすべてが，輸入禁止の効果とは独立に──あるいは輸入が禁止されていたにも関わらず──栄養状態に望ましい効果をもたらしたかもしれない。残念ながら，理論が示す反事実的状況──輸入が禁止されず，それ以外のことはすべて同じだった場合に，ナイジェリアの栄養状態に何が起きたか──は，推測することしかできない問題だ。

---

　↘布しているならば，栄養不足の人の数は増えた可能性がある。

9　短期的な栄養に関する結果のひとつの有用な尺度は，身長体重比であり，これは栄養摂取が正常よりも低い場合に低下する傾向がある。WHO のウェブサイトに掲載された「子どもの成長と栄養失調に関する WHO のグローバルデータベース」の数値に基づいて考えると，WHO の国際平均からの乖離が標準偏差で 2 以上となるナイジェリアにおける 5 歳未満の子どもの割合は，1983 年には20.6％，1990 年には 8.9％，1993 年には 18.2％，1999 年には 15.6％，2001 年には 9.0％，2003 年には 9.3％であった。したがって，この尺度によると，輸入禁止の間（1990 年と 1993 年の数値）の子どもの栄養状態は禁止前よりも良かったが，輸入禁止を終えた後よりも良かった。これらの数値は，栄養状態の改善が着実に進んでおり，輸入禁止はそれとは無関係であるという解釈と整合的である。

Billy Rizcallah

ココアショップでのナイジェリアの子供たち

　これは経済学において政策効果の因果推論の難しさを示す良い例だ。「政府は
コメの輸入を禁止し，そして栄養状態は向上した——だから，コメの輸入禁止は
栄養状態を改善するのだ」という形の議論は**事後の論拠**と言われるもので，経済
学では稚拙な方法だ。その理由はまさに，ひとつの政策が変化していたのと同時
に他のたくさんの環境要因もまた変化していたからだ。

　ちなみに，FAO（2001）は栄養状態改善のサクセス・ストーリーを，ナイジェ
リアを含めて 13 例検証し，次のように結論づけている。ナイジェリアの成功
は，おそらく識字率とキャッサバの生産性の向上によるところが非常に大きく，
そして他の数か国の研究例では，食料の輸入を可能にしたことが成功につながっ
たのだ，と。穀物の輸入禁止がナイジェリアの消費者の状況を改善した，という
事例の検証は難しい[10]。

---

10　その一方で，いくつかの**他の**政策は総合的な食料自給戦略の一部になっているかもしれないが，か
　なり正当化しやすいものがあることに注意すべきだ。例えば，農村道路の改善，農民の教育機会の拡
　大，収穫量の高い作物の研究支援などは，すべて経済的な根拠が強く，多くの国で非常に有益だっ
　た。ここで論評しているのは，以下の 2 つについてだ。ひとつは食料自給という政策目標であり，こ
　れは総実質所得を最大化する，あるいは貧困を最小化することとはまったく異なるものであり，単に
　他の開発目標から気をそらすために使われうる。もうひとつは，その戦略の一部として食料輸入を制
　限するという特定の政策だ。

## 2.6 リカード・モデルからの追加的な洞察

このモデルの分析から，さらに3つの有益な論点が浮かび上がる。

**絶対優位の役割**。貿易のパターンを決める際，絶対優位が何の役割も持っていないことについてはすでに述べた。貿易パターンは比較優位によって決まるのだ。しかし，絶対優位は無意味ではない。ある国が両方の財に絶対優位を持つとしよう。すると，その国の労働者は均衡において他の国の労働者よりも高い所得を得られるはずだ。(生産性が低い国の労働者が何を生産しても，生産性が高い国の労働者は同じものを生産し，高い生産性を持っているのでより多くの所得を受け取ることができる。もしも同じ財ではなく他の財を生産することを選ぶとしたら，それはその方がもっとたくさんの所得を得られるからだ。)

したがって，大雑把に言って，比較優位は貿易のパターンを決定づける一方で，絶対優位は国際的な所得分配を決定する。例えば米国の総労働生産性はメキシコの総労働生産性の約8倍だが，それはメキシコの労働者が米国の労働者に太刀打ちできないということを意味するものではない。それは単に，メキシコの労働者の賃金が米国の賃金の約8分の1だということを意味するだけだ。裏を返せば，メキシコの賃金は米国の賃金の8分の1だが，それは米国の労働者がメキシコの労働者と張り合うことができないという意味ではない——メキシコの労働生産性が米国の8分の1なのだから。

**サイズの違いの影響**。ナイジェリアとアメリカの例に戻り，アメリカの労働力のサイズを増やした場合を考えよう。すると，アメリカの経済で生産できるコメの最大量を増やすことができ，したがってコメの相対供給量は図2.6の$RS^W$線の中間部分で2/3よりも大きくなり，$RS^W$曲線の垂直部分は右に移動する。この変化は，もちろん均衡相対価格を低下させる。この過程を繰り返し続けると，価格はその最小値である1まで下がり，そこでは$RD$曲線は$RS^W$曲線と水平部分で交わる。このとき，ナイジェリアは依然としてココアのみを生産するが，アメリカでは両方の財を生産することになる。言い換えれば，**不完全特化**の均衡点が得られる。この結果は極めて自然だ。というのも，アメリカはナイジェリアと比べてかなり大きく，ナイジェリアという小さな経済では，アメリカの需要に見合うだけの十分な量のココアを生産できないだろうから。

　これは貿易の厚生効果にとって重要な帰結となる。図2.8を思い出すと，貿易下の均衡相対価格が1に等しいとき，それはアメリカでは自給自足の相対価格と同じなので，アメリカの農家の予算線は自給自足のときの予算線と同じになる。言い換えれば，この場合，アメリカは貿易利益を得られないが，ナイジェリアは依然として貿易利益を得る。実際，図2.7を思い出すと，ナイジェリアは価格が3/2のときよりも1のときの方がさらに大きな利益を得ている。一般に，ナイジェリアが安く輸入できるほど，厚生は高くなる。このため，コメの相対価格の**下落はナイジェリアの交易条件の改善**と呼ばれ，同様にそれは**アメリカの交易条件の悪化**とも呼ばれる。アメリカの労働力の規模が増加した場合，常にナイジェリアの交易条件は改善し，アメリカの交易条件は悪化する。

　これはリカード・モデルの一般的な特徴である。つまり，**より小さな国が貿易利益の大半を享受する**。そして国のサイズの違いが十分に大きい場合，小さい国が貿易利益のすべてを享受する。

　**移民の可能性**。最後に，労働者がより高い所得を得るために国境を自由に移動できるとすると，すべての労働移動は生産性がより高い国に向かうことに注意しよう。したがって，比較優位は貿易の方向を決定するが，このモデルで移民が可能になると，絶対優位が移民のパターンを決定づけることとなる（もっとも，労働者の生産性が，労働者個人の潜在能力ではなく，どこで働くかに依存することが条件だが）。

　結論として，比較優位は開発戦略としての食料の自給自足政策に対する強力な反論となる。より一般的には，比較優位は貿易の事実に関するひとつの強力な説明を与える。つまり，各国は相対的な生産性に違いがあり，貿易がない場合には相対価格が異なるので，国境を超えて商品を輸送する動機となる。リカード・モデルはこれら生産性の差を外生的で変更できないノウハウや技術の差から生じるものとして取り扱っているが，他にも多くの要因から同様の筋書きが生じ得る。比較優位は法制度，労働市場の摩擦，気候，教育レベル，蓄積された物的資本，土地やその他の天然資源の賦存量などの違いによっても生じ得る。第6章では，生産要素供給の違いが比較優位をもたらすモデルを検討する。これは，ヘクシャー＝オリーン・モデルと呼ばれている。

　これで，貿易の発生要因としての比較優位の概念についてはもうよく分かっただろう。次の2つの章では，貿易が行われる理由をさらに2つ検討する。それら

は比較優位で説明できないような貿易を説明するものとなる。

## 要　点

1．国際貿易が行われるひとつの重要な理由は，各国間の違いであり，これらの違いに基づく
貿易の理論は比較優位の理論と呼ばれる。リカード・モデルは，各国の生産技術の違いに基
づいた比較優位理論である。

2．ある国は，ある財を生産するための機会費用が，貿易相手国の機会費用よりも小さい場合
に，その財に比較優位を持つ。これは，両国の生産可能性フロンティアが異なる傾きを持つ
ことで表される。どの国も，必ず何らかの財に比較優位を持ち，いずれかの財に比較劣位を
持つ。

3．ある国の労働者が貿易相手国の労働者よりも生産性が高い場合，その国はその財に絶対優
位を持つ。ある国がすべての財に絶対優位を持つことはあり得るし，どの財にも絶対優位を
持たないこともあり得る。

4．リカード・モデルでは，比較優位が貿易のパターンを決定するが，絶対優位は国際的な所
得分配を決定する。

5．リカード的な世界では，すべての国が貿易利益を得るか，あるいは少なくとも貿易によっ
て損失を被る国は存在しない。もっと言えば，リカードの世界では**すべての人**が貿易利益を
得るか，あるいは少なくとも貿易から損失を被る人は存在しない。このモデルでは，小さな
国は貿易利益のほとんどを獲得し，さらに十分小さい国の場合には貿易利益の**全部**を獲得す
る。

6．このモデルでは，小さな国は均衡において完全特化する。大きな国が完全特化しない場
合，その国は貿易利益を享受しない。

7．比較優位の論理は，食料自給率の目標を進めるために輸入制限を使う政策への反論となる。

## 私たちはどこにいるのか

私たちはいま，貿易モデルの系統図に1番目の比較優位モデルを加えた。

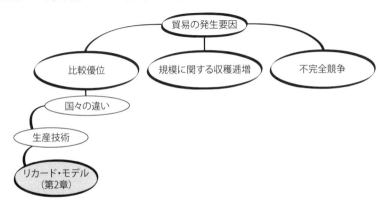

## 章末問題

1. 本文のモデルでは，比較優位は各国間の純粋な技術的違いに由来していた。比較優位をもたらす他の違いを見つけなさい。あなたのよく知っている国から，具体的な例を提示しなさい。

2. 本文で提示されたモデルでは，ナイジェリアには貿易に反対する理由を持つ者はいない，ということになる。これは現実的だと思うか？　これにはどのような前提があるか？　これらの前提は，貿易利益の概念や，貿易が栄養にどのように影響を与えるかという問題にとって重要であると思うか？

アイスランドとフィンランドとの間の貿易についての次のようなモデルを考えよう。少なくとも貿易を考えるため，世界にはこれら2つの国のみが存在すると仮定する。魚と小麦という2つの財が存在し，消費者は所得の5分の1を魚に，残りを小麦に支出するものとする。労働が唯一の生産要素で，アイスランドの労働者は一定時間に1単位の魚または1単位の小麦を生産することができ，フィンランドの労働者は一定時間に2単位の魚または4単位の小麦を生産することができる。アイスランドには100万人，フィンランドには150万人の労働者がいるものとする。

3. どちらの国が魚に絶対優位を持っているか？　小麦についてはどうか？　どちらの国が魚に比較優位を持っているか？　小麦についてはどうか？

4. 両国の自給自足における魚の相対価格（つまり，魚の価格を小麦の価格で割った値）を求め，両国の典型的な労働者の予算線を描きなさい。

5. 魚の相対需要と魚の相対価格との関係を表す相対需要曲線を導出しなさい。代数的に解き，縦軸に魚の相対価格，横軸に魚の相対的な数量をとって，相対需要曲線のグラフを描きなさい。

6. 世界の相対供給曲線を導出し，問5で作成した図の中にそれを描き入れなさい。

7. 自由貿易の下での魚の均衡相対価格を計算し，各国の典型的な労働者の予算線を描きなさい。どの国がどの財を生産しているか？　完全特化は起きているか？　誰が貿易利益を得るか？

8. フィンランドに150万人ではなく300万人の労働者がいる場合，問7の答えはどう変わるか？　答えは言葉によるもので，計算しなくてもよい。

## 参考文献

Aaronson, Susan Ariel (2007), "Globalization and Child Labor: The Cause Can Also Be a Cure," *Yale Global*, March 13, 2007.

Akande, 'Tunji (n.d.), "An Overview of the Nigerian Rice Economy," Working Paper, Agriculture and Rural Development Department, The Nigerian Institute of Social and Economic Research (NISER), Ibadan, Nigeria.

Akande, 'Tunji (n.d.) (2005), "The Role of the State in the Nigerian Green Revolution," in Djurfeldt, Goran, Hans Holmén and Magnus Jirström (2005), *African Food Crisis: Lessons from the Asian Green Revolution*, Wallingham: CABI Publishing.

Bhagwati, Jagdish, Arvind Panagariya and T. N. Srinivasan (1998), *Lectures in International Trade* (2nd edition), Cambridge, MA: MIT Press.

Dornbusch, R., S. Fischer and P. Samuelson (1977), "Comparative Advantage, Trade, and Payments in a Ricardian Model with a Continuum of Goods," *American Economic Review* 67: 5 (December), pp. 823-839.

FAO (1999), *The State of Food Insecurity in the World 1999*.

FAO (2001), "The Thirteen Countries Most Successful in reducing undernourishment, 1980-1997," FAO Council, One Hundred and Twentieth Session, Rome, June 18-23 2001.

FAO (2006), "Food Outlook: Global Market Analysis," No. 2, December.

Holmén, Hans (2006), "Myths about Agriculture, Obstacles to Solving the African Food Crisis," *The European Journal of Development Research* 18: 3 (September), pp. 453-480.

Mpoyo, Pierre-Victor (1992), "The Needs of African Agriculture," in Olusegun Obasanjo and Hans d'Orville (ed.), *The Challenges of Agricultural Production and Food Security in Africa*, Washington, DC: Crane Russak, pp. 93-97.

Nwosu, Aloysius C. (1992), *Structural Adjustment and Nigerian Agriculture: An Initial Assessment*, Washington, DC: United States Department of Agriculture Economic Research Service, Agriculture and Trade Analysis Division Staff Report No. AGES 9224.

Obasanjo, Olusegun and Hans d'Orville (ed.) (1992), *The Challenges of Agricultural Production and Food Security in Africa*, Washington, DC: Crane Russak.

Obasanjo, H. E. Olusegun (2004), "Welcome and Opening Remarks," speech at conference "Assuring Food and Nutrition Security in Africa by 2020: Prioritizing Action, Strengthening Actors, and Facilitating Partnerships," April 1-3, 2004, Kampala, Uganda.

# 3

## アメリカ人はなぜ自分たちの
## インパラをカナダから買うのか？

SuperStock

1959年型シボレー・インパラのオープンカー

## 3.1 インパラは地平線の向こう側に

　シボレー・インパラは，象徴的なアメリカ合衆国の自動車だ。1950 年代，この車はアメリカ車の華麗さの特徴である，とてつもなく長いテールフィンを装備していた。1959 年型のインパラの車高を低くした改造車は，有名な自動車を懐かしんで擬人化したディズニー・ピクサー映画『カーズ』の中で，セリフ付きの役までもらっていた。現在，最新型のインパラは格好いい普通サイズの家庭用セダンとして米国の道路のあちこちで目にする。2010 年 2 月時点で，インパラは米国で 14 番目によく売れている車で，毎月約 12,000 台の割合で販売されている。

EVOX Images/AgeFotostock America, Inc.

2010 年型のシボレー・インパラ

　こう言うと驚くかもしれないが，この米国を代表する車は，実際にはカナダ製だ。最近のインパラはすべてオンタリオ州の都市オシャワにあるゼネラルモーターズ（GM）の組立工場で製造されている。

　なぜ，インパラが厳密にいうと輸入品となる必要があるのだろうか？　デザインやノウハウはもともと米国で生まれたので，もちろん米国で生産することだってできたのだ。カナダはもちろん低賃金の国ではない。賃金や教育，インフラ，そして生活水準は米国とほとんど同じだ。カナダはインパラの生産に比較優位が

あるのに対して，米国は例えばコバルト（シボレーの別のセダンで，オハイオ州のローズタウンで組み立てられている）とかビュイック・ルサーン（GM の別のセダンで，ミシガン州のハムトラマックの工場で組み立てられている）の生産に比較優位がある，という議論は説得力がほとんどない。実際，年間台数 20 万台余りの車が 1 台当たり 2 万 1 千ドルの価格で国境を越えて出荷されている状況を説明するのには，比較優位論は全く無力に思われる。明らかに，輸入車の組み立てに必要な技術は，米国で生産されている他の車の組み立て技術とほぼ一緒なのだ。

インパラが輸入されている理由を理解するには，自動車産業の 2 つの特徴を理解しなければならない。ひとつは 1965 年の米加自動車協定で，もうひとつは規模に関する収穫逓増である。インパラのケースの理屈が明らかになれば，収穫逓増と国際貿易に関する重要で一般的な点を見出せる。つまり，収穫逓増は国際貿易の重要な理由であり，それは比較優位とは全く別の理由である。

まず第 1 に，自動車協定。1965 年以前は，米国とカナダの自動車産業はどちらも高い関税の壁によって守られていたが，そのせいで一方の国からもう一方の国へと自動車や部品を輸送するコストは高かった。結果的に，米国の主要な自動車メーカーは，ほぼ同じ生産ラインを持つ組立工場をカナダにも建設し，そこでカナダの需要のほとんどを満たした。1965 年，両国の政府が，米国の主要な自動車メーカーと共に，両国間の自動車や自動車部品の輸出への関税を実質的に撤廃することに合意した。そのときカナダ政府から，自動車メーカーとの付帯条項の中に一つの但し書きがつけられた。それは，自動車メーカーはある一定のやり方に従ってカナダにおける自動車と自動車部品の生産を増やし続けることを必須とする，というものだ。（簡潔な説明は，Hervey（1978）を参照。）

第 2 に，規模に対する収穫逓増。ある産業は，すべての投入物が $x$% 増加したときに産出量が $x$% を超えて増加する場合，そしてその場合にのみ，**規模に関して収穫逓増**（increasing returns to scale：IRS）を示すという。それと同値の定義として，$x$% の産出量の増加が $x$% より少ない費用の増加を伴う場合，その産業は IRS であるという。IRS は自動車産業で重要だ。なぜなら，自動車の特定のモデルにおける生産ラインを動かすには，ものすごく高い固定費がかかるからだ。そのモデルの製造に必要な機械は正しい配列で設置されていなければならず，生産ラインのすべての労働者はそのモデルの生産に必要な修練を積んでいな

ければならない。これらの費用はたとえ1台でも生産されるならば必ず発生するので，確実に固定費として計上される。これらの固定費の大きさによって，収穫逓増となる生産水準の範囲が決まり，自動車メーカーは各モデルをすべて1か所で集中的に生産する動機を持つ。

この仕組みを例を使って説明しよう。GMには生産すべき自動車のモデルが11種類あるとする。各モデルの売上は米国市場で20万台，カナダで2万台とする（カナダの人口とGDPは米国の約10分の1なので）。あるモデルをある場所で組み立てるとき，生産ラインの維持には固定費 $F$ がかかるとする。この固定費に加え，それぞれの車を生産するには $a$ 単位の労働が必要で，両国とも労働の賃金は $w$ だとする。これが収穫逓増の技術の例であることを確かめるのは簡単だ。ある組立ラインでは当初，年間 $Q$ 台生産しているとする。このとき，組立ラインで発生する総費用は $F+a \cdot w \cdot Q$ である。もしも生産量を2倍にしようとすると，費用は $F+2 \cdot a \cdot w \cdot Q$ となり，$2(F+a \cdot w \cdot Q)$ よりも低くなる。これが収穫逓増の本質だ。つまり，費用を2倍にするよりも安く生産量を2倍にできる。

当初，両国の間の関税は非常に高く，一方の国からもう一方の国へと自動車を輸出することは費用がかかりすぎて無理だと仮定しよう。この場合，GMは米国の需要を満たすために各モデル20万台を米国で生産し，カナダの需要を満たすためにカナダで各モデル2万台を生産しなければならない。そのため，GMは各国で11工場ずつ計22の組立工場を維持しなければならず，その総費用は $22F + w \cdot a \cdot 11 \cdot 220{,}000 = 22F + w \cdot a \cdot 2{,}420{,}000$ となる。

ここで自動車協定が発効し，米国とカナダの間で自動車に関して自由貿易が行われるとしよう。なお，両国間で輸送費やその他の貿易に対する障害はないものとする。GMは，自動車協定以前と同数以上の自動車をカナダで生産しなければならないという条件が義務付けられていると仮定しよう。さらに，政治的理由によって，自動車協定以前と同数以上の車を米国でも生産しなければならないものとする。このとき，GMは以下の方法で生産の再配分を行えばよい。つまり，米国では組立ラインをひとつ閉鎖して10だけ維持し，カナダでは10の組立ラインを閉鎖し，米国で閉鎖したモデルの生産のみを続け，両国共に各生産工場で22万台に増産する。これによって，カナダでの生産台数は自動車協定以前と変わらぬ水準を維持する。なぜなら，協定以前はカナダには11の工場があり，それぞれ2万台生産していたため，合計では22万台の生産台数だったのに対し，

協定後の今ではひとつのモデルをひとつの生産工場で生産するので，生産台数は22万台になるからだ。米国では，協定以前は11の工場でそれぞれ20万台生産していたので，合計で220万台の生産台数だった。協定後は，10の工場でそれぞれ22万台生産するので，合計で220万台の生産数となる。したがって，各国での自動車の総生産台数は以前と同じになる。さらに言えば，それぞれのモデルの生産台数も，協定以前と同じとなる。しかし，GMは今や，22ではなく11の組立ラインしか維持していないので，総費用は $11F + w \cdot a \cdot 11 \cdot 220,000 = 11F + w \cdot a \cdot 2,420,000$ となり，これは協定以前に比べて $11F$ の費用の節約となっている。

　明らかに，GMはこのような方法，つまり各モデルの生産をすべて1か所に集中させ，そこから両国の顧客に販売していくという方法で，生産を再配分する強い動機を持っている。そうすることでGMは同じ数の車をたった半分の固定費で生産できるので，多額の費用を削減できる。また，この方法で生産を再配分すると，カナダからひとつのモデルを米国に20万台出荷し，他の10のモデルを2万台ずつ，合計20万台を米国からカナダへ出荷することになる。そのため，貿易を全く行わない状態から，大量の貿易——年間20万台を双方で輸出入する——という取り決めへと移行する。要するに，**規模に関する収穫逓増は，1か所に各財の生産を集中させることで，貿易を行う動機をもたらすのだ**。

　これがおおよそ米加自動車協定によって実際に起きたことである。協定の施行によって，カナダで生産されていたモデルの種類は急激に減ったものの，カナダでの各モデルに対する生産台数は急速に増え，各工場での生産のかなりの部分が輸出されることとなった。これにより，完成車と部品の両方で両国間の貿易が劇的に盛んになった。このことは，1960年から1974年における米国・カナダ間の自動車貿易を示した図3.1で描写されている。上の2つの曲線はそれぞれ，米国からカナダへの自動車の輸出量とトラックおよびバスの輸出量である。下の2つの曲線は，それらに対する米国のカナダからの輸入量である（便宜上，カナダからの米国の輸入量はマイナスの値で示されている）。1965年以前は，両方向とも，また両方の分類において，貿易は無視しうるほど少なかったが，自動車協定が実施された年からは，両国の貿易量は爆発的に増えたことが示されており，1974年には自動車で1600万台になった。この期間において，米国からカナダへの自動車とトラックの輸出量は10倍に増え，カナダから米国への自動車とトラックの輸出量は**40**倍に増えた（Hervey 1978, p. 21）。図3.1は，貿易におけ

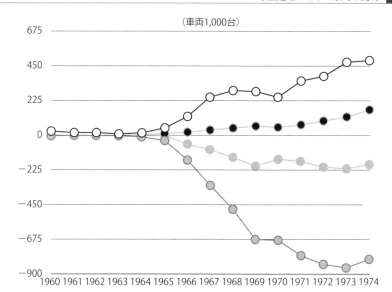

（車両1,000台）

**図 3.1　1960〜74 年における米国・カナダ間の自動車貿易**

る収穫逓増の重要性を力強く示している。この図における貿易の増加は，**すべて**
IRS によるものだ。

## 3.2　収穫逓増のより一般的な説明

　インパラの例は，規模に関する収穫逓増が，比較優位の概念で貿易を説明でき
ないときに貿易の発生を説明し，貿易に対して大きな影響力を持つことを示して
いる。この原理は自動車以外にも多くの産業にも適用でき，現代の国際貿易を理
解するためにも必要不可欠である。貿易における IRS の意味をより深くみてい
くためには，IRS を 3 つの種類に分ける必要がある。

　第 1 に，**ある企業**が$x$%投入量を増やすと**その企業**の生産量が$x$%を超えて増
加するならば，その企業は**内部的な IRS** を示している。すでに見てきたように，

内部的な IRS のひとつの発生源は，企業，工場，生産ライン，組立ラインなど
を設置し維持するための単純な固定費である。ここで留意すべきは，内部的な
IRS は図にすると右下がりの平均費用曲線を示すということだ。

第2に，ある企業が $x$% 投入量を増やしてもその企業の生産量は $x$% 以上の増
加にはならないが，国内の同じ産業におけるすべての企業が $x$% 投入量を増やす
と，それらの企業の生産量が $x$% を超えて増加する場合，その産業は**外部的で国
内的な IRS** を示している。

第3に，産業内におけるすべての企業が世界中で投入量を $x$% 増やした場合に
生産量が $x$% を超えて増加する場合，その産業は企業にとって外部的で**国際的な**
IRS を示している。

この章では，内部的な IRS に焦点を当てる。外部的な IRS は後の章で出てく
るが，特に第9章における貿易と経済発展に関する議論の中心となる。注意すべ
きは，内部的な IRS はそれ自体いかなる種類の市場の失敗とも無関係だが，そ
れは完全競争と矛盾するので，不完全競争を意味し，それが市場の失敗の一形態
となってしまうということだ。

インパラの例は，内部的な IRS が貿易の強力な理由になるということを主張
した。以下の3つの節では，この点について IRS の国際的な意味をいくつか追
加的に見ていく。それらはつまり，外国市場に進出するための企業戦略への IRS
の効果（3節），独占的競争の発生と産業内貿易（4節），そして貿易が生産性に
与える効果（5節）である。

## 3.3 どうやってヨーロッパに対処するか：貿易 vs 直接投資

再びゼネラルモーターズの例に戻ろう。1930年代以来，ヨーロッパで大きな
存在感を維持することは GM にとってひとつの重要な戦略である。平均してヨー
ロッパ大陸の自動車の約9% を GM は供給しているのだ。戦略上の主な課題は以
下のものだ。つまり，自動車をヨーロッパへ輸出するのと，ヨーロッパの国内市
場で自動車を生産するのとでは，どちらが多くの利益を GM にもたらすだろう
か？ この結論は，IRS に関する考察に大きく影響される。

次のような思考実験を行うと，なぜかが分かる。あなたは $i$ 国の企業の CEO
（最高経営責任者）で，ある外国 $j$ の市場への参入を考えているとしよう。この

場合，あなたには２つの選択肢がある。つまり，国内市場の生産工場で生産を続けて $j$ 国に輸出するか，あるいは $j$ 国に子会社を設立し，その子会社で生産したものを $j$ 国市場で販売するか，だ。どちらの戦略を採択するかを決めるには，収穫逓増の効果（生産を１か所に集中させて，海外市場の需要を満たす分だけ輸出する必要がある）と，関税と輸送費（子会社の設立にとって望ましい）とをてんびんにかける必要がある。

具体性を持たせるため，あなたの製品に対する外国市場の需要は，需要関数 $Q(P)$ に集約できるものとし，それは外国市場であなたがつける価格 $P$ に関して減少関数であるとする。

一方において，あなたが $j$ 国に子会社を費用 $F$ で設立できた場合，その後あなたは自動車１台を $a^j$ 単位の労働を雇って生産できる。労働１単位当たりの費用は $w^j$ である。

他方，あなたは $j$ 国に製品を出荷することもできる。この場合，１台につき輸送費 $k(d^{ij})$ を支払うことになる。ここで $d^{ij}$ は $i$ 国から $j$ 国までの距離で，$k(\cdot)$ は増加関数である。$j$ 国はまた輸入関税をかけており，あなたは $j$ 国の消費者に向けて自動車を１台輸送するごとに $t$ という金額を $j$ 国政府に支払わなければならない。$i$ 国での生産にはやはり１台当たり $a^i$ 単位の労働が必要で，労働１単位当たり $w^i$ の費用がかかる。重要なことは，**$j$ 国市場向けに $i$ 国の国内で生産を行うなら，固定費は必要ない**ということだ。なぜなら，生産工場は国内ですでに建設済みで，$i$ 国の消費者の需要を満たすために維持され，それは $j$ 国向けの製品の供給方法とは関係ないからだ。

したがって，$j$ 国の消費者に子会社から製品を供給する際は，固定費 $F$ と限界費用 $w^j \cdot a^j$ が必要となる。$j$ 国の消費者に輸出という形で供給するならば，固定費はかからないものの，限界費用 $w^i \cdot a^i + k(d^{ij}) + t$ が必要となる。

輸出戦略を使用する場合，あなたは $j$ 国の消費者に課す価格 $P^j$ を決めなければならない。そのためには

$$\left(P^j - \left[w^i a^i + k(d^{ij}) + t\right]\right) Q(P^j)$$

を最大化する必要がある。最大化された利潤は，$\Pi^{export}(w^i a^i, d^{ij}, t)$ と表すことができる。明らかに，$w^i a^i$ や $d^{ij}$ あるいは $t$ が増加するならば，$\Pi^{export}$ は減少する。これに対して，FDI 戦略を用いると，$P^j$ を決めるには，

$$(P^j - w^j \cdot a^j) Q(P^j) - F$$

を最大化する必要がある。最大化された利潤は，$\Pi^{FDI}(w^j a^j,\ F)$ と表すことができる。明らかに，$\Pi^{FDI}$ は $w^j a^j$ と $F$ に関して減少関数である。

　あなたにとって最も良い選択は，$\Pi^{export}(w^i a^i,\ d^{ij},\ t) > \Pi^{FDI}(w^j a^j,\ F)$ のときに輸出を選ぶことだ。他の変数を一定に保つと，以下の場合にこの状況が当てはまることが分かる：

1．$j$ 国で生産するときの単位労働費用 $w^j a^j$ が非常に高い，
2．二国間の距離 $d^{ij}$ が短い，
3．$j$ 国政府から課される関税 $t$ が安い，あるいは
4．子会社を設立し維持するための固定費 $F$ が高い。

GM のヨーロッパ戦略は，これらの条件に沿って考えると理解しやすい。ヨーロッパの関税と大洋横断輸送費のため，GM はヨーロッパにあまり多くの自動車を輸出しないが，ヨーロッパで国内市場向けにたくさんの自動車を生産している。そのほとんどは，1929 年に GM が買収した子会社であるオペルからのものだ。しかし，**ヨーロッパ内においては**，生産工場はごく少数の地域に集中している。例えば，オペル・ベクトラというモデルはすべてドイツのリュッセルスハイムで生産されている。2006 年に，GM はベクトラを 126,088 台生産し，ヨーロッパ中に出荷した。基本的に，米国とヨーロッパの間では，輸送費もたくさんかかるし莫大な関税もあるということで，貿易費用が主要な要因となっており（上述の 1 と 3 を参照），ヨーロッパ市場向けとしては，貿易ではなく現地生産が選ばれている。しかしヨーロッパ内では，輸送距離も短く，欧州連合の加盟国間では関税もゼロなので，IRS が主要な要因となり（上の 4），輸出が選択されている。その結果，GM は米国からヨーロッパにはほとんど輸出しないが，ドイツからフランス，スペインからドイツなどへは，たくさんの自動車を輸出している。もう一度言うが，貿易は収穫逓増によって推進され得るのだ[1]。

---

1　この単純なモデルに，ある企業が他の企業よりも効率的である可能性を追加することもできる。ヘルプマンとメリッツとイェープル（Helpman, Melitz and Yeaple 2004）は，このようなモデルにおいて，より生産的な企業ほど FDI を選択することを示している。

　これらの予測によって，企業行動がより一般的に説明できるようにもなる。例えば，ブレナード（Brainard 1997）は様々な製造業における米国の多国籍企業に関する研究において，以下の結果を得ている：米国企業は実質的に，外国の関税（私たちのモデルにおける $t$）が低い場合，輸送費（私たちのモデルにおける $d^{ij}$）が低い場合，あるいは産業の規模に対する収穫逓増（私たちのモデルにおける $F$）が大きい場合，子会社を設立するよりも貿易を行うことによって外国市場へ製品を供給する傾向がある[2]。

## 3.4　もっと小さな規模：家具製造における貿易と収穫逓増

　自動車産業での IRS の存在を無視することは難しい。というのも，その産業の不可分性は数千人の労働者を持つ巨大工場をもたらし，各工場では1年間に何千台もの自動車を作ることになるからだ。こうした不可分性は，各国においてせいぜい数社の自動車企業が存在することの主な理由となるだろう。しかし，同じ原理は極めて小規模の企業が何百と共存するような，より小さな不可分性を持つ産業にも適用できる。ひとつの例が家具だ。2001年に米国はカナダに19.19億ドル相当の家具を輸出し，逆にカナダは米国に39.74億ドル相当の家具を輸出している[3]。この貿易は3，4社の大企業が支配しているわけではなく，むしろ多くの中小企業によって支配されており，それらの中小企業はたいてい独自のスタイルを持っている。例えば，バロネットは独自のデザインを生産するカナダの中規模企業であり，米国中でショールームを通じて製品を販売している。例えばバロネットのジャワ風ダイニングセットは，単純な長方形と少しだけ優雅な湾曲をもって作られており，バロネットいわくアジアの影響が少し入っている。

　国境の反対側では，L.&J.G. スティックリーという企業が，ニューヨーク州マンリウスにある工場で高品質の木製家具を生産している。この会社は，20世紀初頭デザインにおけるアーツ・アンド・クラフツ運動に影響を受けた修道院風ダ

---

2　その研究では，労働費用 $w^i a^j$ の役割を分析していない。一般に，実証研究の文献は，こうした FDI あるいは貿易の意思決定と労働費用との間に強い相関を見出していない。おそらく，統計的研究に有用な方法で $a^j$ を測定することが困難なためだろう。

3　これらの数値は，Feenstra, Romalis and Schott（2002）によって加工され文書化された関税局のデータに基づいている。「家具」はここでは，標準産業分類（SIC）の大分類25として定義されており，それには備え付けのものを含んでいる。

John Wiley & Sons

イニングセットのような伝統的なデザインに重点を置き，1世紀以上かけて名声
を築き上げた。

　これら2つのダイニングセットは，データ上では同じもののように見える——
木製のダイニングテーブルとそれに合う椅子——が，スタイルが全く異なってい
るので，違う消費者にアピールするだろう。ポイントは，家具は日用品ではな
く，デザイナーによる商品であるということだ。このことは，各企業が生産する
ものは他のどの企業が生産するものとも違う，ということを意味する。それがた
とえ「ダイニングテーブル」や「ダイニングルームの肘掛なし椅子」のように狭
い範囲で定義されるカテゴリーだとしても。その結果，各企業は生産設備を建設

John Wiley & Sons

して維持するのに加えて，独自のデザインを生産するために，固定費を支払わなければならない。そのため，家具業界における内部的な IRS には2つの異なる理由が生じる。さらに言えば，各企業は——たとえ市場の1%に満たなかったとしても——ある程度の市場支配力を持つ。もしスティックリー社がその修道院風ダイニングセットの価格を例えば10% 上げたとすると，他の競争相手の企業に負けて顧客を何人か失うことになるかもしれないが，同じ商品は誰も生産しないので，全員を失うことはないだろうということを同社は分かっているだろう。

このような産業を近似的に描写するのに適したモデルは**独占的競争モデル**であり，それは1930 年代にハーバード大学の経済学者であるエドワード・チェンバレンによって定式化された。このモデルの重要な特徴は以下のものである：

1．多数の売り手が競争し，それらはすべて同じ費用構造を持ち，どの企業も大きな市場シェアを持たない。
2．各売り手はそれぞれ明確に区別できるものを生産するので，その企業独自の製品に対して独占者となっている。
3．参入は自由であり，そのため均衡ではすべての生産者の利潤はゼロになる。

図による説明が，図 3.2 に示されている。これはあるひとつの企業の意思決定問題——例えば，バロネットがジャワ風家具の価格をどのように設定するか，という問題だ。この企業の限界費用曲線と平均費用曲線はそれぞれ $MC$ と $AC$ で示されている。右下がりの曲線はジャワ風ダイニングルームセットの需要曲線だが，それは**産業内の他の家具製造企業の数に依存している**。より多くの企業がそれぞれ独自のデザインで参入しようとするならば，与えられた価格の下でバロネットは顧客を何人か失うこととなり，需要曲線は左方向へ移動するだろう。もしいくつかの企業が生産をやめたら，需要曲線は右側に移動する。

この企業は限界費用を $MR$ 曲線によって示される限界収入に等しくすることで，最適な価格を選択する。これによってジャワ風ダイニングセットの価格と数量が決まり，それぞれ $P^*$ と $Q^*$ として示されている。重要なことは，このとき $P^* = AC$ が得られるので，利潤はゼロに等しくなる。そうでないとしよう。例えば，バロネットの最適点で $P^* > AC$ であるとしよう。すると，同社は正の利潤を

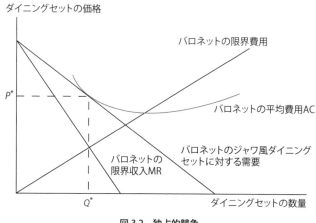

**図 3.2　独占的競争**

受け取っていることを意味し，それは他の企業が参入して同様に利潤を得られる
ことを意味してしまう。その結果参入が起こり，バロネットの需要曲線は左方向
に移動するだろう。それは利潤がゼロに等しくなるまで続く。同様にして，もし
バロネットの最適点で $P^* < AC$ であったとすると，バロネットや他の企業は損失
を被ることとなるので，中には撤退する企業も出てくることとなり，バロネット
の需要曲線は利潤ゼロの状態に回復するまで右方向に移動することとなる。

　別の言い方をすると，企業の数は，図 3.2 において製品固有の需要曲線が平均
費用曲線と接するまで調整される。需要曲線が $AC$ 曲線の下方にある場合は，そ
れがどこであろうと，企業は市場で決まる価格と数量の組み合わせで，企業に
とって収支が合うような組み合わせを選ぶことはできない。もしも需要曲線が
$AC$ 曲線をいかなる点でも通過するならば，企業は，市場で決まり，かつ $P^* >$
$AC$ となり厳密に正の利潤をもたらすような価格と数量の組み合わせを選択する
ことができる。自由参入下でゼロ利潤条件を満たすことができる唯一の状況は，
需要曲線がちょうど $AC$ 曲線と接している場合である。

　均衡は必ず $AC$ 曲線の右下がりの曲線部分に存在する，ということに注意すべ
きである（なぜなら，需要曲線は $AC$ 曲線に接していなければならないからだ）。
$AC$ 曲線の最低点は，平均費用が最小になる数量であるため，しばしば**最小効率
規模**と呼ばれる。したがって，独占的競争の均衡では常に最小効率規模よりも少
ない生産が行われる。このことは，製品の多様性を供給するための費用として大

雑把に解釈できる。つまり，企業の数が10％減少し，各企業が10％多く生産すれば，総産出量を変えずに平均費用を抑えることができるが，消費者にとっては選択可能な製品の種類が減ることになる。

　この種のモデルの均衡を完全に分析することは私たちの扱う範囲を超えるが，このようなモデルで貿易が開始されたときに何が起きるかということについて，簡単にまとめておこう[4]。まず，単純化のため，2つの全く同じ国（ただし片方の国の方がもう片方の国よりも大きいという可能性はある）から成るモデルを考えよう。あるひとつの産業，例えば家具産業が独占的競争の状態にあり，当初は家具の貿易が禁止されているとする。ここで自由貿易を許可しよう。まず気づくべき点は，バロネットは，以前なら無視できていたはずの同社と似たスタイルの家具企業にもっと対処する必要があるということだ。そのタイプの家具が好きな消費者は今や，以前よりも魅力的な選択肢が増えるので，バロネットは以前よりも価格を上げるとより多くの消費者を失うということについて，もっと気に掛ける必要がある。言い換えると，各企業の製品に対する需要は，貿易が許可される前と比べて，より**弾力的**になる。その結果，図3.3（a）に示されているように，バロネットの需要曲線は以前よりも傾きがより緩やかになる。このことは，バロ

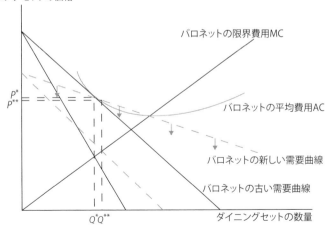

図3.3（a）　独占的競争における貿易の効果：他の企業が価格を調整し参入・退出が起きる前

---

4　興味のある読者は，Helpman and Krugman（1987）でこれらのモデルにおける貿易の詳しい分析を探求することができる。

ネットがダイニングセットの価格を限界費用にさらに近い値（新しい価格は $P^{**}$ と記されている）に設定し，以前よりも数量を増やして（$Q^{**}$ と記されている）販売しようとすることを示している。

　ところが，図3.3（a）は新しい均衡を示してはいない。その理由は，どちらの国でもその産業内の**すべての**企業がこれらの同じ変化に直面していて，**それぞれの企業が同じように価格を下げて販売量を増やす**ので，バロネットの需要曲線は矢印が示しているように内側に移動するからだ。この産業規模での値下げがかなり大きいと，バロネット（や産業内の他のすべての企業）は赤字になり，それによって撤退する企業も出てくるので[5]，バロネットが再び損益のない状態になるまで需要曲線は外側に戻っていく。したがって，貿易均衡においては各消費者はより多くの種類の家具を選べるようになるにもかかわらず（消費者は両方の国で生産される多様な製品を選べるためだ），各国の家具製造企業の数はより少なくなる。新しい均衡は図3.3（b）に示されており，図3.2とよく似ているが，こち

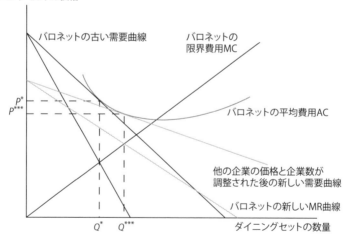

図 3.3（b）　独占的競争における貿易の効果：すべての企業の価格調整と参入・退出が行われた場合

---

5　これは，こうしたモデルの最もよく知られている定式化における結果だが，値下げがそれほど激しくなく，退出ではなく参入という結果になる例を作ることもできると考えられる。ここでの説明の非常に詳細な数学的分析については，Helpman（1981）を参照。その分析では，企業の総数は貿易に伴い減少するが，各消費者は外国製品を選択することができるため，選択可能な製品の数が増えることが示されている。

らの方が需要曲線がより平坦で，数量も多く，1企業当たりの価格が低くなっている（それぞれ $Q^{***}$ と $P^{***}$ で記されている）。

最終的な結果は，それぞれの家具製造企業がカナダの消費者に製品のいくつかを販売する，というものになる。つまり，カナダの各企業は米国の消費者に商品のいくつかを販売し，両国で一部の企業は撤退する。また市場はさらに競争的になり，各商品の需要曲線がより弾力的になるため，各家具製品の価格は限界費用にさらに近い値をとる。そして各消費者は家具デザインの選択肢がより広がり，そのうえ競争が高まったことによって価格が下がるので，利益を得る。どちらの国においても貿易によって損をする人は誰もいない。撤退した家具製造企業の所有者でさえも，損はしていない。なぜなら，ゼロ利潤条件によって，彼らは単に資本の機会収益つまり他の産業で得られるだろう利益を得ているからだ。消費者は，家具の価格の低下と商品の多様化の両方から利益を得る。

これは（2つの国が規模以外は同一であるという想定のため）比較優位に基づくものではないが，それでもなお貿易の話である。その理由は，それぞれの家具生産者は独自の製品を販売するので，アメリカ人の中にはバロネットから買いたいと思う人もおり，カナダ人の中にはスティックリーから買いたいと思う人もいるからだ。この種の貿易は**産業内貿易**と呼ばれ，それはあるひとつの産業内で行われる貿易を意味する（ダイニングセットがトラックで国境を越えて南へ渡ると同時に，他のダイニングセットが他のトラックで国境を越えて北へ渡る）。これは前章で議論したナイジェリアの例，つまりココアがコメと引き換えに輸出されるのとは対照的である。ちなみに，そのような貿易は**産業間貿易**，あるいは産業を横断する形での貿易と呼ばれる。

この概念を厳密にするために，ある産業 $k$ において $i$ 国から $j$ 国への輸出額が，ドルで測られるものとして，$x_k^{ij}$ で表されるとしよう。するとその2国間での総貿易額は $\Sigma_k(x_k^{ij}+x_k^{ji})$ に等しくなる一方，各産業の純貿易額は $i$ 国から $j$ 国への出荷額とその逆方向の出荷額の差の絶対値，つまり $|x_k^{ij}-x_k^{ji}|$ に等しくなる。その結果，$i$ 国と $j$ 国の間の総貿易額に対する比率としての産業間貿易は次のように示される：

$$interindustry_{ij}=\frac{\Sigma_k|x_k^{ij}-x_k^{ji}|}{\Sigma_k(x_k^{ij}+x_k^{ji})}$$

そして $i$ 国と $j$ 国の間の産業内貿易の比率は以下のように計算することができる：

$$intraindustry_{ij} = 1 - interindustry_{ij}$$

一般的に，米国と他の工業国と間の貿易は大部分が産業内貿易になる傾向がある一方，第三世界の発展途上諸国との貿易は産業間貿易が多くなる傾向にある。例えば，この尺度ではカナダとの製造業の貿易は 60% が産業内貿易であり，ナイジェリアとの貿易は 2% が産業内貿易である[6]。

## 3.5 異質性を追加する：メリッツ効果

言うまでもなく，上で述べた独占的競争モデルの仮定，つまりすべての企業が同じ生産性を持つという仮定は，極めて非現実的だ。ある企業が他の企業よりもよりうまく経営され，より生産的だという明確な現実を考慮に入れた場合，何が起きるだろうか？

メリッツによる論文（Melitz 2003）は，この問いに対する有名な研究成果を提示した。メリッツは独占的競争の貿易モデルを，企業が異なる限界費用を持つことを考慮に入れて修正し，**異質的企業モデル**にした。また動学を加えることでもう少し複雑化した。つまり，時間が経つにつれて，いくつかの企業は消滅し，新規参入企業に取って代わられる。最後の重要な仮定は，各企業が輸出のために固定費用を支払わなければならない（外国市場について学ぶ必要がある，製品を現地の規制に適合させる必要がある，流通網を開発する必要がある，など）というものだ。しかし，各企業が内部的な収穫逓増という性質を持ち独自の商品を生産する，という重要な仮定は変わっていない。

このモデルの主な結論は以下のとおりである。**第1**に，均衡では常に，より効率的な企業，つまり限界費用がより低い企業が，より効率的でない企業よりも多くの生産を行う。ある所与の生産性の閾値よりも低い企業は，市場から完全に撤退する——収穫逓増のため，生産規模が小さいと固定費用をカバーするだけの可変利潤を十分に生み出せないので，利益が出ない。**第2**に，貿易が開始されると，最も効率的な企業のみが輸出のために必要な固定費用を支払う。（固定費用

6　前と同様，Feenstra, Romalis and Schott（2002）の 4 桁の SIC レベルの貿易データに基づく。

を払うことは，その固定費用をカバーするのに十分な生産量を輸出できる企業だけにとって価値がある。そして限界費用が低い企業のみがそれだけ多くの生産量を輸出することになる。）その結果，貿易が開始されると，すべての企業は輸入品との競争に直面するが，最も生産性の高い企業のみがそれを相殺する輸出販売の利益を享受する。

したがって，貿易の開始により，最も生産性の高い企業以外のすべての企業は利潤の減少に直面し，生産量を減らすことになる。最も生産性の低い企業の中には，自給自足の下では生き残るのに十分な生産性があったとしても，市場から完全に撤退してしまう企業もいる。同時に，最も生産性の高い企業は輸出を開始し，より生産性の低い企業の撤退や，また市場に残っているギリギリの企業の生産量が減少することにより，利益を得る。最も生産性の高い企業はそれによって，貿易がなかったときよりも高い利潤を獲得し，さらにたくさん販売することになる。

その結果は重要だ。貿易は，最も生産性の高い企業には輸出と拡大をもたらす一方で，より生産性の低い企業は国内市場に製品を供給し縮小する。そして最も生産性の低い企業は完全に撤退する。これらはすべて，**グローバル化が生産性を向上させる**ことを意味する。なぜなら，生産性の最も低い企業が撤退するだけでなく，生き残った企業の中でも，生産性のあまり高くない企業を犠牲にして最も生産性の高い企業の市場シェアが上昇するからだ。これら２つの変化の組み合わせと，その結果として生じる生産性の向上を，メリッツ効果と呼ぶことができる。

この結果は，図3.4のように示すことができる。モデルの表記において，製品を$q$単位生産しようとする企業は，$f + q/\phi$単位の労働を雇用する必要がある。ここで$f > 0$は固定労働投入係数で，すべての企業について同一であり，$\phi > 0$は労働の限界生産物で，各企業にとっては定数だが，企業ごとに異なる値をとる。したがって，$\phi$は企業の生産性の尺度となる。生産のための固定労働投入$f$に加えて，企業は輸出するためには固定費と輸送費を支払わなければならない。これらの固定費は，全ての企業に対して同じである。$\phi$の値が十分大きい企業のみが市場に参入しようとする。また，$\phi$の値が十分大きい企業のみが輸出しようとする。そして，$\phi$の値がより大きい企業が，よりたくさん生産し，より多くの利潤を獲得することになる。図3.4は，与えられた$\phi$に対して企業がどれくらい

生産できるかを示している。自給自足下での企業行動は黒い線で示されている。
自給自足のとき，$\phi$の値がカットオフ値$\phi_a^*$を下回っている企業は，市場に全く
参入しない。$\phi$の値がカットオフ値を上回っていれば参入し，右上がりの線が示
すように，生産性が高い企業ほどより多く生産する。自由貿易下での企業行動
は，グレーの線で示されている。自由貿易の下では，$\phi$の値がカットオフ値$\phi^*$
を下回っている企業は，市場に全く参入しない（また，過去においてすでに参入
していた企業は撤退することになる）。$\phi$の値が$\phi^*$を上回っていれば参入し，
生産性の高い企業ほど，より多く生産する。それに加えて，貿易の下では，$\phi$の
値がカットオフ値$\phi_x^*$を下回っている企業は輸出を行わず，そのためそれらの企
業の生産量は自給自足のときよりも少なくなる。これに対して，$\phi$の値がカット
オフ値$\phi_x^*$を**上回っている**企業は**輸出を行う**ので，自給自足のときよりも生産量
は**多くなる**。ここで，$\phi_a^* < \phi^*$であることに注意しよう。なぜなら，貿易は儲
けがギリギリの企業にとっては，輸入品との競争にさらされ輸出をしないため厳
しいものとなり，結果として貿易均衡では参入のための生産性のカットオフ水準
がより高いものとなるからだ。

　貿易に起因するこれらの均衡の変化が全体として，先に述べたメリッツ効果を
創出する。貿易により，生産性の低い企業は撤退し（$\phi_a^* < \phi^*$という結果から

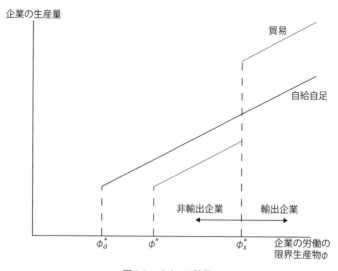

図 3.4　メリッツ効果

分かる），生き残った企業の間では，生産性のあまり高くない企業を犠牲にして，生産性の高い企業は市場シェアを増やす（グレーの線が $\phi_x^*$ の左側では黒い線の下にあり，$\phi_x^*$ の右側では黒い線の上にあるという結果から分かる）。これらの効果はともに，貿易の結果，企業の平均生産性が上昇することを意味する。

　これらの予測は，ある特定の理論モデルから導かれたものだが，実際に実証的にも非常に都合の良い裏付けがある。例えば，バーナードとジェンセン（Bernard and Jensen 1999, pp. 5-6）は，1992 年のデータにおいて，輸出に携わった企業は輸出を行わなかった企業よりも平均で 88％ 多くの従業員を雇っており，全要素生産性が 13％ 高かったことを示している。このことは，生産性がより高い企業，つまりより大きな企業しか，輸出を選ばないというメリッツの予測と整合的だ。

　別の例では，トレフラー（Trefler 2004）が，1988 年の米加自由貿易協定（CUSFTA）施行前後におけるカナダの製造業データを分析した。協定によってお互いの国の工業品に対する関税は引き下げられ，最終的に撤廃された。異なる製品に対する関税は当初異なる水準にあったので，それらをすべてゼロにすることは，ある産業に対して他の産業に比べて大きな関税の変化をもたらした。（例えば，すでに見てきたように，自動車製品に関しては自動車協定のためにすでに関税が撤廃されていたので，CUSFTA は自動車部門における貿易自由化の効果は全くなかった。）このことはメリッツの理論モデルと完全に合致しているわけではない。なぜなら，カナダと米国は自給自足から自由貿易に移行したというよりもむしろ，すでに存在していた貿易障壁を減らすことで自由化したからだ。しかし，メリッツの理論はこうしたケースにおいてもなお，ある程度の効果を予測する。つまり，市場が異質的企業による独占的競争であるならば，相互の関税引き下げは競争力を強め，生産性を高める。

　トレフラーは様々な産業で，関税引き下げの大きさと労働生産性の変化との間に強い相関を発見した。彼は，関税引き下げによって最も影響を受ける産業において，関税撤廃は以前の高い関税率の場合に比べて労働生産性の年間成長率を 1.9％ 上昇させた，と結論づけた（Trefler 2004, p. 880）。これは非常に大きな数字である[7]。しかし，各工場においては，労働生産性の成長に対する効果はちょ

---

7　ここで意味しているのは，1.9%**ポイント**の増加だ。例えば，年間 1％ の生産性成長が見込まれる↗

うどその半分しかなかった。このことは，トレフラーが発見した生産性の向上の多くが，より効率的な工場が効率的でない工場を犠牲にして，あるいは効率的でない工場の撤退によって市場シェアを増やしたことによるものだ，ということを示唆する。この結果は，メリッツ効果と完全に整合的だ。

## 要　点

　規模に関する収穫逓増の重要性についての見解は，以下のように要約することができる。
1．IRS は，たとえ比較優位がない場合でも，国際貿易を行う動機となる。なぜならそれは，GM がインパラ（や他のほとんどのモデル）についてするのと同じように，各財の生産を1か所に集中させ，その場所からすべての場所の顧客に供給する理由を生み出すからである。
2．IRS には内部的な IRS，外部的な IRS，外部的で国際的な IRS の3種類がある。
3．輸出もしくは現地生産によって外国市場に財を供給する方法を決定しようとしている企業は，関税や輸送費などの貿易障壁と IRS とをてんびんにかけなければならない。IRS が支配的な要因ならば，GM がスペインとドイツの工場から欧州の他の地域に輸出するのと同じように，その企業は輸出を選ぶ。関税や輸送費が支配的ならば，GM が欧州市場向けに米国ではなくヨーロッパで自動車を生産するのと同じように，外国市場での生産を選ぶ。
4．ある産業において内部的な IRS が存在するが，固定費用が多数の小規模生産者の存在を認めるほど十分に低い場合，つまり参入が自由でこれらの生産者のそれぞれが固有の財を生産する場合，そのモデルは独占的競争と呼ばれる。
5．独占的競争は産業内貿易を意味し，それに加えて価格・限界費用間のマージンの低下や消費者にとっての製品バラエティの増加を含む，貿易の利益をもたらす。
6．独占競争市場において企業の生産性が異なり，かつ輸出に固定費用がかかる場合，国際貿易の開始は生産性が向上するという追加的な利益をもたらす。これは，貿易によって大きく効率的な輸出を行う企業が，国内市場向けにのみ生産を行う，小さく効率性の低い企業を犠牲にして利益を得るからであり，また最も効率の低い企業が市場から脱落するからである。これはメリッツ効果と呼ばれ，実証的にも非常に都合の良い裏付けがある。

## 私たちはどこにいるのか

　私たちは貿易モデルの系統図に，1企業モデルと独占的競争モデルの両方を含む，内部的な収穫逓増のモデルを追加した（次ページ図参照）。

## 章末問題

1．あなたの会社は，いくつかの外国でそれぞれ製品を売りたいと思っていて，そのためには輸出するか，または FDI を通じてその市場向けに現地生産するかを決定する必要がある。

＼産業では，それは2.9％への増加を意味する。

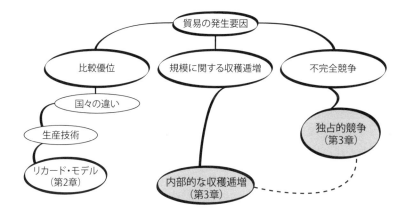

各国における製品の需要は同一で，以下の式で与えられると仮定する：

$$Q = 100 - P$$

ここで $P$ はあなたの会社がその国で設定するドル建て価格であり，$Q$ はそこでの販売量である。また，どの国で生産しても限界費用は同じで，1 単位当たり 20 ドルに等しい。あなたが生産することを選択した場合，あなたの会社は独占企業になる。外国で生産するには，79 ドルの固定費用が必要となる。一方，自国で生産し，$d$ マイル離れた国に輸出するには，出荷 1 単位当たりの輸送費が $d/5{,}000$ ドルかかる。

　$d$ の値がどのような範囲にあるとき，あなたの利潤を最大化する決定が輸出を選択することになるか？　FDI を選択するのはどんなときか？

2．問 1 で議論した国のうちのひとつが，関税すなわち輸入税を課すと仮定し，あなたの会社は関税をその国に輸出する費用に追加しなければならない。しかし，関税はその国で生産して消費者に直接販売する場合には適用されない。当初あなたはその市場に輸出していたが，関税はあなたに FDI 戦略への切り替えをさせるほど高く設定されているとする。（これはしばしば関税回避型 FDI と呼ばれる。）あなたは今，その国の消費者にどのような製品価格を課すか？　関税によって引き起こされたこの変化は，その国にとって有益な可能性が高いか？　輸入するすべての国がこれを試すべきか，それとも裏目に出るだろうか？

3．3.1 節で取り上げた自動車協定の下での生産の再配分に関するモデルでは，GM は各国の賃金を所与とすると仮定した。市場賃金 $w$ は自動車産業で何が起きても影響を受けず，労働者はその賃金で他の産業の仕事を容易に見つけることができると仮定しよう。

　(a)　GM が単に労働者に機会賃金 $w$ を支払う場合，GM の労働者は，そのモデルに記述されていた生産の再編（各国で生産される製品モデルの数を減らすが，各工場では生産を拡大する）によって利益を得るか，損失を被るか，それとも無差別だろうか？

　(b)　今度は，GM の労働者が組合を組織し，彼らの機会賃金を受け取ることに加えて会社が生み出す経済的レントの一部を受け取るために交渉すると仮定する。単純化のため，組合の存在は企業の生産および価格の決定に影響を与えないと仮定する[8]。企業の収入から労働者の機会賃金を差し引いたものを**交渉余剰**と呼び，労働者たちは常に交渉余剰の半分

（労働者間で均等に分担）を受け取ると仮定する。(a)の問いに対するあなたの答えは違うものになるか？

(c) 自動車協定とそれが許容する生産の合理化を GM の労働者が支持あるいは反対する，政治的インセンティブを考慮する。これらの政治的インセンティブは，労働者が組合を組織している場合とそうでない場合のどちらで，経営陣の政治的インセンティブとより合致しているか？　説明しなさい。

4．スプレッドシート "bilateral_trade_data_2001.xls" は，米国と他のすべての国との間の製造品貿易を，374 産業分類（すべて製造業内）に分けて記録したものである。"export" の列は貿易相手国への輸出を示し，"imports" の列はその国からの輸入品を示している。

ひとつの国（カナダとナイジェリア以外）を選択し，その国との貿易に占める産業内貿易の割合を計算しなさい。分かったことを簡単に分析しなさい。その値が高かった場合，なぜそんなに高いのか解説し，その値が低い場合はなぜそれほど低いのか解説しなさい。数行の文章で構わない。データの解釈に役立たせるために貿易の構成を調べたい場合は，http://www.osha.gov/pls/imis/sicsearch.html で産業分類の意味を調べることができる。

5．メリッツ効果について。スプレッドシート "heterogeneous_firms.xls" は，異質的企業の存在する仮想的な独占的競争市場のデータを提供している。各企業は 1 から 100 までの番号が振られており，労働の限界生産物 $\phi$ が与えられている。固定労働投入係数 $f$ の共通の値は，スプレッドシートの最初に示されている。各企業が当初に生産する量の仮定値も示されているが，これは各企業の限界費用と限界収益が等しいとすることによって導かれたものと仮定する。労働の限界生産力が高い企業は，より多く生産すると仮定している。

(a) 自給自足の下での，各企業の労働雇用量を計算しなさい。

(b) この情報を用いて，産業の労働生産性（労働者 1 人当たりの生産量）を計算しなさい。

(c) いま，この産業で貿易が行われ，メリッツ効果によって最も効率の悪い 15% の企業が脱落すると仮定する。さらに，54 番目の企業およびこの企業よりも効率的なすべての企業が輸出し，残りの生存企業は国内市場のみに向けて生産を行うと仮定する。輸出企業が自給自足の場合と比較して生産量を 10% 増やす一方，非輸出企業は自給自足の場合に比べて生産量を 10% 減らすと仮定する。ここで，(a)と(b)の問いにおける計算をやり直し，結果を解釈しなさい。特に，産業の生産性に何が起き，またそれはなぜなのか説明しなさい？

(d) 図 3.4 に相当するグラフを描き，これらの結果を示しなさい。

6．さらにメリッツ効果について。前問の計算を使って，Trefler（2004）と同様の分析を行うことができる。貿易前後の各企業の労働生産性（前と同様，労働者 1 人当たりの生産量）を計算しなさい。（貿易開始後に市場から脱落する企業は無視する。）各企業の労働生産性の

---

8　これは，使用されている組合のモデルに依存する。例えば，組合と経営陣が自動車の各モデルを各国で何台生産し販売するかについて交渉を行うというナッシュ交渉モデルを考えると，GM の労働者に組合賃金が支払われるということは，企業の生産量と価格に関する意思決定が，組合なしで限界費用が $w \cdot a$ の場合と同じということを意味する。ナッシュ交渉モデルの説明については，Osborne and Rubinstein（1990, pp. 9-17）を参照し，まさにこの特徴を有する組合交渉への適用については pp. 19-20 を参照のこと。

成長率をパーセンテージ（生産性の変化を初期値で割り，100倍したもの）で計算しなさい。
(a) 労働生産性が低下する企業は何社か？　これらの企業はなぜ生産性が低下するのか？　労働生産性が上昇する企業は何社か？　なぜこれらの企業では上昇するのか？
(b) 次に，すべての企業について労働生産性の成長率の平均を求めなさい。平均的な生産性の伸びはプラスか，それともマイナスか？
(c) 計算結果を，前の問題で計算した産業の生産性への影響と比較しなさい。企業の平均生産性は，産業の生産性と同じ方向に動くだろうか？　そうでない場合は，それはなぜか？

## 参考文献

Bernard, Andrew B. and J. Bradford Jensen (1999), "Exceptional Exporter Performance: Cause, Effect, or Both?" *Journal of International Economics* 47, pp. 1-25.

Brainard, S. Lael (1997), "An Empirical Assessment of the Proximity-Concentration Trade-off Between Multinational Sales and Trade," *The American Economic Review*, 87: 4 (September), pp. 520-544.

Feenstra, Robert C., John Romalis and Peter K. Schott (2002), "U.S. Imports, Exports, and Tariff Data, 1989-2001," NBER Working Paper 9387 (December).

Helpman, Elhanan (1981), "International Trade in the Presence of Product Differentiation, Economies of Scale, and Monopolistic Competition: A Chamberlin-Heckscher-Ohlin Approach," *Journal of International Economics* 11, pp. 305-340.

Helpman, Elhanan and Paul Krugman (1987), *Market Structure and Foreign Trade: Increasing Returns, Imperfect Competition, and the International Economy*, Cambridge, MA: The MIT Press.

Helpman, Elhanan, Marc J. Melitz and Stephen R. Yeaple (2004), "Export Versus FDI with Heterogeneous Firms," *American Economic Review* 94: 1 (March), pp. 300-316.

Hervey, Jack L. (1978), "Canadian-U.S. Auto Pact—13 Years Afte," *Economic Perspectives* II: 1 (January-February), pp. 18-23.

Melitz, M. J. (2003), "The Impact of Trade on Intra-industry Reallocations and Aggregate Industry Productivity," *Econometrica* 71: 6, pp. 1695-1725.

Osborne, Martin J. and Ariel Rubinstein (1990), *Bargaining and Markets*, San Diego, CA.: Academic Press.

Trefler, Daniel (2004), "The Long and Short of the Canada-U.S. Free Trade Agreement," *The American Economic Review* 94: 4 (September), pp. 870-895.

USITC (1976), *Canadian Automobile Agreement. United States International Trade Commission Report on the United States-Canadian Automotive Agreement: Its History, Terms, and Impact and the Ninth Annual Report of the President to the Congress on the Operation of the Automotive Products Trade Act of 1965*, Washington, DC: U.S. Government Printing Office.

# 貿易と大企業：コダック vs 富士

グローバルに展開する企業：トルコのサフランボルの町にあるお店は「コダック製品」を宣伝している。

## 4.1　貿易ゲームにおけるビッグ・プレイヤーたち

　多くの反グローバル化の活動家たちは，こんな議論をする。グローバル化とは大企業の利益になるように作られたプロセスで，その利益はルールを効果的に定めた影響力の強い企業のものとなり，普通の労働者や消費者は取り残される，と。ひとつの例は，多くの人々を代表する論調で，作家ジェームス・ブルージュ（Bruges 2004, p. 102）による次のコメントだ：

　　すべての国際貿易の4分の3が，多国籍企業の手中にある。国際貿易によって，多国籍企業は商品のコストを下げることができて（欧米の店舗では商品が安くなる），世界中でより多くの消費者を獲得できて（貧しい国の消費者から儲けを得られる），工場を労働基準や環境基準が低い場所に建設することができる（もし組合が適切な賃金を要求したら，他の国へ移ればよい）。（中略）企業の自由貿易は，貧困の増加と社会の崩壊，疎外，民主主義の破綻，暴力的な反政府グループ，環境の悪化，そして新たな病気の時代とともに進んできた。

ラルフ・ネーダー（Nader 1999）も同じような不信感を抱いている：

　　グローバル協調主義者たちは，巨大な多国籍企業——薬，タバコ，化学製品，石油，核，軍需品，バイオテクノロジー，自動車，繊維，銀行，保険，その他のサービス——が支配する国家間の貿易と金融の流れに基づく経済成長のモデルを説き勧める。（中略）グローバル企業モデルは市場や政府，マスメディア，重要な薬や種に対する特許独占，職場，そして企業文化への権力の集中を前提としている。

　これは共通のテーマである。つまり，多国籍企業は，国際貿易の実施条件を定め，それによって利益の大部分を享受しているということだ。

　しかし他方では，巨大企業は時として，自分たちは逆にグローバル化の**犠牲者**だと主張することもある。イーストマン・コダック社の例を考えてみよう。この企業は過去に二度，最大のライバル会社である日本の富士フイルムが自分たちから不当に利益を奪ったと主張したことがあり，また富士フイルムによる米国での

販売拡大の試みを阻止し，事実上コダックをグローバル化から保護するように政府に働きかけたことがある。1993年，コダックは米国国際貿易委員会（USITC）に，富士フイルムが「ダンピング（不当廉売）」，つまり米国での原価を下回る価格で販売していると主張し，苦情を申し立てた。さらに1996年には，コダックが日本で販売できないように富士フイルムは画策していると主張する，別の申し立てを行った。

　大企業が支配する貿易で誰が勝つか，というこうした問題を分析するには，**寡占**——十分な価格支配力を持つほど大きな企業から成る市場——を考慮に入れた理論的枠組みが必要となる。それが本章の貢献となる。その途中で，より一般的に適用される2つの非常に重要なアイデアが明らかになる。第1に，**寡占は**それ自体が**貿易を行う理由になる**，ということだ。なぜなら，完全競争の下では貿易は行われないが寡占ならば貿易が発生する，という市場の例を考えられるからだ。第2に，寡占企業による貿易は，寡占企業以外の全員に偏った利益をもたらすということだ。なぜなら，**貿易は競争を促進するが，その競争こそが寡占企業が嫌うもの**であるからだ。

## 4.2　コダック，富士，そして争いの背景

　写真フィルムの世界市場は，貿易における寡占の好例を提示する。なぜなら，写真フィルムは2社の生産者によって支配されているからだ。ニューヨーク州のロチェスターを拠点とするイーストマン・コダックと，日本の巨大企業である富士フイルムである。

　コダックは，1世紀ほど前に日本で適度な量のフィルムを最初は販売していたが，写真フィルムのグローバル化が新しい時代を迎えたのは1970年代になってからだ。その理由は，第二次世界大戦のために日本での米国製フィルムの売り上げが完全にストップしてしまい，戦後は日本政府が対内直接投資（FDI）の受け入れをせず，またフィルムの輸入を厳重に制限したためである。制限が解除されると，コダックは日本での販売を急速に伸ばし，日本市場での販売シェアは1970年には3%以下だったが1981年には11%とピークを迎えた（Tsurumi and Tsurumi 1999, p. 818）。しかしその後，コダックは日本市場で大きく売り上げを減らした。

　富士フイルムはもっと若い企業で，1934年に設立されたが，日本で長い間支配的な市場地位を守ってきた。1965年に，富士フイルムはニューヨーク市にマーケティング子会社を設立し，その時から米国での販売を伸ばすことに多くの努力を注いだ。富士フイルムの米国での市場シェアは1973年の0.3％から1984年には10％まで上昇し，1994年には14％，1997年には25％になった（Tsurumi and Tsurumi 1999, p. 823）。

　これら二大企業の歴史の多くにおいては，富士フイルムが様々な方法でコダックを出し抜いてきた。1976年，富士フイルムは最初の大衆向けの高感度（ASA400）カラーフィルムを売り出した。1970年代に富士フイルムは写真処理の「ミニラボ」を開発したが，それはドラッグストアやショッピングモールなど様々な場所で，1時間で写真を現像することを可能にし，消費者にさらなる利便

Richard B. Levine/NewsCom

ニューヨーク市での富士フイルムの存在。1970年代，富士フイルムは人目を引くようなスポーツスポンサー支援を含む広報活動に資源を注ぎ始めた。その目的は，米国の消費者に富士フイルムがコダックフィルムと同じくらい有名であることを納得させ，彼らが富士とコダックのどちらであっても価格が低い方の製品を買うようになることだった。その試みはうまくいった。

性を提供した。1980 年代後半には，富士フイルムは使い捨てカメラを売り出した。これらのイノベーションのすべてが，消費者にとって爆発的な人気となり，絶え間ない宣伝活動の猛攻とともに，富士フイルムがコダックの市場への侵略を進めることにつながった。コダックは，反ダンピング法（国際貿易法の特徴のひとつで，第 8 章で説明する）を使って，同社が主張する富士フイルムの不当な取引慣行に対して法的救済措置を求めようと試みた（Fletcher（1996）および Finnerty（2000）を参照）。

その後，富士フイルムの米国市場でのシェアが上昇し，日本におけるコダックの市場シェアが下落するにつれ，コダックはかなり重大な経済的損失に直面し，従業員数を減らした。ただ，両社ともにデジタル写真へとますます移行していったので，将来の市場は以前とはかなり違うものになるかもしれない。

この産業が完全競争によって特徴づけられないことは，非常に明らかだ。コダックも富士も一般にそれぞれの自国市場の約 70 ％を手中にしており，間違いなく両社とも価格を所与と見なさないからだ。それどころか，各企業の戦略には，上述したコダックによる政策環境を整えるための法的手続きや，一般の人が自社製品に持っているイメージを高めるために両社が大々的に行った広告や宣伝活動，販促活動などのような，市場環境を有利にするための莫大な支出が含まれている（これについての記述は，『ブランドウィーク』，1998 を参照）。完全競争市場において価格を所与として行動する企業には，そんなことをする動機はない。したがって，写真フィルム市場における貿易の効果を分析するには，貿易モデルに寡占を取り入れる必要がある。今からそれをやってみよう。

## 4.3　寡占を導入する

これら 2 社の巨大企業は，写真フィルム市場のグローバル化からの利益を独り占めしようとするだろうか？　この問題を分析するために，貿易の寡占モデルのレンズを通してこの市場を見てみよう。それは非常に簡素化され定型化されてはいるが，この市場の重要な特徴にかなりうまく適合している[1]。

---

1　以下では，ブランダーとクルグマン（Brander and Krugman 1983）による有名な論文の中で展開された寡占貿易モデルを用いる。

　米国経済は日本より大きいので，米国のフィルム市場は，もちろん日本より大きいが，各市場とも他の国にとって重要な市場となるのに十分な大きさである。そこで，単純化のため両市場とも同じ需要曲線を持っていると仮定し，それは

$$Q = 1/2 (11 - P) \cdot 10^8$$

で与えられるとする。ここで $P$ はフィルム 1 本の米ドル建て価格，$Q$ は年間の購買量である。これは各家計が $1/2 (11 - P)$ という需要を持ち（平均的な家計はフィルムが無料ならば年間 5.5 本のフィルムを買うだろうが，1 本当たりの価格が 7 ドルであれば年間 2 本しか買わない），全部で 1 億の家計が存在する市場と同じである。これらの数字は，概ね妥当な大きさだ。

　コダックが米国に生産設備を持つフィルム製造業者として設立され，富士フィルムは日本に生産設備を持って設立されたと仮定しよう。その他の企業の参入は，生産設備の設置にかかる固定費のため，あるいは認知度の低いブランドが一般の信頼を築くことの困難さのため，不可能とする。これは妥当な近似だ。なぜなら，目立った新規の競争相手は今までこの市場に参入したことがないからだ[2]。両社とも同じ生産技術を持ち，ともにフィルム 1 本当たりの限界費用が 4 ドルであるとする。

## 4.4　自給自足

　当初，2 国間でフィルムの貿易はできないと仮定しよう。それはおおよそ，1970 年代の自由化の前（そして富士フィルムが米国にマーケティング子会社を作る前）の，20 世紀半ばの状況である。その場合，それはもちろんフィルム市場が自給自足となる場合だが，各企業は自国の市場で独占企業となっている。

　コダックの意思決定問題を見てみよう。コダックは競争のない米国市場のみで販売する中で，いかに利潤を最大化するかを決めなければならない。その需要曲線は次のように表現される：

---

2　明らかな例外として，デジタル写真の発展による新たな競争がある。それはこの産業を大きく変化させている。ここでは新技術よりも貿易自体の効果に焦点を当てるため，デジタル化以前の銀塩写真の時代に注目する。

$$P = 11 - (2 \times 10^{-8})Q \tag{4.1}$$

これは限界収入曲線が次のように表されることを意味する：

$$MR = 11 - (4 \times 10^{-8})Q$$

これを限界費用に等しくさせると，

$$11 - (4 \times 10^{-8})Q = 4$$

が得られ，フィルムの本数は $Q$ = 1 億 7500 万本となる。これを需要曲線に代入すると，1 本当たりの価格 $P$ = 7.50 ドルが得られる。この結果は図 4.1 に示されている。日本における富士フイルムの結果も同様となる。

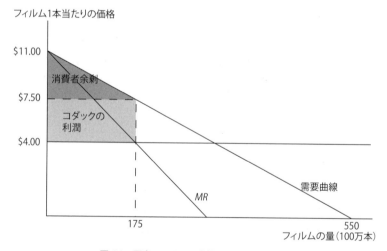

**図 4.1　写真フィルムの市場における自給自足**

　したがって，自給自足の下では，各国内において自国企業が 1.75 億本を各国の消費者に 7.50 ドルで販売する。その結果もたらされる消費者余剰は濃いグレーの三角形で示され，各国で $(11-7.50)(1.75 \times 10^8)/2 = 3$ 億 659 万ドルに等しく，また 1 企業当たりの利潤は淡いグレーの四角形で示され，$(7.50-4)(1.75 \times 10^8) = 6$ 億 1250 万ドルに等しい。

## 4.5　貿　易

　次に，この2国間での貿易を考える。コダックと富士のフィルムは，両製品の価格が同じでない場合は消費者は安い方のブランドのみを買うというように，消費者の視点からは同一であるという仮定を維持しよう。これは現実をなかなかうまく近似している。なぜなら，アマチュアの写真家にとっては両ブランドの技術的性質は基本的に同じであり，一般人の両ブランドに対する受け取り方もとてもよく似ているからだ。これは，例えば Tsurumi and Tsurumi（1999）で述べられているように，富士フィルムがコダックにもともとあった名声を打ち破ろうと，両国で広報活動に力を入れた結果であり，それによってマーケティングの専門家が「市場のコモディティ化」（Brandweek 1998）と呼ぶものとなった。したがって，以下ではコダックと富士のフィルムを完全代替と見なし，需要曲線は次のように表現されるものとする：

$$P^{US} = 11 - (2 \times 10^{-8}) Q^{US} = 11 - (2 \times 10^{-8}) (q_K^{US} + q_F^{US})$$

ここで $q_K^{US}$ は米国市場におけるコダックの販売量，$q_F^{US}$ は米国市場での富士フィルムの販売量，$P^{US}$ は米国市場におけるフィルムの価格，$Q^{US} = q_K^{US} + q_F^{US}$ は米国市場でのフィルムの総販売量を表す。

　実際のところは，各企業は自国市場において一般的にライバル企業よりも多く販売することを思い出してほしい。実際に，1970年代のフィルム市場におけるグローバル化の初期には，米国市場におけるコダックの市場シェアの富士フィルムの市場シェアに対する比率は3と7の間であり，日本市場における富士フィルムのシェアのコダックに対する比率はそれより幾分高いが，範囲としては重なっていた。もし各企業が自国の縄張りで何も強みを持っていなかったとしたら，こうはならなかっただろう。その場合は単純に，各企業とも相手側の国の市場で半分の消費者を獲得することになる。市場シェアにおけるこうした違いをモデルに取り入れるために，各企業は外国の市場でフィルムを販売する際に1本当たり2ドルの輸送費を支払わなければならないと仮定する。したがって，コダックは米国市場で4ドルの限界費用に直面するが，日本では4ドルに2ドルを加えた額が限界費用となる。同様に，富士フィルムは日本で4ドルの限界費用に直面する

が，米国では 6 ドルである。

　これら 2 社の企業は，どれくらい生産し，どんな価格を付けるかを，いかにして決めるだろうか？　以下の仮定を置こう。(ⅰ)2 社の企業は同時に両市場での販売量を決める。(ⅱ)各企業はそれぞれの市場で相手企業がどれだけ販売するかを推測する。(ⅲ)その推測に従って，各企業は両市場での自社の販売量を，その選択が製品価格に与える影響を考えながら，自社の利潤が最大になるように決定する。(ⅳ)（トリッキーな部分だ）**各企業のライバル社の販売量に関する推測は正しい。**仮定(ⅳ)は，両企業の経営陣が合理的であり，市場とライバル企業の思考過程の両方を理解していることを意味している。このアプローチは，フランスの経済学者オーギュスタン・クールノーが 1838 年に出版した本の中で開発したもので，今でもこの種の寡占を分析する際に最も広く使用されている枠組みである。そのため，これは**クールノー競争**，あるいは，各企業が相手企業の数量を推測して自社の数量を決定するため，数量競争と呼ばれている。

　そこで，コダックが米国での富士フィルムの販売量 $q_F^{US}$ を推測するとしよう。そして，その推測を一定としてコダック自身の数量 $q_K^{US}$ を変化させたときの米国のフィルム価格への影響を見ると，コダックの**残余需要曲線**を次のように示すことができる：

$$p^{US} = [11 - 2 \times 10^{-8} q_F^{US}] - 2 \times 10^{-8} q_K^{US}$$

角括弧内の項はコダックの支配が及ばないところであり，コダックの残余需要曲線においては一定，すなわち切片となる。その結果，コダックの米国での限界収入は次のようになる：

$$MR^{US} = [11 - 2 \times 10^{-8} q_F^{US}] - 4 \times 10^{-8} q_K^{US}$$

これとフィルム 1 本当たり 4 ドルの限界費用を等号で結ぶと，

$$[11 - 2 \times 10^{-8} q_F^{US}] - 4 \times 10^{-8} q_K^{US} = 4$$

つまり

$$q_K^{US} = 1.75 \times 10^8 - \frac{1}{2} q_F^{US} \tag{4.2}$$

が得られる。これはコダックの米国市場での**反応関数**と呼ばれるもので，コダックの最適な数量が富士フイルムの数量に関する推測にどのように依存するかを示した関数である。(**反応関数**という用語はやや語弊がある。なぜなら，両企業は同時に行動し，コダックは富士フイルムの実際の行動ではなく，富士フイルムの行動についての推測のみに反応するからだ。) コダックの米国市場での反応関数のグラフは図 4.2 に描かれている。この図では，富士フイルムの米国での数量は独立変数であり，縦軸に記されている。そしてコダックの販売量は従属変数であり，横軸に記されている。反応関数は右下がりの曲線であり，傾きは 2 に等しく ((4.2)式より，コダックの数量は富士フイルムの予想数量が 1 だけ増えたときは必ず 1/2 だけ減少するため)，横軸の切片はコダックの独占的販売量である 1.75 億本に等しいということに注意しておこう。

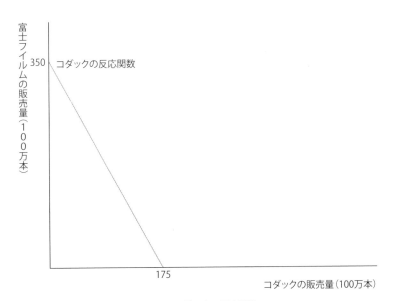

**図 4.2　コダックの反応関数**

　富士フイルムについても同じように考えると，同社はコダックの米国市場での販売量を推測し，また米国市場での限界費用 6 ドルに直面するので，富士フイルムの米国市場での反応関数が次のように導かれる：

$$q_F^{US} = 1.25 \times 10^8 - \frac{1}{2} q_K^{US} \qquad (4.3)$$

　2本の条件式(4.2)と(4.3)は同時に成立しなければならないので，これは2つの未知数を持つ2元連立1次方程式である。これらを解くと，コダックの米国での販売量は1億5000万本，富士フイルムは5000万本と求められる。これらの量を合計すると，米国市場における写真フィルムの総売り上げは2億本となり，需要曲線(4.1)からフィルム1本当たりの価格が7ドルであることが分かる。この結果がクールノー均衡であり，2つの反応曲線の交点 a として図4.3に描かれている。この均衡は日本の市場においても同じものとなるが，両企業の販売本数は逆になる。

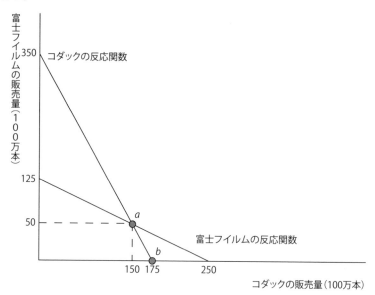

**図4.3　貿易の下での均衡**

　ここで留意しておきたいのは，写真フィルムの世界全体の生産量のうち4分の1が，今や双方向の輸出を伴い貿易される——両国とも全く同じで，2つの企業の製品も全く同じで，莫大な輸送費がかかると仮定しているにもかかわらず——ということだ。完全競争の下では，フィルムの貿易は全く行われないはずだ。どちらの国でもフィルム1本当たりの価格は4ドルであり，1本当たり2ドルの輸

送費をかけてまでフィルムを輸出するようなことは誰もしないからだ。ここで貿易が起こるのは，各企業がライバル企業の自国市場における顧客を獲得することで，その寡占利潤の一部を自分のものにしようとすることから，完全に寡占の力によるものだと結論づけられる。したがって，**不完全競争それ自体が貿易の発生要因となる**ことが分かる。

　均衡において，コダックは米国市場での売り上げが自給自足のときよりも少なくなる，ということに注意したい。1.75 億本から 1.5 億本へと減っているのだ。しかし，米国の消費者は自給自足のときよりも多く消費する。2 億本だ。なぜなら，価格がフィルム 1 本当たり 7.5 ドルから 7 ドルへと下がったからだ。さらに，コダックの国内での売り上げは富士フィルムの競争圧力のため減少してしまったが，コダックの総売り上げは増加した（世界全体で 1.75 億本から 2 億本への増加）。というのも，日本に 5000 万本が輸出されたからだ。その厚生に関する結果は，図 4.4 に示されている。米国の消費者余剰は濃いグレーで，コダックの世界全体での利潤は薄いグレーで表されている。ここで利潤が 2 つに分かれていることに注目しよう。ひとつは国内販売の利潤で，フィルム 1 本当たり 3 ドルで 1.5 億本の販売量なので，合計 4 億 5000 万ドルとなり，それは縦の長さが長い方の薄いグレーの四角形で示されている。もうひとつは日本への輸出の利潤であり，フィルム 1 本当たり 1 ドルで 5000 万本の販売量なので，合計 5000 万ドル

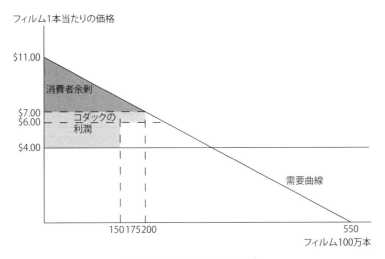

図 4.4　貿易の下での米国の厚生

となり，それは縦の長さが短い方の薄いグレーの四角形で示されている。

## 4.6 勝ち組と負け組

貿易のない場合とある場合の均衡を明らかにしてきたので，誰が貿易から利益を得て，誰が損失を被るのか，またその大きさはどの程度かを分析することができる。厚生への純効果は，図 4.5 に示されている。

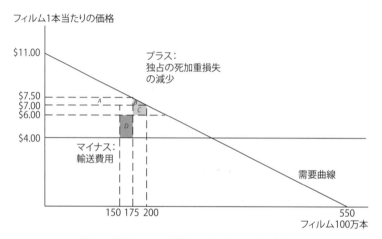

**図 4.5 写真フィルム市場における貿易の純厚生効果**

最初の，そして最も容易に分かる結果は，両国の写真フィルムの消費者が必ず得をするということだ。両国ともに，貿易はフィルムの価格を 7.5 ドルから 7 ドルに低下させ，消費者余剰は図 4.5 における A + B の面積の増加となる。

より複雑なのは，フィルム生産者 2 社に対する効果だ。図 4.4 における利潤と図 4.1 における利潤とを比較すると，コダックは C の面積を得たが A + D の面積を失ったことが分かる。両社とも自給自足のときよりも低い価格で販売し，また自給自足のときには問題にならなかった輸送費が発生するが，販売量は両社とも増える。そのため，両社の利潤に対する貿易の効果は，プラスにもマイナスにもなるように思える。しかし，細かい計算をしなくても，貿易の結果，両企業とも利潤が**減る**ことが分かる。まず，貿易の下では，両社とも 2 億本のフィルムを 1 本当たり 7 ドルで販売する。自給自足の下では，価格を下げて販売数を増やす

（需要曲線上の点だから）という選択肢もあったが，両社ともそうせずに，7.5 ドルで 1.75 億本を販売した。その理由は，低価格で大量販売，という選択肢は儲からなかったからに違いない。だが今度は貿易が行われると，高価格で少量販売という同じ選択肢は，自給自足のときよりもさらに儲から**ない**ものになる。なぜなら，販売の一部は輸出によるもので，輸出は自給自足のときには発生しなかった輸送費を伴うからだ。

　この点は強調される必要がある。この市場では，**寡占企業が貿易での敗者となる**が，その一方で他のすべての人々は利益を得る。これは貿易によって，寡占企業がライバルとの競争——寡占企業が嫌がること——を強いられるからだ。

　貿易によって利潤が減少するのに，なぜ寡占企業は貿易を行うのか，と疑問に思うかもしれない。その答えは，ライバル企業がその国内市場で享受している利潤の一部を各企業は獲得しようとする，という点にあり，そうすることで両方の企業の利潤は減少してしまう。したがって，それはゲーム理論の研究者が囚人のジレンマと呼ぶもののひとつの例となっている。囚人のジレンマとは，各プレイヤーが自分にとって最善となる行動をすることで，そうしなかったときよりも悪い結果を両プレイヤーにもたらす状況のことだ。次の表を考えてみよう。この表は 2 社の企業が取り得る各選択肢の下での彼らの利潤を示している。表の各セルには 2 つの数字が記入されているが，それらは個別の意思決定の組み合わせの下での，最初がコダックの利潤で次が富士フィルムの利潤を表している。最初の行はコダックが日本に輸出しないと選択したときの利潤で，次の行はコダックが日本に輸出すると選択したときの利潤を示している。最初の列は富士フィルムが輸出しないと選択したとき，次の列は輸出すると選択したときの結果を表している。例えば，左上のセルは両社とも輸出しないときの利潤，つまり自給自足のときと同じ利潤を示している。右上のセルは富士フィルムは輸出するがコダックは輸出しないときの利潤であり，富士フィルムは日本での自給自足の独占利潤を 6 億 1250 万ドル得るのに加えて米国へ輸出した分の 5000 万ドルを得る一方，コダックは自国市場での競争によって 4 億 5000 万ドルしか受け取れない。

|  | 富士フィルムが輸出しない | 富士フィルムが輸出する |
|---|---|---|
| コダックが輸出しない | 612.5 ， 612.5 | 450 ， 662.5 |
| コダックが輸出する | 662.5 ， 450 | 500 ， 500 |

（単位は百万ドル）

　富士フイルムが米国市場から手を引くと予想されるとき，コダックにとって最適な選択は輸出を行うことである（なぜなら左下の6億6250万ドルは左上の6億1250万ドルよりも多いからだ）。また同時に，富士フイルムが米国に輸出すると予想されるときも，コダックの最適な選択はやはり輸出を行うことである（なぜなら右下の5億ドルは右上の4億5000万ドルより多いからだ）。したがって，富士フイルムがどうするかについての予想にかかわらず，コダックの最適な戦略は輸出を行うことだ。同様にして，コダックがどうするかについての予想に関わらず，富士フイルムの最適な判断も輸出することである。その結果，両企業とも輸出するが，このことによって両企業は，高い利潤が達成される表の左上の状態から低い利潤である右下の状態に陥ってしまう。これがこの寡占に対して自由貿易がもたらすことの本質である。

　正確な貿易の厚生効果は，図 4.5 から計算できる。消費者余剰は $A+B$ だけ増加する。コダックの利潤の変化は $C-A-D$ に等しく，それは新たに得られた輸出の利潤（$C$）から自給自足下での販売量についての価格の下落分（$A$）と自給自足の下では国内で販売されていたが輸出されるようになった量にかかる輸送費による費用の上昇分（$D$）を差し引いたものだ。計算すると，消費者余剰は 9375 万ドル増える一方，コダックの利潤は 1 億 1250 万ドル減少する。

　このモデルでは，米国の社会厚生は消費者余剰とコダックの利潤を足したものに等しい。前の段落で説明した効果を合計すると，米国の社会厚生に対する貿易の純効果は $B+C-D$ に等しくなる。これは次のように解釈できる。$B+C$ の部分は，コダックが今や競争しなければならなくなったことによる独占の死荷重損失の減少——価格が下がって限界費用に近づくことによる効率性の便益である。$D$ はこの状況では無駄で高額な海外への出荷のための，輸送費による損失である。一般に，死重量損失の削減による便益が無駄な輸送による社会的損失を上回ることを期待する理由はない。事実，このケースにおいて，フィルム貿易が米国の社会厚生に与える純効果はマイナスで，1875 万ドルの損失となる。同じ損失は日本でも起きる。別の視点で見てみると，企業は貿易によって損失を被り，消費者は利益を得る。そして企業の損失は消費者の利益を上回る。これが悪い結果を意味するかどうかは，政治的かつ倫理的判断になる。しかし，少なくとも原理上，このモデルでは，コダックは消費者に補償金を支払って貿易をしないよう丸め込みたくなるだろう。

## 4.7 いくつかの他の可能性

基本モデルを理解したので，様々な別のモデル設定の下で分析がどう変わるかは，もう理解しやすいだろう。

（i）**輸送費のかからない市場**。輸送費がゼロに等しいとすると，厚生のグラフである図 4.5 の四角形 D は縦の長さがゼロに縮むため，ゼロとなるだろう。これによって，貿易は確実に両国の厚生を改善させることになる。この場合，貿易の唯一の効果は，2 社の大企業を互いに競争させることによって，それらの独占力を取り除くことである。写真フィルムのケースにおいて，これはあまり現実的ではない。なぜならすでに述べたように，輸送費がゼロという仮定はコダックと富士が両市場で同じだけの市場シェアを獲得することを意味するが，実際には各企業は自国市場でライバル企業よりもずっと大きなシェアを持っていたからだ。しかし，ここで述べたことは他の産業では実際に起こりうる。より一般的な点は，国際的な寡占の場合，輸送費が低いほど，消費者の利益が企業の損失を上回る可能性が高いということだ。

（ii）**富士フイルムの優位性**。単純化のため，私たちは両企業の生産費と輸送費が全く同じだと仮定してきた。これは昔なら現実に近いものだったかもしれない。しかし，1980 年代半ばから始まる富士の米国市場でのシェアの上昇とコダックの日本でのシェアの低下を見ると，富士がある種の優位性をもっている場合どうなるかを問うことは意味がある。極端なケースを考えよう。コダックの日本での販売費用が禁止的に高いと仮定し，それ以外は今まで分析したモデルと全く同じだとする。すると，米国市場での均衡は変化しないが，富士は今では事実上，自給自足でも貿易であっても，日本において独占企業となる。これらの状況から，富士フイルムは貿易**利益を得る**。自国市場での価格や販売において何ら損失を被ることはなく，米国市場でさらに売り上げと利益を得るからだ。それに加えて，コダックの貿易による損失は，両社が対称的だったときのモデルよりも大きくなる。なぜなら，自国の販売による利潤が失われるが，輸出によってそれを補えないからだ。私たちが仮定した需要と費用の条件の下では，4.5 節と 4.6 節で検討した対称的なケースで，貿易によって米国の厚生は悪化したことを思い出してほしい。この非対称的なケースでは，コダックは日本で全く利潤を得られてい

ないので，米国の厚生にとってはさらに悪い結果となる。

　したがって，この非対称的なケースでは，日本の社会厚生は貿易によって確実に改善するが，米国の厚生は（最低でもここで仮定した需要と費用の条件の下では）貿易によって確実に悪化する。ひとつの解釈は次のようなものだ。コダックの日本への参入なしに富士フイルムが米国市場に参入するとき，米国の厚生には2つの効果が発生する。ひとつは，競争の発生で，それは独占の死荷重損失を減らすため利益をもたらす。もうひとつは，寡占レントのアメリカ人から富士フイルムへの移転で，それは米国の厚生を悪化させる。この場合，後者が前者を上回る。

　最後に，貿易と企業利潤について述べておこう。4.6 節で，対称的なモデルでは両企業とも貿易によって損害を受けることが分かった。この非対称的な例は，その結果がモデルの対称性の帰結であることを示している。もう一度言うが，対称的な例は時には現実的な仮定だが，いつもそうだとは限らない。

　(iii)　**製品差別化**。多くの寡占産業，例えば自動車産業では，それぞれの生産者の製品は他のすべての生産者の製品と異なるので，貿易は各消費者に対して，競争の増加だけでなく製品の多様性が広がることを通じて，便益を与える。この製品差別化はまた，結果的に大企業にも貿易の利益をもたらす。極端なケースとして，コダックと富士が全く異なるフィルムを生産するとしよう。例えば，コダックのフィルムはスナップ写真にしか使えないが，富士のフィルムはX線にしか使えないとする。その場合，貿易はコダックの写真用フィルムについての独占を日本へと広げ，富士フイルムのX線フィルムについての独占を米国に広げるだろう。両社とも，そして消費者も，競争の増加が起こらないにもかかわらず，利益を得ることになる。

　(iv)　**価格における競争**。この分析では，クールノーの仮定をおいた。つまり，各企業は他の企業の販売量を推測して，それに基づいて，価格の調整を理解したうえで自社にとっての最適な数量を決めていた。ここで，数量の代わりに，各企業が他企業の**価格**を推測して，それに基づいて，**数量**の調整を理解したうえで自社にとっての最適な**価格**を決めると想定しよう。これはジョセフ・ベルトランが1883年に，クールノーの著書に対する批評の中で提案した仮定であり，そのため**ベルトラン競争**，あるいは価格における競争と呼ばれる[3]。このモデルでは，ベルトラン競争の下で各企業はフィルム1本につき6.00ドル（それに1ペニー

を加減した値）という価格を付け，国内の消費者のみに販売する，ということが分かる。したがってベルトラン競争の下では，貿易の結果，企業は損失を被り消費者は利益を得る（クールノーの場合と同様だ）が，海外に向けたフィルムの無駄な出荷は発生しなくなる。その結果，各国とも貿易による社会厚生の利益が保証される。

このモデルを完成させるには，2つの追加的な仮定が必要だ。第1に，企業はドルとセントの単位で価格を決定し，セントの分数単位で価格をつけることはできないものとする。第2に，コダックのフィルムと富士のフィルムの価格が全く同じであった場合，消費者のグループのうち半分はコダックを選び，半分は富士を選ぶとする。

さて，富士フイルムは均衡において米国市場で6.01ドルを超える価格を設定できないことを，背理法を使って示そう。そのため，6.01ドルを超える価格なら何でもいいが，例えば6.02ドルを考えよう。もしも富士フイルムが均衡で6.02ドルという価格を付けるとしたら，コダックは価格を1ペニーだけ下げる，あるいは別の言い方をすれば6.01ドルに設定するだろう。（この方がコダックにとって，富士と同じ価格の6.02ドルにするよりも儲かる。コダックにとって値下げによる利益幅はフィルム1本当たり (6.01−4.00) = 2.01ドルだが，富士と同じ価格のときもほぼ同じ利益率 (6.02−4.00) = 2.02ドルである。その一方で，値下げによってコダックは米国市場のすべてを獲得できるが，富士と同じ価格にすると米国市場の半分しか獲得できない。）したがって，コダックは価格を6.01ドルに設定する。しかし，そのことは矛盾をもたらす。その理由は以下の通りだ。富士フイルムはコダックが価格を6.01ドルに設定すると分かっていながら，6.02ドルという価格を選ぶことはしないだろう。その価格では売り上げがなくなるからだ。これに対して，もしコダックと同じ6.01ドルにしたら，米国市場の半分を獲得でき，フィルム1本当たり0.01ドルという少ないながらもプラスの利益幅を得るのだ。こうして矛盾が導かれ，富士フイルムは均衡では6.02ドルを設定できないことが分かる。同じ理屈によって，富士の価格としては6.01ドルを超えるどんな値も均衡では不可能であることを示せる。

この種の推論によって，均衡の結果は2つしか起こり得ないことが分かる。富

---

3 ベルトラン・モデルの完全な分析は，Tirole（1988, pp. 209-211, p. 234）で見ることができる。

士フイルムが6.01ドルという価格を付け，コダックは6ドルという価格を付けて米国市場のすべてを獲得する，という結果か，あるいは富士フイルムが6.00という価格を付けて，コダックは5.99ドルという価格を付けて米国市場のすべてを獲得する，という結果だ[4]。日本市場についても同様に分析され，そこでは富士フイルムが勝者となる。より一般的には，**一定の限界費用と同質財を仮定したベルトラン・モデルでは，各市場における均衡価格は，費用が高い方の生産者の限界費用に（1ペニー以内で）等しく，費用が低い生産者が市場のすべてを獲得する。**

　要約すると，このベルトラン寡占では，自由貿易であっても実際に輸入は行われない。コダックは米国の消費者のすべてを獲得し，富士フイルムは日本の消費者すべてを獲得するのだ。しかし，輸入の**脅威**によって，各企業は価格を独占時の7.5ドルから6ドル（プラスマイナス1セント）まで値下げを強いられる。そのため，またしても，寡占企業は貿易によって損害を被り，貿易が純粋な独占の代わりに少なくとも不完全な競争をもたらすので，消費者は利益を得る。

## 要　点

1．クールノー寡占は，各企業が他企業の選ぶ数量についての推測を所与として自社の数量を選ぶという，不完全競争のモデルである。
2．クールノー寡占は，異なる国の寡占企業が全く同じ製品を生産し，どちらの国も費用の優位性がなく，かつ輸送費が発生するとしても，国際貿易を発生させる。その理由は，各企業が他企業の持つ寡占レントの一部を手に入れるために，他企業の消費者の一部を獲得しようとするからである。
3．対称的なクールノー・モデルでは，貿易は寡占企業間の競争をもたらすため，利潤を減少させるが，消費者余剰を増加させる。
4．輸送費が十分高いと，貿易によって社会厚生の損失が起こりうる。これは，競争の活発化

---

4　純粋にテクニカルな注釈を，興味ある読者のためにしておこう。厳密に言えば，ベルトラン均衡において富士フイルムは5.99ドルから4.01ドルまでの間のどんな価格でも付けることができ，そしてコダックはそれより1ペニーだけ値下げする。例えば，富士フイルムは5.99ドル，コダックは5.98ドルを付けることができる。この状況において，富士フイルムは価格をどれだけ低く設定しても損害を被ることはない。なぜなら，コダックがさらに低い価格を付ければ，米国の消費者はどのみち富士フイルムから購入しないからだ。こうした可能性は興味が薄いので，無視する。富士フイルムには，限界費用を下回る価格を提示して，コダックの価格についての推測が誤りでプラスの販売量をうっかり選んでしまう，などという危険を冒す動機はないからだ。ゲーム理論の研究者は，こういった戦略は「弱支配される」と言い，たいていは非現実的なものと仮定する。以下では単に，どの企業も限界費用より低い価格は提示しないと仮定する。

によって消費者にもたらされる利益が，企業の利潤の減少より小さいことを意味する。

5．ある国の寡占企業が十分な費用の優位性を持つとき，貿易によってその企業とその国は利益を獲得できるかもしれないが，他の企業と国にとっては損失となる。なぜなら，この場合における貿易のひとつの効果が，費用優位性がない国から優位性がある国への寡占レントの移転だからである。

6．寡占企業によって生産される商品が同一ではないとき，貿易によって寡占企業の利潤はより増える傾向にあり，また社会厚生も全く同じ製品の場合よりも増加する傾向にある。

7．ベルトラン寡占は，各企業が他企業の選ぶ価格についての推測を所与として自社の価格を選ぶという，不完全競争のモデルである。

8．ベルトラン寡占は，寡占企業がまったく同じ製品を生産し，どちらの国も費用の優位性がなく，かつ輸送費が発生する場合，国際貿易を生み出すことが**できない**。しかしこの場合，貿易の**脅威**が，各国において価格の低下と社会厚生の増加をもたらすという実質的な効果を持つ。

## 私たちはどこにいるのか

貿易理論の目録の中に，クールノー・モデルとベルトラン・モデルという2種類の寡占モデルが入った。

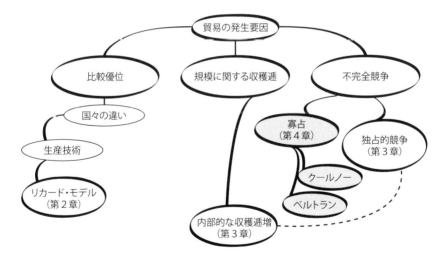

不完全競争モデルのもうひとつの重要なカテゴリーである独占的競争モデルは，前章で取り上げてある。

## 章末問題

1．完全競争，独占的競争，寡占のそれぞれに最も適していると思う産業の例を（本文で議論

した例を除いて）ひとつずつ挙げなさい。その根拠も説明すること。

2．これまで見てきた貿易と不完全競争の様々な場合——独占的競争 vs 寡占，対称的寡占 vs 非対称的寡占，そして同質的な製品 vs 差別化された製品——について分かっていることを考えよう。これらの状況の中で，自由貿易を産業にもたらすような貿易協定に対して政治的な反対を最も強く生みそうなものはどれか？　そしてどの立場の人々が反対するだろうか？

3．フランスとドイツという2つの国が存在するモデルを考える。フランスにはシトロエンという自動車企業がある。ドイツにはフォルクスワーゲン（VW）というライバル企業がある。シトロエンは自動車を一定の限界費用1000ドルで生産できる。VW は自動車を一定の限界費用2000ドルで生産できる。各国内で，自動車に対する需要は次の同じ需要曲線で示される：

$$Q = (18 - P) \times (10{,}000)$$

ここで $Q$ は1か月当たりのその国における自動車の需要台数，$P$ はその国の自動車1台当たりの価格であり，単位は千ドルである。シトロエンと VW 以外の企業はその2国間で自動車を輸送できないと仮定し，したがって両国の経済で自動車の価格が異なることは可能だ。

(a) 当初，両方の経済がともに自給自足の状況であるとする。各国の販売価格と販売量はどうなるか？

(b) 2国間で自由貿易が行われるとしよう。両企業とも，自動車の海外への輸送には輸送費がかからないものとする。2つの企業はそれぞれの市場で同時に販売量を設定するとしよう。シトロエンが予測するフランス市場における VW の販売量 $q_F^V$ に対する，シトロエンのフランス市場での利潤最大化販売量 $q_F^C$ を求めなさい。その解答に基づき，シトロエンのフランス市場での反応関数のグラフを描きなさい。

(c) 問(b)と同様のロジックを用いて，VW のフランス市場での反応関数のグラフを，同じ図に描きなさい。

(d) 各企業が他企業の各市場での生産量を正しく推測するものとする。各市場での販売価格と販売量はどうなるか？

(e) 貿易が2社の企業の利潤，2つの国の消費者厚生，そして全体としての社会厚生に与える影響を，図を使って分析しなさい。貿易によって両国は利益を享受するか？　誰が損失を被るか？

4．4.3節から4.6節までのコダックと富士の主要モデルでは，フィルム生産の限界費用を4ドルと仮定していた。ここで，フィルム1本を生産するのには非熟練労働者が1時間働く必要があり，非熟練労働者の市場賃金が1時間当たり4ドルであるため，この限界費用が発生すると想定しよう。この市場賃金はフィルム産業に何が起きても影響されないものとし，労働者は同じ賃金で他の産業で簡単に仕事を見つけられると仮定する。

(a) コダックが自社の労働者にそのまま1時間当たり4ドルの機会費用を支払うとすると，コダックの労働者はフィルム産業が自由貿易を開始した場合，得をするか，損するか，変わらないか？

(b) ここで，コダックの労働者が組合を作り，機会費用のほかにコダックが生み出す経済的レントの一部を受け取るよう交渉すると仮定しよう。単純化のため，組合の存在は企業の生産量と価格の決定に影響を与えないとする[5]。このとき，(a)の問いに対する答えは違っ

たものになるだろうか？

(c) コダックの労働者がフィルムの自由貿易に賛成するか反対するかの政治的なインセンティブを考えよう。労働者が組合を作る場合と作らない場合のどちらで，それら政治的なインセンティブは経営陣の政治的インセンティブとより密接に結びつくだろうか？　説明しなさい。

5．富士フイルムが費用優位性を持つ場合の貿易に関する 4.7 節の(ii)での議論を思い出してほしい。このケースにおける，貿易が米国の消費者余剰，コダックの利潤，米国の社会厚生に与える影響を図示しなさい。厚生効果を，米国に利益をもたらすものである競争効果と，米国に損失をもたらすものであるレント移転効果の観点から解釈しなさい。これら 2 つの効果を，図で明示しなさい。

6．「自国」と呼ばれる国の CD 市場を考え，そこにはミュージック社という生産者が 1 社のみ存在するものとする。需要曲線は次のように与えられているものと仮定する：

$$Q = 100 - P$$

ここで $Q$ はその国における 1 か月当たりの CD の需要枚数，$P$ はその国の CD1 枚当たりの価格である。CD 生産の限界費用は 6 ドルである。

(a) 自給自足における価格，数量，ミュージック社の利潤，消費者余剰を計算しなさい。

(b) いま，ミュージック社はまだどの市場にも輸出できないが，ある外国の生産者が自国で販売できるようになったとしよう。当初，外国の生産者は自国で 2 単位販売する。消費者にとって外国の CD はミュージック社の CD の完全代替品であり，ミュージック社は外国の生産者が自国市場で 2 単位販売することを与えられたものとすると仮定しよう。これらの仮定の下で，ミュージック社の残余需要曲線と均衡価格，数量，利潤，消費者余剰を計算しなさい。自国の社会厚生は増加するか減少するか？　競争効果とレント移転効果の観点から説明しつつ，厚生の図を用いて解明しなさい。

(c) 今度は外国の生産者が自国市場で 90 単位販売すると仮定して，(b)の問いにもう一度答えなさい。(b)と答えは違うものになるか？　もしそうならば，それはなぜか？

7．ベルトラン・モデルにおける均衡に関する 4.7 節の(iv)での議論を思い出そう。このモデルにおける厚生効果を示す，明確な図を描きなさい。この場合，貿易によって必ず厚生は改善するか？　なぜそうなるか，またはそうならないか？

8．問 3 のシトロエンとフォルクスワーゲンのモデルで，競争が数量の代わりに価格で行われたとしたら，貿易の均衡はどうなるか？　両国の均衡価格，数量，利潤，消費者余剰，社会厚生を計算しなさい。貿易は両国に利益をもたらすか？

## 参考文献

Brander, James A. and Paul Krugman (1983), "A 'Reciprocal Dumping' Model of

---

5　第 3 章の問 3 と同じ推論が適用される。例えば，組合と経営陣が両市場でのフィルムの生産量とコダックが労働者に支払う 1 時間当たりの賃金 $w$ を交渉するというナッシュ交渉モデルでは，企業の生産量と価格の決定は組合がなかったときと等しくなり，限界費用は 4 ドルになる。

International Trade," *Journal of International Economics*, 15: 3/4 (November), pp. 313–321.

*Brandweek* (1998), "Momentous Shifts—Fuji Bites into Kodak's Market Share," June 1, 1998.

Bruges, James (2004), *The Little Earth Book*, New York: The Disinformation Company.

Finnerty, Thomas C. (2000), "Kodak vs. Fuji: The Battle for Global Market Share," New York: Pace University.

Fletcher, Matthew (1996), "Film Fight: Fuji vs. Kodak," *Asiaweek*, July 5, 1996.

Nader, Ralph (1999), "Seattle and the WTO," from *In the Public Interest*, syndicated column, December 7.

Tirole, Jean (1988), *The Theory of Industrial Organization*, Cambridge, MA.: The MIT Press.

Tsurumi, Yoshi and Hiroki Tsurumi (1999), "Fujifilm-Kodak Duopolistic Competition in Japan and the United States," *Journal of International Business Studies* 30: 4, pp. 813–830.

# なぜ北部は関税を求め，
# 南部は目の敵にしたのか？

ニューイングランドの繊維工場，1819年ごろ。

## 5.1　激しい交戦の前の冷戦

アメリカ南北戦争（1861～1865 年）の悪夢は，70 年にわたる北部の州と南部の州との間における緊張の高まりがすでに前兆となっていた。対立の特徴のいくつかは，アメリカ史の標準的な教科書でよく知られているものだ。特に，南部の経済は奴隷制に基づくもので，それは北部では禁止されていた。北部では奴隷制を新しい州や領土で禁止したい一方で，南部では合法とすることを望んだ。北部の人々は逃げてきた奴隷たちを保護したがったが，南部の人々はそうした保護を阻むルールの押し付けを望んだ。総じていえば，北部では政治的風潮がますます反奴隷的な感情に向かっていった。エイブラハム・リンカーンは，1860 年に大統領に選ばれた際，南部での奴隷制を終わらせないことを約束したが，多くの南部の人々は彼の言うことを信じなかった。そして，合衆国領土における逃亡奴隷や奴隷制に対する彼の強い態度は，領土内の多くの人々に大統領継承への支持を確信させた。

奴隷制の問題から発生したこれらの緊張状態はよく知られている。しかし，北部と南部との間の衝突について，もうひとつの重要な原因はあまり知られていない。それは関税政策だ。19 世紀初頭，議会は数回にわたって高率の輸入関税を設定したが，北部の政治家はそれに賛成し，南部の政治家はひどく反対した。この関税政策における意見の不一致が憲法存続の危機を招き，サウスカロライナ州は 1832 年のある時点で関税法は違憲だと脅し，さらにはその問題からの離脱も言い出した。ここで私たちは，この論争に関する主な経済学的特徴についていくつか分析し，それが比較優位論の枠組みの中でいかに簡単に理解できるかを示していこう。そのためには，すでに見てきたモデルにひとつ重要な要素を加える必要がある。

まず，背景について少し述べよう。初期の米国経済は農業で，アメリカ人は事実上，工業製品のすべてをヨーロッパ，特にイギリスから輸入していた。1800 年代の初め，特にニューイングランドにおいて，企業家たちは工業生産を試みた。まず手始めに綿織物から，やがて毛織物が主力製品となった。タウシッグ（Taussig 1914, p. 27）は，1803 年の時点で米国には綿織物工場が **4 社**あったと報告している。この小さな開始点からその産業は急速に成長したものの，1840

The Granger Collection, New York

TOBACCO PLANTATION.

タバコのプランテーション

年までは大規模製造業で雇用されているニューイングランドの労働者のシェアは
まだ全体の15%にも満たなかった。繊維製品と衣服を含む工業品の大部分がま
だ輸入されていたものの，その時には米国の製造企業は多数存在し，輸入品と競
争していた。これらの競争企業は北部の州，特にニューイングランドに集中して
いた。米国の輸出品は大部分が綿やタバコなどの農産物だった——いずれも南部
だけで生産されていた。したがって，その経済は農産物を輸出し工業製品を輸入
するという，完全に比較優位の経済だった。（言い換えると，第3章や第4章の
モデルよりもむしろ第2章のモデルに近かった。）

　議会はまず共和制の初期に輸入関税を設定した。1789年の関税法により
（Taussig 1914, pp. 14-15），大部分の輸入品に5%の関税を課した。関税の水準
は，1820年代までは控えめな水準にとどまっていた。1812年の米英戦争によっ

てイギリスからの輸入が途絶え，それによって米国の製造業が 1810 年代半ばに急速に発展したのを受けて，ニューイングランドの実業家たちは保護を適用するよう圧力をかけ始めた。議会は関税率を上げる法案を 1816 年に通過させ（例えば綿織物については 25％になった。Taussig（1914, pp. 29-30）を参照），1820年と 1824 年にも関税を引き上げた。1820 年の法案のときから，南部の議会議員は関税に反対しはじめ，北部の製造業者たちは保護をさらに積極的に求めるため組織化しはじめた。1826 年，毛織物製品の製造業者連合が貿易の保護を増やしてもらうための政治的な戦略を練るため，ボストンで会合を開き，マサチューセッツ州の上院議員であるダニエル・ウェブスター——かつては筋金入りの自由貿易主義者だった——の協力を得た。製造業者の代表団は議会委員会の前に彼らの事情について嘆願するため，ボストンからワシントンに渡った。1827 年，新しい関税法がギリギリで通過しなかった後，製造業者の大規模な連合や同盟がペンシルベニア州のハリスバーグに集まり，さらに厳しい関税法を草案し，通過させるための戦略を練った[1]。

　これらの動きは，米国において史上最も保護主義的な法案の制定をもたらした。1828 年の関税法である。それはいくつかの輸入原料品に加えて様々な輸入工業品の関税を急激に引き上げた。図 5.1 はその効果をはっきりと描写している。グラフは 1790 年から 1836 年までの課税対象の輸入品に対する平均関税を描いており，課税対象の輸入品 1 ドル当たりの関税収入と，すべての輸入品の 1 ドル当たりの関税収入を示している。注目すべきは，1820 年代に保護論者の活動が力をつけていくにつれて関税は徐々に上がったが，1828 年の法案通過により急激に関税が上がり，平均額がなんと 50％超——米国では後にも先にもこんな高い平均関税率は見たことがない——になったことだ。

　1828 年の関税は激しい分裂をもたらした。1820 年代までは，南部からの議会議員も関税を受け入れようとしていたが，1828 年の法案には強く反対した。法案の採決は地域と強い相関を持っていた。つまり，北部からの議会議員は法案に対して圧倒的に賛成票を投じ，南部の議員は圧倒的に反対票を投じた（Irwin 2008, p. 7 および pp. 32-33）。票が割れただけでなく，法案から政治的に離脱した者もかなりいた——南部の人々はそれを「唾棄すべき関税」と呼んだ。1832

---

1　タウシッグ（Taussig 1888, pp. 20-28）は，この駆け引きについて詳しく説明している。

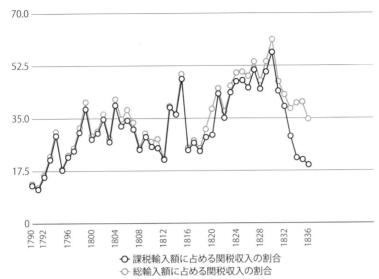

出典：Irwin（2003）。1820年については，すべての輸入品に関する関税として利用で
きるデータが存在しない。この年のデータについては，前後の時点のデータを使っ
て線形補間をしている。

**図 5.1　1790〜1836 年における米国の平均関税率**

年，サウスカロライナ州政府は関税を「取り消す」つまり無効で違憲だと宣言
し，州への外国製品の輸入について，法律で課された税金を支払うことなしに輸
入を許可すると脅した。この行動は，アンドリュー・ジャクソン大統領に州政府
が米国の法律を無効化することはできないと言わせ，また反抗的な州に対して武
力によって連邦関税を実施させることを認める「強制法」を米国議会に通過させ
た。1832年の無効化の危機と呼ばれるこのエピソードのため，1832年には少な
くともいくつかの州で武力交戦が勃発していたと考えられる[2]。この危機は関税

---

2　関税が南北戦争の本当の原因だったと主張する人もいる。この問題に対する長年の恨みは1860年
　　に新しい関税法案に盛り込まれ，その法案が可決されたとき，南部の人々は合衆国から離れることを
　　決めた（この議論の例についてはScruggs（2005）を参照）。貿易論の経済学者にとっては世界で起
　　こっていることすべてを貿易や貿易政策で説明しようとするのは魅力的だろうが，これはもちろん度
　　を越した議論だ。貿易政策は，戦争を引き起こした主要な刺激物のうちのひとつであり，重要ではあ
　　るものの奴隷問題ほど重要ではないと考えるのが妥当だろう。例えば，立法部が離脱の理由を公表し
　　た4つの州はいずれも，奴隷問題が長い間居座っていた。ひとつの州，ジョージア州だけが関税を明
　　示的に議論したが，その宣言でさえ奴隷問題により多くの時間を費やした。しかし関税は，19世紀
　　の米国の政治，特に南北関係を理解する上で依然として重要である。

引き下げをもたらした和解によって和らぎ，その後の数十年間，関税は低い水準にとどまった。

　この衝突は経済学的に説明できるだろうか？　当時の米国経済は比較優位の経済であり，綿やタバコや様々な農産物を輸出し，工業製品を輸入していた。第2章で見たような単純なリカードタイプの比較優位モデルでは，全員が貿易利益を享受し，さらに言えば，どちらの国でも貿易政策によって全員が同じように影響を受ける。例えば，ナイジェリアの貿易の単純なモデルでは，すべてのナイジェリア人が同じ予算線を持っていたので，政府が誰か一人の予算線を外側に移動させることでその人に利益をもたらそうとするならば，それは他のすべての国民についても同様に彼らの予算線を外側に移動させ，同じように利益を与えるものとなった。貿易政策をめぐって意見の不一致も対立も起こり得なかった。明らかに，1828年の関税をめぐる激しい対立を説明するためには，このモデルは修正されなければならない。本章では，貿易政策をめぐるこの種の政治的対立を理解するために，このモデルに**特殊要素**を加えることにする。特殊要素とは，あるひとつの産業でしか使用されない生産要素である。簡単な例として，ある製品の生産のために設計され，他のものを生産するには使うことのできない機械，例えば1枚の金属板から自動車の車体を作るために使用され，他の目的には利用できない，大型車体の金型が挙げられる。別の例は人的資本である。高度熟練労働者の訓練は，たいていひとつの産業に特化されている（医学学位は綿栽培には役に立たない）。もう少し微妙な例としては，地理的制約のある労働者が挙げられる。エビの産業が一国内のある場所に位置し，労働者が個人的な事情でその国の別の場所に住む必要がある場合，その労働者はエビ産業で働くことはできないので，事実上，一種の特殊要素となる。

　ここで，特殊要素を貿易の比較優位モデルに追加し，それがいかにして1828年の状況に似た貿易政策をめぐる政治的対立のパターンを生み出すのかを見ていこう。まずは最も単純なケースとして，**純粋な特殊要素モデル**というすべての生産要素が特殊要素である場合を考える。これは特殊要素モデルの最も分析しやすい形だという利点を持っている。その後，ひとつの要素が完全に移動可能であるとする。これは，**混合特殊要素モデル**，あるいは**リカード＝ヴァイナー・モデル**としばしば呼ばれるものになる。現実の世界では，労働は純粋な特殊要素モデルのように完全に移動不可能ではなく，混合モデルのように完全に移動可能でも

ないので，両者のモデルはともにやや極端だが役に立つ特殊なケースと考えられる。

　特殊要素モデルは，本章で注目している歴史上の例をはるかに超えて役に立つ。事実，膨大な研究文献が，貿易政策の背後にある政治的な力を分析するために特殊要素モデルを使っている（例えば，影響力の大きな論文である Grossman and Helpman（1994）によって始まったように。なお，このトピックは第 7 章で詳しく紹介する）。特殊要素モデルは，貿易政策の所得分配に対する効果を理解するのに非常に役に立ってきた。例えば，コヴァック（Kovak 2011）は，特殊要素モデルがブラジルの異なる労働者に対する貿易改革の異なる影響を理解するのに役に立つことを明らかにしている。これらのモデルは，応用分野の国際経済学者の道具一式の中に持っておくのに便利な道具である。

## 5.2　純粋な特殊要素モデル

　まずは 1828 年の米国経済の単純化から始めよう。そこには綿織物（C）とタバコ（T）の 2 財しかないとする。製造業者たちは綿織物を，資本と労働を用いて規模に関して収穫一定の生産関数 $f^C$ によって生産すると仮定する：

$$Q^C = f^C(L^C, K^C)$$

ここで $L^C$ と $K^C$ はそれぞれ，綿織物の生産に投入される労働と資本の量であり，$Q^C$ は生産量を表す。すべての綿織物生産者は同じ生産関数を持っていると仮定する。さらに，南部の農家たちはタバコを，労働と土地を用いて規模に関して収穫一定の生産関数 $f^T$ によって生産すると仮定する：

$$Q^T = f^T(L^T, A^T)$$

ここで $L^T$ と $A^T$ はそれぞれ，タバコの生産に投入される労働と土地の量であり，$Q^T$ は生産量を表す。すべてのタバコ農家は同じ生産関数を持っており，すべての資本は同じくらい生産的で，すべての労働者の生産性は同じであり，またすべての土地の生産性も等しいものとする。

　綿織物を生産するための資本はすべて北部にあり，タバコを生産するための土地はすべて南部にあると仮定する[3]。このモデルでは，3 つの要素がすべて特殊

要素となる。資本はタバコの生産には役に立たず，土地も綿織物の生産には役に立たない。そして各労働者は自分たちの産業に縛られている――とりわけ，産業を移るためには国内の他の地域に移住しなければならないからだ。一方，北部の中では，労働者は今の雇用主から別の雇用主へ自由に動けるものとし，そのため北部のすべての雇用主は同一の均衡賃金を支払うものと仮定する。また，すべての機械は，ある製造業者から他の製造業者へと貸し出せるので，どの資本設備も使用される場所とは無関係に同じ収益を稼げるものとする。同様に，奴隷は別として（後ほど議論する），均衡では南部の労働者にはすべて同一の賃金が支払われるものとし，またすべての土地で同一の収益を稼げるものとする。ここでの議論のために，タバコと綿織物の価格は世界市場で決まり，それらは米国経済で何が起こっても影響を受けないと仮定しよう。別の言い方をすると，米国はここでの目的のためには小国であるとしよう。すると，製品価格を一定のパラメーターとして考えることができる。これは当時の米国の経済発展段階について考えれば，とても理にかなった仮定である。いずれにせよ，関税の効果に関する主な論点は米国経済の状況に依存しない。

マサチューセッツ州ローウェルの，メリマック製造会社の工場

　北部には $K^N$ 単位の資本と $L^N$ 人の労働者が存在し，南部には $A^S$ エーカーの土地と $L^S$ 人の労働者が存在すると考える。これらの要素供給量は一定で外生的

---

3　この仮定は，とりわけ，雇用に関して北部が製造業者に全面的に依存していることを意味する。実際には，当時北部における大部分の労働者はまだ農業に従事していた。しかし南部の農家とは異なり，彼らは輸出用の農産物をほとんど生産していなかった。この違いが，本章における議論の鍵となる。

に与えられている。すべての要素供給，雇用主，そして消費者は，価格を所与とみなし，価格は市場の需給が均衡するように調整されるものとする。北部と南部の賃金をそれぞれ $w^N$ と $w^S$ とし，また北部の資本レンタル価格と南部の土地レンタル価格をそれぞれ $r^N$ と $r^S$ とする。

ある1社の綿織物メーカー，メリマック製造会社を考えよう。その本社工場は1822年に，後にマサチューセッツのローウェルとなる場所に建設された（Taussig 1914, p. 32；Dublin 1981）。この工場は最初の波のひとつとなった。その州の北側にあるメリマック川は，製造業を開花させ数千人の女性を雇用するだけの力があり，経済と社会の変革をもたらしたのだ（Dublin 1981）。

メリマックは $K^M$ 単位の資本を持っていて，他のメーカーに貸すことも，ローウェルにある自社工場で使うこともできるものとする。企業は利潤

$$p^C f^C(L^M, K^M) - w^N L^M - r^N K^M \tag{5.1}$$

を最大にするように労働投入量 $L^M$ を決める。ここで $p^C$ は綿織物の価格，$w^N$ は北部での賃金であり，両方ともメリマックは所与と見なす。$L^M$ の最適な選択は，労働の限界価値生産物と $w^N$ との均等化を意味する。規模に関して収穫一定の生産関数の場合，労働の限界生産物は労働と他の生産要素との比率によって決まるので，次のように表すことができる：

$$w^N = p^C MPL^C(L^M/K^M)$$

ここで $MPL^C$ は綿織物の生産における労働の限界生産物であり，$L^M/K^M$ の減少関数である。そしてこの式から，メリマック製造会社の労働・資本比率が賃金 $w^N$ と製品価格 $p^C$ の関数として決まる。

重要なこととして，北部における他のすべての綿織物メーカーも同じ賃金と同じ製品価格に直面し，また彼らは同じ生産技術を持っているので，すべての企業は同じ労働・資本比率を選ぶことになる。したがって，すべての製造企業がその労働・資本比率を北部の集計的な労働・資本比率である $L^N/K^N$ と同じ水準に設定するように賃金が調整されない限り，市場は均衡状態とはならない。これは次のことを意味する：

$$w^N = p^C MPL^C(L^N/K^N) \tag{5.2}$$

同様に，メリマックの資本の機会費用はレンタル価格 $r^N$ なので，資本の限界価値生産物はそのレンタル価格に等しく設定される：

$$r^N = p^C MPK^C (L^N/K^N) \tag{5.3}$$

ここで $MPK^C$ は資本の限界生産物で，$(L^N/K^N)$ の増加関数である。規模に関して収穫一定かつ完全競争の下では，均衡において経済的な利潤はゼロであるべきなので，メリマックはウォルサムの自社工場で資本を使ったときと単純に資本を他に貸した場合とで，同じ収益を得る。したがって，(5.3)式はメリマックの資本1単位当たりの均衡収益である。

　$(L^N/K^N)$ は一定なので，(5.2)式と(5.3)式は両方とも $p^C$ に比例する。この結論は重要だ。つまり，**特殊要素の所得は，その特殊要素を使う産業の生産物価格が上昇すれば増加する**のだ。

　南部における均衡の分析は北部の均衡分析と似ているが，重要な例外がある。タバコ農家の中には強制労働を利用できる者もいるという点だ。（ここでの議論の主眼は貿易政策をめぐる対立における特殊要素の役割に関してであって，強制労働の問題には依存していない。とはいえ，1820年代のタバコ生産についてのいかなる議論も奴隷制を無視するわけにはいかないだろう。）南部の $L^S$ 人の労働者の中に，賃金を支払われることなしに働くことを強いられた労働者が $L'$ 人いるとし，また奴隷がいるすべてのタバコ農家は自由な労働者（奴隷ではなく，賃金を稼ぐ労働者のことだ。実際，南部労働の大部分は自由な労働者で構成されていた）も雇っていると仮定する[4]。すると均衡では，労働の限界価値生産物が賃金と等しくなるまで，各タバコ農家は自由な労働者を賃金 $w^S$（上付きの $S$ は南部を意味する）で雇うので，各タバコ農家はみな同じ労働・土地比率の割合を持つことになる（ここで労働・土地比率は，強制労働と自由労働を合わせた**すべての労働**と，土地の割合である）。市場が均衡するためには，この比率が集計的な労働・土地比率 $L^S/A^S$ と等しくなる必要がある。これは自由な労働者にとっての賃金が以下のように与えられることを意味する：

---

4　もしある農家にとって利用できる土地に対する奴隷の割合が異常なほど大きかったとしたら，その農家の労働の限界生産物は市場賃金よりも低くなるので，その農家は自由労働者を雇わないだろう。この可能性は単純化のために除外する。

$$w^S = p^T MPL^T (L^S/A^S) \tag{5.4}$$

ここで $p^T$ はタバコの価格である。そして，タバコ農家の所得は次の式に等しい：

$$r^S A^S + w^S L' = p^T [MPA^T (L^S/A^S) A^S + MPL^T (L^S/A^S) L'] \tag{5.5}$$

ここで $MPA^T$ はタバコの土地の限界生産物を表す。ここで留意すべきは，(5.5) 式には(5.3)式と同様に土地が稼ぐ所得 $r^S A^S$ が含まれているが，それに加えて強制労働の不労所得 $w^S L'$ も含まれているということだ[5]。ここでもう一度注目すべきは，$A^S$ と $L^S$ と $L'$ はすべて一定なので，(5.4)式と(5.5)式は生産物価格 $p^T$ に比例するという点だ。

## 5.3　関　税

　これから，貿易政策の効果を分析していこう。世界市場で設定されている綿織物の価格は 1 ヤードにつき 10 セント，タバコの価格は 1 ポンドにつき 25 セントとする。これらの価格は，この期間における綿織物と小売タバコの価格のだいたい範囲内にある（Taussig 1914, p. 30 ; Norris 1962, p. 457）。

　これらの価格では米国の綿織物に対する国内需要は国内生産よりも大幅に上回り，またタバコの国内需要は国内生産よりもかなり下回るので，米国はタバコを輸出し綿織物を輸入すると仮定する。

　当初，自由貿易が行われていたが，今は政府が綿織物の輸入に 50％の関税を課すとしよう。これは 1828 年の関税法で綿織物にかけられた関税の大きさとだいたい同じだ。（関税法は実際は各商品に対して複雑な関税のかけ方をしていて，輸入額に応じて支払われる関税率が異なっていた。詳細は Taussig（1888, pp. 32-36）を参照。）関税が実施され，輸入業者は（必要ならば米国の通貨に置き換えて）1 ドルの価値の綿織物を米国に輸入する場合，通関手続地で米国関税局に 0.5 ドル支払わなければならない。これは米国に輸入されるいかなる量の綿

---

5　言い換えると，奴隷制がなければ，農家の所得は $r^S A^S = p^T MPA^T (L^S/A^S) A^S$ となり，綿織物産業の場合における資本家の所得とまったく同様のものとなる。これは労働者への支払い後のものだ。もしそうでなくて，賃金を支払う必要のない労働者が $L'$ 人いるとしたら，農家は賃金支払いを $w^S L'$ だけ節約できるので，純所得は $w^S L'$ だけ高くなる。これが(5.5)式の意味するところである。

織物に対しても，それが米国のどこで通関し，どこに運ばれるかにかかわらず，適用される。その結果，米国の消費者は輸入綿織物を 1 単位買いたい場合，関税下では外国の供給者に 0.10 ドル，米国の関税局に 0.05 ドルの計 0.15 ドルを支払うことになる。

メリマック製造会社のような国内生産者が，仮に関税に反応して自社製品の価格を上げたりしないとすると，国内の消費者は自分たちの需要を満たすために国内生産者に頼るだろう。しかし，それでは国内供給が国内需要を十分満たすことができないので，超過需要が発生することになる。その結果，国内生産者は価格の引き上げを**する**ことになり，均衡ではすべての米国の消費者と生産者にとって綿織物の国内価格が 1 ヤード当たり 15 セントに上昇する，という結果になる。その価格では，米国の消費者にとって国内企業から買うか，それとも輸入品を買うかは無差別となる。

北部労働者の予算線を考えよう。綿織物の切片は $w^N/p^C$ で，(5.2)式よりそれは $MPL^C(L^N/K^N)$ に等しい。この切片は関税による影響を受けない。タバコの切片は(5.2)式より $w^N/p^T = (p^C/p^T)MPL^C(L^N/K^N)$ だが，今や 50 ％増加している。（$(p^C/p^T)$ の値は関税がなければ $(0.10/0.25)=0.4$ に等しかったが，関税があると $(0.15/0.25)=0.6$ になる。）そのため，北部労働者の予算線は関税の結果，外側に回転する形でシフトし，明らかに北部労働者は利益を得る。メリマック製造会社のオーナーのような北部資本家に対する分析も同様だ。つまり，すべての北部の人々は関税から恩恵を受ける。

今度は，南部の自由労働者の予算線を考えよう。綿織物の切片は $w^S/p^C$ で，(5.4)式よりそれは $(p^T/p^C)MPL^T(L^S/A^S)$ に等しい。$(L^S/A^S)$ は変化しない一方で $(p^T/p^C)$ が下落するので（$0.25/0.10=2.5$ から $0.25/0.15=1.67$ となるため），この切片は関税によって内側に移動する。タバコの切片は $w^S/p^T$ だが，(5.4)式からそれは $MPL^T(L^S/A^S)$ に等しいので，関税によって変化しない。したがって，南部労働者の予算線は関税の結果，内側に回転する形でシフトする。タバコ農家の予算線の分析も同様で，すべての自由な南部の人々は関税によって損害を被るという結論になる[6]。

結論は，アメリカ人の中には関税によって損害を被る人もいれば利益を得る人

6　奴隷の過酷な状況は変化しないと仮定する。

もいるので，貿易政策をめぐって政治的対立が起きる可能性がある，ということだ。これは特殊要素の直接的な結果である。政治的対立のパターンは非常に明らかだ。つまり，**属する産業にしたがって**，同じ立場で物事を考える。繊維産業の特殊要素の所有者である資本家や労働者は皆，関税を支持する動機がある一方で，タバコ産業の特殊要素の所有者である土地所有者や自由な労働者は，関税に抵抗する動機がある。この場合，経済活動の地理的パターンは，製造業が北部に集中し，タバコや関連する輸出農作物は南部に集中する，というものだった。そのため，特殊要素モデルは，なぜ北部の政治家が圧倒的に関税に賛成票を投じ，南部の政治家が圧倒的に関税に反対したか——そしてなぜ南部の政治家が「唾棄すべき関税」と呼ぼうとしたか——を説明する。

　この議論において省略した，重要なものがある。関税収入だ。関税下では，綿織物を1ヤード輸入するごとに，政府には5セントの収入が発生する。1820年代，これはかなりの額の資金として計上され，関税によって誰が利益を得て誰が損失を被るかの分析は，これらの資金の使途に大きく影響を受けたと考えられる。実際のところ，関税収入は大部分が道路の改善などのインフラ投資に使用され，北部の州はそうした支出の半分を受け取っていたようだが，南部はたった5分の1（そして1人当たりでは北部の半分ほど）しか受け取れなかったらしい（Irwin 2008）。1人当たり基準で見て，インフラのための連邦政府の補助金を群を抜いて受け取っていたのは，オハイオ，ミシガン，イリノイ，ケンタッキー，ミズーリから成る西部州群である（それらの州は当時西部だったが，もちろん「西部」の意味は時代によって変化する）。これらは世界市場につながるために整備された道路を最も必要としていた州であり，これらの州の議員たちは，この目的のために関税収入の大きな割合を受け取れるだろうと判断して，1828年の関税に賛成票を投じた。実際，この重要な取引——西部の州がインフラへの資金提供の見返りとして北部製造業の保護に賛成票を投じた——には名前が付けられた。その名も「アメリカン・システム」で，ケンタッキーのヘンリー・クレイ上院議員が構想したものだった[7]。

---

7　アーウィン（Irwin 2008）はこの制度と，1830年代におけるこの取引の決裂について詳しく分析している。特に，彼の表3を参照。

## 5.4    憲法の誤り，およびラーナーの対称性定理

　以上の議論から，ひとつの推論が生まれる。輸入品に 50％の税金をかける代わりに，連邦議会は**輸出品**に対して輸出額の 3 分の 1 の税金をかけると仮定しよう。すると，外国の消費者に販売しているタバコ農家は米国関税局に 1 ポンド当たり 25 セント÷3＝8.33 セントを支払う必要があり，その農家の純収入は 1 ポンド当たり，たったの（25－8.33）セント＝16.67 セントとなる。このことは，すべてのアメリカ人にとってタバコの価格が 16.67 セントに下落するという結果をもたらす。この分析をより明確に理解するため，仮に米国の消費者がタバコに支払う価格が変わらなかったとしたら，南部のタバコ農家は国内消費者にしか販売したがらないだろう，ということに注意したい。ところが，もし彼らが米国の消費者にすべて販売してしまうと，米国の消費者の需要が米国内の供給量をすべて受け入れるほど十分にはないので，米国市場でタバコは超過供給となってしまう。その結果，タバコの価格は米国内のすべての人にとって 1 ポンド当たり 16.67 セントになるまで下がることになる。この時点で，国内生産者は国内販売と海外輸出とで無差別となる。

　したがって，輸出税の下では，綿織物の価格は 1 ヤード当たり 10 セントのままだが，タバコの価格は，米国の生産者と消費者にとって 16.67 セントに等しくなる。この情報を使って，輸出税が北部の労働者，北部の資本家，南部の自由な労働者，南部のタバコ農家の予算線をどう変化させるかを，関税の場合と同じように見ることができる。詳細については練習問題として残しておくが，手短に言えば**すべての人の予算線は関税下と全く同じとなる**ことが分かる。これは（$p^C/p^T$）の値，つまり，（0.10/0.1667）＝0.6 が，関税下と全く同じだからだ。

　別の言い方をすると，50％の輸入関税は 33.3％の輸出税に等しい。より一般的には，**どんな輸入関税に対しても，それと全く同じ効果をもたらす輸出税が存在する**。この命題は**ラーナーの対称性定理**として知られているもので，すべての比較優位モデルで成立する[8]。

---

8　例外は，外国直接投資がこのモデルに加わった場合で，ブランチャード（Blanchard 2009）によって示されている。

1787年の憲法制定会議における米国憲法の起草をめぐる交渉では，南部の州の議会議員たちが輸出税は禁止されるべきだと主張し，その主張が通った。その結果，輸出税は——今日に至るまで——米国では違憲となっている。しかし，その南部の州の議員たちは，関税に対してはそのような強硬路線を取らなかった。関税の禁止は提案したものの，他のいくつかの譲歩と引き換えに，関税禁止条項がない憲法に最終的に同意したのだ。しかし，すでに見たように，輸入関税を禁止せずに輸出税を禁止しても，意味はない。

明らかに，南部の議員たちはラーナーの対称性定理を理解していなかった。（公正を期して言うと，経済学者アバ・P.ラーナー（Lerner 1936）がその定理を述べて証明したのは1世紀半後だった。）自然と次の疑問が生じる。もし彼らがその定理を理解していたとしたら，アメリカ合衆国は建国されただろうか？

## 5.5 混合モデル

労働が土地や資本と共に特殊要素であると仮定したことを思い出してほしい。この仮定は極端すぎるかもしれない。自由な労働者は結局のところ，とても強く望むならば，北部から南部に，あるいは反対方向に移動することができた。もっと言えば，北部にもたくさんの農業があるので，労働者は工業での賃金が下がったときに何らかの代替手段があったのだ。ということで，これからは土地と資本は依然として特殊要素だが，自由な労働者は産業間を移動可能であるモデルについて見ていくことにする[9]。私たちはこのモデルを**混合特殊要素モデル**と呼ぶが，それはしばしば**リカード＝ヴァイナー・モデル**とも呼ばれている。（貿易論の経済学者の中にはこのモデルを「（総称として）特殊要素モデル」と呼ぶ人もいる。）

労働が移動可能となったので，両方の部門の雇用主は同じ賃金を支払わなければならない（さもないとすべての自由な労働者は賃金が高い方の部門に移動してしまう）。そのため，北部の賃金 $w^N$ と南部の賃金 $w^S$ についてではなく，一国全体に適用されるひとつの賃金 $w$ を考えることにする。北部の各製造業者は労

---

9　このモデルについてもっと詳しく学びたい読者は，ジョーンズ（Jones 1971）の先駆的な論文を参照してほしい。

働の限界価値生産物が $w$ と等しくなるまで労働者を雇用し，南部の各タバコ農家も同じ行動をとる。これは一国全体の労働の総需要をもたらす。そして賃金 $w$ は，均衡において労働需要が一国全体の労働供給と等しくなるように調整されなければならない。この結果は，図5.2に示されている。

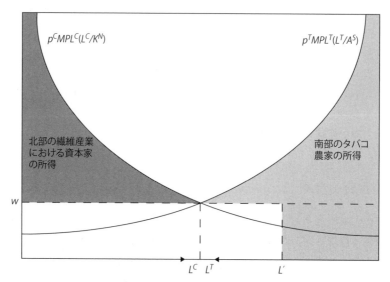

**図5.2　混合特殊要素モデルの均衡**

　図には綿織物産業の労働需要，タバコ農業の労働需要，そして総労働供給が示されている。綿織物の労働需要は左端の縦軸から（横軸に沿って）右方向に値がとられている。左端からの水平方向の距離が綿織物生産に雇用される労働量で，左の縦軸から伸びている右下がりの曲線の高さが，各労働量に対する綿織物生産における労働の限界価値生産物である。したがって，任意の $w$ の値に対して，綿織物メーカーが需要する労働者数は曲線上で高さが $w$ である点における横軸の数値と等しい。タバコ生産における労働需要は，右端の縦軸から**左方向**に値がとられている。右端からの水平方向の距離がタバコ生産に雇用される総労働量で，右の縦軸から伸びている右上がりの曲線の高さが，各労働量に対するタバコ生産における労働の限界価値生産物である。（それは通常描かれるタバコ部門における労働需要曲線を鏡に映した姿になっているので，右上がりの曲線となっている。タバコ生産の労働の限界生産物は，タバコ生産に使われる労働の増加に伴

い，低下する――言い換えれば，この図で左方向に進むにしたがって，それは低下する。) そのため，任意の $w$ の値に対して，タバコ農家が需要する労働者の総数は，その曲線上で高さが $w$ である点における横軸の値と等しい。

したがって，与えられた任意の $w$ の値に対して，この経済における労働に対する総需要は，これらの2本の線によって示される需要量の合計として求められる。この四角形の図は，この経済における労働の総量 $L$ が四角形の横の長さに等しくなるように描かれている，という点に注意しよう。(この長さは，自由な労働者と強制労働者の両方を含んでおり，前と同様に強制労働者は $L'$ で示されている。) したがって，均衡賃金は2つの部門の労働需要の合計が四角形の横の長さとなるような $w$ の値だ。別の言い方をすると，均衡点はこれらの2本の曲線の交点である。この交点は，綿織物生産への労働の均衡配分 $L^C$ とタバコ生産への労働の総配分 $L^T$ および均衡賃金 $w$ を示している。

労働の限界生産物曲線の下側から雇用点までの部分の面積は生産量に等しい，ということを思い出してほしい。その結果，綿織物生産における労働の限界**価値**生産物曲線の下側から $L^C$ までの部分の面積は，$P^C Q^C$ つまり綿織物産業における綿織物の総生産額に等しい。そこから綿織物産業における労働者への支払い額 $wL^C$ を差し引くと，それは綿織物産業における資本所有者の純所得となる。これは，図 5.2 では綿織物における労働の限界価値生産物曲線の下側で影がついた部分の面積として示されている。同様に，タバコの労働の限界価値生産物曲線の下側で影のついた部分が，タバコ農家の純所得である。(この場合における違いは，労働者の中に強制労働者がいるので賃金がゼロである者がいるということだ。したがって，タバコ産業の労働者へ支払い額は $wL^T$ ではなく $w(L^T - L')$ に等しい。このため，タバコ産業の影付きの部分の形状は綿織物産業の影付き部分とは異なっている。)

これらすべては，関税によってどう変化するだろうか？ 関税が綿織物の国内価格を1ヤード当たり10セントから15セントへと50％引き上げたことを思い出してほしい。これは，図 5.3 で示されているように，綿織物の労働の限界価値生産物曲線をどこでも50％だけ上にシフトさせる。このシフトは，綿織物に配分される労働量の増加とタバコに配分される労働量の減少を意味する。なぜなら，新しい均衡（$C$ 点）は元の均衡（$A$ 点）よりもさらに右側にあるからだ。したがって，関税によって綿織物生産は拡大し，タバコ生産は縮小する。

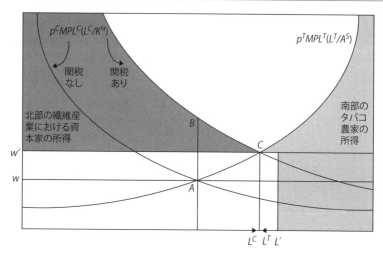

**図5.3　関税の効果**

　新しい均衡はまた，賃金の上昇を意味する――少なくとも名目賃金は上昇する。新しい均衡賃金は，$w'$ で示されている。賃金の上昇は50％を下回る，という結果が重要だ――関税よりも低く，綿織物の価格上昇率よりも低いということだ。これは，賃金を50％上昇させることで図の $A$ 点から $B$ 点への移動が発生するが，$B$ 点は均衡ではないことから分かる。$C$ 点が均衡点で，それは $B$ 点よりも綿織物の労働需要曲線に沿った右下に位置している。したがって，賃金の上昇は，比例的に見て，綿織物の価格の上昇より小さい。

　この結論は重要だ。なぜなら，それは関税によって労働者の予算線がどう変化するかに影響を及ぼすからだ。図5.4は，典型的な自由労働者の関税前と関税後の予算線を示している。実線は自由貿易下の予算線を示しており，点線は関税の影響を受けたときの予算線を示している。タバコの価格は変化しないので，関税下でのタバコの軸の切片 $w'/p^T$ は自由貿易下の切片 $w/p^T$ よりも大きい。これに対して，（米国内の）綿織物の価格は50％上昇**している**一方で賃金の上昇は50％**より小さい**ので，関税下における綿織物の軸の切片 $w'/p^C$ は，自由貿易下での切片 $w/p^C$ よりも小さい[10]。したがって，関税の影響を受けた予算線と自由貿易の

---

10　これのもうひとつの見方は，$w = p^C MPL^C(L^C/K^C)$ を思い出すことだ。$L^C$ は増加するので，$MPL^C(L^C/K^C)$ は低下することが分かっている。そのため，$w/p^C$ も減少する。

予算線は互いに交差し，自由な労働者にとっては，関税によって効用が高くも低くもなり得る。彼らの消費の組み合わせの中で綿織物が大きな割合を占めるほど，効用はより低くなりやすく，消費の組み合わせの中でタバコの量が大きな割合を占めるほど，効用は高まる傾向にある。

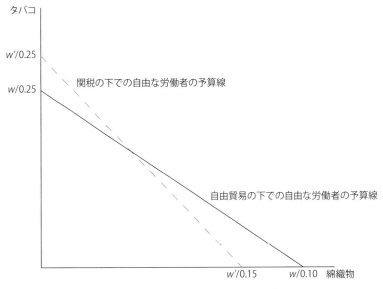

**図 5.4 関税が労働者の予算線に与える影響**

賃金に関する関税の効果についてひとつ分かることは，効果が**どのようなものであっても**，つまり良い効果であろうが悪い効果であろうが，それは**すべての**自由な労働者によって共有される，ということである。それは彼らがどこに住んでいようが，経済のどの部門で働いていようが，関係ない。なぜなら，労働者が部門間で移動可能なので，関税が課せられる前でも後でも，すべての労働者は同じ賃金を稼ぐからだ。

今度は特殊要素の所有者の厚生について考えよう。図 5.3 から，北部の資本所有者の所得を表す部分の上限が上方向に（50％だけ）シフトし，下限も上方向に（50％より小さく）シフトしたことが分かっている。もしも両方の境界線が50％だけ上側に移動したとしたら，その部分の面積は 50％増えることになるので，資本家の所得も 50％増えることになっただろう。しかし，下側の境界線の上昇は 50％よりも小さいので，全体の面積は 50％を**超えて**増加する。したがっ

て，北部の資本家の所得を $r^N K^N$ で表すと，$r^N K^N / p^C$ は増加することが分かる（なぜなら，分子は50%を超えて増加しているが，分母は50%だけ上昇したからだ）。もちろん，$p^T$ には変化がないので，$r^N K^N / p^T$ もまた増加している。したがって図5.5に示されているように，典型的な北部の資本家の予算線は外側にシフトすることになる。

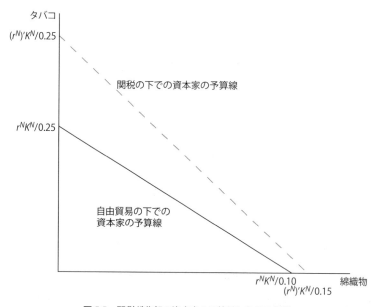

**図5.5　関税が北部の資本家の予算線に与える影響**

　同様に，図5.3は南部のタバコ農家への関税の影響も示している。賃金の上昇は彼らの所得を表す部分の面積を減らすので，$r^S A^S + wL'$ は減少する。その結果，タバコの価格は変化しない一方で綿織物の価格が上がるので，タバコ農家の所得は両方の財で測って減少する。そのため図5.6で示されているように，彼らの予算線は内側にシフトする。

　以上の結果をまとめよう。(i)輸出部門の特殊要素（タバコ生産に用いられる土地など）の所有者は，関税によって必ず損害を被る。(ii)輸入競争部門の特殊要素（繊維産業における資本など）の所有者は，関税によって必ず利益を享受する。(iii)産業間で移動可能な要素の所有者（このモデルにおける自由な労働者など）は，関税によって利益を得ることも損失を被ることもあり得る——ただし得を

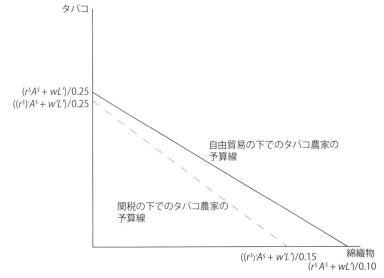

図 5.6　関税が南部のタバコ農家の予算線に与える影響

るか損をするかは，彼らがたまたま属している産業には依存しない。

　したがって，1828 年の関税の基本的な政治学は，混合特殊要素モデルによってもやはり説明可能だ。つまり，南部の地主は関税に反対し，北部の資本家は関税を支持した。大きな変更点は，自由な労働者が共同戦線を示すことに賛成するか反対するかの動機にあり，それは彼らの属する地域と同一視できない，ということだ。

　以上の 2 つのモデルは労働移動に関して極端な仮定を提示しており，現実は両者の間のどこかにあるだろう。例えば，純粋な特殊要素モデルでは関税に対して供給が反応しないことを意味する，つまり綿織物とタバコの生産量は各部門の特殊要素の供給によって決まってしまうので，関税に反応して変化することはない。しかし，歴史学者は総じて，綿織物の生産量は関税の結果，大幅に増えたと考えている（詳しい分析については，Zevin（1971）を参照）。よって，純粋な特殊要素モデルはデータと整合的ではない。その一方で，要素の完全な移動可能性も現実的ではない。アルトゥチュとチョウドリとマクラレン（Artuç, Chaudhuri and McLaren 2010）の研究は，現代の米国経済において労働者は産業を変わるとき，非常に大きな費用に直面し，大きな賃金格差が持続的に起きて

いる，という実証結果を示しているが，そのような労働移動の大きなコストが19世紀には起こらなかったと考える理由はどこにもない。最も現実的なモデルは，産業間で費用のかかる不完全な労働移動を考慮に入れたものとなるだろう。それは本章で示されたモデルに比べるともっと複雑で不明瞭なものになる。

## 5.6 貿易における特殊要素についてのより一般的な議論

本章ではこれまで，貿易が所得再分配に与える効果（および，その結果としての政治的対立）についての意味合いという面でのみ特殊要素モデルを分析してきた。しかし，特殊要素モデルは，貿易をもっと一般的に検討するために用いることが可能だ。ここでは，もうひとつの国としてヨーロッパを導入し，本章で議論を展開している米国経済の貿易相手国とすることで，モデルを完成させる。私たちは比較優位や貿易利益に関する基本的な原理が，第2章のリカードのモデルと全く同様に成立することが分かるだろう。

以下では5.5節の混合特殊要素モデルを使用するが，米国が小国経済であるという仮定は外すことにする。事例をできるだけ簡単にするために，ヨーロッパは土地や労働，資本の量や，生産技術を含むほとんどすべての面で米国と全く同じだが，ただ一点だけ，ヨーロッパの土地が米国の土地とは違って，タバコを育てるのには適さないと仮定する。したがって，2つの部門間における任意の労働配分に対して，ヨーロッパのタバコ生産における労働の限界生産物は米国よりも低くなる。この仮定は，米国がタバコに比較優位を持ち，ヨーロッパが綿織物に比較優位を持つことを保証する。これは図5.7に描かれているが，それは図5.2に対応する労働配分の四角形を，両国について同時に描いたものだ。図5.7は，各国における綿織物生産の労働の限界価値生産物を，その部門の労働 $L^C$ と資本 $K^C$ の関数として示しているが，その曲線は両国とも同じものになる。この図はまた，タバコ生産の限界価値生産物も，その部門の労働 $L^T$ と土地 $A^T$ の関数として示しているが，米国の限界価値生産物曲線は黒い色で描かれており，グレーで描かれているヨーロッパの曲線よりも一様に上に位置する。労働の配分は，米国については $A$ 点，ヨーロッパについては $B$ 点で示され，賃金はそれぞれ $w^{US}$ と $w^E$ に等しい。その結果，与えられた製品価格に対して，米国はヨーロッパと比較してタバコにより多くの労働を，綿織物により少ない労働を配分する。

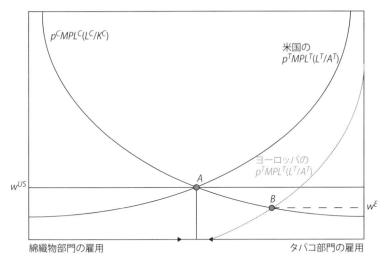

図 5.7 米国とヨーロッパの労働市場

各国内での労働配分の均衡条件は，次のようになる：

$$p^C MPL^C(L^C/K^C) = p^T MPL^T(L^T/A^T) \tag{5.6}$$

各国において，綿織物生産のための総資本量 $K^C$ とタバコ生産のための土地の総量 $A^T$ は所与の値であることを思い出してほしい。したがって，(5.6)式は単に2つの産業間における労働の配分を決定する。所与の任意の $p^C$ と $p^T$ についてこの式を満たす労働配分は，$p^C$ と $p^T$ の値を2倍にした場合も同じものになるので，労働配分はこれら2つの財価格の比率である $p^C/p^T$ のみに依存し，その絶対的な値には依存しない。その結果，各国のタバコ生産への労働投入量は，綿織物の相対価格 $p^C/p^T$ の関数として示される。$p^T$ が一定のまま $p^C$ が上昇した場合，綿織物生産における労働需要曲線が上にシフトし，タバコ生産から綿織物生産へと労働が移動し，綿織物の生産量 $Q^C$ は増えタバコの生産量 $Q^T$ は減少する。結果として，$p^C/p^T$ の上昇は，タバコの生産量で割った綿織物の生産量——つまり綿織物の相対供給——を増加させる。したがって，各国の綿織物の相対供給曲線は，右上がりとなる。これは図5.8に示されており，そこでは縦軸に綿織物の相対価格，横軸に綿織物の相対的な数量がとられている。米国の相対供給曲線は $RS^{US}$ で，ヨーロッパの相対供給曲線は $RS^E$ で表されている。

仮定により，製造業部門の労働需要曲線は両国で同一である。しかし，農業部

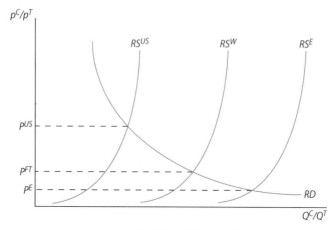

図 5.8　相対供給，相対需要，均衡

門については米国の労働需要曲線はヨーロッパの労働需要曲線よりも上に位置する。その結果，任意の生産物価格に対して，米国ではより多くの労働がタバコ生産に配分されるので，ヨーロッパに比べてタバコの生産量が多く綿織物の生産量が少なくなり，綿織物の相対供給量はヨーロッパの方が米国よりも大きくなる。これが $RS^E$ が $RS^{US}$ よりも右側に描かれている理由だ。

　綿織物の相対需要がどちらの国の消費者でも同じであり，それは図 5.8 で $RD$ として描かれているとしよう。これを各国の相対供給曲線と組み合わせることによって，各国の自給自足価格が求められる。（第 2 章で，自給自足とは貿易が全く行われない状況だったことを思い出してほしい。）米国とヨーロッパの相対価格はそれぞれ $P^{US}$ と $P^E$ で示されている。$P^E < P^{US}$ であることに注意しよう。ヨーロッパの経済ではタバコの生産が非常に少ないので，これは妥当な結果だ。そのため，自給自足の下では，ヨーロッパにおいてタバコは綿織物よりも相対的にみて非常に高価になる（同じことだが，ヨーロッパでは綿織物はタバコよりも相対的にみて非常に安価になる）。

　さて，貿易を開始したらどうなるだろうか？　どちらの国でも関税やその他の貿易を阻害する政策は行われないと仮定し，輸送費もかからないものとする。第 2 章のモデルと同様，任意の相対価格に対して，両国での綿織物の生産量を合計し，それを両国で生産されるタバコの総量で割ると，**世界の**相対供給曲線が得られる。図 5.8 では，それは $RS^W$ として描かれている。世界の相対供給曲線は，

今まで通り，両国の相対供給曲線の間に位置する。世界の相対供給曲線を相対需要曲線と組み合わせると，自由貿易均衡が求められ，その価格は $P^{FT}$ として示されている。この相対価格は両国の自給自足価格の間に位置するので，貿易によって綿織物の相対価格はヨーロッパにとっては上昇し，米国にとっては下落する。

　自由貿易価格 $P^{FT}$ においては，ヨーロッパの綿織物の相対供給は相対需要よりも大きいことに注目しよう。このことは，ヨーロッパが綿織物を輸出しタバコを輸入する一方で，米国ではその反対になることを意味している。したがって，ちょうどリカード・モデルと同様に，貿易によって各国の輸入財の相対価格は下がり，輸出財の相対価格は上がる。

　各国の集計的な厚生に対する貿易の効果は，図 5.9 を利用して考察できる。図 5.9 は，ヨーロッパの生産可能性フロンティア（PPF）を示したものだ。自給自足の下では，ヨーロッパは $A$ 点で生産を行っており，そこでの PPF の傾きはヨーロッパの綿織物の自給自足相対価格にマイナス 1 をかけた $-P^E$ に等しい。ここでの議論のため，ヨーロッパは数百万人の個人から成り，その一人ひとりが労働者であると同時に資本と土地をいくらか所有しているとしよう。そして，すべてのヨーロッパ人はこれらの資源を全く同じ量だけ所有していると想定しよう。すると，ヨーロッパ人はそれぞれ同じ量の消費を行うので，以下では「代表的な」ヨーロッパの国民を考えればよい。その場合，代表的なヨーロッパ人の自給自足における予算線は，（人口の人きさにしたがって拡大した）図 5.9 におけ
る黒い実線のようになる。その予算線の傾きは，綿織物の相対価格をマイナス 1 倍したもの，つまり $-P^E$ に等しく，その経済の自給自足生産点を通る（なぜなら，ヨーロッパの消費額はヨーロッパの生産額と等しくなければならないからだ）。この予算線はまた，消費点と接していなければならない。自給自足の下では各国とも生産したものを消費するので，$A$ はまた消費点でもあり，よって無差別曲線は予算線と $A$ 点で接する。

　ここで貿易が開始されると，ヨーロッパ人から見た綿織物の相対価格は $P^T$ まで上昇し，生産点は $B$ に移動するので，自給自足のときよりも綿織物の生産が増えタバコの生産が減少する。その結果，代表的なヨーロッパ人の予算線は，グレーの破線に変化する。その傾きは新しい綿織物の相対価格に等しく，新しい生産点を通る。新しい予算線は自給自足の消費点 $A$ より厳密に上の点を通り，自

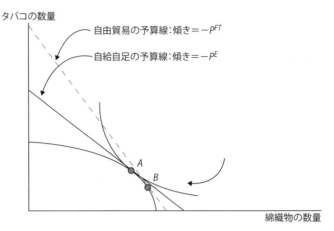

**図 5.9　ヨーロッパにおける貿易利益**

給自足の無差別曲線よりも上にある無差別曲線上の消費可能性領域をもたらすことは明らかだ。したがって、ヨーロッパ人は貿易があるときの方が貿易がないときよりも高い効用を得る。

　第 2 章の単純なリカード・モデルと同様に、この特殊要素モデルでも貿易利益は存在する、と結論づけることができる。しかし、ヨーロッパ人がそれぞれ同じ資源を同じ量所有している、という平等主義的な仮定を外し、各ヨーロッパ人は労働者、土地所有者、あるいは資本所有者のいずれかであるという、より現実的な仮定を適用するとしたら、各ヨーロッパ人がそれぞれ貿易利益を得る、という結果はもはや成立しない。むしろ、5.5 節の分析から、各資本所有者は（輸出部門の特殊要素の所有者として）利益を得る一方、各土地所有者は（輸入競争部門の特殊要素の所有者として）損失を被り、そして労働者はどちらにもなり得る、ということが分かる。図 5.9 での貿易利益の結果が示すのは、**貿易によって損失を被る個人がいるとしても、貿易による利益を享受する人の利益はその損失を補償できるほど大きいので、全員がより良い状態になる**ということだ。全体にいきわたるほど大きな利益が存在するので、貿易は、原則として、パレート改善となり得る。

　米国についての分析も同様で、それは図 5.10 に示されている。自給自足の生産点は米国の PPF 曲線上の C 点で示されている。貿易によって米国経済はタバコをより多く生産し、綿織物をより少なく生産するようになる。それが D 点で

表されている。自給自足の予算線は黒い実線で示されており，無差別曲線と $C$ 点で接する。貿易開始後の新しい予算線は破線で，明らかに $C$ 点よりも上の点を通る，より高い無差別曲線上で消費の選択が可能になる。ヨーロッパと同様に，貿易は全体として利益をもたらす。これは貿易による勝ち組が貿易に負け組みを補償でき，その上でさらに裕福になれる，ということを意味している。

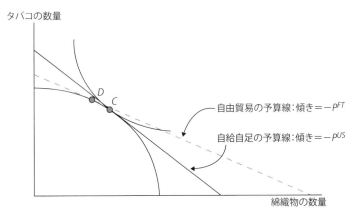

**図 5.10　米国における貿易利益**

　したがって，このモデルでは，リカード・モデルよりも精巧で複雑なモデルではあるものの，リカード・モデルの主な結果の多くがなお当てはまる。つまり，各国は自給自足の下で相対的に安価な財を輸出し，各国における輸出財の相対価格は貿易によって上昇し，そして各国における輸入財の相対価格は貿易によって低下する。さらに言えば，各国とも全体として貿易利益を享受する。しかし，特殊要素モデルを導入したことによる重要な違いがある。リカード・モデルとは異なり，貿易の下でも，どちらの国にも完全特化する理由はなく（言い換えれば，両国とも通常は両方の財を生産する），また各国において補償がなければ貿易によって厚生が悪化する個人が出てくるだろう，ということだ。

　19 世紀前半の米国経済で自給自足を考えるのは，単なる思考実験ではないことを言及しておかなければらない。実際，米国は 1807〜1809 年の期間に自給自足を経験している。英国とフランスが戦争中に，英国海軍がフランス行きの米国商船に乗り込んできたとき，トマス・ジェファーソン大統領は英国とそのすべての植民地との貿易をすべて取りやめると主張した。当時，米国の貿易はほぼす

べてが英国や英国の植民地と行われていたので，この行動によって米国経済は自給自足に非常に近い状態に陥り，それは1年半続いた。本章で考察したモデルから予想できるように，（綿，小麦粉やコメはもちろんのこと）タバコのような輸出品の価格は，輸入品の価格に比べて相対的に下がった。自給自足状態の終盤までに，輸出品の国内相対価格は60％以上も下がったのだ。アーウィン（Irwin 2005）は，この貿易損失によって実質GNPが4〜6％減少したと推計し，また当時の報告書はその貿易損失を「停滞」や「不況」，「厳しい経済的困難」と非難していたことを記している。明らかに，このことは貿易利益が重要だったことを示唆している。

（幸いにも，ジェファーソン大統領は他に功績があった。）


## 要　点

1．特殊要素とは，ある産業から他の産業に再配分できない生産要素のことである。生産要素の一部あるいはすべてが特殊要素であるとき，そのモデルは特殊要素モデルと呼ばれる。
2．一般的に，輸出部門での特殊要素が稼ぐ実質所得は貿易自由化によって増加し，輸入競争部門での特殊要素が稼ぐ実質所得は貿易自由化によって減少する。
3．特殊要素ではない，部門間で自由に移動可能な生産要素は，貿易自由化によって得をすることも損をすることもある。例えば，リカード＝ヴァイナー・モデルでは労働者は産業間を完全に移動可能と仮定され，彼らが輸入競争財をたくさん消費する場合は貿易自由化によって利益を得るが，輸出財をたくさん消費する場合は損失を被る。ひとつ分かっていることは，そのモデルでは**すべての**労働者が，従事する産業に関係なく，貿易自由化によって**同じ**経験をするということである。
4．一般均衡において，輸入関税の効果は輸出品への関税によって再現可能である。これはラーナーの対称性定理と呼ばれている。


### 私たちはどこにいるのか

比較優位モデルに，特殊要素モデルを導入した（次ページ図参照）。


### 章末問題

1．部門特殊的な技能を必要とする職業と，技能が部門特殊的でない職業を挙げなさい。それぞれについて根拠を説明しなさい。技能の流動性におけるこれらの違いによって，両方の職業における労働者の関税引き下げによる影響の受け方は変わるだろうか？
2．海外直接投資と特殊要素に関する以下の思考実験を考えよう。
　(a)　本文での純粋な特殊要素モデルにおいて，海外直接投資の高まりによって綿織物部門に

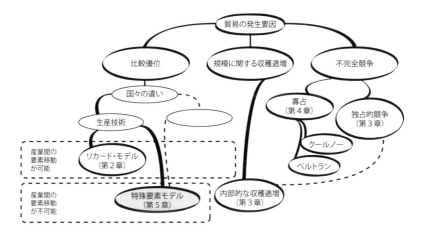

おける資本の入手可能性が急激に増加したとする。それは米国における所得再分配にどのような影響を及ぼすだろうか？　特に，米国の綿織物産業における労働者と資本家の実質所得はどうなるか？　タバコ部門の労働者と資本家の実質所得はどうか？　北部と南部の労働者間の所得分配にはどのような影響を与えるだろうか？

(b)　混合特殊要素モデルについても，同じ問いに答えなさい。(a)への解答と異なる部分については，その理由を説明しなさい。

3．何百ものブラジルの産業で働く労働者について，2つの時点における賃金データがあるとする。また，各時点における各産業の輸入関税のデータもあるとする。多くの産業において，両時点の間で関税が変化したと仮定し，またこれだけがその時点間でブラジル経済に起きた外生的な変化だとする。このデータを，横軸に産業の関税の変化をとり，縦軸に産業の賃金の変化をとり，散布図に示す。（言い換えれば，散布図の各点は，あるブラジルの産業における関税の変化と産業の平均賃金の変化を示している。）

(a)　ブラジル経済は，5.2節のような純粋な特殊要素経済であると仮定する。その散布図はどのようになるか？　例を描き，主な特徴について，経済学的な根拠を説明しながら言葉で述べなさい。

(b)　今度は，ブラジル経済が5.5節のような混合特殊要素あるいはリカード＝ヴァイナー・モデルであると仮定する。同じ問いに答え，(a)の解答と異なる部分については理由を説明しなさい。

4．紅茶とコメを生産する経済を考える。それぞれ異なるタイプの土地を必要とする。つまり，コメ生産のための平らで低地にある水を多く含んだ土地は，コメに特殊的な要素であり，紅茶生産に使用する丘陵地は紅茶に特殊的である。しかし，労働は2つの産業間で自由に移動可能であり，したがって労働者へ支払われる賃金は両部門で同じである。紅茶部門の労働の限界生産物が$120-L^T$だと仮定する。ここで$L^T$は紅茶部門の労働者の総数である。また，コメ部門の労働の限界生産物は$120-L^R$で，$L^R$はコメ部門の労働者の総数である。この経済には120人の労働者，100人のコメ農家，そして100人の紅茶栽培者がいるとする。この経済は，コメの純輸入国だとする。

(a) 紅茶の世界価格とコメの世界価格が共に1単位当たり1ドルで，その国が自由貿易政策をとっていて各財とも国内価格が世界価格と等しい場合について，各部門への均衡労働配分，この経済における各財の生産量，そして賃金を求めなさい。

(b) さて，政府がコメの輸入に対して100％の**従価**関税を課すと仮定し，コメの国内価格が2ドルになったとする。(a)の分析をもう一度行いなさい。

(c) 関税の前後における，労働者，コメ農家，紅茶栽培者の予算線を描きなさい。関税収入を無視した場合，誰が関税から利益を享受するか？ 誰が損失を被るか？ どちらとも言えないグループはいるだろうか？

(d) もうひとつ情報を加えることにしよう。つまり，この経済におけるすべての消費者がすべてレオンティエフ型の選好を持ち，常に紅茶を1単位飲むのと合わせて4単位のコメを消費すると仮定する。これによって(c)への解答は変わるか？

5．問4のモデルで，輸入関税の代わりに，政府が紅茶の輸出に50％の税金を課したと仮定する。分析をもう一度行いなさい。関税の場合と比べて，結果はどのようになるか？

## 参考文献

Artuç, Erhan, Shubham Chaudhuri and John McLaren (2010), "Trade Shocks and Labor Adjustment: A Structural Empirical Approach," *American Economic Review* 100: 3 (June), pp. 1008-1045.

Blanchard, Emily J. (2009), "Trade Taxes and International Investment," *Canadian Journal of Economics*, 42: 3, pp. 882-899 forth coming.

Dublin, Thomas (1981), *Women at Work: The Transformation of Work and Community in Lowell, Massachusetts, 1826-1860*, New York: Columbia University Press.

Grossman, Gene M. and Helpman, Elhanan (1994), "Protection for Sale," *American Economic Review* 84: 4, pp. 833-850.

Irwin, Douglas A. (2003), "New Estimates of the Average Tariff of the United States, 1790-1820," *The Journal of Economic History*, Vol. 63, No. 2 (June 2003), pp. 506-513.

Irwin, Douglas A. (2005), "The Welfare Cost of Autarky: Evidence from the Jeffersonian Trade Embargo, 1807-1809," *Review of International Economics* 13 (September), pp. 631-645.

Irwin, Douglas A. (2008), "Antebellum Tariff Politics: Coalition Formation and Shifting Regional Interests," *Journal of Law and Economics* (November), pp. 715-742.

Jones, Ronald I. (1971), "A Three-Factor Model in Theory, Trade, and History," in J. N. Bhagwati, R. W. Jones, R. A. Mundell and J. Vanek (eds.), *Trade, Payments and Welfare, Papers in Economics in Honor of Charles P. Kindleberger*, Amsterdam: North-Holland.

Kovak, Brian K. (2011), "Local Labor Market Effects of Trade Policy: Evidence from Brazilian Liberalization," Working Paper, Carnegie Mellon University.

Lerner, A. P. (1936), "The Symmetry between Import and Export Taxes," *Economica* (New Series), 3: 11, pp. 306-313.

Norris, James D. (1962), "One-Price Policy among Antebellum Country Stores," *The Business History Review*, 36: 4 (Winter), pp. 455-458.

Scruggs, Mike (2005), *The Un-Civil War: Truths Your Teacher Never Told You*, Asheville, NC: Published by the Asheville Tribune.

Taussig, F. W. (1888), "The Early Protective Movement and the Tariff of 1828," *Political Science Quarterly*, 3: 1 (March), pp. 17-45.

Taussig, F. W. (1914), *The Tariff History of the United States* (6th ed.), New York: G.W. Putnam's Sons.

Zevin, Robert Brooke (1971), "The Growth of Cotton Textile Production Aafter 1815," in R. W. Fogel and S. L. Engerman, (eds.), *The Reinterpretation of American Economic History* (New York, 1971), pp. 122-124.

# 自由貿易はアメリカの労働者に対する搾取か？

ペンシルベニア州ピッツバーグの製鋼所のアメリカ人労働者。
米国の鉄鋼業は四半世紀の間，外国との激しい競争によって打ちのめ
されてきた。

Lynn Johnson/National Geographic/Getty Images, Inc.

# 6.1 告　発

　米国の労働者が経験した以下の3つの事実について考えよう。それらは，反グローバル化の告発状として，しばしば用いられる事実である。

**事実1　1人当たり生産性が急速に向上しているにもかかわらず，実質賃金と実質報酬は──過去とは違って──過去 30 年間低い水準のままだ。**

　歴史的に，米国の賃金は労働の生産性とだいたい同じペースで上がっていったので，労働者の生活水準も世代を追うごとに着実に向上していった。しかし，どういうわけか，このプロセスは 1970 年代から後は止まってしまったようだ。図6.1 は，数十年にわたる米国の労働者1人当たりの実質生産量と1時間当たりの実質報酬を描くことで，この停滞を図示している。「報酬」には賃金や給料だけでなく，年金や健康保険の事業主負担も含まれる。1970 年代までは2本の線は平行だったが，それ以降は生産性が向上し続けているのに対し，報酬は著しく遅れをとっていることが分かる。

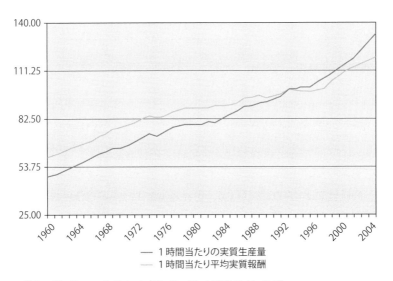

出典：*The Economic Report of the President* 2006, Table B-49.

**図 6.1　1 時間当たりの生産量と時間当たり実質報酬**

**事実2　1970年代以降，賃金格差が大幅に拡大した。**

　図6.2を考えよう。この図は米国男性の実質賃金の分布について，その1970年からの進展を十分位数で示したものだ。最初の十分位数は10，一番上のは90で示され，すべての変数について1973年の値が100となるように正規化されている[1]。中央値（50パーセンタイル）の賃金は，だいたい32年前のデータの最低値と同じだ[2]。その一方で，分布の最高位にある賃金は著しく上昇し，分布の最低位にある賃金は著しく下落した。

　例えば，90パーセンタイルの賃金は30％ほど上がったが，20パーセンタイルの賃金は8％ほど下がった。総労働力の半分は，実際のところ賃金が下がっていった。

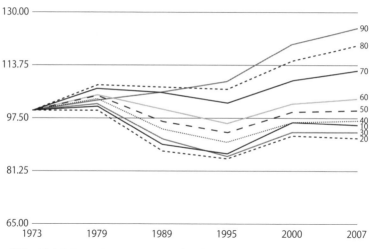

出典：Mishel, Bernstein, and Allegretto (2007), The State of Working America 2006/2007 の表3.6と図3Dから作成。

**図6.2　1973〜2005年における男性の賃金上昇**

**事実3　米国経済は1970年代以降，世界経済とより一層統合されていった。**

　この事実はもちろん，第1章においてグローバル化の第二波の一部分として観

---

1　女性の賃金については，もう少し楽観的な図となる。しかし，女性の賃金の分析は，この期間における女性の就業率や学業成績の大きな変化に影響を受けやすいので，より複雑なものになる。
2　この図には雇用主によって支払われる健康保険料などの給付は含まれないが，それらを含んでもあまり話は変わらない。例えば，Mishel, Bernstein and Allegretto (2007) の図3Nを参照のこと。

察され，明記されたものだ。

　これらの事実をまとめると，賃金は生産性に遅れをとっており，グローバル化の波が襲うのとほぼ同時に最低賃金が後退し始めたことが分かる。次の疑問が自然に生まれてくる。これらの現象は関連性があるのか？　特に，グローバル化が賃金の停滞と最低賃金労働者の所得の減少を**引き起こした**のだろうか？　多くの観測筋はそうだと答える——政策への示唆に満ちた答えをもって[3]。

　経済学では因果関係を証明することは非常に難しい。改めて言うが，**事後の議論**は慎重になされなければならない。というのも，グローバル化と労働市場の問題の両方が，異なる要因によって引き起こされる可能性も，共通の要因によって引き起こされる可能性もあるからで，それは前者が後者を引き起こすという議論とは対照的だ。しかし，国際経済学者は，この場合の因果関係の流れを決定するのに役立つ道具を発見した。ヘクシャー＝オリーン・モデルとして知られている理論的枠組みだ。これは恐らく，私たちがグローバル化の結果として議論してきたような労働市場の問題を予測するための，最も単純なモデルだろう。私たちはこのモデルを分析し，モデルのメカニズムが機能していることを示す根拠となる兆候を，データとして発見されるとしたら，特定する。それが，問題となっている労働市場のパラドックスを生み出しているということになる。最後に，それらの兆候が観察できるかどうか見るために，データに戻る。この論理の連鎖によって，グローバル化が原因かどうかを判断できる[4]。

## 6.2　固定係数モデル

　ヘクシャー＝オリーン・モデルは比較優位モデルの一種であり，したがって国の間の違いに基づく貿易理論である。このモデルが特に注目している違いは，相対的な要素賦存量，つまり労働者1人当たりの土地や，土地1エーカー当たりの

---

3　この議論はしばしば政治論議に使われる。例えば，オバマ大統領は2009年1月15日のワシントンポストの編集委員会とのインタビューで，グローバル化は「賃金と所得が水平になってしまった」理由のひとつとして論じた（引用はwww.washingtonpost.comから入手できる）。

4　ヘクシャー＝オリーン・モデルは，実際には貿易と賃金に関するここでの議論よりもずっと古いものだが，この議論にうまく利用できる。このモデルと様々な実証分析への応用についてもっと知りたければ，Feenstra（2004, pp. 4-29および第2章と第3章）を参照してほしい。

資本などの違いだ。ここで，モデルの基本的な論理構造を見るために，2国2財2要素のバージョンでこのモデルを検討していく。具体性を持たせるため，世界は米国と中国という2つの国から成り，生産・消費される財は衣料品（$A$）とプラスチック（$P$）のみであり，これらの財の生産に必要な2つの要素は熟練労働（$L^S$）と非熟練労働（$L^U$）だと仮定しよう。なお，熟練と非熟練は，ここでは大雑把に大学の学位の有無であると解釈することにする[5]。**熟練**と**非熟練**は，若干誤解を招きやすい用語である。なぜなら，技能は大学以外でも学ぶ方法がたくさんあるからだ。**ブルーカラー**と**ホワイトカラー**の方がより素直な用語だろうが，この研究分野で従来使われてきた用語を使用することにする。重要なこととして，どちらの種類の労働も完全に産業間で移動可能と仮定する（特殊要素は存在しない）。そのため，経済全体では非熟練労働者の賃金と熟練労働者の賃金がそれぞれ存在することになる。すべての要素所有者と雇用主，そしてすべての消費者は，価格を所与とみなす。

　2種類の労働を規模に関して収穫一定の生産関数によって組み合わせることにより，2つの財が生産される。これに関して，2つの異なる仮定を考える。最初に，固定係数の生産関数（またはレオンティエフ型技術）を想定する。なぜなら，このモデルはこのタイプの技術を使って分析するのが最も簡単だからだ。そうすれば，可変的な要素投入比をもつ一般的な生産技術の場合の分析がしやすくなるだろう。

　具体例として，衣料品を1単位生産するのに，どちらの国でも熟練労働1単位と非熟練労働2単位を必要とする，と仮定しよう。これに対して，プラスチックを1単位生産するためには，熟練労働3単位と非熟練労働3単位を必要とする。これらの係数は両国とも同じであり，他の生産要素は必要としない。（一般的にGDPの3分の2から4分の3が人件費に回るので，それは私たちの目的にとって極端な仮定にはならないだろう。）

　衣料品部門における熟練労働に対する非熟練労働の比率は，プラスチック部門よりも常に大きいことに注目しよう（2つの部門における比率は，それぞれ2と1だ）。つまり衣料品は**非熟練労働集約的**であり，プラスチックは**熟練労働集約**

---

5　私たちは実例となるモデルとしてこれらを使用するが，この2つの財が選ばれたのは，衣料品は中国から米国への主要な輸出品であり，プラスチックは米国から中国へ輸出される最大の工業製品であるためだ。

的である。これらは相対的な尺度であることに注意しよう。つまり，プラスチック 1 単位の生産には衣料品 1 単位よりも多くの非熟練労働者が必要だが，熟練労働者に対する非熟練労働者の投入**比率**は低いので，非熟練労働集約的ではない。

米国経済には 7200 万人の非熟練労働者と 6000 万人の熟練労働者がおり，中国には 5 億 4000 万人の非熟練労働者と 3 億人の熟練労働者がいると仮定しよう。非熟練労働者に対する熟練労働者の割合は米国の方が中国経済よりも高いので，米国は中国に比べて**熟練労働が豊富**であり，**非熟練労働は希少**である。同様に，中国は非熟練労働が豊富で熟練労働は希少だ。これらは相対的な尺度であることに注意しよう。この例では，中国は米国に比べて熟練労働がはるかに多いが，非熟練労働者に対する熟練労働者の**割合**が低いので，熟練労働は希少となる。

まず，このモデルで要素市場がどのように動いていくかを議論していこう。その後で，財市場を分析していく。

## 6.3　供給，需要，均衡

まず，米国経済に焦点を当てよう。要素市場が均衡にあるためには，各タイプの労働について，その需要と供給が等しくなる必要がある。このことは，非熟練労働については以下の式を意味する：

$$2Q^A + 3Q^P = 7200 \text{ 万} \tag{6.1}$$

ここで $Q^A$ は衣料品の生産量，$Q^P$ はプラスチックの生産量を表す。この式は**非熟練労働の資源制約**と呼ぶことができる。衣料品部門における非熟練労働の需要量は $2Q^A$ に等しく，プラスチック部門での需要量は $3Q^P$ に等しい。(6.1)式の右辺は，利用可能な非熟練労働の総供給量である。同様に，熟練労働の均衡条件は以下の式で表される：

$$Q^A + 3Q^P = 6000 \text{ 万} \tag{6.2}$$

これは**熟練労働の資源制約**である。これらの式を合わせると，$Q^A$ と $Q^P$ という 2 つの未知数を持つ連立 1 次方程式を得られる。それを解くと，次の結果を得る：

$$Q^A = 1200 \, 万$$

$$Q^P = 1600 \, 万$$

これは，米国経済において両方の要素の完全雇用と整合的な唯一の生産量の組み合わせであり，ゆえに米国経済によって生産される2つの財の供給量の組み合わせである。図6.3は両軸に2つの産業の生産量をそれぞれとったもので，上の2つの制約とその唯一の解を示している。傾きの急な方の直線は非熟練労働の資源制約式(6.1)を示しており，傾きが緩やかな方の直線は熟練労働の資源制約式(6.2)を示している。生産点は，その2本の直線の交点である。米国経済で生産される衣料品の相対的な供給量が，生産物の価格とは無関係に

$$Q^A/Q^P = 0.75$$

に等しくなることに注意しよう。したがって，米国の相対供給曲線を，縦軸に相対価格，横軸に相対供給量をそれぞれとって図に描くと，その結果は図6.4に示されているような**垂直線**となる。

　供給に関して，2つの点を補足しておこう。第1に，熟練労働と非熟練労働を共に2倍した場合，両方の財の生産量も共に2倍となり，相対供給量は変わらない。（言い換えると，(6.1)式と(6.2)式の右辺を2倍にしたとき，左辺の $Q^A$ と

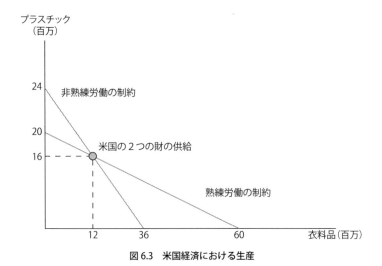

図6.3　米国経済における生産

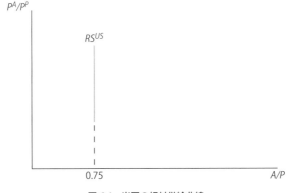

図 6.4 米国の相対供給曲線

$Q^P$ を 2 倍にすると，方程式は依然として満たされる。）したがって，$L^S$ と $L^U$ の絶対水準は相対的な供給量にとって重要ではないので，相対供給量は $L^U/L^S$ の関数として表すことができる。

　第 2 に，熟練労働の供給量を変えずに非熟練労働の賦存量を増やした場合，どうなるだろうか？　この場合，非熟練労働の資源制約線が図 6.5 のように外側にシフトすることになり，それは衣料品の生産量の増加とプラスチックの生産量の**減少**を意味する。（グレーの破線は非熟練労働の賦存量を増やした後の，非熟練労働の制約を表している。）後者の効果は意外かもしれない——衣料品の生産にもプラスチックの生産にも使用されるような資源を経済に追加すれば，両方の財の生産量が増えるだろうと予想されるからだ。プラスチックの生産量の減少は，衣料品の生産量の増加によって，新しい非熟練労働者と一緒に働くために熟練労働者がプラスチック部門から衣料品部門へと移動しなければならないことから生じる。固定的な比率の生産技術の下では，これはプラスチックの生産量の減少を意味する。この結果はすべてのヘクシャー＝オリーンのモデルに当てはまり，**リプチンスキー定理**として知られている。より一般的には，リプチンスキー定理は（生産物価格を一定として）**ある要素の供給量の増加が，その要素に集約的な財の生産量を増加させるが，他の財の生産量を減少させる**というものである。

　これらの 2 つの点から，衣料品の相対的な供給量は $L^U/L^S$ の**増加**関数であることが分かる。その結果，中国は熟練労働に対する非熟練労働の比率が高いので，衣料品の相対供給量も大きいはずだ。(6.1)式と(6.2)式の左辺をそれぞれ 5

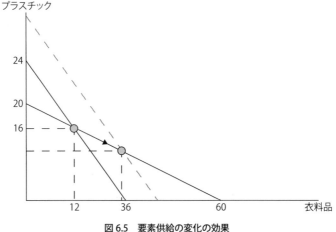

図6.5 要素供給の変化の効果

億4000万人の非熟練労働者と3億人の熟練労働者に置き換えて解くと，中国は
衣料品を2億4000万単位，プラスチックを2000万単位生産し，相対供給量が
12となることが分かる。両国の相対供給曲線はそれぞれ $RS^{US}$ と $RS^{CH}$ として，
図6.6に示されている。（両方とも垂直であることに注目しよう。なぜなら，そ
れらは価格によって変化しないからだ。そして中国の相対供給の線はリプチンス
キー定理により，米国の相対供給の線よりも右に位置することにも注目しよう。）

　両国ですべての消費者が同じ相対需要曲線を持つと仮定すると，両国における

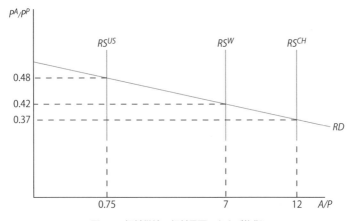

図6.6 相対供給，相対需要，および均衡

自給自足均衡を求めることができる。私たちの例を完成させるために，相対需要曲線が図の RD で示されている線であり，米国と中国での自給自足相対価格がそれぞれ 0.48 と 0.37 として与えられているものとしよう[6]。

　自由貿易均衡を計算するためには，世界全体の相対供給曲線が必要だが，それは各国の供給量から簡単に得られる。衣料品の世界全体の供給量は (12 + 240) 百万で，プラスチックの世界全体の供給量は (16 + 20) 百万なので，衣料品の世界全体の相対的な供給量は 252/36，つまり 7 である。これもまた図 6.6 に $RS^W$ として，0.42 という均衡相対価格と共に描かれている。貿易は中国における衣料品の相対価格を（自給自足の値である 0.37 から自由貿易の値である 0.42 に）上昇させるが，米国における衣料品の相対価格を（自給自足の値である 0.48 から自由貿易の値である 0.42 に）低下させる。これはもっともな話だ。なぜなら，米国は非熟練労働が希少な国であり，貿易が両国の価格を均等化させるまでは，非熟練労働集約的な衣料品は非熟練労働の豊富な国に比べて高価であるためだ。

　自由貿易下の均衡では，中国の衣料品の相対供給量 (12) は衣料品の相対需要量 (7) を超過しているので，中国は衣料品を輸出しプラスチックを輸入することに注目しよう。米国は衣料品の相対需要量 (7) が相対供給量 (0.75) を超過しているので，衣料品を輸入しプラスチックを輸出する。

　この結果を要約すると，**各国はその国に豊富に存在する要素に集約的な財を輸出する**ということになる。米国は熟練労働が豊富な国で，またプラスチックを輸出するが，プラスチックは熟練労働集約的である。中国は非熟練労働者が豊富な国で，また衣料品を輸出するが，衣料品は非熟練労働集約的である。この貿易均衡の特徴は，ヘクシャー＝オリーン・モデルの一般的な特徴であり，実際に**ヘクシャー＝オリーン定理**と呼ばれている。

## 6.4　貿易と所得分配

　重要な問題は，これらすべてが人々の実質所得に何をもたらすか，ということだ。

---

6　完璧な分析のためには，本来は消費者の効用関数から相対需要曲線を導く必要があるだろうが，議論の本筋に関わるものではないので，ここでは省略する。ここで描写する例では，相対需要曲線は $RD = 49 - 100(P^A/P^P)$ という式で与えられている。

　まず，**集計的な**所得はどうなるだろうか？　次の思考実験をしよう。米国の所得は平等主義に基づいて分配されていると仮定する。つまり，彼らが苦労して稼いだ賃金を1か所に集め，皆で山分けするとしよう。その場合，皆が同じ予算線を持ち，皆が同じ消費を選ぶ。もうちょっと現実的にして，すべての家計が何人かの熟練労働者と何人かの非熟練労働者で構成され，両者の比率は経済全体の熟練労働者と非熟練労働者の比率と同じで，各家計の中では人々が所得を平等に分け合っていると想定してもいいだろう。

　すると，貿易の効果は図6.7で示される。*A*点はこの経済の生産点で，それは前に導出したとおりである。自給自足の下では，これは消費点でもあるはずで，したがって代表的な消費者の無差別曲線はこの点で自給自足の予算線と接していなければならない。その予算線は，図では実線で示されている。つまり，予算線は生産点を通らなければならず，またその傾きは，自給自足下の米国における衣料品の相対価格である0.48にマイナス1をかけた値でなければならない。さて，自由貿易の下での新しい予算線が，図6.7でグレーの破線として描かれているが，やはり同じ生産点（貿易によって変化しない）を通らなければならず，その傾きは自由貿易の相対価格である0.42にマイナス1をかけた値でなければならない。**新しい予算線は自給自足の無差別曲線を必ず突き抜ける**ので，代表的な消費者はより高い効用を得られることに注意しよう。具体的に言うと，新しい予算線上の消費点で*A*点よりも右側にある消費点の範囲は，元々の消費点よりも優

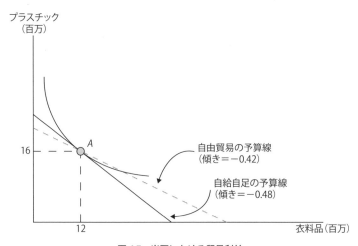

**図6.7　米国における貿易利益**

れている。このことは，自由貿易の下で代表的な消費者が自給自足よりも高い無差別曲線上の消費点を選ぶことを保証する。その結果，米国の集計的な厚生は，自給自足に比べて自由貿易の方が高くなると結論づけることができる。

しかし，このことは自由貿易における米国の実質 GDP が自給自足のときよりも高い——言い換えると，米国は貿易から全体的に利益を得る，ということを意味する。

さて，平等主義的な思考実験をやめて，各労働者の所得は彼らの賃金であるというモデルに戻ろう。貿易によってそれぞれの労働者階級の実質所得はどうなるだろうか？　ここでも，実際に問題となるのは各労働者の予算線だ。各予算線の切片は，次の方法で求められる。まず，完全競争と収穫一定のため，均衡では各産業において利潤がゼロでなければならない[7]。このことは，以下の式を意味する：

$$2w^U + w^S = P^A, \tag{6.3}$$
$$3w^U + 3w^S = P^P \tag{6.4}$$

ここで $P^A$ は衣料品の価格，$P^P$ はプラスチックの価格，$w^U$ は非熟練労働者の賃金，$w^S$ は熟練労働者の賃金である。(6.3)式の左辺は衣料品産業の単位生産費用であり，衣料品1単位の生産に必要となる非熟練労働者2単位と熟練労働者1単位を雇用することの費用だ。(6.3)式の右辺は衣料品1単位を販売したときの収入なので，(6.3)式は衣料品におけるゼロ利潤条件である。同様に，(6.4)式はプラスチックについてのゼロ利潤条件である。

各労働者の予算線を導くためには，それぞれの賃金を2つの生産物価格で割る

---

7　こんな風に考えてみよう。仮にプラスチック生産者がプラスチックの生産1単位当たり1ドルの利潤を得られたとしたら，100万単位生産するのに十分な労働者を雇用すれば100万ドルの利潤を得られるが，労働者を2倍にすれば200万ドル，さらに倍にすれば400万ドルの利潤を得られる。これはすべてのプラスチック生産者に当てはまるので，両方のタイプの労働に対する需要は無限大となる。これは明らかに均衡ではない。プラスチック生産者が有限の労働を雇用して満足する唯一の方法は，1単位当たりの利潤が0ドルになる場合だ。これはプラスチック生産者がやっていけなくなるという意味ではないことに注意しよう。プラスチック企業の経営者は熟練労働者で，プラスチックの生産・販売のために非熟練労働者を雇っていると考えてみれば良い。プラスチックの生産技術は1人の熟練経営者につき1人の非熟練労働者が必要で，1人の経営者につき1/3単位の生産となる。すると企業の経営者の所得は1人当たり $(1/3)P^P - w^U$ となるが，均衡ではこれは経営者の機会所得 $w^S$ と同じでなければならない。

必要があるので，以下では（6.3）式と（6.4）式を $P^A$ と $P^P$ で順に割っていくことにする。まず，$P^A$ で割ると以下の式を得る：

$$2(w^U/P^A) + (w^S/P^A) = 1, \qquad (6.5)$$

$$3(w^U/P^A) + 3(w^S/P^A) = P^P/P^A \qquad (6.6)$$

これは2つの未知数，すなわち非熟練労働者の予算線における衣料品軸（横軸）の切片（$w^U/P^A$）と熟練労働者の予算線における衣料品軸の切片（$w^S/P^A$），を持つ連立方程式である。各国が自給自足のときと自由貿易のときのそれぞれについて $P^P/P^A$ の値は分かっているので，それらを使って連立方程式を解くことで，各切片を求めることができる。例えば，米国が自給自足のとき，衣料品の相対価格は 0.48 なので，$P^P/P^A$ はその逆数である 2.1 に等しくなければならない。この値を (6.6) 式の右辺として (6.5) 式と (6.6) 式を解くと，自給自足では（$w^U/P^A$）＝0.3 および（$w^S/P^A$）＝0.4 となる。

　プラスチック軸（縦軸）の切片を得るためには，（6.3）式と（6.4）式を $P^P$ で割る。すると以下の式が得られる：

$$2(w^U/P^P) + (w^S/P^P) = P^A/P^P, \qquad (6.7)$$

$$3(w^U/P^P) + 3(w^S/P^P) = 1 \qquad (6.8)$$

前と同様，（6.7）式における $P^A/P^P$ の均衡値が分かれば，各労働者の予算線の切片を求めることができる。図 6.6 から，米国が自給自足のとき $P^A/P^P$ の均衡値は 0.48 であったことを思い出してほしい。（もっと簡単な方法は，先に求めた（$w^U/P^A$）と（$w^S/P^A$）の値に，$P^A/P^P$ を掛けることだ！）これを計算すると，自給自足では（$w^U/P^P$）＝0.14 および（$w^S/P^P$）＝0.19 となる。

　これによって自給自足の予算線が導かれるが，貿易は予算線をどう変化させるだろうか？　自由貿易下の相対価格で再びこれらの方程式を解いても良いが，むしろ諸変数がどう動くかを単純な図で手っ取り早く見た方が良い。図 6.8 は，（6.5）式と（6.6）式を実線の直線で示したものだ。衣料品のゼロ利潤条件 (6.5) を示す線の傾きの絶対値は 2 で，それは衣料品部門における非熟練労働と熟練労働の比率である。プラスチックのゼロ利潤条件 (6.6) を示す線の傾きの絶対値は 1 で，それはプラスチック部門の非熟練労働と熟練労働の比率である。**衣料品の方が労働集約的なので，衣料品の線の方がプラスチックの線よりも傾きが急である。**こ

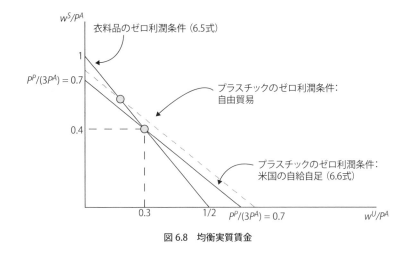

図 6.8　均衡実質賃金

のことは，後ですぐ分かるように，貿易が所得再分配に与える効果を理解するために極めて重要だ。

　ここで重要な点を記しておこう。それは**貿易が開始されると，米国における生産物の相対価格 $P^A/P^P$ は下落する**（図 6.6 を思い出してほしい）というもので，その理由は，米国が今では中国から安価な衣料品を輸入できるためだ。このことは必然的に $P^P/P^A$ の上昇を意味するので，(6.6)式より，図 6.8 においてプラスチック産業のゼロ利潤線は外側にシフトしたグレーの破線として示されるが，他の線は変化しない。明らかに，これは $(w^S/P^A)$ の増加と $(w^U/P^A)$ の減少をもたらす。同様のことがプラスチック軸の切片でも発生し，それは図 6.9 に示されている。その図において，貿易は米国の衣料品の線を内側にシフトさせるので，$(w^S/P^P)$ は増加し $(w^U/P^P)$ は減少する。

　その結果，米国では貿易によって熟練労働者の予算線が両方の切片（$w^S/P^P$ および $w^S/P^A$）の増加により外側にシフトするが，非熟練労働者の予算線は，両方の切片（$w^U/P^A$ および $w^U/P^P$）が**減少する**ため**内側に**シフトする。これらの変化は，図 6.6 と図 6.7 が示すように，貿易開始によって米国経済で衣料品の相対価格が低下するために引き起こされる。これに対して，中国が貿易を開始すると，衣料品の相対価格は**上昇する**ので，図 6.6 および図 6.7 におけるゼロ利潤線は米国の場合とは反対の方向にシフトする。よって非熟練労働者の予算線は**外側に**シフトし，熟練労働者の予算線は**内側に**シフトする。これはすべてのヘク

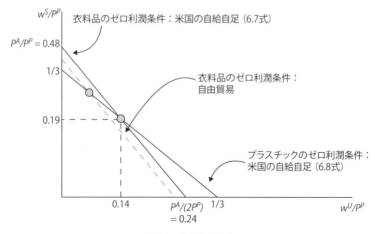

**図6.9　均衡実質賃金**

シャー＝オリーン・モデルにおける，もうひとつの均衡の特徴だ。つまり，**各国において，貿易が開始されると，どちらの財の価格で測っても，希少な要素の所得は減少し，豊富な要素の所得は増加する**。これは**ストルパー＝サミュエルソン定理**と呼ばれている。

　別の言い方をすると，各国において，非熟練労働集約的な財の相対価格の上昇は必ず，両方の財価格で測った非熟練労働者の所得を増加させ，熟練労働者の所得を減少させる。貿易によって非熟練労働集約財の相対価格が米国で低下し中国では上昇することを考えると，異なる国の異なる労働者に対する効果が結果として生じる。

　もちろん，両国とも熟練労働者の方が非熟練労働者よりも稼ぎは良いので，貿易によって米国で非熟練労働者の実質賃金が低下し，熟練労働者の実質賃金が上昇すると，所得格差は広がる。これは中国では逆になり，非熟練労働者の実質賃金が上昇し，熟練労働者の実質賃金が低下するので，格差は**縮まる**。

　均衡における賃金について，最後に一点述べておこう。両国の賃金は，自由貿易の下で等しくなる，ということだ。これは(6.3)式と(6.4)式が両国とも同様に成立し，そして財価格が両国で全く同じだからである。これはヘクシャー＝オリーン・モデルで一般的に成立する結果だ。両国が自由貿易の下で両方の財を生産するならば，（賃金などの）要素価格は貿易によって両国間で等しくなる。この性質は（そのままだが）**要素価格の均等化**と呼ばれている。

しかし，私たちの目的にとって大事な点は，本章の最初に議論した事実が単純な因果関係のメカニズムを用いたモデルで模造されているということだ。このモデルでは，米国が中国と貿易を開始することで，米国の実質所得は増加する（図6.7で示された貿易利益だ）が，高賃金労働者の賃金が上昇する一方で低賃金労働者の賃金は低下する（ストルパー＝サミュエルソン効果）ので，米国の所得格差は拡大する。ゆえにこのモデルは，データで観察された労働市場の現象の背後にあるグローバル化の意味について，説得力のある理論を提供する。

次に，固定比率の生産技術という仮定を緩めた場合に，このモデルがどのように分析されるかを簡単に見ていこう。そして，このモデルを検証して，それが正しい説明であるかどうかを確認する方法を示すことにしよう。

## 6.5　代替可能性を許容する──そして予想される符号

ここからは，衣料品とプラスチックは共に熟練労働者と非熟練労働者を用いて，それら2種類の労働間の代替可能性を許容した規模に関して収穫一定の生産関数によって生産されると想定しよう。したがって，これらの財は図6.10に描かれているような等量曲線を持つとする。図6.10は，2つの産業の**単位等量曲線**──つまり，生産物1単位の生産に必要な熟練労働と非熟練労働の組み合わせを示している。与えられた非熟練労働者の賃金 $w^U$ と熟練労働者の賃金 $w^S$ に対して，生産物1単位を生産するための費用を最小化する労働投入量の選択が，衣料品については $a^{UA}(w^U/w^S)$ と $a^{SA}(w^U/w^S)$ で，プラスチックについては $a^{UP}(w^U/$

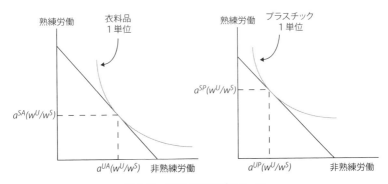

**図6.10　代替可能な労働のケース**

$w^S$) と $a^{SP}(w^U/w^S)$ で表されている。これらは等量曲線と傾き $-(w^U/w^S)$ を持つ等費用線とが接する点として見出される。もちろん，非熟練労働の相対的な費用 $(w^U/w^S)$ が上昇すれば，費用最小点は必ず等量曲線に沿って左上へと動く。つまり，どちらの産業でも，熟練労働の非熟練労働に対する比率は上昇することになる。

任意の $w^U/w^S$ に対し，費用最小化をもたらす熟練労働と非熟練労働の比率は，プラスチックの方が衣料品よりも高くなる，つまり $a^{SP}(w^U/w^S)/a^{UP}(w^U/w^S)>a^{SA}(w^U/w^S)/a^{UA}(w^U/w^S)$ であると仮定する——図 6.10 に示されているとおりだ。これは，プラスチックが熟練労働集約的であるという仮定の，投入比率が可変的な生産技術の場合における表現である。

代替可能性を伴うモデルは，固定比率モデルと同じように分析されるが，途中で小さな違いがある。まず，ゼロ利潤条件は次のように書くことができる：

$$衣料品：w^U a^{UA}(w^U/w^S)+w^S a^{SA}(w^U/w^S)=P^A,$$
$$プラスチック：w^U a^{UP}(w^U/w^S)+w^S a^{SP}(w^U/w^S)=P^P$$

これらは固定比率の場合の (6.3) 式と (6.4) 式に類似している。前と同じように，これらの式を $P^A$ と $P^P$ で割ることによって，労働者の予算線の切片を求めることができ，(6.5) 式，(6.6) 式，(6.7) 式，(6.8) 式に類似した式が得られる。これらは前と同様に図示できるが，一点だけ違いがあって，それは図 6.8 に類似した

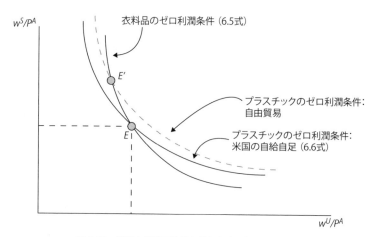

図 6.11　労働の代替可能性を伴うときの均衡実質賃金

図 6.11 で示されるように，直線ではなく厳密に凸の曲線になるということだ。ここで再び，衣料品は非熟練労働集約的なので，これらの 2 本の曲線のうち急な方が衣料品の曲線である。その結果，$P^P/P^A$ が上昇すると，プラスチックの曲線は図 6.8 とちょうど同じように外側にシフトするので，熟練労働者の予算線の切片は増加し非熟練労働者の予算線の切片は減少する。図 6.9 と類似の図も同様に分析される。

要素価格に関するこの違いがもたらすひとつの帰結は，固定比率モデルとは異なり，生産物の相対価格の変化が生産量の変化を生み出すということだ。このことは，資源制約を次のように書くことで見ることができる：

$$a^{UA}(w^U/w^S)Q^A + a^{UP}(w^U/w^S)Q^P = 7200 \text{ 万人} ,$$
$$a^{SA}(w^U/w^S)Q^A + a^{SP}(w^U/w^S)Q^P = 6000 \text{ 万人}$$

これらは (6.1) 式および (6.2) 式と類似しているが，もちろん単位労働需要は変数であり，定数ではない。ここから図 6.3 と同様の図が導かれる。ただし違う点があって，それは衣料品の相対価格である $P^A/P^P$ が下落すると，図 6.11 で示されたようにストルパー＝サミュエルソン効果によって $w^U/w^S$ が下がり，図 6.12 が示すように費用最小化によって $a^{UA}$ と $a^{UP}$ は増加し $a^{SA}$ と $a^{SP}$ は減少する，という点だ。（図 6.12 では，自給自足下の単位等費用線は黒い実線で示されており，自由貿易下の単位等費用線はグレーの破線となっている。）その結果，図 6.3 と同様，熟練労働の資源制約線は外側にシフトし，非熟練労働の資源制約線は内側にシフトするので，新たな交点は前よりも左上の点になる。結果として，衣料品

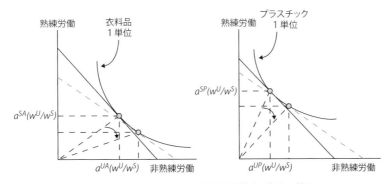

図 6.12　貿易が熟練労働・非熟練労働比率に与える効果

の生産は減少し，プラスチックの生産は増加する。よって $P^A/P^P$ の下落は衣料品の相対供給量の減少を引き起こす。言い換えれば，可変係数の場合，図 6.6 で示した垂直な相対供給曲線とは違い，衣料品の相対供給曲線は右上がりとなる。

　しかし，全体像としては，固定比率の場合と同じだ。リプチンスキー効果のため，図 6.6 と全く同様に，中国の相対供給曲線は米国の相対供給曲線の右側に位置し，世界の相対供給曲線はそれら 2 本の曲線の間にある。そのため，貿易が開始されると，衣料品の相対価格は米国で下落し，中国では上昇するので，中国は衣料品を輸出し，米国はプラスチックを輸出する。各国での相対価格の動きから，実質賃金は米国の熟練労働者と中国の非熟練労働者にとっては上昇となるが，米国の非熟練労働者と中国の熟練労働者にとっては下落となる。最後に，以前とまったく同様，両国とも一国全体として貿易利益を得るので，実質 GDP は両国とも増加する。この最後の点は図 6.13 で示されているが，これは代替可能な要素の場合の，図 6.7 に類似した図である。ここでも，自給自足における生産点と消費点は $A$ 点で示されており，自給自足の予算線は $A$ を通り，この点で自給自足の無差別曲線と接する。しかしこの場合，各国は凹の生産可能性フロンティアを持ち，貿易によって生産点は $A$ から $B$ に移動する。自由貿易下の予算線はグレーの破線で，自給自足の無差別曲線を横切り，より高い効用が可能になっている。

　したがって，固定比率と可変比率のどちらのモデルでも，本章の初めに議論さ

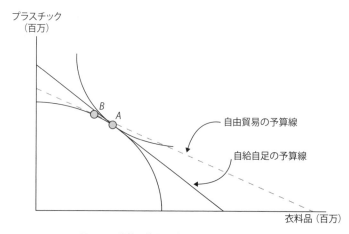

**図 6.13　代替可能な要素を伴う米国の貿易利益**

れた3つの事実に関して，それらの基本的な解釈は同じものとなる。つまり，貿易の開始は労働者1人当たりの実質 GDP を増加させるが，米国では高賃金労働者の実質賃金が増加する一方で低賃金労働者の実質賃金は減少するので，所得の不平等が拡大する。

しかし，それらはまた，いくつかの追加的な予測を与える——そして，これらの予測は検証可能だ。そのうち最も重要なものを3つ挙げておこう。

**予測1．米国における熟練労働者の非熟練労働者に対する賃金比率の上昇は，米国の各産業における熟練労働者の相対的な雇用の減少を伴う。** これはもちろん，固定比率のモデルでは起こらないものだが，貿易によって米国の熟練労働者が相対的により高価になるという事実からの必然的な結果で，それは図6.12に示されたとおりだ。

**予測2．米国における熟練労働者の非熟練労働者に対する賃金比率の上昇は，非熟練労働集約的な財の相対価格の下落を伴う。** 実際，米国経済で $P^A/P^P$ が下落すると，図6.8，6.9，6.11に見られるように，$w^S/w^U$ の上昇がもたらされる。

**予測3．グローバル化が進むにつれて，熟練労働豊富国（1人当たりの所得が高い国でもある）では所得の不平等が拡大する。しかし，熟練労働希少国（1人当たりの所得が低い国でもある）では所得の不平等は縮小する。** これは，貿易が開始されると相対価格が両国で反対方向に動くという事実からの直接的な結果で，図6.6で示されたとおりだ。熟練労働者の非熟練労働者に対する賃金比率が上昇する国では所得の不平等は拡大し，逆にその賃金比率が下落する国では所得の不平等は縮小する。

これらは，ヘクシャー＝オリーンのメカニズムによって労働市場の変化が推進されることを示す明らかな兆候と見なすことができる。では，これらの兆候がデータに含まれているかどうか，問うことにしよう。

## 6.6 理論を検証する

これらの明らかな兆候のうち，最初の2つの科学的証拠は，ロバート・ローレンスとマシュー・スローターの有名な論文（Lawrence and Slaughter 1993）に見出すことができる。彼らは，米国の製造業で働く「生産」労働者と「非生産」労働者に関する賃金と雇用のデータを集めた。生産労働者には，組み立て工場の機械を操作するなど，生産に直接携わるすべての労働者が含まれる。非生産労働者には他のすべての労働者，例えば監督者，経営者，エンジニアリング業務，経理，事務手伝い，管理などが含まれる。これはデータを熟練労働者と非熟練労働者とに分ける大雑把な方法で，実際の技能や資格が記録されていないデータセットでは手軽に使える方法だ。この方法は，技能による本来の分類とだいたい相関する。というのも，非生産部門の労働者のほとんどが生産部門の大部分の労働者よりも正式な資格を必要とし，また平均的な非生産労働者の賃金は常に平均的な生産労働者の賃金より高いからだ。

ローレンスとスローターの研究は1980年代，つまりグローバル化が全体的に急速に広がった期間に焦点を当てている。米国の各製造業について，ローレンスとスローターは1980年代における非生産労働者の生産労働者に対する賃金比率の変動を調べた。その比率を「相対賃金」と略して呼ぶことにし，上述の $w^S/w^U$ に対する大雑把な代理変数とする。彼らはこの相対賃金を，各産業における非生産労働者数の生産労働者数に対する比率と相関させた。この労働者数の比率は「相対雇用」と呼ぶことができ，また上述の $a^{SA}/a^{UA}$ および $a^{SP}/a^{UP}$ に対する大雑把な代理変数となる。彼らの図7は（本書ではNBER-CES製造業データベースからのデータを使用して図6.14に再現したが），米国のすべての製造業について1980年代における相対雇用に対する相対賃金の変化を散布図で示している。分類は，1972年の4桁の標準産業分類（SIC）システムに従った。実例を示すと，これにはローブおよびガウン製造業，ボタン製造業，タンクおよびその部品製造業が，他の442の産業とともに含まれている[8]。横軸は，1980年代におけ

---

8　ジフン・ホンによる研究補助に深く感謝する。データの欠落のため，2つの産業が抜けている。さらに，「一次鉛」産業は相対雇用の上昇が1000％を超えたので，異常値として外した。その産業を含めると，ここでの議論はもっと強力なものとなるだろう。

る各産業についての相対雇用の変化率を百分率でとっている（したがって，例えば，1980年は生産労働者よりも非生産労働者が10％多かった産業が，1990年には生産労働者よりも非生産労働者が21％多くなっていたとしたら，この数値は$((1.21-1.1)/1.1)\times100\% = 10\%$となる）。縦軸は，1980年代における各産業についての相対賃金の変化率を百分率でとっている（そのため，ある産業で，1980年は非生産労働者が生産労働者よりも平均で10％多く稼いでいたのが，1990年は非生産的労働者が21％多く稼ぐようになっていたとしたら，この数値はやはり10％となる）。

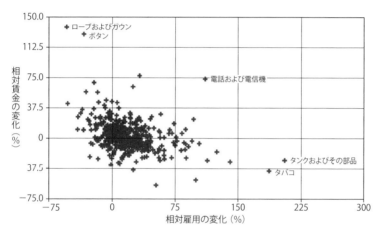

図6.14　1979〜89年における産業ごとの相対賃金と雇用の変化

　図を一見すると，次のことが分かる。まず，大多数の産業が横軸より上の点で示されているが，これは1980年代において相対賃金が上昇したということを示しており，本章の冒頭で提示した事実と一致する。それと同時に，ほとんどの点が**縦軸より右側に位置しており**，したがって熟練労働者の相対雇用の**上昇**を示しているが，これは上述の予測1と**矛盾**している。モデルによると，すべての点は左上の象限，つまり相対賃金の上昇と相対雇用の減少を示すはずだが，実際には全産業のうち**4分の3**が右側の象限に位置している。したがって予測1はデータに反すると結論づけられる。

　ローレンスとスローターによる2つ目の問いは，生産物価格に関するものだ。予測2は，非熟練労働集約的な財の米国における価格が熟練労働集約財の価格に

比べて相対的に下落した，というものだった。ローレンスとスローターは輸入価格のデータを調べ，1980年代の各産業における輸入価格の変化率を計算した。彼らはこれを初期時点における産業間の相対雇用（繰り返すが，生産労働者に対する非生産労働者の雇用比率だ）に相関させた。予測2が正しいとしたら，これら2つの変数間に正の相関関係を見出せるはずだ。というのも，グローバル化が進むにつれて，熟練労働集約的な財の価格が非熟練労働集約財の価格に比べて相対的に上昇するからだ。実際は，これらの変数の間には非常に弱い関係しか存在せず，しかも示された関係は増加ではなく**減少**だった。米国で熟練労働集約的な財の価格は，非熟練労働集約財の価格に比べて，相対的にわずかな**下落**となった。したがって，予測2もデータによってはっきりと否定される。

　予測3は，バーマンとバウンドとマシン（Berman, Bound and Machin 1998）によるアプローチに従い，各国の所得の不平等に関するデータによって検討される。図6.15はテキサス大学不平等プロジェクトからのデータを示している。これは，広範囲の国々における時間を通じた不平等の尺度を集計したものだ[9]。各国について，1980年から1990年にかけての不平等の変化を縦軸にとり，横軸には1980年の1人当たり所得をとっている。したがって，貧しい国ほど左に位置し，豊かな国ほど右に位置する。データの点の大多数が横軸より上に位置することに注目しよう。これは，大多数の国で所得の不平等が拡大したことを意味している。この時期はグローバル化が世界中に急速に広まった期間なので，予測3からは，2つの変数の間に正の相関が必要であることが要求される。所得の高い国は，所得の低い国よりも不平等が拡大しやすいはずだからだ。しかし，この図ではそのような正の相関関係は見られない。それどころか，2つの変数は**負**の相関（−0.35）を示しており，散布図の点の相関を最もよく表す線形の関係である黒い直線は，傾きが負になっている。最低所得水準にある国，例えばカメルーンやバングラデシュでは，所得の不平等が縮まるどころか，はるかに広がる傾向にあった。予測3もまた，データが否定すると結論づけられる[10]。

---

9　データは http://utip.gov.utexas.edu で得られる。所得不平等の尺度はタイル指数であり，その計算方法は Galbraith（2009）で詳述されている。

10　Bennan, Bound and Machin（1998）の元の研究は，経済全体での所得不平等よりもむしろ熟練労働者の賃金プレミアムに焦点を当てていたが，ここで報告されたものと同様の結果を見出した。特に，彼らの図IVを参照のこと。

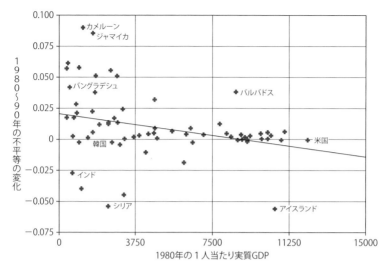

図 6.15 　1980～90 年における所得不平等の変化と当初の 1 人当たり GDP

　したがって，ヘクシャー＝オリーン・モデルは一見，貿易の結果として米国の労働市場が 1970 年代から経験してきたことをうまく説明しているように見えるが，実際にはデータがこの理論をはっきりと否定している。

## 6.7　結　　論——重要な但し書きを付けて

　これまで米国の労働市場におけるいくつかの問題を提示し，これが貿易自由化によってどのように引き起こされるかについての，もっともらしい——そして影響力のある——理論であるヘクシャー＝オリーン・モデルを説明してきた。その後，この説明は多くの重要な点でデータに適合していないことが分かった。したがって，もし貿易が原因だとすると，何らかの他の仕組みが働いているに違いない。

　経済学者は，グローバル化の第二波の時代における米国経済の賃金パフォーマンスが期待外れであったことを大筋で認めているが，ほとんどの経済学者はその結果を貿易のせいにはしていない。ひとつの要因だけが原因だというコンセンサスはないが，様々な著者が技術の変化や労働組合の組織力低下，移民，最低賃金の実質価値の低下を強調している——そして，互いに激しい論争となっている。

この問題に関するかなり重要な文献の有用なサーベイは，Freeman（1995）に見られる。

特によく知られている2つの理論について，指摘しておかねばならない。第1に，多くの研究者が，雇用に関する説明は**技能偏向的な技術の変化**の中に潜んでいると信じている。これは，技術の変化（おそらくコンピューターや自動化の進展による）が，任意の賃金の下で各企業が選択する熟練労働者の非熟練労働者に対する雇用比率を高める，という意味だ。この説明は，例えば，Berman, Bound and Machin（1998）によって力強く議論され，多くの国の経済で熟練労働者の賃金がより高くなったのに熟練労働者の非熟練労働者に対する雇用比率がなぜ上昇したのか，を説明する手助けとなりうる。第2に，この数十年で需要の変動はサービスの方向に変化し，結果としてそれらの価格が上昇した。少なくとも米国や他の高所得国では，サービスは平均的に財部門よりも極めて熟練労働集約的なので，このことは熟練労働者の賃金が非熟練労働者の賃金よりも相対的に上昇するという結果をもたらし得る。ハリガン（Harrigan 2000）やレシェフ（Reshef 2009）は，この説明がデータにとても良く当てはまることを示している。

しかし，この研究から引き出すことが**できない**ひとつの結論は，貿易は分配上の犠牲を伴わない，ということだ。輸入競争産業で働く労働者は一般に，輸入競争の激化によって所得を失うことになる（実証研究のサーベイとしては，Kletzer（2002）を参照）。重要な点は，**ブルーカラーの労働者が総じて貿易から損失を被る**という予測はデータによって十分に支持されるわけではない，ということだ。労働者は，Artuç, Chaudhuri and McLaren（2010）などで示されているように，産業を移る際にかなり大きな費用に直面していると思われるため，ある面で経済は第5章の特殊要素モデルのように機能する。（労働者がある日突然ボタンを作る仕事を辞めて，タンクやタンク部品を次の日から作り始めるのは，そう簡単ではない。）したがって，輸入競争による利益と損失のパターンはヘクシャー＝オリーンのパターンとは異なる。つまり，グローバル化によってホワイトカラーが利益を得てブルーカラーは損失を被るといった階級に基づいたパターンよりもむしろ，輸入競争産業における移動の少ない（特に高齢の）労働者が損失を被り，その他の人たちが利益を享受する，という**産業に基づいたパターン**の方が真実に近いかもしれない。

最後に，貿易と不平等との関係を探る初期の方法では，おそらく集計データを

見ることによって何が起こっているのか分からなくなった可能性がある，という指摘がある。ひとつの重要な研究の系統は，個々の工場レベルのデータを調べるというものだ。バーナードとジェンセンとショット（Bernerd, Jensen and Schott 2006）は，低賃金国からの輸入が米国内における低技能集約的な工場の閉鎖率の上昇と相関があることを示した。この結果は，各産業内で低賃金国からの輸出品が高賃金国からの輸出品と異なること，そして低賃金の輸入品が各産業内であっても米国の賃金格差をある程度広げる可能性があることを示唆している。豊かな国と貧しい国が異なる財を生産するという結果の重要な帰結は，ヂューとトレフラー（Zhu and Trefler 2005）によって研究されている。彼らは，もしも熟練労働豊富国が熟練労働集約的な財を生産し，熟練労働希少国が非熟練労働集約的な財を生産し，両者の境界線を示すカットオフ財が存在するならば，熟練労働希少国における生産性の上昇がその境界をシフトさせ，いくつかの財の生産が熟練労働の豊富な国から希少な国へと移行することを示した。このように移動した財は，熟練労働豊富国では最も熟練労働に非集約的な財となり，熟練労働希少国では最も熟練労働集約的な財となる。したがって，熟練労働希少国における生産性の上昇は，熟練労働に対する相対的な需要をすべての国で一度に増加させる可能性がある。この理論は，実際にグローバル化において観察される多くの特徴を説明しており，それにはすべての地域で同時に所得の不平等が拡大することも含まれる。

　これは活発な研究と議論がなされている分野である。現在行われている多くのこの範疇における研究が，賃金格差の拡大における貿易の役割を指摘しているようだ。概観については Harrison, McLaren and McMillan（2011）を参照してほしい。

## 要　点

1．各国の要素賦存量の違いのみによって貿易が起き，産業間で要素が完全に移動可能なモデルは，ヘクシャー＝オリーン・モデルと呼ばれる。これは比較優位モデルの一形態であり，そこでは生産技術と消費者の選好が各国間で同じであると仮定され，要素供給の違いのみが貿易の発生要因とされている。
2．このようなモデルでは，各国は相対的に豊富な要素に集約的な財を輸出する（ヘクシャー＝オリーン定理と呼ばれる結果である）。その財はまた，自給自足の下でその国で相対的に安価な財であるため，各国では相対的に豊富な要素に集約的な財の相対価格が貿易によって

上昇する。
3．ヘクシャー＝オリーンの世界では，要素価格は各産業のゼロ利潤条件を通じて，生産物価格によって決定される。ある財の価格の上昇により，その財の利用において集約的な要素の実質所得は増加し，他の要素の実質所得は減少する。
4．その結果，このようなモデルでは，貿易は各国の豊富な要素の実質所得を引き上げ，各国の希少な要素の実質所得を低下させる。これはストルパー＝サミュエルソン定理として知られている。
5．したがって，各個人が1種類の生産要素のみを所有している場合，各国において，あるグループの人々が貿易によって損失を被り，別のあるグループが利益を得ることになる。これに対して，要素の所有権が均等に分散している場合，すべての人々が貿易利益を得ることになる。

## 私たちはどこにいるのか

比較優位モデルの最終形態であるヘクシャー＝オリーン・モデルが加わった。このモデルは，貿易の発生要因として要素賦存量を考えていることと，産業間の完全な要素移動性を仮定していることによって，特徴づけられる。

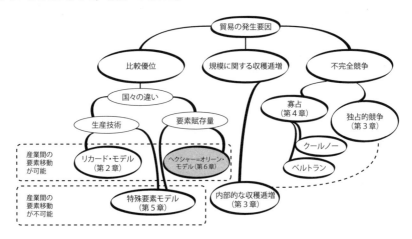

## 章末問題

1．**政治経済的な影響。** 労働と資本という2つの生産要素を用いて資本集約的な医薬品と労働集約的な衣料品という2つの財を生産する経済を考えよう。どちらの生産要素も両産業を自由に移動でき，すべての生産者，消費者，資本家，労働者がプライス・テイカーであると仮定する。現在，すべての輸入品に高い関税がかかっているが，議会の会期前にそれらの関税を撤廃する法案があり，政府は労働者と資本家の市民代表をこの問題について意見を述べるために招待している，と想定しよう。すべての市民代表は関税撤廃の帰結を理解し，各代表

者は単に自分の実質所得を最大にしたいと考えているとする。議会の聴聞会は4つのグループ，つまり衣料品産業の労働者，衣料品産業の資本家，医薬品産業の労働者，医薬品産業の資本家のそれぞれを代表するグループから証言を得る。

(a) この経済が世界に比べて資本が豊富である場合，これらの4つのグループのうち，どのグループが関税撤廃法案を支持し，どのグループがそれに反対すると予想されるか？　その理由は？

(b) 今度は，その国が世界に比べて労働が豊富であるとしよう。前の答えとの違いを説明しつつ，同じ問いに答えなさい。

(c) 労働と資本が自由に移動するのではなく，ともに部門特殊的であると仮定した場合，あなたの答えはどう変わるか？

(d) 産業間の要素の移動可能性あるいは移動不可能性が，貿易政策をめぐる政治的対立の性質にどのような影響を与えるか，コメントしなさい。

2．6.2節で提示された米国と中国の貿易モデルに，第三国を追加し，コロンビアと呼ぶことにする。コロンビア経済には，非熟練労働者が9000万人と熟練労働者が6000万人いて，中国および米国と同じ生産技術と選好を持ち，両労働者が2つの国と同様に産業間を自由に移動できると仮定する。

(a) 中国とコロンビアの間および中国と米国の間で貿易が不可能な状況の下で，コロンビアが米国との貿易を開始すると仮定する。貿易開始の結果，コロンビアの賃金や所得分配はどうなるか？（定性的に答えなさい。計算は必要ない。ただ，図は検証結果を説明する上で役立つかもしれない）。

(b) 今度は，米国が中国と自由貿易を開いた後に，コロンビアが米国との貿易を開くと仮定する。コロンビアにおける貿易の賃金への影響と所得分配は，問(a)とは異なるだろうか？その理由は？

3．さらに政治経済について。熟練労働者と非熟練労働者という2つの生産要素が存在するヘクシャー＝オリーン・モデルの世界で，熟練労働者と非熟練労働者の間の比率が異なる多くの国々から成る世界を想定する。各国では非熟練労働者が人口の過半数を形成する結果，彼らが望む政策を実施する政治家だけが選挙に勝つため，各国における貿易政策は，非熟練労働者を幸せにするという要求によって決定されるものとする。各国の政府は自由貿易と保護主義のどちらかを選択しなければならない。各有権者は自分に最高の実質所得を与える政策を掲げる政治家に投票すると仮定すると，どの国が保護主義的政策をとるだろうか？　どの国が自由貿易を行うだろうか？

4．自国と外国はどちらも労働と資本を使って車と食料を生産する。各国では，労働と資本は共に産業間を自由に移動できる。1単位の食料を生産するには5単位の労働と3単位の資本を必要とし，1台の車を生産するには4単位の労働と4単位の資本を必要とする。自国には600単位の労働と400単位の資本があり，外国には600単位の労働と500単位の資本がある。各国は，$P^F/P^C = 1.1 - (0.075)\,Q^F/Q^C$ で与えられる同じ相対需要曲線を持つ。ここで $P^j$ は財 $j$ の価格であり，$Q^j$ は財 $j$ の数量である。

(a) どちらの国が労働豊富国か？　労働希少国か？　どちらの財が労働集約的か？　資本集約的か？

(b) 各国は各財をどれだけ生産するか？

(c) 自国について，自給自足の場合の食料の相対価格，賃金，および資本レンタル価格を求めなさい。自国の労働者と1単位の資本所有者の予算線を描きなさい。

(d) 自由貿易の場合について，(c)の計算を行いなさい。予算線を(c)で使用したのと同じ図に描き入れなさい。

(e) 自国の中で貿易利益を受けるのは誰か？ それは希少な要素か，それとも豊富な要素か？ 誰が貿易損失を被るだろうか？ 希少な要素か，それとも豊富な要素か？

5. **要素代替を伴う生産。** ある経済が熟練労働と非熟練労働を用いて衣料品とプラスチックを生産していると想定する。この経済には，非熟練労働120単位と熟練労働100単位が存在する。当初の状況では，衣料品の相対価格は $P^A/P^P = 1.2$ に等しく，要素価格は，衣料品生産者が非熟練労働2.2単位と熟練労働1単位を1単位の衣料品生産のために使用し，プラスチック生産者が熟練労働と非熟練労働を1単位ずつプラスチック1単位の生産に用いるような水準に決まっているものとする。しかし，貿易が開始されると，衣料品の相対価格は $P^A/P^P = 1.4$ に上昇するため，非熟練労働の相対賃金が上昇し，両方の産業で熟練労働への代替が起きる。この変化の後，衣料品生産者は，衣料品生産1単位につき2単位の非熟練労働と1.2単位の熟練労働を使用し，プラスチック生産者は非熟練労働0.6単位と熟練労働1.2単位を使用すると仮定する。

(a) 図6-12のように，単位等量曲線上の要素使用点を示しなさい。賃金や等費用線については気にしなくてよい。データがある2つの点に基づいて，各産業における等量曲線自体がどう描かれるかをスケッチしなさい。

(b) 貿易開始前後の各産業における生産量を計算しなさい。

(c) 問(b)で得た情報を使って貿易前後の衣料品の相対供給量を計算し，それらの2つの点を，横軸に衣料品の相対供給，縦軸に衣料品の相対価格をとったグラフ上にプロットしなさい。データがある2つの点に基づいて，相対供給曲線の残りの部分がどう描かれるかをスケッチしなさい。

## 参考文献

Artuç, Erhan, Shubham Chaudhuri and John McLaren (2010), "Trade Shocks and Labor Adjustment: A Structural Empirical Approach," *American Economic Review* 100: 3 (June), pp. 1008-1045.

Berman, Eli, John Bound and Stephen Machin (1998), "Implications of Skill-Biased Technical Change: International Evidence," *Quarterly Journal of Economics*, November 1998, pp. 1245-1280.

Bernard, Andrew B., J. Bradford Jensen and Peter K. Schott (2006), "Survival of the Best Fit: Exposure to Low-wage Countries and the (Uneven) Growth of U.S. Manufacturing Plants," *Journal of International Economics* 68, pp. 219-237.

Feenstra, Robert C. (2004), *Advanced International Trade*, Princeton, NJ: Princeton University Press.

Freeman, Richard B. (1995), "Are Your Wages Set in Beijing?" *The Journal of Economic Perspectives* 9: 3 (Summer), pp. 15-32.

Galbraith, James K. (2009), "Inequality, Unemployment and Growth: New Measures for Old Controversies," *Journal of Economic Inequality* 7: 2, pp. 189–206.

Harrigan, James (2000), "International Trade and American Wages in General Equilibrium, 1967–1995," in Robert C. Feenstra (ed.), *The Impact of International Trade on Wages*, Chicago: University of Chicago Press for the NBER, pp. 171–193.

Harrison, Ann, John McLaren and Margaret McMillan (2011), "Recent Findings on Trade and Inequality," *Annual Reviews of Economics*, Volume 3 (September).

Kletzer, Lori G. (2002), *Imports, Exports and Jobs: What Does Trade Mean for Employment and Job Loss?* Kalamazoo, MI: W. E. Upjohn Institute for Employment Research.

Lawrence, Robert Z. and Matthew J. Slaughter (1993), "International Trade and American Wages in the 1980s: Giant Sucking Sound or Small Hiccup?" *Brookings Papers on Economic Activity* (Microeconomics 1993).

Mishel, Lawrence, Jared Bernstein and Allegretto, Sylvia (2007), *The State of Working America 2006/2007, An* Economic Policy Institute book, Ithaca, NY: ILR Press, an imprint of Cornell University Press.

Reshef, Ariell (2009), "Is Technological Change Biased Towards the Unskilled in Services? An Empirical Investigation," *Working Paper*, University of Virginia.

Zhu, Susan Chun and Daniel Trefler (2005), "Trade and Inequality in Developing Countries: A General Equilibrium Analysis," *Journal of International Economics* 65, pp. 21–48.

# なぜ政府は私たちに砂糖を輸入して ほしくないのか？

ライフセイバー・キャンディー：
ラベルに書かれているように，今はカナダ製だ。

## 7.1 沈みゆくライフセイバー

35年の間，米国で販売されるすべての「ライフセーバー」キャンディーはミシガン州ホランドにある工場で生産されていたが，2003年の秋にその工場は閉鎖となり，600のその地域の雇用が失われた。ライフセーバーの生産は，ブランドのオーナーであるクラフトフーズが所有するケベック州モントリオールの工場に移された。移設の決定には多くの要因が関係していたが，ほとんどの観測筋が挙げるひとつの原因は，主な原材料である砂糖にかかる費用だ（Belsie（2002）あるいは *USA Today*（2002）を参照）。米国における砂糖の卸売価格はカナダよりもかなり高い——多くの場合2倍ほどの高さで，ほぼすべてが砂糖でできているような製品の生産費用に明らかに影響がある。砂糖の価格はまた，シカゴにあるブラッチの大きなキャンディ工場が閉鎖となった原因でもあり，その生産はアルゼンチンとメキシコに移された。また，米国における他の多くのキャンディメーカーが国外へ生産を移すことを決定した原因にもなっている（Jusko（2002）を参照）。

すると，自然に次の疑問が沸き起こる。**なぜ砂糖は米国で高価なのだろうか？**特に，なぜ砂糖の卸売価格はカナダよりもはるかに高いのだろうか？　カナダはショ糖の生産能力はゼロ（オンタリオ州とアルバータ州のサトウダイコンだけだ）なのに対して，米国はフロリダやルイジアナ，ハワイ，テキサスでサトウキビが，また北部でもサトウダイコンが豊富に採れるというのに。

最大の理由はおそらく，ただ単に，米国政府が何十年もの間，世界の他地域から砂糖を輸入することを非常に難しくしてきたのに対して，カナダ政府はそうしなかったから，ということだろう。この輸入規制政策は，国内のキャンディ生産の落ち込みから，これがなければ存在し得なかった巨大なコーンシロップ産業の創出，さらには米国の消費者にとっての砂糖価格とキャンディ価格の上昇まで，幅広い影響を及ぼした。私たちは，政府がこのプログラムで何をしようとしているのかを正確に解明していく。まず初めにしなければならないのは，その仕組みを理解することだ。

米国の砂糖の輸入制限は，**関税割当制度**（tariff-rate quota：TRQ）という形式が取られている。これは関税の変化形だ（第5章で見たように，関税とは輸入

品にかかる税金であることを思い出そう）。TRQ では，政府は当該の商品について，ある数量までは低い関税率で輸入を許可するが，その数量を超えた輸入については高い関税率をかける。例えば，2002 年に，米国の政策は砂糖の輸入に対して最初の 129 万トンまでは 1 ポンドの輸入につき 0.625 セントの関税をかけ，それ以上の輸入に対しては 1 ポンドにつき 15.36 セントをかけた（世界の砂糖政策の要約については Elobeid and Beghin（2006）を参照）。1 ポンド当たり 0.625 セントの関税率は割当枠内の関税と呼ばれ，1 ポンド当たり 15.36 セントの関税率は割当枠外の関税と呼ばれる。注目すべきは，枠外の関税率が枠内の関税率よりもはるかに高いということで，これは TRQ によくあることだ。世界の原料糖の価格は一般に 1 ポンド当たり 10 セントほど変動するので，米国の砂糖政策における枠外の関税率は，割当数量を超えた輸入を激しく阻害するものとなる。

　実際，米国の砂糖輸入政策は，関税の要素とそれに関連した**割当**と呼ばれる政策を組み合わせた複合物である。割当の下では，政府は許可する商品の輸入量を発表し，その量を超える輸入を単純に禁止する。ここでの目的のためには，より複雑な TRQ を単純な割当や関税に近いものと見なすことで，砂糖政策の主な効果を十分理解することができる。そしてそれがここで行うアプローチである。これらの単純化された政策のひとつがどのように働くかを理解すれば，より複雑な TRQ の仕組みを理解しやすくなるだろう（そして本質的に同じメカニズムであることも明らかになるだろう）。

　一般に，これらのどの方法であれ，輸入を制限する政策はいずれも**保護貿易主義**と呼ばれる。なぜなら，それは国内の生産者を外国の競争相手から保護する効果があるからだ。砂糖に対する保護貿易政策を行う政府の動機づけを分析することで，保護主義的政策をより一般的に理解するためのツールが明らかとなる。米国政府がなぜ砂糖輸入を厳しく制限するのかについては，主に 2 つの有力な説明がある。1 つ目は，砂糖の輸入を制限することで砂糖の世界価格を引き下げることができ，砂糖の純輸入国である米国の実質所得を引き上げることにつながる，というものだ。これは米国の交易条件を改善することになるので，この観点からの保護主義の説明は**交易条件動機**としばしば呼ばれる。注意すべき点は，この仮説の下では，中には損失を被るアメリカ人の集団もあるかもしれないが，米国は保護貿易主義によって全体的には豊かになる，ということだ。2 つ目の仮説は，輸入制限によってアメリカ人は全体的に貧しくなるが，政治プロセスに著しい影

響を及ぼす国内の集団の中には利益を得るものもいる，というものだ。これを**利益団体動機**という。以下では，これら 2 つの説明を順に見ていく。

## 7.2 仮説 1：交易条件動機

### 7.2.1 部分均衡モデル

　分析を始めるには，世界の砂糖貿易のモデルが必要だ。貿易政策を分析する際は常に，考察対象とする貿易の種類を明確にする必要がある。比較優位モデルでの貿易政策は，収穫逓増や不完全競争に基づいた貿易と比べると全く異なる効果を生むからだ。砂糖の貿易は比較優位によって決まる，ということに注意しよう。例えば，ブラジルやドミニカ共和国が主要な輸出国である理由は，気候や土壌の条件が，寒く乾燥している他の場所と異なりサトウキビの生産にとって好ましいからだ。砂糖は，他の農産物と同様，多数の栽培者によって生産されており，一人の栽培者によって支配されることはないので，すべての生産者がプライス・テイカーである競争モデルを使用するのが道理にかなっている。さらに，砂糖は米国経済のわずかな部分しか占めないのと同時に消費者の予算集合においてもほんの一部分を占めるのみなので，部分均衡のアプローチが適している。ここでは，米国会計検査院（General Accounting Office：GAO）がアイオワ大学の経済学者チームと共同で構築したモデルをかなり簡単に概算したものを適用する。オリジナルの研究は，2000 年の 6 月に米国の砂糖政策に関して議会に委託された報告書で，恐らく現時点において入手可能な米国の砂糖政策の研究で最も影響力のある研究である（General Accounting Office 2002）。

　米国における砂糖に対する供給の関係については，次の近似された式を使用する（原料はサトウキビとサトウダイコンの両方を含む）：

$$S^{US} = 1.48 \times 10^{10} + 5.44 \times 10^7 P \tag{7.1}$$

ここで $S^{US}$ はポンドで量った米国の数量を表し，$P$ はセントで表した 1 ポンド当たりの価格である。以下の式は，米国の消費者需要の関係を近似したものだ：

$$D^{US} = 2.56 \times 10^{10} - 2.79 \times 10^8 P \tag{7.2}$$

ここで $D^{US}$ はポンドで量った米国の需要量である。任意の価格に対して，米

国の需要量と米国の供給量との差が米国の砂糖に対する輸入需要となるので，(7.2)式と(7.1)式との差によって米国の**輸入**需要曲線が得られる：

$$MD^{US} = 1.08 \times 10^{10} - 3.33 \times 10^8 P \tag{7.3}$$

ここで $MD^{US}$ はポンドで量った米国の砂糖輸入需要量である[1]。これら3つの関係は図7.1に描かれている。任意の価格の下で輸入需要 $MD^{US}$ が国内需要 $D^{US}$ と国内供給 $S^{US}$ との水平方向の差になっていることに注目しよう。それは両方向の矢印で示されており，これらの矢印は図のどちらのグラフでも同じ長さである。

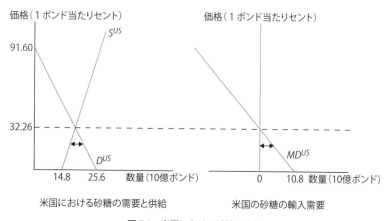

図7.1　米国における砂糖の市場

　同様にして，世界の他の地域における砂糖の供給関係は次の式で近似される：

$$S^{ROW} = 3.00 \times 10^{11} + 5.44 \times 10^7 P \tag{7.4}$$

ここで $S^{ROW}$ は世界の他の地域（以下では ROW と表記する）で生産される砂糖の量を表す。世界の他の地域における砂糖の需要関係は，以下の式で近似され

---

1　これらのパラメーターは GAO（2000）のモデルの線形近似で求めている。GAO の報告書の表7（p. 25）に，砂糖政策が実施された場合とされない場合のそれぞれについて，モデルの予測が掲載されている。ここで(7.1)と(7.2)として挙げられている米国の供給と需要の式のパラメーターは，国内価格を所与として，その表にある数量を再現するように選択されている。世界の他の地域の輸出供給(7.5)のパラメーターは，世界価格を所与として，予測された輸出量と一致するように選択され，それから世界の供給曲線と需要曲線に分けられている。その際，米国と世界の他の地域の供給曲線が同じ傾きを持つ——目下の政策問題にとっては重要ではない——という仮定がおかれている。

る：

$$D^{ROW} = 3.21 \times 10^{11} - 2.45 \times 10^9 P \tag{7.5}$$

ここで $D^{ROW}$ は世界の他の地域における砂糖の消費量である。任意の価格の下で，世界の他地域の供給から世界の他地域の需要を引くと，世界の他の地域における（米国への）砂糖の輸出供給を計算できるので，(7.4)式から(7.5)式を引くことで，世界の他の地域における輸出供給曲線を次のように導くことができる：

$$XS^{ROW} = -2.08 \times 10^{10} + 2.5 \times 10^9 P \tag{7.6}$$

ここで $XS^{ROW}$ は世界の他の地域における米国への砂糖輸出を示している。これは図 7.2 に描かれている。

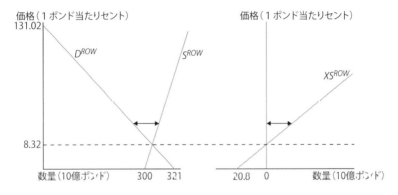

図 7.2　世界の他の地域における砂糖の市場

　自由貿易の——つまり，貿易障壁や輸送費がないので，砂糖の価格がどこでも同じになる——ときの均衡を考えよう。市場の需給が一致するためには米国の輸入需要と世界の他地域の輸出供給が等しくなければならないので，均衡を見つけるには(7.3)式と(7.6)式の右辺を等号で結んで，世界価格 $P$ を求めればよい。これは図 7.3 で示されているように，世界価格が 1 ポンド当たり 11.14 セントとなることを意味し，そして米国の砂糖輸入量は 70.4 億ポンドになる[2]。

　今度は，米国が貿易制限を行うとしよう。まずは米国の政策を関税で近似し，その後に割当で近似する。

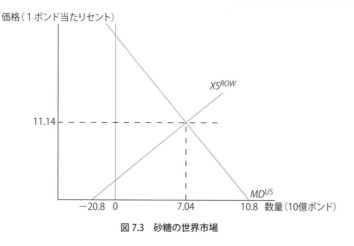

図 7.3　砂糖の世界市場

## 7.2.2　関税の効果

　米国の砂糖政策の効果は，1 ポンドの輸入につき 12.38 セントの関税を課すことによって近似できる，ということになる。これは従量税，すなわち輸入量 1 単位当たりに課せられる関税の例だ。（これに対して，単位価額に課せられる関税を従価税という。例として，輸入請求額の 5％に相当する関税の支払いを要求する関税が挙げられる。）

　すると，1 ポンド当たり 12.38 セントの従量関税は，米国の輸入需要曲線を次のように変化させる（詳細は図 7.4 で説明されている）。米国が任意の世界価格に対し砂糖をどれくらい輸入することになるかを求める必要があるが，4 つの段階を踏むことによってそれは可能となる。①まず，世界価格をひとつ選ぶ。ここでは 1 ポンド当たり 10 セントとしよう。②次に，その 10 セントに 12.38 セントの関税を加えて米国の砂糖の国内価格を求める，つまり 1 ポンド当たり 22.38 セントだ。米国の国内価格がこのように上昇する理由は単純だ。米国の消費者は今では輸入された砂糖を買うために世界価格と関税の合計額を支払う必要があるので，彼らが直面する外国の砂糖価格は 1 ポンド当たり 22.38 セントとなるが，仮

---

　2　この代数計算を自分自身で行っている注意深い学生は，報告された値と輸出供給と輸入需要の式から計算される均衡値とが少し違っていることに気づくだろう。これは，輸出供給と輸入需要の式を四捨五入して報告しているからだ。ここで報告されている世界価格は四捨五入なしで計算され，スプレッドシート "optimal_tariffs.xls" から入手できる。

に米国内で生産される砂糖の価格が上昇しないとすると，米国の消費者は国産の砂糖しか買わないだろう。しかし，（図 7.1 が示すように）1 ポンド当たり 10 セントでは米国の国内供給は国内需要よりも少ないので，米国では砂糖の超過需要が発生することになる。このことは米国の国内価格を，米国の消費者が輸入品の砂糖を買うようになるまで——つまり 1 ポンド当たり 22.38 セントになるまで——上昇させることになる。③世界価格が 1 ポンド当たり 10 セントのときの米国の国内価格が分かったので，この新しい米国の国内価格で元々の米国の輸入需要曲線を見ることにより，この価格における米国の輸入需要量が判明する。④1 ポンド当たり 10 セントという仮想的な世界価格の下での米国の輸入需要量が（33 億ポンドであると）分かったので，この価格と数量の組み合わせを図のグレーの点で示すことができる。その点は，もとの $MD^{US}$ 曲線よりも，関税の値である 1 ポンド当たり 12.38 セントだけちょうど下に位置することに注目しよう。

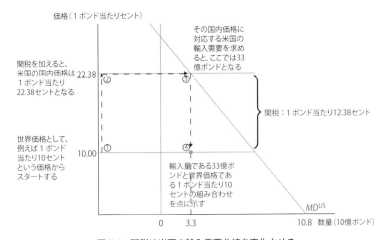

図 7.4　関税は米国の輸入需要曲線を変化させる

　この推論を**任意**の世界価格について繰り返すことで，米国の新しい輸入需要曲線を導出することができる。それは図 7.5 に $MD^{US,tariff}$ というグレーの曲線で示されている。この図において，縦軸は砂糖の世界価格を示しており，それはこれまで見てきた米国の国内価格とは今や異なるものとなる。米国の新しい輸入需要曲線は元々の輸入需要曲線より，各点において，ちょうど 1 ポンド当たり 12.38 セントの関税の分だけ下に位置している。明らかに，これは世界の他地

域の輸出供給曲線との交点が元々の均衡よりも左下に位置することを意味し，関税の結果，砂糖の世界価格が低下し米国の砂糖輸入量が減少することを意味する。（$XS^{ROW}$ 曲線は米国の関税からは影響を受けない。）代数的には，新しい $MD^{US,tariff}$ の式は単純に (7.3) 式の $P$ を $(P+12.38)$ に置き換えることで求められる。なぜなら，世界価格ではなく米国の国内価格が，米国の国内供給と国内需要，したがって米国の輸入需要を決めるからだ。この置き換えにより，新しい輸入需要曲線が次のように導かれる：

$$MD^{US,tariff} = 1.08 \times 10^{10} - 3.33 \times 10^8 (P + 12.38) \qquad (7.7)$$
$$= 6.68 \times 10^9 - 3.33 \times 10^8 P$$

ここで $MD^{US,tariff}$ は関税の影響を受けた米国の輸入需要をポンド単位で示したもので，$P$ は砂糖の**世界**価格を表す。均衡を求めるには，世界の他地域の輸出供給 (7.6) と関税の影響を受けた米国の国内需要 (7.7) とが等しくなるような世界価格 $P$ が必要だ。したがって，(7.6) 式と (7.7) 式の右辺を等号で結ぶことで $P$ を求める。これによって，世界価格は（自由貿易の価格が 1 ポンド当たり 11.14 セントだったのに対して）1 ポンド当たり 9.68 セントと求められ，米国の新しい輸入量は（自由貿易では 70.4 億だったのに対して）34 億ポンドとなる[3]。

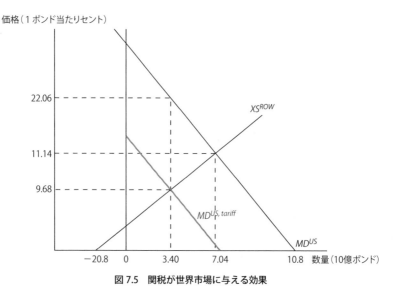

**図 7.5　関税が世界市場に与える効果**

　重要な点は，米国の関税が外国の生産者に対して米国市場への参入を困難に
し，外国生産者の生産量の大部分が世界市場の他地域に売られるので，世界価格
が引き下げられる結果になるということだ。それと同時に，関税によって米国で
は砂糖がより希少になるので，米国の国内価格は引き上げられる。

　米国内での関税の効果は，図7.6で見ることができる。この図は図7.1の米国
の供給曲線と需要曲線を再現したものだが，関連性のある部分を拡大したもので
ある。私たちは3つの要素から厚生効果を評価していく。第1に，**消費者余剰**に
対する効果が存在する。これは第4章で見てきたもので，財の消費が消費者にも
たらす純利益であり，需要曲線と消費者の支払い価格での水平線で囲まれる部分
の面積で測られる。第2に，**生産者余剰**がある。これは砂糖の生産者が砂糖の生
産から得る純所得であり，供給曲線と生産者の受け取り価格での水平線で囲まれ
る部分の面積で測られる。最後に，**関税収入**が存在する。これは輸入関税を徴収
することで政府が受け取る収入である。

　自由貿易下の当初の価格，関税下のもっと低い新たな世界価格，そして米国の

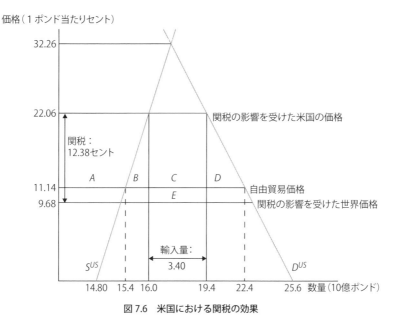

図7.6　米国における関税の効果

---

3　脚注2で行われた四捨五入についてのコメントは，ここでも適用される。

新しい国内価格（1ポンド当たり9.68セントに12.38セントの関税を加えた，1ポンド当たり22.06セント）はすべて，図7.6に示されている。関税の下では，米国の砂糖生産は増加し，米国の砂糖消費は減少する。米国の消費者余剰は，自由貿易のときは需要曲線より下で11.14セントの価格より上の部分の面積に等しかったが，関税の下では消費者余剰は1ポンド当たり22.06セントより上の部分の面積になるので，$A+B+C+D$だけ少なくなる。米国の砂糖消費者は，関税によって損失を被るのだ。自由貿易のときは，米国の砂糖の生産者余剰は供給曲線より上で11.14セントの価格より下の部分の面積だったが，関税の下では22.06セントの価格より下の部分の面積に等しくなり，したがって$A$だけ大きくなる。

　第3の重要な厚生効果は，関税収入である。米国政府は輸入される砂糖1ポンドにつき12.38セントを徴収し，それは政府が必要とする支出に使われるために国庫に入る。それはまた，支出を変えることなくすべてのアメリカ人の所得税を減少させるためにも使うことができる。米国財務省の1ドルの税収は，社会厚生の計算において1ドルの個人所得と同じ価値があると仮定しよう。この例における税収は，1ポンド当たり12.38セントの関税に輸入量34億ポンドをかけたものに等しく，それは図7.6における$C+E$の部分の面積に等しい。

　関税がアメリカ人に与える効果を合計しよう。消費者余剰の変化$-(A+B+C+D)$に生産者余剰の変化$(A)$と関税収入$(C+E)$を足すと，米国の社会厚生における変化の合計として$(E-B-D)$が得られる。それは図7.7に描かれているとおりである。

　この図は，かなり簡単に理解することができる。

・第1に，米国は輸入財の世界価格が下落すると常に利益を得る。その利益はここでは長方形$E$の面積，つまり関税による世界価格の下落分（長方形の高さで，輸入1単位当たりの米国の支出減）に，輸入量（長方形の横の長さ）をかけた部分の面積で測られる。これは，関税の交易条件効果によって米国にもたらされる，単純な費用の削減だ。したがって，それは関税の**交易条件利益**と呼ばれる。

・第2に，$B$の部分の面積は，自由貿易の世界価格と米国の供給曲線との差を，関税がもたらす米国の砂糖生産の増加分について合計したものである。供給曲

線上の各点の高さは，米国の砂糖生産の限界費用だ。当初の自由貿易の世界価格を砂糖生産における真の社会的限界費用と解釈すると，両者の差は，世界市場で砂糖を購入せずに米国で砂糖1単位を生産するのに追加的にかかる限界費用である。したがって，$B$の面積は，米国で砂糖を生産し過ぎていることによる非効率性を表しており，よって関税による**生産の歪み**と呼ばれる。

・最後に，$D$の部分の面積は，自由貿易の世界価格と米国の需要曲線との差を，関税による米国の砂糖消費の減少分について合計したものである。需要曲線上の各点の高さは，追加的な1ポンド分の砂糖が消費者にもたらす限界便益に等しいので，その差は関税のために消費されなかった砂糖1ポンドがもたらす限界効用が真の限界社会費用よりもどれだけ上回っていたか，を表している。したがって，$D$の面積は，米国で砂糖の消費が少なすぎることによる非効率性を表し，よって関税による**消費の歪み**と呼ばれる。

　関税は米国における過剰生産と過少消費を引き起こし，その両方が米国の社会厚生の損失となる（図7.7の濃いグレーの部分）が，関税はまた世界市場の砂糖の費用を低下させるので，米国にとって社会厚生の利益となる（図7.7の薄いグ

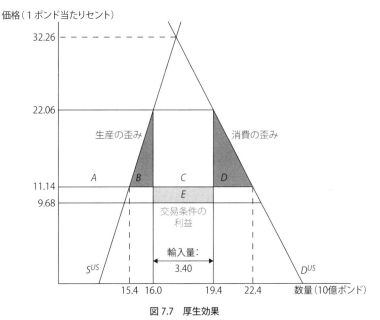

図7.7　厚生効果

レーの部分）。もしも図 7.7 の薄いグレー部分が濃いグレー部分よりも大きければ，関税は米国の社会厚生に利益をもたらす——そして，交易条件動機は関税を正当化するのに十分なものとなる。実際には砂糖の「消費者」には，スーパーで砂糖 1 ポンドの袋を買う個人もいれば，材料として砂糖を大量に買うキャンディ製造者もいるということに注意しよう。台所に行ってスーパーで買ってきた商品の原材料リストを見たとして，高果糖コーンシロップが含まれている場合はたいてい，あなたはたぶん三角形 *D* の部分を見ていることになる。なぜなら，コーンシロップはおそらく国内で価格が高くなってしまった砂糖の代わりに使用されているからだ。

　一般的に，米国の厚生に対する関税の効果は，供給と需要の弾力性と関税の大きさによってプラスにもマイナスにもなり得る。この特定のケースでは，図 7.7における直角三角形と長方形の部分の面積は簡単に計算でき，交易条件の利益が消費や生産の歪みを上回るには全然足りないことが示される。つまり，このケースでは米国の厚生に与える効果はマイナスとなる[4]。

　これは関税が極端に高い——米国の国内価格をおよそ 2 倍にしてしまうので，巨大な国内消費と国内生産の歪みをもたらす——という事実と，外国の輸出供給が非常に弾力的だという事実によるもので，そのため交易条件効果は小さいものとなる。この政策は結局のところ，世界価格を 1 ポンド当たり 1 ペニーくらいしか引き下げない。

　世界の他の地域についての厚生分析はもっと簡単で，図 7.8 に示されるようなものとなる。消費者余剰は関税によって $A'$ だけ増加し，生産者余剰は $(A'+B'+C'+D')$ だけ減少する。いずれも世界価格が低下するためだ。関税収入はないので，純効果は単純に，図におけるグレーの社会厚生の損失分 $-(B'+C'+D)$ の面積に等しくなる。世界の他の地域は単純に，生産と消費の歪みに加えて，補償さ

---

4　$B$ の高さは $(22.06-11.14)$ で，底辺は $(16.0-15.4)$ である（自由貿易価格 11.14 セントの下で，米国の生産者は 154 億ポンド生産できたからだ）。するとその面積は，底辺と高さの積の半分，つまり $B=(22.06-11.14)\times(16.0-15.4)/2=3.28$ となる。$D$ の高さも $(22.06-11.14)$ であり，底辺は $(22.4-19.4)$ である（自由貿易価格 11.14 セントの下で，米国の消費者は 224 億ポンド消費できたからだ）。するとその面積は，底辺と高さの積の半分，つまり $D=(22.06-11.14)\times(22.4-19.4)/2=16.38$ となる。$E$ の高さは $(11.14-9.68)$ で底辺は 34 億ポンドなので，その面積は $(11.14-9.68)\times3.40=4.96$ である。要するに，10 億セント単位で表すと，$B=3.28$，$D=16.38$，$E=4.96$ を得る。したがって，$D$ だけで交易条件効果を大きく上回っているので，米国の厚生に対する関税政策の純効果はマイナスとなる。

れない交易条件の損失によって損害を被る。また，図7.8の*C'*の面積が図7.7の
*E*の面積と同一であることにも注目しよう。つまり，**関税が米国にもたらす交易
条件の利益は，世界の他の地域が被る交易条件の損失にちょうど等しい。**

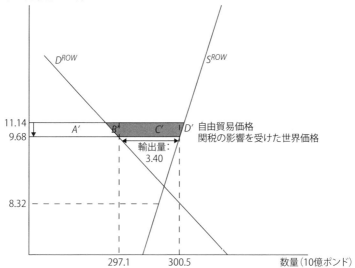

図7.8　世界の他の地域に対する関税の効果

### 7.2.3　割当の効果

　関税の代わりに割当によって米国の政策を近似した場合にも同じ結論が導かれ
ることは，今や簡単に分かる。

　米国政府は砂糖の輸入に関税を課すのではなく，代わりに「許可証のない者は
米国に砂糖を輸入することはできない」と発表するとしよう。そして米国政府は
許可証を発行し，その許可証を持っている者は与えられた量の砂糖を米国に輸入
する権利を与えられ，許可された輸入量は合計して34億ポンドになるとする。
これは関税の下での均衡と同じ輸入水準であり，また2000年における実際の歴
史上の輸入水準でもある[5]。政府はこれらの許可証を民間部門の貿易業者に何ら

---

5　用心深い読者は，米国の国内価格と世界価格との差が枠外の関税よりも低いという事実があるにも
　かかわらず，2000年における実際の輸入量がTRQ割当量を超えていることに気づくかもしれない。
　このことは，砂糖のTRQがここで述べたものよりも複雑だという事実によって説明される。つま↗

かの方法で配布し（配布の方法については，後で簡単に議論する），税関に対して以下の指示をする。つまり，税関は，入荷される貨物のうち砂糖について，それぞれ必要とされる許可証があるか確認しなければならない。

このことは世界の均衡を変化させるが，それは図 7.9 に示されているようなものとなる。再び，縦軸を**世界**価格として考えるのが便利だ。米国の輸入需要曲線はグレーの曲線 $MD^{US,Quota}$ の形状となる。それは，自由貿易の輸入需要曲線と高い価格の部分で同じだが，34 億ポンドの割当量で行き止まりになる。世界価格がいくら下がっても，割当制の下では米国の輸入量がこの値を超えることはできないからだ。

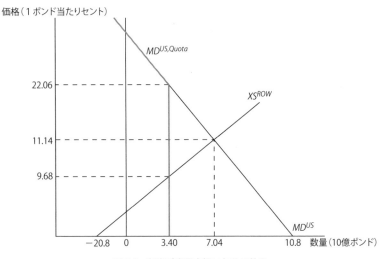

図 7.9　割当が世界市場に与える効果

明らかに，新しい世界経済の均衡はもとの均衡より左下に位置し，輸入量は減少し世界価格は低下する。事実，割当の量は関税のときと同じ輸入量であり，新しい均衡は——関税との場合と同様に——世界の他の地域の輸出供給曲線上になければならず，また輸出供給曲線は変化していない——よって世界価格は関税の場合と同じでなければならない。さらに，米国の国内価格はやはり世界価格よりも

---

   り，実際には異なる種類の砂糖には異なる割当が設定されているのだが，私たちは簡単化のためすべての種類の砂糖を一まとめにしているのだ。GAO（2000）のモデルは，本章で無視している他の様々な複雑な要因とともに，異なる種類の砂糖を考慮に入れている。

高くなければならない。そうでなければ米国では砂糖の超過需要が生じるから
だ。そしてさらに，その価格は米国の消費需要が米国の生産をちょうど 34 億ポ
ンドだけ超過する水準まで上昇しなければならない——しかしそれは 1 ポンド当
たり 22.06 セントで，関税の場合と同じ水準だ。したがって，**世界価格，米国の
国内価格，貿易量，すべての消費者と生産者の余剰が，関税の場合と全く同じと
なる**。この点は完全競争における関税と割当との比較に関する普遍的な結果で，
**関税と割当の同等性**として知られている。

　しかし，関税と重要な違いがひとつある。それは，政府が許可証を売るのでは
なく配布する限りにおいては，割当は政府に収入をもたらさないということだ。
割当は政府に収入をもたらす代わりに，許可証の所有者に利潤をもたらす。なぜ
なら，許可証の所有者は人為的に低い 1 ポンド当たり 9.68 セントという世界価
格で砂糖を買って，米国では 1 ポンド当たり 22.06 セントという人為的に高い国
内価格で販売できるからだ。明らかに輸入許可証を所有することは**とても**価値の
あることで，彼らの利益は社会厚生の計算に含まれるべきである。許可証の所有
者が受け取る利潤を**割当レント**と呼ぼう。このシステムによって発生する割当レ
ントの総額は，価格の差である 1 ポンド当たり (22.06 − 9.68) = 12.38 セントに，
許可された輸入量である 34 億ポンドをかけたものに等しい。これはちょうど，
図 7.6 と図 7.7 における $(C + E)$ の部分の面積である。つまり，それは政府収入
にちょうど等しい。受け取るのが政府ではなく許可証の所有者であることを除け
ば。

　ここで，政府が輸入許可証をどう配布するかによって，大きな違いが発生す
る。米国の貿易業者に配布した場合は，割当レントは単純に米国の社会厚生に追
加される。それは関税の場合における関税収入と同様のものとなり，厚生の図は
図 7.7 や 7.8 と全く同じになる。しかし，政府が外国の貿易業者に許可証を配布
してしまうと，割当レントをアメリカ人は全く受け取ることができない。その場
合の社会厚生の効果を合計すると，米国については図 7.10 に，世界の他の地域
は図 7.11 になる。前と同じように，濃いグレーの部分が社会厚生の損失部分で，
薄いグレーの部分が社会厚生の利益部分を表す。図 7.10 より，外国人が割当レ
ントを得る場合，米国は割当によって必ず損害を被ることが分かる。この場合，
消費や生産の歪みを補償するような交易条件の利益は存在しない。なぜなら，交
易条件の利益はすべて割当レントとして外国の貿易業者に渡ってしまうからだ。

世界の他の地域にとっては、割当レントによって発生する巨大な薄いグレーの長方形が、濃いグレーの部分で表される交易条件による損失と生産や消費の歪みを弱め、（この場合、割当政策によって）完全にそれらを上回る。世界の他の地域が割当によってこのように利益を得るかどうかは、一般的に供給や需要の弾力性と割当の厳しさの程度に依存するが、この場合は、米国は自国の砂糖政策によって損害を被る一方で、世界の他の地域は利益を得るという、いささか皮肉な結果となる[6]。

　実際には、現実の砂糖政策はこれら2つのケースの中間にある。各輸出国には米国政府によって割当枠が配分される。そして輸出国政府は許可証を自国の貿易業者に発行し、その合計は割当量に等しいものとなる（この政策の実施に関する完全な議論は、USITC（2001）の pp. 37-48 を参照）。その結果、米国は割当レントを受け取らず、外国の貿易業者が受け取っている。しかし、これは純粋な

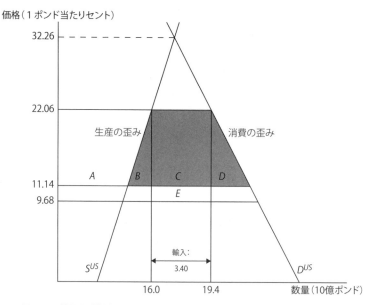

図7.10　外国人が割当レントを受け取る場合の米国の厚生に対する割当の効果

---

6　強調すべきことがある。割当レントは外国の農家ではなく、貿易業者や中間業者、輸出入会社などが得て、またこれらの業者の中には国が所有するものもある、ということだ。砂糖生産者自身の所得は、輸出に直接関わっていて許可証を所有しているのでなければ、この政策によって減少する傾向にある。

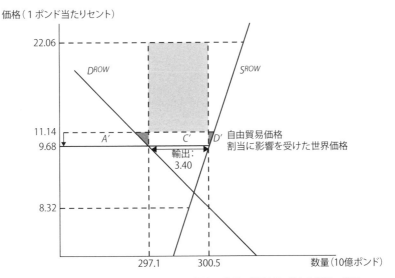

図7.11　外国人が割当レントを受け取る場合の世界の他地域に対する割当の効果

割当制ではなく TRQ の枠組みでのものなので，長方形 $(C + E)$ のすべてが割当レントの形を取るわけではない。長方形の一部は関税収入の形で米国政府が受け取っている。その結果，長方形 $(C + E)$ のレントあるいは収入は，一部がアメリカ人に，一部が外国人のものとなる。明らかなのは，もし長方形が少しでも外国人のものになっているならば，TRQ は同等の関税よりも米国の社会厚生をさらに悪化させるということだ。

割当レントの受け取りと全く無縁の人々：ドミニカ共和国のサトウキビ畑の労働者。米国の砂糖政策は砂糖の生産者価格を低下させることにより，これら労働者の所得を減らす可能性が最も高い。

#### 7.2.4 評価：交易条件動機は十分か？

　米国の砂糖政策を説明するのに，交易条件目的は十分ではないことが今や明らかとなったはずだ。その政策を関税によって近似すると，交易条件効果は消費と生産の歪みによって打ち消される。割当によって近似すると，もしも割当レントの大部分が外国人のものになるならば，政策の効果はさらにマイナスとなる。なぜなら，交易条件の利益は外国の貿易業者への贈り物になってしまうからだ。注意すべきは，関税と割当は本質的に同じ効果をもたらすが，関税収入や割当レントに当たる長方形を誰が受け取るのかという点だけが異なる，ということだ。また，実際の関税割当制の政策はそのこれらの2つの政策を組み合わせたもので，その効果は中間のどこかに位置することを覚えておこう。つまり，砂糖のTRQ政策は米国政府に少しの関税収入をもたらし，外国の貿易業者に多大な割当レントをもたらす。その結果は，GAO報告書（GAO 2000）による徹底的な分析で分かるように，交易条件効果を全て考慮に入れても，砂糖政策によって米国は全体的に少し厚生が悪化する。

　ではなぜ政府は，自国の厚生を少し悪化させるような政策に乗り出し，固執するのだろうか？　その解明のために，2番目の仮説を見ていくことにしよう。

勝ち組：厳密には，ジミー・スミッツとネスター・カーボネルはフロリダの砂糖生産者ではない。彼らは単にCBSドラマ『*Cane*』でその役を演じただけだ。しかし，現実世界での砂糖生産者たちは，米国の砂糖政策を形作り，そこから利益を享受する政治的利益団体である。

## 7.3　仮説2：利益団体

　これまで私たちは，米国政府の意思決定過程はすべてのアメリカ人を同じように重視する（そして外国人には全く重きを置かない）と仮定していた。恐らく，これは誤りだ。砂糖政策が実施されるのには何か理由があって，その政策によって国内で恩恵を受ける者たちが他のアメリカ人よりも政策決定過程でより重視されているからかもしれない。

　特に，砂糖の生産者たちは，主に政治家に選挙献金をすることで優遇措置を確かに求めている。このことは Gökçekuş et al.（2003）で立証され分析されている。彼らの計算によると，1989年から2002年までの間，砂糖ビジネスにいる個人や砂糖産業の利益を代表する政治行動委員会にいる個人が，米国議会の議員に選挙献金として年間およそ150万ドルを寄付していた。その献金は，戦略的に配分されていた。農業政策の監視関係の委員会に就いている議員に偏って献金が行われ，また多数派政党に所属する議員にも偏って献金が行われたのだ。彼らは議題を設定することができ，したがって他の少数派政党の議員よりもはるかに実現される法案に対する決定権を持っている議員たちだ。Gökçekuş et al.（2003）では，米国の砂糖政策は砂糖の生産者に1年当たりおよそ10億ドルの利益をもたらしたという，挑発的な推計がなされている。仮にこれらの利益のすべてが砂糖産業の選挙献金のおかげだとすると，砂糖の生産者は政治プロセスへの投資1ドルに対し714ドルの利益を受け取っていたことになる。

　砂糖政策への政治的影響力を探る上で，それほど明らかではない立場にあるのが農産加工部門だ。アーチャー・ダニエルズ・ミッドランド（ADM）は，産業型農業や食品加工部門に様々な製品を提供している大企業であり，同社が望む政策を支持して積極的な政治活動を行ってきた歴史がある。同社は，両政党の政治家に対する並外れた気前良さで有名なのだ。特に大胆な例としては，同社の会長はかつてホワイトハウスのリチャード・ニクソンに宛てて，10万ドルを何も書いてない封筒に入れて届けようとしたと言われている（Bovard 1995）。1974年にADMは巨額（8000万ドル）でリスクの大きい投資を行ったが，それは高果糖コーンシロップという砂糖の代替品を生産余剰のトウモロコシから生産する技術に対する投資だった（*Business Week*, 1976）。しばらくの間，この投資は大失

敗のように思われた。というのも，砂糖の価格は ADM のコーンシロップに関する採算が合うために必要な価格よりも下回ったからだ。しかし，同社は国内の砂糖価格を高く維持するための政策に救いを見いだし，両政党への選挙献金に多大な支出を行い続けた。その後，同社は現在のような制限的な政策から恩恵を受けるようになった。そのような政策のため米国では高い砂糖価格が保証され，また ADM はコーンシロップ事業の高収益が確保されるようになったのだ。

　これら影響活動の効果に関するひとつの解釈の仕方は，これらの活動によって政府の政策決定者が，社会全体の厚生ではなく，**加重付きの**社会厚生──影響力を行使するための支出を行っている団体に追加的なウェイト（重要性）を置いて計算された社会厚生──を最大化するよう誘導される，というものだ。このアプローチは国際経済学で，例えば，ジーン・グロスマンとエルハナン・ヘルプマンの有名な論文によって広まった（Grossman and Helpman 1994）。彼らは，そのプロセスが一種のオークションのようなものとなり得ることを示唆した。そこでは，政府が，互いに競り相手となる利益団体に対して保護を「販売」する。もしも政府が，社会厚生に加えて選挙献金の出資者からの資金にも価値を置いているならば，献金してくれる利益団体に追加的な比重をかけた社会厚生を最大にするような政策を選ぶ。より一般的には，市民団体が政策決定の過程で追加的なウェイトを得ようとする理由はたくさんある。例えば，政府は貧困者と見なされている市民（例えば貧困率の高い人口区分）や「浮動」票集団と見なされている集団をもっと重視するかもしれない。浮動票集団は，次回の選挙では自分たちの産業にプラスとなる貿易政策に基づいて投票すると考えられるからだ。

　私たちの目的のため，簡単化して，政府が関税政策を以下の加重付き厚生関数を最大化するように設定すると仮定する：

$$A^{cons}CS(P^{US}) + A^{prod}PS(P^{US}) + A^{tax}TR(P^{US}, P^{world}) \tag{7.8}$$

ここで $CS(P^{US})$ と $PS(P^{US})$ はそれぞれ砂糖産業における消費者余剰と生産者余剰であり，それらは国内の砂糖価格の関数である。また $TR(P^{US}, P^{world})$ は関税収入であり，それは国内価格と世界価格の関数である（もちろん，関税率は国内価格と世界価格の差だ）。そして $A^{cons}$, $A^{prod}$, $A^{tax}$ はそれぞれ消費者余剰，生産者余剰，および関税収入に対する正のウェイトであり，それらは（もしあるならば）政府のバイアスを示している。$A^{cons} = A^{prod} = A^{tax}$ の場合，政府は社会厚生を

最大化するように関税を設定する。$A^{prod} > A^{cons} = A^{tax}$ の場合は，政府は砂糖の生産者にバイアスをかけており，そのバイアスは砂糖生産者による過去の選挙献金がもたらした可能性がある。

例えば，図 7.6 の三角形と長方形の部分の面積を計算することで，次の結果がすぐに確認できる。もし $A^{cons} = A^{tax} = 1$ かつ $A^{prod} = 1.17$ ならば，砂糖生産者に対するバイアスは，関税政策あるいは割当レントをアメリカ人に与えるような割当政策を十分に説明できる（つまり，関税や割当があるときの加重付きの厚生 (7.8) は，自由貿易の場合よりも高い）が，外国人にレントを与えるような割当政策を正当化するのには十分ではない。しかし，もし $A^{cons} = A^{tax} = 1$ かつ $A^{prod} = 2$ ならば，砂糖生産者に対する政治的バイアスはどちらの政策も十分に説明できる。

まとめると，米国の砂糖政策は交易条件動機では正当化するのが難しいが，利益団体の政治活動の結果としては容易に正当化することが可能だ。

## 7.4 追加的な考察

### 7.4.1 最適関税

急いで指摘しておくべきことがある。たとえ 12.38 セントの関税が米国の厚生を高めることがないとしても，それは米国の厚生を高め**得る**関税水準が存在しないことを意味するわけではない，ということだ。実際のところ，一般にある国が交易条件をいくらかコントロールできる場合は常に，その国の厚生を改善するような厳密に正の関税が存在する。関税を課す国の社会厚生を高めるような関税水準は「最適関税」と呼ばれ，以下のように分析することができる。

所与の関税水準がその関税を課す国にとって最適となるためには，関税のわずかな上昇による限界便益が限界費用と等しくなっていなければならない。図 7.12 はこれがどんなものかを示している。関税をほんの少し，例えば $\Delta t$ だけ上げた場合，世界価格は少しだけ下落し，国内価格は少しだけ上昇し，国内消費水準は少しだけ減少し，そして国内生産水準は少しだけ増加する。これにより，交易条件効果（図 7.7 の $E$ の面積）の縦の長さは少し伸びるが，横の長さは少し狭まり，同時に生産と消費の歪みの部分（図 7.7 の $B$ と $D$ の面積）が少し増える。このことにより，図 7.12 の薄いグレー部分で示される米国の社会厚生の増加，つまり関税引き上げによる限界便益と，図 7.12 の濃いグレー部分で示される社

会厚生の減少，つまり関税引き上げによる限界費用が発生する。関税水準が最適となるためには，これら2つの効果が互いに打ち消し合う必要があるので，濃いグレー部分と薄いグレー部分は面積が等しくなければならない。薄いグレー部分の面積は世界価格の変化分 $\Delta P^{ROW}$ に輸入量をかけたものに等しいが，輸入量は $XS^{ROW}(P^{ROW})$ で表される。なぜなら，米国の輸入量は均衡では世界の他地域の輸出量に等しいからだ。2つの濃いグレー部分の面積の合計は，輸入量の変化分と関税水準 $t$ との積に等しい。したがって，関税が最適水準にあるためには，以下の式が成立しなければならない：

$$\Delta P^{ROW} XS^{ROW}(P^{ROW}) = [XS^{ROW}(P^{ROW} + \Delta P^{ROW}) - XS^{ROW}(P^{ROW})]t$$

この式を少し変形して両辺を世界価格で割ると，次の式を得る：

$$\frac{t}{P^{ROW}} = \frac{\Delta P^{ROW} XS(P^{ROW})}{P^{ROW}[XS(P^{ROW} + \Delta P^{ROW}) - XS(P^{ROW})]}$$

左辺は従価関税，つまり価格に対する割合として表現される関税である。例えば，7.2.2 項で分析した関税モデルでは，関税は1ポンド当たり12.38セント，世界価格は1ポンド当たり9.68セントだったので，関税を従価税の形式で表すと 12.38/9.68，つまり 128％ となる。右辺は世界価格の変化率（$\Delta P^{ROW}/P^{ROW}$）を世界の他の地域から米国への輸出量の変化率（$\Delta XS^{ROW}/XS^{ROW}$）で割ったものだ。つまり，右辺は世界の他の地域における輸出供給の弾力性の逆数である。したがって，最適関税の条件は次のようになる：

$$\tau = \frac{1}{\varepsilon}$$

ここで $\tau$ は**従価**関税を表し，$\varepsilon$ は世界の他の地域における輸出供給の弾力性を表している。これは最適関税の「逆弾力性公式」として知られている（とはいっても，右辺に数値を代入して左辺の値を計算できるという意味での本当の公式ではない。弾力性は輸出供給曲線上の異なる点で異なる値をとるため，右辺は実際には関税に依存するからだ）。

　世界の他の地域における輸出供給がより弾力的になると，なぜ最適関税がより低くなるのかは，簡単に理解できる。なぜなら，輸出供給の弾力性が増すと，世

価格（１ポンド当たりセント）

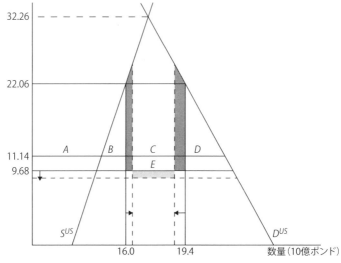

図 7.12　関税の上昇と最適関税

界の他地域の輸出供給曲線はより水平になり，関税を使って世界価格をコント
ロールするのがもっと難しくなるからだ。

このことは，比較優位に基づく貿易における関税に関する，以下で述べる重要
な結果と密接に関連している。

### 7.4.2　小国の最適関税はゼロである

私たちの用途では，**小国**とはその国が直面する世界価格に対して影響力を持た
ない国のことである。貿易政策の文脈で，ある国を「小国」と呼ぶ場合，それは
国の大きさそのものではなく，弾力性について言及している。例えば，ここで考
察している砂糖のモデルにおいて，米国が仮に水平な，つまり弾力性が無限大の
輸出供給曲線に直面していたとしたら，米国は小国と言われることになる。その
一方で，例えばマダガスカルはあらゆる点で小国だが，バニラの市場では，世界
価格に相当の影響力を持つ主要な供給国であり，したがって大国と言われること
になる。

図 7.7 を思い出すと，小国開放経済は関税によって生産と消費の歪みである $B$
と $D$ の損失を被るが，交易条件の利益は受けない。したがって，自由貿易をし

続けた方が良い。あるいは，上で導き出された最適関税の逆弾力性「公式」を見ても良いだろう。小国では $\varepsilon$ は無限大である——水平な輸出供給曲線に直面し，世界価格を所与と見なす——ので，この式と整合的な関税の値はゼロしかない。

### 7.4.3 輸出自主規制

7.2.4 項で検討した割当政策において，割当許可証が外国の貿易業者のものになるという仮定の下では，逆説的な結論が得られた。つまり，世界の他の地域が米国の砂糖の輸入規制によって全体として**利益を得る**一方で，米国は全体として厚生が悪化してしまう，という結論だ。このことは，米国政府が自国の砂糖生産者に便宜を図り，かつできる限り外国の政府から反対されないようにしたい場合，割当許可証を外国人のものにすることが外国の砂糖輸出国の同意を得る方法となり得ることを意味している。この現象は実のところ珍しいものではなく，実際に**輸出自主規制**（voluntary export restraint：VER）と呼ばれているものの基礎になっている。

VER とは，ある製品についてある国から別の国への輸出を制限する割当制で，両国政府によって合意されたものである。そこでは輸入国は，輸入許可証（したがって割当レント）を輸出国の国民に与えるという方法で，輸出国に対して交易条件の損失を補償する。1980 年代に，VER は米国と日本との間で，コンピューターのメモリー・チップと自動車に関して実施された。これについては第 10 章で議論する。また 1960 年代から 2004 年まで，先進工業国は発展途上国からの繊維や衣料品の輸入を，多国間繊維取り決め（Multifibre Arrangement：MFA）と呼ばれる複雑な VER のシステムで制限していた。

### 7.4.4 関税と割当制の同等性（そしてどんなときに同等でなくなるか）

これまで議論してきた例では，関税と割当は全く同じ効果があった——世界価格，国内価格，貿易量，そして各国の生産者余剰と消費者余剰に対して同じ効果だった——ことを思い出してほしい（ただし，関税収入と割当レントを誰が受け取るかという問題を除くが）。この原則は，**関税と割当の同等性**と呼ばれている。それはこの種のモデルでは一般的な原則だが，いくつかの重要な状況の下ではその原則が成立しないことを指摘しておきたい。

１．**不確実性**。もしも政府が関税や割当の水準を定めた後に予期せぬ確率的な ショックによって需要曲線や供給曲線がシフトするとしたら，均衡は関税の場合 と割当の場合とで違った形で影響を受けるだろう。例えば，関税の下では，輸入 量は一般に供給曲線や需要曲線のシフトとともに変化することになるが，割当の 下ではそれは変化しない（そして結果的に国内価格は割当の場合の方が一般に変 動しやすくなる）。

２．**レント・シーキング**。割当の下では，輸入許可証を持っていることは価値が ある。なぜなら，許可証を持っている者は人為的に低くなった世界価格で財を購 入し，人為的に高くなった国内価格でその財を売ることができるからだ。その結 果，仮にある企業が何らかの行動を起こすことで許可証の配分を増やせるとした ら，たとえその行動に費用がかかるとしても，それは価値ある投資かもしれな い。これは**レント・シーキング**と呼ばれる。より一般的には，レント・シーキン グとは，割当レントなどの経済的なレントのシェアを増やすために，別の目的で 使えば潜在的に生産的となるはずの資源を浪費してしまうことを意味する。この 言葉はクルーガー（Krueger 1974）がその有名な分析で生んだ造語で，彼女は そのような割当レントをめぐる競争が，割当よりも関税の方が望ましい理由であ ると主張した。例えば，ある企業が**ロビイスト**という，政府の政策決定者への働 きかけをする専門家集団を雇う可能性がある。そしてロビイストたちは，貿易を 司る省庁へ出向いて，官僚たちにその企業が他の企業よりも割当許可証を多く保 有すべきだと説得するだろう。すべての企業がこのような行動をとり，またレン ト・シーキングへの参入が自由だとすると，結果としてゼロ利潤になるだろう。 つまり，各企業が受け取る割当レントは，その企業のロビイストへの支出額と等 しくなるだろう。これを合計すると，ロビイストへの総支出額は割当レントの総 額に等しくなる――そして米国の厚生効果は図 7.10 と全く同じになる。ロビイス トが彼らの人生で何か生産的なことをなし得たはずだとすると，その教養ある労 働力の一部をこんな行動に用いることは資源の無駄遣いであり，割当の効果を悪 化させる。しかし，関税の場合はそのようなことは起こらない。

３．**国内の独占**。1990 年代の間，タンザニア政府は苦境にあえぐ国内のマッチ 棒産業を輸入割当によって保護した。ここで重要な点は，同国にはマッチ棒を製

造する企業は1社しかなかったということだ。バグワッティはその有名な論文の中で,このような状況——問題となる財やサービスの国内供給者が1社しかいない,すなわち**国内の独占**——のとき,関税と割当とでは非常に異なる効果が発生すると指摘した(Bhagwati 1965)。その理由は,図7.13から見ることができる。縦軸にはマッチの価格 $P$ をとる。ここでは紙マッチ1個当たりの価格とする。また,横軸には数量をとる。タンザニアにおけるマッチの需要曲線は $D^{TANZ}(P)$ で表され,自国企業の限界費用は $MC$ で表されている。マッチの世界価格は $P^W$ である。タンザニアはマッチの市場では小国であると仮定しよう。政府がすべての輸入マッチに $t$ の従量関税をかけて自国企業を保護する場合,自国企業は $P^W+t$ 以上の価格では販売することができない。そのため,自国企業は,限界費用が $P^W+t$ に等しくなるまで生産量を増やすことで利潤を最大化する。したがって,自国企業は $A$ 点で生産し,国内の消費者は $B$ 点で輸入と消費を行う。言い換えると,関税の場合,自国企業と国内消費者の双方にとって,事実上マッチの価格は所与と考えられ,その価格は $P^W+t$ に等しい。具体例として,この場合のマッチの輸入量——$A$ 点と $B$ 点の水平方向の差——は紙マッチ100万個であるとする。

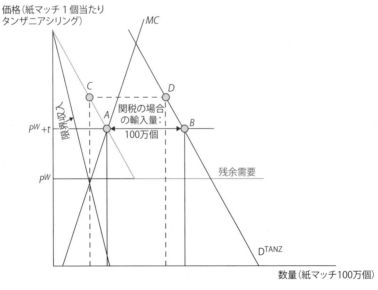

**図7.13 国内の独占における関税 vs. 割当制**

ここで関税の代わりに，政府は輸入割当を実施し，輸入量を関税下と全く同じ水準——紙マッチ 100 万個——になるように制限するとしよう。今や自国企業は世界価格で何個でもマッチを販売できることを知っているが，もしも世界価格よりも高い価格 $P$ を設定しようとすると，国内需要量 $D^{TANZ}(P)$ から消費者への輸入許可量である 100 万個を引いた量だけしか売ることができない。その結果，世界価格よりも高い価格では，自国企業は残余需要曲線に直面することになる。残余需要曲線とはつまり，競合する供給源が消費尽くされた後の残りの需要曲線であり，それは国内需要曲線が紙マッチ 100 万個の分だけ左にシフトしたものと同じだ。残余需要曲線は図 7.13 にはホッケースティックの形をしたグレーの線で描かれているが，それは $P^W$ のところで下から押さえられている。なぜなら自国企業はその価格で（必要に応じて輸出も含め）売りたいだけ売れるからだ。

残余需要曲線は右下がりなので，自国企業は次のようにして利潤を最大化する。まず，限界収入を求める。それはここでは黒い実線で示されている。そして，限界収入を限界費用に一致させる。これにより，最適な生産量と価格の組み合わせが C 点となるが，国内消費者は D 点で消費する。ここで次のことに注意しよう。ここで検討している関税と輸入割当は，設定により，同じ輸入量をもたらすものとなっている。しかし，割当の下では国内の紙マッチの生産と消費は両方とも，関税の場合よりも厳密に少なくなっており，割当の下での価格は関税のときよりも厳密に高くなっている。その理由は，割当の場合は国内の独占企業が価格をコントロールできるが，関税の下ではそれができないからだ。関税の下では，独占企業は価格を $P^W + t$ の値で所与と見なしたので，生産量を少なくして価格を引き上げようとする動機はなかったが，割当制の下ではその動機がまさに生じる。言い換えると，**貿易によって国内の独占者は独占力を失い，割当ではいくらか独占力を取り戻せるが，関税ではそれができない**。そのため，国内の独占（あるいは寡占）では，関税は実際に割当制よりも厚生の面で優れている。

### 7.4.5　輸出補助金の非最適性

このようなモデルで輸入関税がどんな結果をもたらすかを理解したので，輸出補助金がどんな結果をもたらすか——そして一国の社会厚生を最大化するという目的にとっては，なぜ常に望ましくないのか——が簡単に分かる。図 7.5 を思い出すと，輸入関税は輸入国の輸入需要曲線を関税の分だけ下にシフトさせる。

まったく同じ理屈に従えば，輸出国が輸出補助金を課すと，**輸出供給**曲線は補助金の分だけ下にシフトすることになる。これにより，輸出財の世界価格は下がるが，その低下分は補助金の大きさよりも少ない。また，国内価格は世界価格よりも補助金の分だけ高くなる。図 7.14 は輸出補助金の厚生分析を描いたものだが，輸出国が消費と生産の歪み（それぞれ $B'$ と $D'$ である）に加えて，交易条件の損失（$E'+F'+G$）から損失を被ることを示している。結局，輸出補助金は世界市場での財価格を**低下させ**，その財を世界市場で**販売する**国にとっては不利益となる。このため，完全競争的な貿易モデルにおいて各国は，輸出補助金によって社会厚生を改善することは絶対にできない。しかし，補助金は国内価格の上昇により自国の生産者余剰の増加をもたらすので，利益団体が補助金を求める動機にはなり得る。

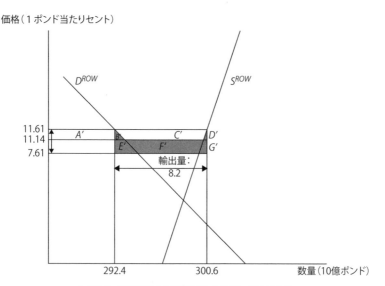

図 7.14　輸出補助金が世界の他の地域に与える効果

### 7.4.6　一般均衡における議論

　これまでの議論はすべて部分均衡の枠組みで行われてきたが，主な論点は部分均衡という仮定にはまったく依存していない。一般均衡で分析がどのように展開されるかを大まかに述べるため，第 6 章で分析したヘクシャー＝オリーン・モデルを考えよう。つまり，衣料品とプラスチックが熟練労働と非熟練労働によって

生産されると想定し、また可変的な要素投入比率の生産技術を持つタイプのモデルを考える。しばらくの間、各国内において各家計には他のすべての家計と同じ数の熟練労働者と非熟練労働者がいると仮定する。そのため、「典型的な」あるいは「代表的な」家計の点から話を進めることができる。

生産可能性フロンティアは図 7.15 のように示され、凹形状になる。小国開放経済のケースを考え、この国は衣料品の相対価格 $P^W$ に直面するものとしよう。自由貿易の場合、この国は $A$ 点で生産を行う。そこでは限界変形率が $P^W$ に等しく、典型的な家計の予算線はその生産点を通り、傾きが $P^W$ に等しい直線となる。消費は $B$ 点で行われ、そこでは予算線が典型的な家計の無差別曲線に接している。この経済において、衣料品の消費量が衣料品の生産量を上回るので、衣料品は輸入財となることに注目しよう。ここで、政府が**従価**関税 $\tau$ を衣料品の輸入にかけるとすると、衣料品の国内相対価格は $(1+\tau)P^W$ に上昇するので、生産点は $C$ に移動する。政府は徴収した関税収入をすべての家計に等しく分配すると仮定しよう。すると、各家計は政府からいくらかの関税収入を受け取るので、予算線はもはや生産点を通過しなくなる。各家計にとって、この関税収入は一括払いの所得であり、それは労働市場で労働力を売ることで得る所得に追加して受け取るものとなる。したがって、予算線は $C$ 点を通過する破線ではなく、

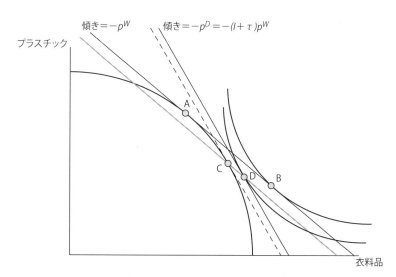

**図 7.15　小国開放経済における関税の効果：一般均衡**

その線を右側に平行移動したものになる。

　均衡では，この経済の消費額は，世界価格で計算した場合には生産額に等しくなければならない。このことは，消費点が C 点を通過するグレーの直線上のどこかになくてはならないことを意味する。これは貿易収支均衡条件と呼ばれる。なぜならそれは，その国の世界価格で計った衣料品の輸入額が世界価格で計ったプラスチックの輸出額に等しいことを意味しているからで，したがってグレーの直線は**貿易収支均衡線**と呼ばれる。ここで注意したいのは，貿易収支は**世界価格で計って**均衡する必要があるので，グレーの直線は A 点を通る当初の黒色の予算線に平行だという点だ。均衡が結局どうなるかというと，例えば D 点になる。その新しい消費点ではもちろん，新しい予算線（D 点を通る傾きが急な黒い直線）は無差別曲線に接していなければならない。明らかなのは，**グレーの貿易収支均衡線は常に当初の予算線の下にあるので，厚生は関税がないときよりもあるときの方が低くなる**ということだ。これは，前に述べた主張を一般均衡で説明したものであり，比較優位のモデルでは小国開放経済にとって最適な政策は自由貿易であるということになる。

　図 7.16 は，大国についての同じ議論を示している。この図は図 7.15 と全く同じように記号がつけられている。重要な違いは，関税によって衣料品の世界相対価格が変化するという点で，それは $(P^W)' < P^W$ へと低下するので，グレーの貿易収支均衡線はより水平になり，もとの予算線を横切ることになる。その結果，新しい消費点がもとの消費点よりも望ましい点となる可能性が（絶対ではないが）ある。例えば，D 点は B 点よりも望ましい点である。

　さて，各国が同一の平等主義的な家計で構成され，すべての家計には同じ比率で熟練労働者と非熟練労働者がいる，という仮定を緩めることにしよう。非熟練労働者は非熟練労働の賃金を受け取り，熟練労働者は熟練労働の賃金を受け取ると仮定すると，所得は労働者間で異なる。ここで注意しておきたいのは，関税によって衣料品輸入国における衣料品の国内相対価格は上昇し，非熟練労働者の実質賃金の上昇と熟練労働者の実質賃金の低下が起きるという点である。これは第6章で検討したストルパー＝サミュエルソン定理のロジックによるものだ。したがって，衣料品輸入国では関税によって所得格差は縮小する。プラスチックを輸入する経済では，関税によって逆の効果が発生するので，所得格差は**拡大する**。したがって，これら一般均衡の効果は，再分配の動機を各国に与える。それが保

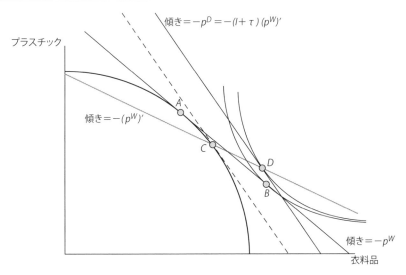

傾き＝−$p^D$＝−$(l+\tau)(p^W)'$

プラスチック

傾き＝−$(p^W)'$

A

C

D

B

傾き＝−$p^W$

衣料品

**図 7.16 一般均衡での大国開放経済における関税の効果**

護をもたらすものになるか保護に反対するものになるかは，国によって異なる。

### 7.4.7 有効保護率

　各産業は，一般的にその産業の製品に適用される貿易保護のみならず，その産業が輸入し得る投入物に適用される貿易保護からも影響を受ける。この事実は，産業の**名目保護率**つまりその産業自体の生産物が受ける保護と，**有効保護率**（effective rate of protection：ERP）との違いをもたらす。ERP とは，その産業に対する貿易政策の純効果の尺度であり，その産業の生産物の国内価格に対する効果と投入物の価格に対する効果を考慮したものだ。ERP の一般的な尺度は，その産業の国内価格で測った 1 単位当たり付加価値と世界価格で測った 1 単位当たり付加価値との比率をとり，そこから 1 を引いたものだ。

　例えば，簡単化のため砂糖の生産に中間投入が必要ないと仮定すると，砂糖の販売からの収入はすべて付加価値となる。したがって，100％の**従価**関税が砂糖の輸入にかかるとき，砂糖の国内価格は世界価格の 2 倍になり，国内価格で測った 1 単位当たりの付加価値は世界価格で計った 1 単位当たりの付加価値の 2 倍になるので，ERP は単純に $(2/1)-1$，つまり 100％となる。一般に，中間投入がない場合，名目保護率は有効保護率に等しくなる。

さて，キャンディの生産には労働と砂糖が必要だと仮定し，キャンディの輸入は10％の**従価**関税の対象だとしよう。均衡では，キャンディ1ケースの生産には50ドルの価値の労働と50ドルの価値の砂糖が必要だとする。キャンディ1ケースの世界価格を100ドルと仮定すると，関税がある場合，キャンディ1ケースは国内で110ドルで販売される。国内価格でのキャンディ1ケースの付加価値は，110ドルから砂糖の50ドルを引いた60ドルだ。世界価格でのキャンディ1ケースの付加価値は，100ドルから砂糖の25ドルを引いた75ドルだ。（前の段落より，この例では砂糖の国内価格の半分は関税によるものであったことを思い出してほしい。）するとキャンディ産業のERPは (60/75)−1，つまり−20％という，**負**の値になる。砂糖産業は10％という名目保護率を受けているにも関わらず，すべてを考慮すると結局，貿易政策はキャンディの国内生産に水を差すものとなる。一般に，中間投入物の貿易が存在し，その価格が貿易政策の影響を受ける場合，名目保護率と効果保護率は異なるものとなる。

## 要　点

1．比較優位に基づいて貿易が行われるような完全競争的な設定において，大国は輸入税（つまり関税）や数量制限（つまり割当）のどちらの方法であっても，輸入を制限することで社会厚生を改善することができる。

2．この厚生の改善は，交易条件の改善によって発生する。つまり貿易制限は，世界市場における輸入財の価格を低下させる。

3．しかし，貿易の制限はまた，輸入国内の生産と消費の決定を歪め，効率性の損失をもたらす。この効率性の損失は，交易条件の利益の代償である。関税が高すぎたり，割当が厳しすぎたりすると，輸入国の社会厚生は自由貿易のときより低くなる。米国の砂糖政策が，このケースに当てはまると思われる。その輸入制限はとても厳しく，おそらく交易条件を動機とするものではなく，利益団体の政治活動によって推進されているようだ。

4．いかなる場合も，輸入国にとっての交易条件の利益は，世界の他の地域が被る交易条件の損失に等しい。その結果，世界全体の社会厚生は貿易制限によって悪化する。

5．大国にとっての最適関税は，世界の他地域からの輸出供給の弾力性に反比例する。小国にとっての最適関税はゼロである。

6．輸出自主規制とは，輸出者が割当レントを受け取る割当のことである。これによって輸出国は貿易制限から利益を得る可能性があるが，輸入国の社会厚生は必ず悪化する。

7．比較優位の世界で，輸出補助金が輸出国の社会厚生を改善することは絶対にない。

## 章末問題

1．次のようなホウレン草市場の 2 国モデルを考えよう。すべての生産者と消費者はホウレン草の価格を所与と見なすものとする。自国のホウレン草の供給曲線は

$$S^H = 5 + P$$

で与えられる。ここで $S^H$ は自国の生産者による供給量（百万トン単位），$P$ は 1 トン当たりのドル建て価格である。自国の需要曲線は

$$D^H = 100 - P$$

で与えられる。ここで $D^H$ は自国の需要量である。外国の供給曲線と需要曲線は，それぞれ次のように与えられる：

$$S^F = 2P,$$
$$D^F = 100 - P$$

(a) ホウレン草に対する自国の輸入需要曲線と外国の輸出供給曲線を導出し，それを使って自由貿易均衡におけるホウレン草の世界価格と貿易量を求めなさい。この均衡を図に描きなさい。

(b) ここで，自国が 1 トン当たり 5 ドルの輸入関税を課すとしよう。これによって輸入需要曲線がどうシフトし，均衡がどう変化するかを図を用いて示しなさい。ホウレン草の新しい世界価格と自国の国内価格を計算で求めなさい。

(c) 関税によって自国の厚生は上昇するか，それとも低下するか？　計算結果を示しなさい。

2．前問において，5 ドルの関税と同等の効果をもたらす割当量を求めなさい。次のそれぞれの仮定の下で，自国と外国の厚生効果を，数値および図で示しなさい。

(a) 自国の貿易業者が割当レントを受け取る場合。

(b) 外国の貿易業者が割当レントを受け取る場合。

3．やはり同じモデルで，自国は貿易政策をまったく行わないが，外国が 1 トン当たり 5 ドルの輸出補助金を支給すると想定しよう。

(a) 外国の輸出供給曲線がどのようにシフトし，価格，貿易量，厚生がどのように影響を受けるかを示し，均衡に与える効果を分析しなさい。

(b) 外国の厚生に関する図の中に交易条件効果を示しなさい。どちらの国にとって，この交易条件効果は利益となるだろうか？　どちらの国にとって損失となるだろうか？

4．図 7.12 のように少し関税を上げたときの**輸入国の厚生への限界的な効果を示すグラフを，関税をゼロから始めた場合について描きなさい。関税が輸入国の厚生を改善するかどうかについてはっきり分かるだろうか？　それとも，もっと情報が必要だろうか？

5．米国の政策決定者は砂糖政策を策定する際，世界の他の地域からの輸出供給の弾力性を考慮に入れなければならない。世界の他の地域には砂糖の消費者が 100 万人いて，それぞれが $Q^D = a - bP$ という需要曲線を持っており，また生産者は 100 万人いて，それぞれが $Q^S = c + dP$ という供給曲線を持っていると仮定する。ここで $Q^D$ と $Q^S$ はそれぞれ需要量と供給量であり，$P$ は価格で，$a$, $b$, $c$, $d$ は正の定数である。図 7.2 のような図を作成し，世界の

他の地域における輸出供給曲線が，世界の他の地域における供給曲線と需要曲線からどのように導かれるかを示しなさい。今度は，外国の消費者と生産者の数を 2 倍にし，先ほど作成したものと同じ図に，世界の他の地域における新しい砂糖の供給曲線，需要曲線，輸出供給曲線を描きなさい。次に，さらに人数を 2 倍にし，やはり同じ図に，新しい輸出供給曲線を描きなさい。そして最終的に，外国の生産者の数と消費者の数が非常に大きくなったときの輸出供給曲線の形状を描きなさい。外国人の数が大きくなったときに，輸出供給の弾力性に何が起こるだろうか？ 米国の砂糖に対する最適関税はどうなるだろうか？ **おまけ：** 外国人の数が多くなるにつれて，均衡の世界価格は米国の最適関税の下でどんな値に収束するだろうか？ 数値で表すことは確かにできないが，代数的な表現は可能だ。

　　**以下の問いにはスプレッドシート"optimal_tariffs.xls"を使用すること。** このスプレッドシートを使うと，様々な仮定の下で，関税の変化によって輸入国の厚生がどう変化するかを図に描くことができる。最初のいくつかの列は，自国と外国の 2 国間で生産される財の需要量と供給量を示しており，また生産者余剰，消費者余剰および関税収入に対する厚生のウェイトや，追加的な政策を表すパラメーターを示している。これらの設定は自由に変更できる。第 K 列は自国の関税の値について考えられる範囲を示しており，その後の列はそれぞれの関税の値に対する様々な変数の均衡の値を表している。それらの均衡値は，スプレッドシートの最初の数列で設定したパラメーターの条件の下で求められたものだ。特に，第 R 列は自国の加重なしの厚生を表しており，第 S 列は自国の加重付きの厚生を F13〜15 のセルで与えられているウェイトに基づいて示したものだ。

6．7.2 節で説明された米国と世界の他地域間の砂糖モデルにおけるパラメーターを使って，縦軸に米国の社会厚生をとり，横軸に関税水準をとった図を作成しなさい。この図を手掛かりに，最適関税を（合理的な近似値で）求め，実際の政策にとても近い，1 ポンド当たり 12.38 セントの関税水準と比較しなさい。この比較から何が分かるだろうか？

7．次のように政策決定者の重視する度合いが異なる場合，「最適な」関税がどのように変化するかを調べなさい。再び，米国と世界の他地域の砂糖モデルにおけるパラメーターを使用すること。

(a) 加重なしの厚生を，関税水準の関数として図に描きなさい。同じ図の中に，$A^{cons}=A^{tax}$ ＝1 かつ $A^{prod}=1.5$ のウェイトを付けた加重付きの厚生，また，$A^{cons}=A^{prod}=0$ かつ $A^{tax}$ ＝1 のウェイトを付けた加重付きの厚生を描きなさい。

(b) 政府が社会厚生を最大化する場合，最適関税はどうなるか？ 砂糖生産者を重視する政府の場合は？ 関税収入を増やすことだけを考える政府の場合はどうか？

(c) 上記の 3 つの違いを議論し，それぞれの場合の最適関税がなぜそのように異なるのかを分析しなさい。

8．オレンジの純輸入国を考えよう。本文中で述べた米国と世界の他地域の砂糖モデルと同様の，部分均衡の比較優位モデルを使用する。この国はオレンジをいくつか生産するが，オレンジの世界市場では小国である。

(a) 政策決定者が加重なしの社会厚生を最大にしようとする場合，この国の最適関税はどうなるか？

(b) 国内のオレンジ生産者が,「外国のオレンジ生産者が外国政府からの補助金によって利益を得ている結果として,オレンジの世界価格が人為的に（しかも不当に）低いので,自分たちも関税の保護を受けるべきだ」と主張したとしよう。この意見により,この国のオレンジ輸入に対する最適関税についての結論は変わるだろうか？　理由を明快に説明しなさい。

## 参考文献

Belsie, Laurent (2002), "Bitter Reality: Candy Less Likely to Be 'Made in US," *Christian Science Monitor* (April 8), p. 1.

Bhagwati, Jagdish (1965), "On the Equivalence of Tariffs and Quotas," in R. E. Baldwin (ed.), *Trade, Growth and the Balance of Payments—Essays in Honor of Gottfried Haberler*, Chicago: Rand McNally, pp. 53-67.

Bovard, James (1995), "Archer Daniels Midland: A Case Study in Corporate Welfare." Cato Policy Analysis No. 241.

*Business Week* (1976), "When Competition Against Sugar Turned Sour," November 15, p. 136.

Elobeid, Amani and John Beghin (2006), "Multilateral Trade and Agricultural Policy Reforms in Sugar Markets," *Journal of Agricultural Economics* 57: 1, pp. 23-48.

General Accounting Office (GAO) (2000), *SUGAR PROGRAM: Supporting Sugar Prices Has Increased Users' Costs While Benefitting Producers*, Washington, DC: GAO/RCED-00-126.

Gökçekuş, Ömer, Justin Knowles and Edward Tower (2003), "Sweetening the Pot:How American Sugar Buys Protection," in Devashish Mitra and Arvind Panagariya (eds.), *The Political Economy of Trade, Aid and Foreign Investment: Essays in Honor of Edward Tower*, Amsterdam: Elsevier, pp. 177-196.

Grossman, Gene M. and Helpman, Elhanan (1994), "Protection for Sale," *American Economic Review* 84: 4, pp. 833-850.

Jusko, Jill (2002), "Bitter Goodbye: Confectionery Manufacturers Say U.S. Government Subsidies Boost Domestic Sugar Prices Unfairly, Making Moving Offshore an Appealing Prospect for Some," *Industry Week* (July), p. 23.

Krueger, Anne O. (1974), "The Political Economy of the Rent-Seeking Society," *American Economic Review* 64: 3 (June), pp. 291-303.

*USA Today* (2002), "Sugar Lobby's Clout Threatens Economic Decay," August 19, p. 14A.

USITC (2001), *Industry Summary: Sugar*, Washington, DC: USITC Publication 3405 (March).

# WTO とは何者で, イルカに対してどんな 仕打ちをしているのか？

Flip Nicklin/NG Image Collection

問題の原因。下から撮影すると，コスタリカ沖の海面に浮かぶ流木が小魚を球状に引き込み，それがマグロとイルカの両方を呼び寄せる。マグロとイルカはよく同じ場所で餌を探すので，イルカはしばしばマグロ用の捕獲網にかかってしまう。

## 8.1　イルカの大失態とその他の話

　グローバル化を問題と見なしている多くの評論家にとって，イルカの大失態は第1の証拠物件だ。

　イルカは，マグロの群れの下を遊泳する傾向にある。同じ種類の獲物を捕るからだ。その結果，マグロの群れを捕えるために海中で巨大な網を引きずるという工業化されたマグロの捕獲方法——網で包囲するという，1950年代に広がった方法——により，大量のイルカが殺されるようになった。1960年代および1970年代の間，何百万頭ものイルカがこのような形で殺されたことについて社会の関心が高まった。1972年，米国連邦議会で海洋哺乳類保護法が可決された。この法律は，包囲網の禁止と，さらには包囲網を使った漁を認めている国からの輸入を禁止するものだった。その法律は1980年代後半まで施行されなかったが，その頃に環境保護団体が起こした訴訟によって政府は法律を施行せざるを得なくなった。その結果，米国はメキシコ，ベネズエラ，バヌアツという，イルカの危険を脅かす方法でマグロを獲っている国からのマグロの輸入を禁止した。また，「追加の禁止令」がコスタリカ，イタリア，日本，スペイン，フランス，オランダ領アンティル，英国からの輸入に対して課せられた。その理由は，これらの国々がイルカの危険を脅かす漁法によるマグロの輸入を許可している国だから，というものだった。(詳細は Keelman (2001) を参照。)

　メキシコは，関税と貿易に関する一般協定 (General Agreement on Tariffs and Trade：GATT) (これについては後で詳しく説明する) の委員会に，「この禁止令は差別的な行為であり，国際協定における米国の誓約に反するものだ」と提訴した。GATT の委員会はメキシコ政府に有利な裁定を下し，米国の輸入禁止令を無効とした。政府が環境保護のためにもっと行動してくれることを望んでいた多くの市民にとって，このことは次のことを意味していた。つまり，表面上は自由貿易を促進するために作られた機関が実は障害となっていて，望ましい公共政策と民主的なプロセスを邪魔しているということだ (例えば，米国の上院議員シェロッド・ブラウンによる Brown (2004, pp. 62-64) を参照のこと。彼は，貿易のルールは「単に米国が環境に対して正しいことをするのを許さないだろう」と結論づけている)。

　同じような結果をもたらした顕著な例は，他にもいくつかある。その多くが Keleman（2001）と Brown（2004，第3章）で述べられている。例えば，世界貿易機関（World Trade Organization：WTO）は，GATT を包括するものとして 1990 年代半ばに創設されたものだが，1997 年に米国にとって厳しくエビの輸出国にとって有利な裁定を下した。これら輸出国は米国への輸出が禁止されていたが，その理由は，ウミガメを保護するための装置をこれらの国々が義務づけなかったからというものだった。ウミガメは絶滅危惧種で，ときどきエビ用の罠にかかって溺れてしまうのだ。これらやその他の事例から，環境に関心の高い観測筋は**国際貿易の機関は環境保護の邪魔をしている**と訴えてきた。

　その一方で，健康や環境のためという名目で起草された法律が，国際貿易に対して見境なく干渉してきた事例も数多くある。ひとつの顕著な例が，チリのブドウの事例だ。チリは米国向けのブドウの主要な供給国である。1989 年3月に，匿名でサンティアゴのアメリカ大使館に電話連絡があり，シアン化物に汚染されたブドウがチリから米国に輸出されたと警告してきた。その対応として，米国の役人は内密にチリから輸送されるすべてのブドウの 10％を検査した。その数は実に1日当たり 60 万箱の輸入という相当な量だった。1989 年3月 12 日に，針で刺したような跡のついたブドウが2個発見され，それら2つのブドウを検査した結果，致死量には満たないシアン化物の痕跡が発見された。翌日，米国政府はチリからのブドウの輸入を全面的に禁止した。これは輸出期のピーク時に起きており，ブドウの 45％がすでにチリから出荷されていた。この禁止によって，チリは相当な被害を被った。そのたった4日間で，チリ経済に4億ドルの損害が生じたと推計されている。その後，それらのブドウはチリではなく米国で汚染された可能性があるという証拠が（一部はウォールストリート・ジャーナルによる調査から）出てきた。これがきっかけとなって，チリ政府は補償を繰り返し請求したが，失敗に終わった。（詳しい説明は Engel（2001）を参照のこと。）

　このブドウの事例において，チリ政府は根拠の薄弱な，そして実際のところ誤りだった健康被害の主張が貿易の不当な混乱を招き，貿易相手国である自分たちに経済的な困窮を招いたと抗議した。同様に，米国はロシアが米国産の冷凍鶏肉に課した健康基準を非難した。その健康基準は，あるとき米国の鶏肉の輸入を完全に禁止したが，それは純粋に健康への懸念ではなく国内生産者の保護が動機となっている，と米国は訴えた。他にもたくさんの事例がある。これらの事例にお

いて，訴えを起こした側は，**健康や環境問題といった説得力のない主張が，無謀かつ不当な形で国際貿易を阻害してきた**と非難している。

　これらの緊張関係はいかにして生じたのだろうか？　特に，WTO はこのような論争の中でどう関わったのだろうか？　これらの疑問を理解するためには，まず第1に，貿易政策に関する多国間協力の必要性が WTO の発足をもたらした，という議論を理解することが不可欠だ。これらの議論は，前章で考察した貿易政策の分析からの自然な流れによるものだが，本章での考察の中心となる。重要な点は，どの国の貿易政策も，他の国に対して**交易条件の外部性**を与えているということだ。例えば，第7章での関税の分析では，交易条件の外部性は貿易相手国が被る交易条件の損失となって現れ，またそれは関税を課した国自身が享受する交易条件の利益の大きさに等しかった。これら交易条件の外部性が存在するため，各国がそれぞれ独自に関税を設定している場合，非効率性が結果として生ずるので，複数の国が協議をして貿易政策の調整に努める正当な理由が生まれる。このことが GATT や WTO の発足をもたらしたのだ[1]。しかし，上述のブドウ事件のような事例が示すように，交易条件の外部性は貿易政策だけではなく，環境政策や健康政策，またその他の多くの理由から生じる。その結果，政府間で**貿易**政策を協調しようとするのと同じ力によって，その他の政策を協調する動機が生まれるか，あるいは少なくとも非効率性の発生を最小化するルールが作られる。というわけで，なぜ WTO がそんなに多くの環境紛争に巻き込まれ，イルカ・マグロ紛争のようなエピソードが出てくるのか，これで説明がつく。

　次の節では，貿易政策における国際協調の議論について考察する。その議論は交易条件の外部性に起因するもので，どの国の貿易政策によっても他の国々に与えられるという性質を持つ。その後の節では，その議論が他の分野でも同様に国際協調を意味することがわかるだろう。なぜなら，ある国の健康や環境のための政策もまた，交易条件の外部性を与える傾向があるからだ。このことは，なぜ多国間の貿易機関が環境問題の論争に巻き込まれるのかを説明するのに役立つ。そ

---

1　交易条件の外部性の問題に対する反応としての WTO の概念は，バグウェルとステイガー（Bagwell and Staiger 2002）が最善の注意を払って理路整然と述べており，上級レベルの学生がこの問題についてさらに文献を知るには優れた情報源だ。本章を通じて展開する推論は，異なる形での表現であるものの，その本の内容に多くを負っている。Staiger and Sykes（2011）の分析もまた，非常に密接に関係している。

の次の節ではさらに，環境政策が貿易政策の代用品として使用され得ることを示す。本章の最後の節では，これらの緊張関係に対処するために国際機関がいかにして進化していったのかについて，簡単な要約をする。

## 8.2 貿易戦争の問題と貿易政策における協調の必要性

すべての政府は，自国の貿易政策を独自に設定でき，それは国境をコントロールすることの要だ。しかし，第二次世界大戦の終わりから，世界中の政府は互いの貿易政策を調整することに多大な努力を注いできた。それを支持する主な議論は，交易条件の外部性を中和することと関係がある。このことを理解するために，第7章と同じタイプの，単純な定型化された部分均衡モデルを使うことにしよう。

議論のために，世界は米国と日本の2国から成るものとする。マグロとリンゴという2つの財に焦点を当てる（なぜなら，これら2財はその2国間で勃発する環境問題の紛争について良い例となっているからだ）[2]。米国と日本のマグロの需要曲線は同一で，次の式で与えられるものとしよう：

$$D^T = 100 - P^T \tag{8.1}$$

ここで $D^T$ は百万ポンド単位でのマグロの需要量，$P^T$ は1ポンド当たりのドル建て価格である。米国のマグロの供給曲線は

$$S^{T,US} = P^T \tag{8.2}$$

で与えられ，日本のマグロ供給曲線は

$$S^{T,J} = 2P^T \tag{8.3}$$

で与えられるものとする。ここで $S^{T,i}$ は $i$ 国におけるマグロの供給量である。したがって，日本の供給曲線は米国の供給曲線よりも右側に描かれるので，自由貿易の下では（両国の需要曲線は同一のため）日本はマグロの輸出国となる。

---

2　今までの章の例ではモデルのパラメーターの値をデータから求めたが，ここではそういうことはせず，議論をできるだけ明確にするため，説明しやすい数値例を与えて分析を行う。

リンゴの市場も，役割を入れ替えただけで全く同じものであると仮定する。つまり，両国とも(8.1)式で与えられたリンゴの需要曲線を持ち，そこでは $D^T$ の代わりに $D^A$ が百万ポンド単位でのリンゴの需要量，$P^T$ の代わりに $P^A$ がリンゴの1ポンド当たりドル建て価格を表す。また，米国のリンゴの供給曲線は(8.3)式で与えられ，ただし $S^{T,J}$ の代わりに $S^{A,US}$ と表される。そして日本のリンゴの供給曲線は(8.2)式で与えられ，$S^{T,US}$ の代わりに $S^{A,J}$ と表される。したがって，単純な対称モデルを得る。そこでは米国がリンゴに比較優位を持ち，日本がマグロに比較優位を持つ。

各国政府が互いに独立に，自国の関税を最適な水準に設定すると想定する。ここでは，各国政府は自国の社会厚生を最大化すると仮定する。このことは，米国が日本産マグロに最適関税を設定し，日本政府が米国産リンゴに最適関税を設定することを意味する。するとこの場合，各国の最適関税は1ポンド当たり4.80ドルと求められる。(これはスプレッドシート"optimal_tariffs.xls"を使うことで確認できるし，あるいは，この値が第7章の7.4.1項で示した逆弾力性の公式を満たすことを確認してもよい——どちらも追加的な演習には良い練習問題だ。)

ゲーム理論の用語は，この議論の全体を通して役に立つだろう。第4章を思い出してほしいが，任意のゲームにおいて**ナッシュ均衡**とは，各プレイヤーが相手の行動を所与と考えた場合に自分の利得を最大化するような結果であった。今考えている状況をゲームととらえ，このゲームのプレイヤーが米国政府と日本政府で，各プレイヤーの選択すべきものが輸入財への関税であるゲームと考えれば，上で説明した関税に関する結果（輸入国が各財に課す4.80ドルの関税）は，実際にナッシュ均衡である。なぜなら，各国政府は相手国の関税を所与とみなし，自国の社会厚生を最大化する関税を選ぶからだ。したがって，この結果をナッシュ関税，あるいは非協力的関税と呼ぶ。また，これは貿易戦争と呼ばれることがある。

ナッシュ関税の下では，第7章の砂糖の例と全く同じように均衡の結果を計算できる。均衡は図8.1に描かれており，左側の図が米国のマグロ市場で，右側の図が日本のマグロ市場である。関税の厚生効果は，図7.7や7.8で用いたのと同じ色と表記を使用して示されている。リンゴ市場の図は，両国の役割が入れ替わるだけですべての点でまったく同じになるので，省略している。マグロの均衡世界価格は自由貿易下では40ドルになり，1ポンド当たり4.80ドルのナッシュ関

税の下では 38.08 ドルになる。米国でのマグロの国内価格は自由貿易下では 40 ドルで，ナッシュ関税の下では 42.88 ドルになる。マグロの均衡輸出量は自由貿易下では 2000 万ポンドで，ナッシュ関税の下では 1424 万ポンドになる。重要な厚生結果として，米国の消費の歪みは 415 万ドル，生産の歪みも 415 万ドルになる一方，交易条件の利益は，マグロの世界価格の変化である 1 ポンド当たり（40 −38.08）ドルに輸入量の 1424 万ポンドをかけた，2734 万ドルに等しい。これらは全て図 8.1 の左側の図に示されている。明らかに，交易条件の利益は 2 つの歪みの合計を超えているので，米国はマグロへの関税から利益を享受している。

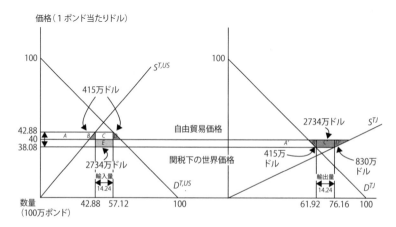

**図 8.1　マグロの保護貿易主義**

　しかし，2734 万ドルという米国にとっての交易条件の利益は，右側の図より，日本にとっては 2734 万ドルという交易条件の**損失**でもあることに注意しよう（図 7.7 の $E$ の面積が図 7.8 の $C'$ の面積に等しいことを思い出してほしい。同じ原理がここでも当てはまる）。これが交易条件の外部性だ。つまり，米国の関税は自国の交易条件の改善により米国に利益をもたらすが，それは貿易相手国の交易条件を**悪化させる**ことを意味する。通俗的な言い方をすると，米国は日本産マグロを安くすることで得する一方，日本は全く得することはない。

　同じ理屈がリンゴについては反対方向に働く。つまり，日本はリンゴの関税によって 2734 万ドルの交易条件の**利益**を受け取るが，それは米国の 2734 万ドルの交易条件の**損失**となる。したがって，両国の関税が米国の厚生に与える純効果を合計すると，交易条件の効果は打ち消し合う。残るのは消費と生産の歪みの合

計だけだ——そしてそれは明らかにマイナスの効果である。日本についても全く同じ分析となる。つまり，**両国とも2つの関税を組み合わせた結果，損失を被る**。ゲーム理論では，このタイプの状況はしばしば**囚人のジレンマ**問題と呼ばれるが，それはナッシュ均衡がパレートの意味で劣る結果となることを意味する。ここで注意すべきは，ナッシュ均衡では定義上，各プレイヤーは完全に合理的で最適な行動をとることになっているにも関わらず，ナッシュ関税の結果は両国にとってより悪いものとなる，という点だ。（第4章の4.6節で囚人のジレンマが出てきたことを思い出してほしい。）

要約すると，**交易条件の外部性のため，世界全体の社会厚生は自由貿易のときの方がナッシュ関税のときよりも高くなる。したがって両国とも自由貿易に向けた交渉によって，より望ましい状態になり得る。**

本質的に，これは関税と貿易に関する一般協定（GATT）の動機を説明している。GATTはまさに貿易制限を減らすための交渉を行うことを目的に，1948年に様々な国の政府の連合によって署名された。戦時中は，米国の関税の急激な上昇，特に1930年のスムート・ホーリー法や，それに続くヨーロッパの関税の上昇が際立っていた。（スムート・ホーリー法の事実は，図1.3で巨大な山の頂上の形ですでに見てきたとおりだ。）その結果として生じた状況は，多くの人々に貿易戦争と解釈され，大恐慌を深刻化させたものとして非難された[3]。第二次世界大戦の結果を受けて，世界中の政府は国際協調を促進させる方法を模索した。将来の軍事的衝突を避けるための国際連合や，戦後の廃墟からの再建を手助けする世界銀行，そして金融政策の協調と国際金融市場の安定性の提供を目的とした国際通貨基金が創設されたが，それと同じ精神でGATTも起草された。すなわち，将来の貿易戦争を回避し，自由貿易に可能な限り近づけようという精神だ。

最初のGATT合意から8回にわたって再交渉が行われ，それらはGATTラウンドと呼ばれているが，これらの交渉を通じて貿易障壁は前のときより少しずつ下がっていった。結果として，図1.3に示した第二次世界大戦後の米国における関税の低下傾向のように，世界中で関税が着実に下がっていき，20世紀の終

---

3　アーウィン（Irwin 1998）はこの問題に関する入手可能な研究を概観し，いくつかの新しい推計結果を提示している。彼は，スムート・ホーリー法によって米国の貿易量がおそらく4%ほど減少し，また実質GDPの減少は1%未満だったと論じている。戦後の世界の指導者たちが大恐慌の悪化におけるスムート・ホーリー法の役割を過大評価したということは，大いにあり得る。

わり頃には平均関税は 20 世紀半ばの水準の約 3 分の 1 になった。当初の GATT の機能は貿易障壁を減らすことだったが，図 1.3（あるいは他の任意の主要な加盟国に関する，それに相当する図）を見れば，これは明らかに成功だったといえる。第 1 章で述べたように，これはグローバル化の第二波を引き起こした過程の一部であった。

　最後に完了した GATT ラウンド（1994 年）はウルグアイ・ラウンドで，名前は交渉が始まった場所から名付けられた。このラウンドではさらなる貿易障壁の削減だけでなく，当初の GATT プロセスの一部として発足した緩い組織が，新しい，より正式な組織である世界貿易機関（WTO）に置き換えられた。WTO は，新しい関税引き下げのラウンドや付随する協定の交渉をまとめ，また加盟国間の係争を解決する（GATT と WTO の概要については，Hoekman and Kostecki（2001）を参照）。GATT の協定は，工業製品への関税に焦点を当てていた当初のラウンドよりも，はるかに広範囲なものとなった。WTO は今や，サービスや農産物の貿易に関する問題，海外直接投資の取り扱いに関するルール，知的財産権，そして——これから見ていくように——健康，安全，環境規制といった幅広い問題を取り扱っている。

　現在のラウンドは 2001 年にカタールのドーハで始まったが，いまだに進行中であり，膠着状態で難航しているようだ。これは開発のためのラウンドとなるはずだった。つまり，事務局は発展途上国がより完全な形で参加し，裕福な国から特権という見返りを得る代わりに，（裕福な国よりも高い傾向にある）貿易障壁を下げることを期待していた。長い話を要約すると，農産品を輸出する国々は裕福な国における農家への補助金を減らすべきだと主張し，発展途上国は裕福な国によるアンチダンピング税や相殺関税の使用を減らすことを望み，そして裕福な国は発展途上国の市場へのさらなる参入を求めた。10 年経っても，これらすべての問題について参加国は合意することができず，多国間協議のプロセスに不満が広がっていった。それはまた，少数の国々による「地域」貿易協定や「特恵」貿易協定に関心が広がることにつながった。これらは第 15 章で，WTO のプロセスで期待されてきた，より幅広い自由化に対する代替案として検討する。

　元々の GATT は複雑な条約であり，その後の度重なる改訂によって複雑性が増していったが，ほんの一握りの原則が全体の体系を支えている。ひとつの重要な GATT の原則は，**最恵国待遇の原則**（most-favored-nation：MFN——元々

のGATT協定の第1条）という誤解を招く言い方で知られている。これは単に無差別の原則だ。MFN規則の下では，任意の国が（WTO加盟国であろうとなかろうと）**任意の**国に対して提供する関税の引き下げなど，あらゆる貿易政策の譲歩は**すべての**WTO加盟国にも提供されなければならない。（言い換えるならば，すべての加盟国が最恵国となる。しかし，それが本当に意味することは，どの国も最恵国ではないということだ。もともとの交渉担当者が意図的に最もわかりにくい言葉を選択したのか，それとも単に結果としてそうなったのかは明らかではない。）

　2つ目の重要なGATTの原則は，**内国民待遇**（GATT協定の第3条）である。この原則の下では，各加盟国政府は，任意の加盟国で作られた製品を，いったん自国の境界内に入れたならば，同様の国内生産物よりも不利な条件で取り扱ってはならない。例えば，スイスは輸入品のブレーキパッドに関税をかけても良いが，フランスのブレーキパッドにはスイスの国産品ブレーキパッドに課している基準よりも厳しい安全基準を課すことはできない。

　これら2つの原則には，共に多くの適用除外がある。より重要なもののいくつかを，以下で挙げる。

1. 第24条は，2か国以上のGATT加盟国が特恵貿易協定（preferential trade agreement：PTA）を調印することを認めるもので，それによって他の加盟国に対する貿易障壁をなくすことなく互いの貿易障壁を取り除くことができる。例えば，スペインとフランスは，他の25か国とともにEUに属しており，EUは全ての加盟国の間での自由貿易を規定しているので，フランスのブレーキパッドをスペインが輸入する際に関税は非課税となり，スペインのブレーキパッドをフランスが輸入する際にも関税はかからない。しかし，カナダからブレーキパッドを輸入する場合には，スペインでもフランスでも輸入する際には関税を支払わなければならない。これらPTAは，第24条に明記されているいくつかの必要条件を満たす場合に容認されている。詳しくは，第15章で議論する。

2. 第6条は，アンチダンピング政策および相殺関税を認めている。**ダンピング**とは「公正な市場価格」を下回る価格で商品を輸出することを意味している。

「公正な価格」という法律用語は経済学者にとって腹の立つ言葉で，これは輸出者の国内市場における製品の販売価格とも，生産費用に「妥当な」利潤のための上乗せ分を足した価格とも受け取れる。GATT は，輸入国が自国市場でダンピングされている製品を見つけた場合，一時的な関税である**アンチダンピング税**を，ダンピングを行っている輸出国に課しても良いとしている。同様に，輸出国が輸出品に補助金を支払っているのが判明した場合，輸入国はその補助金額の範囲内で**相殺関税**を課すことができる。この特定の条件を，経済学的な根拠に基づいて正当化するのは難しい。しかし，政治的な機能を果たすものとしては説明可能かもしれない。

　アンチダンピング税も相殺関税も共に，実際には極めて重要で賛否両論を巻き起こすタイプの貿易政策であり，その重要性は増してきている。というのも，これらの政策を実施する加盟国政府がどんどん増えているからだ。アンチダンピング税の使用は，1970 年代に初めて急増した。この頃，米国やその他いくつかの先進工業国がアンチダンピング法を改訂し，国内企業は外国の競争相手に賠償請求をしやすくなり，これらの国々が税金を受け取るようになったためだ。1921 年から 1967 年まで，年間約 15 件のアンチダンピング訴訟が米国企業によって提訴されたが，1980 年代までには年間 40 件にまで跳ね上がった。当時，世界のアンチダンピング訴訟は主に米国や EU，カナダ，オーストラリアによって行われていた。しかし，1990 年代を通じて，正規の関税水準が下がっていったのに伴い，インドや南アフリカ，アルゼンチンなど，より多くの国々がアンチダンピング税を常用するようになった。そして 2000 年までには，アンチダンピングの「新規の使用国」は世界中におけるすべてのアンチダンピング訴訟の 44％に達した（Lindsey and Ikenson 2001）。バウン（Bown 2005）は包括的な国際的アンチダンピング・データベースを作成し，ペルーやトルコ，メキシコなどのような比較的新しい国を含む 15 か国が，世界中におけるアンチダンピング訴訟の 87％を占めていることを発見した。

　相殺関税もまた，いくつかの WTO 加盟国が頻繁に使用してきた。1980 年から 2004 年の間，米国政府は外国の企業に 1070 回も相殺関税を課した[4]。最

---

4　これはオレゴン大学のブルース・ブロニゲン教授によって管理されている，アンチダンピングと相殺関税データのウェブページ（http://pages.uoregon.edu/bruceb/adpage.html）上の大規模なデータから計算できる。

近の例としては，米国国際貿易委員会が2009年12月に下した，中国製の石油採取用鋼管の輸入に対する課税の決定が挙げられる。これは，これら鋼管に対して中国政府が供与していると思われている生産補助金を相殺することを目的としている[5]。近年，中国による米国への輸出の増加に伴い，米国は中国製の工業製品に対して多くの対抗措置をとっており，これもそのうちのひとつである。だが，それも突然終わりを迎えるかもしれない。というのも，ある米国の判事が最近，中国は非市場経済であり，米国の相殺関税は市場経済でしか適用されないだろうという判決を出したからだ[6]。

　一般に，ほとんどの経済学者は第6条の免除条項を通常の関税保護に代わる破滅的な代替措置と考えている。こうした措置は，正規の関税が下がってきたために重要性が増してきたもので，おそらく政治的には避けられないだろうが，経済学的に正当化することは難しい。

3．免責条項である第19条は，ある国の特定の産業における輸入の急増によってその産業が「実質的な損害」を被った場合，その国がその産業での関税譲許を一時的に停止することを認めている。

　実際にあった免責条項の有名な例としては，アメリカ大統領ジョージ・W.ブッシュが2002年3月に実施した，様々な種類の鉄鋼の輸入に対する強引な関税の引き上げが挙げられる。WTOの委員会は後に，これらの関税は本当に輸入が急増した間に課されたわけではない，という理由で認められないと判断した。その結果，関税はすぐに無効となった。その後の例では，オバマ政権の下で2009年9月に（中国政府が2001年にWTOに加盟するまでの過程の一部として承認した特別セーフガード措置の下で）中国のタイヤに対して課された関税がある（特別セーフガード措置は，概して元々のGATTの免責条項の原則に基づいて作成された）。

4．第20条は，生命や健康や天然資源の保護，および同様の動機での例外を認

---

5　「中国からの鋼管の輸入に米国が課税」ニューヨーク・タイムズ，2009年12月31日付，B4ページ。
6　エリック・マーティンとスーザン・デッカー「中国のタイヤへの補助金に対する相殺関税は違法との判決」ブルームバーグ・ニュース，2011年12月20日付。

めている。

　これら免除条項や他の GATT の条項は，国際貿易法の基礎を形成している。それぞれの条項の望ましさは，議論の対象となっている。特にアンチダンピング条項は，経済学者には極めて不評だ。この体制が作り出した国際貿易法は複雑なものとなったが，重要な点は依然として，GATT と WTO は貿易戦争の問題を克服しすべての国の利益となるよう貿易政策の調整を促進するために創設された，ということだ。

## 8.3　問題点：相互に関連し合う世界では，すべての政策が貿易政策である

　前節ではなぜ WTO が貿易政策の多国間協力を促進する上で有用な役割を果たしているのかを示したが，それは WTO がなぜ環境や消費者を保護する政策に関与するのかを説明してはいない。しかし，この関与は次の場合には理解しやすくなる。それは，政府が国内で実施するいかなる政策も世界価格をある程度変化させる傾向にあり，そのため貿易相手国に対して間接的に影響を与えることが指摘される場合だ。（例外は小国だが，その場合でもたくさんの小国が同時に同じタイプの政策を進めれば，やはり世界価格に影響を及ぼすことになるだろう。）例えば，米国がマグロの国内消費に課税したとしよう。マグロの産地がどこであっても，それは米国のマグロに対する国内需要曲線を左にシフトさせ，マグロの輸入需要曲線を左にシフトさせる。それはマグロの世界価格の低下をもたらし，日本の厚生を下げるだろう。これは，それが行われるべきではないという意味ではなく，単に費用の一部をアメリカ人でない人々が負担しており，そして彼らはマグロへの税についてアメリカ人と交渉したいかもしれないと言っているだけだ。交易条件の外部性の観点から，**すべての政策は貿易政策**だと言える。

　さて，米国・日本間のマグロとリンゴの例に戻ることにしよう。両国は交渉の結果，自由貿易の実現に成功し，両国とも利益を得たが，各国は両国間の貿易が環境問題を引き起こしていると知ったと仮定する。特に，各国は相手の国の財を輸入することで環境損害が発生すると認識し，その損害額は $H$ ドルであるとする[7]。（単純化のため，損害額は輸入量に依存しないものとする。）米国の場合，損害は日本のマグロ漁法でイルカが傷ついていると知ったことによる不効用であ

り，日本の場合，損害は米国産リンゴと共に輸送された昆虫による日本のリンゴ生産者の被害である[8]。この損害を軽減する，あるいは避ける唯一の方法は，完全に輸入を禁止することだと仮定しよう。これは米国が一時期，日本のマグロに対して行ったり（これについては本章の最初で述べたとおりだ），あるいは日本が米国のリンゴに対して何年もの間行った（Egan（1993）を参照。輸入禁止は 1995 年 1 月 10 日に取り下げられた）のと同様の措置だ。これは例えば，米国にとって，イルカを危険にさらすマグロ漁の害を減らす費用は，日本とのマグロ貿易からの利益を諦めることを意味する。当初，各国政府は，環境費用を考慮して，自国民の社会厚生を最大化するために一方的に行動すると仮定しよう。

マグロの輸入を禁止したときの経済的な費用は，図 8.2 の左側の図に示されている。マグロの自由貿易価格は 40 ドルである一方，米国の自給自足価格は 50 ドルだ。輸入禁止によって米国のマグロの消費者余剰は $F + G$ だけ減り，米国のマグロ生産者の余剰は $F$ だけ増えるので，$G$ だけの純厚生損失が生じる。これは米国がマグロ貿易から得る利益だ。その大きさは，底辺が 2000 万ポンドで高さが 10 ドルの三角形の面積，つまり 1 億ドルであり，これが輸入禁止による損失だ。図 8.2 の右側の図は，米国の日本産マグロの輸入禁止による日本の損失を示している。日本のマグロの価格は，自由貿易価格である 40 ドルから自給自足価格である 33.33 ドルに下がる。日本のマグロ消費からの消費者余剰は $F'$ だけ増え，日本のマグロ生産からの生産者余剰は $F' + G'$ だけ減るので，社会厚生は $G'$ の純損失となる。損失額は 6667 万ドルだ。もちろん，リンゴの輸入禁止に関する図は，国の役割を入れ替えただけで同一のものとなるので，日本は 1 億ドルの損失，米国は 6667 万ドルの損失が生じる。

---

7 　環境損害を経済的評価に置き換えることは奇妙に思えるかもしれないが，環境政策の策定においては避けられない。環境損害の中には実際に経済的なものもある。例えば日本政府がリンゴについて，日本のリンゴ生産者の収入を低下させる疫病が蔓延しかねないと主張したケースがある。より一般的には，問題は有権者がいくらまで環境の改善のために経済的損失を認めるかということだ。ある水準の環境保護を目的とした場合に有権者がどれだけの生活様式の犠牲を受け入れるかは，常に上限がある。もちろん，これらの評価額の計測は極めて難しい——そして論争を巻き起こす。「イルカを救うためにいくらまでなら給料が減ってもいいと思いますか？」というのは，多くの人にとって非常に答えにくい質問だ。

8 　厳密に言うと，昆虫が日本のリンゴ果樹園に蔓延した場合，日本におけるリンゴ生産の限界費用は上昇し，日本のリンゴ供給曲線は上にシフトする。しかし，これは議論を複雑にするだけで重要ではないので，ここでは供給曲線は影響を受けないものと仮定する。

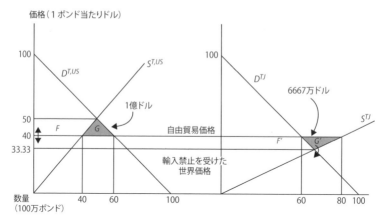

図 8.2  マグロの輸入禁止の経済効果

　その結果，もしも $H$ が 1 億ドルよりも小さければ，どちらの国も相手国による輸出を禁止せず，そして環境損害は経済交流のために容認されることになる。しかし，もしも $H$ が 1 億ドルよりも大きいとしたら，どちらの国も相手国による輸出を禁止するので，どちらの財に関しても貿易は行われないことになる。

　$H$ が 1 億 4 千万ドルの価値を持つとしよう。この場合，ナッシュ均衡における環境政策は，各国が相手国の輸出を禁止する，という結果になる。各国政府の行動は理にかなっている。なぜなら，各輸入国にとって，貿易利益よりも環境損害を回避することの利益の方が大きいからだ。

　しかし，**各国はまた相手国に貿易費用を課している**ことに注目しよう。具体的には，米国は 6667 万ドルの経済的損失をマグロの輸入を禁止することで日本に押し付け，日本は 6667 万ドルの経済的損失をリンゴの輸入禁止によって米国に押し付けている。その結果，自由貿易の場合と比べると，各国の純厚生効果は（140−100−66.67）百万ドルに等しい，つまりマイナス 2667 万ドルとなる。この例では，純厚生効果は**負**である（そして，$H$ の額が 1 億ドルから 1 億 6667 万ドルの間にある場合はそうなる）。再び，囚人のジレンマの状況が発生する。つまり両政府とも合理的に行動するが，行動の調和がないままに行われるので――両国とも損失を被る羽目になる。

　重要な点は，貿易政策についてすでに述べたことと同じだ。つまり，環境政策は交易条件の外部性をもたらすので，一方的な環境政策の設定は一般的には非効

1999 年のシアトルにおける，WTO に反対するデモ参加者たち。

率性をもたらす。そして，この分野においても国際的な協調からの利益が存在する。

## 8.4 でっち上げ問題

これまでの議論では，政府が本物の環境問題を解決しようと真摯に取り組むと仮定してきた。しかし，実際に一部に見られる問題として，政府が国内の政治目的で保護を正当化するために，**架空の**環境問題を使って貿易相手国を訴えることがよくある。この解釈の下では，環境政策は本質的に，偽装された保護主義として使用される。これはでっち上げ問題と呼ばれることがある。詳細な議論はBaldwin（2001）を参照のこと。

例えば，米国のリンゴ農家は，日本のリンゴ輸入規制——表向きは日本の農家を害虫から守るために課せられた——の真の目的は単に日本の農家を外国との競争から保護することだ，と抗議したことがあった。1993 年，米国のワシントン州のリンゴ農家は，日本市場に参入するために，日本政府の規制に文字通りに従い，厳格な基準でリンゴの収穫を行った。彼らは，日本向けのリンゴを他のリンゴと分けて栽培し，さらにはリンゴを害虫から確実に守るため，木にぶら下がっ

AP/Wide World Photos

1999 年のシアトルにおける，警察と反 WTO デモ参加者との衝突。

ている個々のリンゴを紙で包んだ。日本政府はギリギリになって，今までにはな
かった新しい害虫の脅威を発見し，米国産のリンゴを再び排除するようになっ
た。米国の農家は，日本政府が今や「月例害虫推薦会」を開設したと言ってひ
どく非難した。その意味は，米国産リンゴを追い出すために日本政府は新しい昆
虫の脅威をいつでもすぐに作り出す，というものだ。ある農家は次のように訴え
た。「（私たちが）歩み寄ると，日本はゴールポストを再び動かす。私たちは勝て
ない。」(Egan 1993)。

　同様に，上で述べたように，チリ当局も 1989 年のシアン化汚染されたブドウ
の脅威はでっち上げだと主張した (Engel 2000)。別の例では，米国当局がロシ
アによる米国産の冷凍鶏肉に対する制限について訴えたことがある。その詳細
は White et al. (2004) で説明されている。ロシア政府は，冷凍鶏肉の輸入に対
して異常なほど厳しい食料安全基準を課していて，ロシアに出荷しているすべ
ての米国の工場に対して，獣医を含むロシアの検査官を立ち入らせるように求め
ている。規制は「壁の位置からゴミ箱の蓋の状態まですべてに及ぶ。工場の床は
泥を拭き，作業員は工場内でのみ使用する特別なブーツを着用しなければならな
い。」(White et al. 2004, p. A1)。2002 年のある時点で，ロシア当局は細菌の恐

れから，米国産の冷凍鶏肉を3週間全面的に輸入禁止とした。鶏肉をめぐって緊張が高まり，ジョージ・W.ブッシュ大統領とウラジーミル・プーチン大統領はキャンプ・デービッドで2003年に開催された首脳会談において，核拡散防止とテロ問題に関する交渉の時間を割いて鶏肉の問題に取り組んだ――それは工場で作業員がどのようなブーツを着用できるかを含んでいた。このすべてにおいて，ロシア政府は安全性が問題なのだと主張した。しかし，米国の鶏肉生産者は，それは国内の鶏肉生産者が輸入品との競争を避けるのを助ける試みだと確信している。彼らの言い分は，あるときロシアの農業次官が言った「農業省が残した貿易政策の唯一の手段は我々の獣医だ」というジョークによって真実味を帯びた。

　でっち上げ問題の経済分析のため，マグロとリンゴのモデルを再び考えよう。現在の米国政府と日本政府はともに従前のGATT協定の約束に縛られているとしよう。その約束は恐らく前政権下で結ばれたもので，マグロとリンゴの両方の市場で関税をかけてはならない，というものだ。しかし，両政府とも，それぞれの輸入競争品の生産者から何らかの方法で助けてほしいという政治的圧力に直面していると仮定する。第7章の7.3節で用いた表記法で，各国において $A^{cons} = A^{tax} = 1$ だが $A^{prod} > 1$ であるとしよう。ここで $A^{prod}$ は政府がマグロとリンゴの生産者余剰に置くウェイトである。日本産マグロも米国産リンゴも実際には環境損害を発生させない，つまり前節の表記法で $H = 0$ だと仮定する。すると，例えば米国政府が日本産マグロに対して環境損害を不当に訴え，米国市場への輸入を禁止する場合，米国でのマグロの国内価格は40ドルから50ドルに上昇する。それは米国におけるマグロの生産者余剰を増やし，それ以上に米国におけるマグロの消費者余剰を減らす。もしも $A^{prod}$ が十分高ければ，米国政府はこのトレードオフを価値あるものと考え，輸入を禁止するだろう。同様に，$A^{prod}$ が同じ大きな値であるとき，日本政府は米国産リンゴの輸入を禁止するだろう。国内での政治的な優先順位に基づいて各国政府は最適に行動し，輸入禁止はナッシュ均衡となる。

　しかし，**ここで再び**交易条件の外部性を考える必要がある。日本が米国産のリンゴを禁止すると，米国の農家が受け取る価格は40ドルから33.33ドルに下がり，図8.2から生産者余剰が $F' + G'$ の面積分，つまり4億8900万ドル減少する。これを，米国でのマグロの国内価格が40ドルから50ドルに上昇したことによる米国のマグロ生産者への利益と比較検討する必要がある。その利益は，図

8.2 から生産者余剰の $F$ だけの増加，つまり 4 億 5000 万ドルだ。したがって，マグロとリンゴを合わせた全体としての米国の生産者余剰は，3900 万ドル減少する。自由貿易のときに比べると，ナッシュ均衡においては消費者余剰と生産者余剰の**両方**が減少する。その結果，$A^{prod}$ がどんなに大きかろうが，米国政府はナッシュ均衡よりも自由貿易を選ぶ。同じ理由から，日本政府も自由貿易を選ぶ。

要約すると，**交易条件の外部性のため，環境政策が純粋に国内の政治的な動機であったとしても，両政府とも非協力的な環境政策を設定するよりも，環境政策の協調を選ぶ可能性がある。**

## 8.5 WTO の不安定な綱渡り

この単純なマグロとリンゴのモデルを用いることで，なぜ貿易政策と環境政策の国際協調が望ましく，なぜ WTO のような機関が両方のタイプの政策において役割を果たすのかを説明する上で，交易条件の外部性が重要であることが明らかとなった。実際，WTO はこの役割を果たそうとしてきた。そのやり方は，環境政策を関税と一緒に多国間交渉に含めるのではなく，環境政策を策定する際の政府の行動規範や紛争解決メカニズムを考案する，というものだ。そうすることで WTO は事実上，綱渡りのようなことをしようとしてきた。つまり，政府に環境保護の目標を実現させるだけの十分な余地を与えながら，同時に（8.3 節で見たような）行き過ぎた貿易禁止や，（8.4 節で見たような）偽装された保護主義を防ぐためのルールを課してきた。多くの批評家が何度も，多国間システムはバランスがかなり悪くなっていると主張した。さらなる環境保護を目指すために WTO を改革すべきだという活動家からの圧力は，1999 年のワシントン州シアトルでの WTO 会合で起きた，有名な一連の抗議行動として結実した。この分野における WTO 政策の進展の詳細は Keleman（2001）や Hoekman and Kostecki（2001, pp. 185-201 および pp. 441-448），Baldwin（2001），Brown（2004，第 3 章）で述べられている。WTO のウェブサイト（www.wto.org）自体も，これらの問題における進展について豊富な情報を掲載している。

1991 年，この種の問題に対する行動規範はあまり充実しておらず，イルカ・マグロ事件で米国に不利な判決を下した委員会は，GATT 協定で暗黙の解釈と

なっている2つの原則を挙げた。第1に，GATT第20条では健康や環境上の理由による貿易障壁を認めているが，委員会はこれを単に**製品規制**，つまり輸入される製品についてのルールに限って適用されると解釈し，**製造工程規制**，つまり厳密に製品が生産される方法のみに関するルールには適用されないと解釈した。イルカを傷つけないマグロとイルカを危険にさらすマグロは同一の製品であり，ただ生産のために用いる漁法が異なるだけなので，第20条は米国の輸入禁止を正当化するものとはいえないと委員会は裁定した。第2に，米国の輸入禁止は世界中のイルカの保護を目的としているが，第20条は制限を課している国の消費者の健康や環境を保護するためにのみ使用できる，と委員会は裁定した。この決定を議論する際に展開された言葉を借りて言い換えると，委員会は貿易による環境規制において**治外法権**を認めなかったのだ。

　この決定に続いて広がった激しい怒りは，進行中のウルグアイ・ラウンド交渉の一環として，ルールの再検討を促進した。1994年，GATTの改訂とWTOの設立に加えて，この種の状況に関するルールを明確化するための2つの新たな協定が合意された。ひとつは「貿易の技術的障害に関する協定」と呼ばれるものだ（あからさまな貿易障壁ではないが，販売されているすべてのマグロに対してイルカを傷つけない漁法の証明を要求するなど，貿易障壁となり得るような規制に関する協定を意味する）。もうひとつは，「衛生植物検疫措置の適用に関する協定」であり，例えば外国の害虫から日本の国産リンゴを保護するためのルールなどが含まれる。これらの協定は本質的に，規制が科学に基づくもので，かつ差別的でなく，貿易を不必要に混乱させないことを要求している。

　1997年，もうひとつの注目すべき試金石となる出来事が発生した。エビ・ウミガメ事件だ。エビ漁はしばしばウミガメに危害を加える。ウミガメが網に引っかかって溺れてしまうからだ。網はウミガメ除去装置（Turtle Excluder Devices：TEDs）を装着できるので，米国の法律は指定区域におけるエビ漁にTEDを義務付けている。1989年，米国はTEDsを義務付けていないすべての国からエビの輸入を禁止した。禁止された国にはインド，マレーシア，タイ，パキスタンが含まれ，これらの国々は1997年，WTOに異議を申し立てた。WTOの委員会は——イルカ・マグロ事件のときと全く同様——抗議を認める判決を下した。しかし，その理由は教訓となるものだ。委員会は，米国の政策が差別的だということに基づいて判決を下した——米国は近隣諸国には米国の要求を満たせる

よう政策的に援助を行ったが，他の国は除外されていたのだ。委員会は，製造工程規制や治外法権であるという理由でその政策を認めなかったわけではない，と明確に示した。つまり，新たな法制度においては，それらは制限を妨げるものではなくなったのだ。事実，その決定に従い，米国は影響を受けるすべての輸出国を平等に扱うよう政策を見直し，後に協定に従っているという判決を受けた。

　多国間のプロセスが当初，貿易の混乱に対する過剰な懸念に偏っていた（「汚染ブドウ問題」や「冷凍鶏肉問題」を避けるために厳しくなり過ぎていたが，その過程で「イルカ問題」が生まれた）と論じるのは簡単だ。しかし，それは時間の経過とともに，世論からのすばやい抗議を受けたことも手伝って，バランスがうまく取れてきた。


## 要　　点

1．いかなる貿易政策も，他の国に交易条件の外部性を課している。
2．このため，貿易政策におけるナッシュ均衡は非効率的となる傾向がある。
3．直ちに導かれる結果として，貿易政策を協調する動機が政府に発生し，GATT や WTO のような機関が創設される。特に，各国政府は貿易障壁を下げることに合意する動機を持つ。貿易障壁を協調して相互に削減することは，すべての国がより豊かになる可能性をもたらす。
4．GATT は 1948 年から始まった。それは貿易障壁を下げるための最初の多国間協定である。
5．WTO は 1994 年に設立された。それは GATT の改良と紛争解決を調整する機関である。
6．貿易政策に加えて，いかなる環境，健康，安全に関する規制（さらには，あらゆるものに対するほぼすべての国内規制）も，相互に関係する世界では交易条件の外部性をもたらす。その結果，環境政策におけるナッシュ均衡は非効率的となる傾向がある。
7．このことは，貿易政策だけでなく環境，健康，安全に関する規制に関しても多国間協調への動機を与える。多国間協調は，これらの政策についての一種の行動規範を WTO に追加することによって行われてきた。多国間システムは，各国が環境規制を設定する必要性と，不当な混乱から貿易を保護する必要性の，両者のバランスをとる必要がある。そのバランスがうまくとれたかどうかの実績は，様々である。


## 章末問題

1．1996 年 2 月，ビル・クリントン大統領は電気通信法に署名した。この法律は，（他にもいろいろあるが）米国で販売されているすべてのテレビに V チップの導入を義務付けるもので，V チップとは保護者が性的・暴力的な内容の放送を除外できるようにするものだ。米国は，テレビの純輸入国である。テレビの市場は，本文でのマグロ市場のモデルと同様，部分均衡モデルで表されるとしよう。そしてテレビは日本から輸出供給されていると仮定する。

テレビ生産の限界費用が V チップ付きにすると 10 ドル増加する場合，この V チップの法律は日本の生産者，消費者，社会厚生にどんな影響を及ぼすか？　図を使って（代数は用いずに）説明しなさい。

2．自国と外国という 2 国，および X と Y という 2 財のモデルを考える。各国における各財の需要曲線は次の式で与えられる：

$$D = 50 - P$$

ここで $D$ は供給量，$P$ は価格である。自国の Y 財と外国の X 財の供給曲線は次の式で与えられる：

$$Q^S = P$$

一方，自国の X 財と外国の Y 財の供給曲線は次の式で与えられる：

$$Q^S = 4 + P$$

ここで $Q^S$ はそれぞれのケースにおける供給量である。

(a)　スプレッドシート "optimal_tariffs.xls" を用いて，このモデルにおける各国のナッシュ均衡関税を求めなさい。

(b)　ナッシュ均衡関税から自由貿易に移行したときの，各国の社会厚生の変化を計算し，図に示しなさい。

(c)　その結果から考えると，自国と外国は貿易政策について交渉することを望むだろうか，それとも各国が独自に貿易政策を設定し続けることで主権と裁量を維持することを彼らは望むだろうか？

3．前の問題で，外国の需要曲線と供給曲線の両方に，同一の**大きな数**をかけて，外国の規模を大きくすると仮定する。

(a)　第 7 章における関税と小国の議論（7.4.1 項と 7.4.2 項）を思い出すと，ナッシュ均衡は今度はどうなるだろうか？（定性的に答えなさい。つまり，関税の正確な値ではなく，ナッシュ均衡の性質を述べること。新しく計算する必要はない。）

(b)　ナッシュ均衡から自由貿易に移行すると，両国の社会厚生は上がるだろうか？　なぜそうなるか，あるいはそうならないか？

(c)　上で述べた解答から考えると，小国と大国のどちらが交渉による自由貿易の達成により関心を持つと考えられるだろうか？

4．問 2 に戻って，X 財が負の消費外部性を持つ消費財（例えば自動車で，それは国内で大気汚染を発生させる）だと仮定し，そのため外国政府は外国での消費 1 単位につき 4 ドルの税金を課すとする。（基礎的なミクロ経済学を思い出せば，負の外部性に対する最適な反応は，その外部性がもたらす社会的費用に等しい税金を課すことだ。これは外部性を扱う際に経済学者が通常考える対処法である。この方法を最初に提案した A. C. ピグーにちなんで，これはピグー税と呼ばれている。）

(a)　この政策によって外国における X 財の輸入需要曲線はどのように影響を受けるか，また世界の均衡がどのように変化するかを図で示し，X 財の新しい世界価格を計算しなさい。（どちらの国も関税やその他の明白な貿易政策は設けていないものとする。）

(b) 外国の国内の環境政策は，自国における X 財の生産者，X 財の消費者，社会厚生にどんな効果を与えるだろうか？　自国の政府はこの政策について外国と交渉することに興味を持つだろうか？

(c) 今度は，外国が X 財に国内消費税を課す代わりに，自国が X 財による外部効果を憂慮し，そのため消費 1 単位当たりにつき 4 ドルの税金をかけるとしよう。それが外国に与える効果は，外国の課税が自国に与える効果と比べてどうなるか？（新しい均衡を計算する必要はない。）

5．8.4 節におけるでっち上げ問題のモデルで，$A^{prod}=1$ のとき環境政策の多国間協調が果たす役割は何かあるだろうか？　あるとしたらそれはなぜか，ないとしてもその理由を，詳しく説明しなさい。

## 参考文献

Bagwell, Kyle and Robert W. Staiger (2002), *The Economics of the World Trading System*, Cambridge, MA: The MIT Press.

Baldwin, Richard E. (2001), "Regulatory Protectionism, Developing Nations, and a Two-Tier World Trading System," *Brookings Trade Forum 2000*, pp. 237-280.

Bown, Chad P. (2005), "Global Antidumping Database Version 1.0," World Bank Policy Research Working Paper 3737, October.

Brown, Sherrod (2004), *Myths of Free Trade: Why American Trade Policy Has Failed*, New York: The New Press.

Egan, Timothy (1993), "Angered by Japan's Barriers, U.S. Apple Growers Retaliate," *New York Times*, August 17.

Engel, Eduardo M. R. A. (2000), "Poisoned Grapes, Mad Cows and Protectionism," *Journal of Economic Policy Reform* 4: 2, pp. 91-111.

Hoekman, Bernard M. and Michel M. Kostecki (2001), *The Political Economy of the World Trading System: The WTO and Beyond* (2nd edition), New York: Oxford University Press.

Irwin, Douglas A. (1998), "The Smoot-Hawley Tariff: A Quantitative Assessment," *The Review of Economics and Statistics* 80: 2 (May), pp. 326-334.

Keleman, R. Daniel (2001), "The Limits of Judicial Power: Trade-Environment Disputes in the GATT/WTO," *Comparative Political Studies* 34: 6 (August), pp. 622-650.

Lindsey, Brink and Dan Ikenson (2001), "Coming Home to Roost: Proliferating Antidumping Laws and the Growing Threat to U.S. Exports," Cato Institute Trade Policy Analysis No. 14, July 30.

Staiger, Robert W. and Alan O. Sykes (2011), "International Trade, National Treatment, and Domestic Regulation," *The Journal of Legal Studies* 40: 1 (January), pp. 149-203.

White, Gregory L., Scott Kilman and Roger Thurow (2004), "The Farms Race—Chicken Fight: In Global Food-Trade Skirmish, Safety Is the Weapon of Choice—As Tariffs Carry Less Weight, Standards Play Bigger Role; Russia Sends 'Napoleon'—Chipping

Away at 'Bush's Legs,'" *The Wall Street Journal*, December 15, p. A1.

# 9

## 途上国政府は成長を促進するために関税を使うべきか？

20 世紀アメリカのレーヨン工場の労働者。初期の頃，米国の繊維産業は高い関税の壁で守られていた。今日豊かになった国における多くの産業も，初期の産業成長の期間は同様であった。この保護主義は役に立ったのか，それとも邪魔者だったのか？　また，今日の発展途上国は同じ戦略に従うべきだろうか？

MARGARET BOURKE–WHITE/Time & Life Pictures/Getty Images, Inc.

## 9.1 特効薬？

最近，英国の新聞『ザ・ガーディアン』のコラムニストであるジョージ・モンビオットは，「貿易の歴史から明らかなことがひとつある：保護主義は豊かさをもたらす」という見出しのコラムを執筆した。そのコラムは経済発展のある特定の理論を簡潔に要約していた：

> 新自由主義的な経済学者は，豊かな国は貿易障壁を取り除いたから豊かになったと主張している。なんと真実からほど遠いことか。ハジュン・チャンが著書『はしごを外せ』で示したように，英国は経済的優位を達成した後になって初めて，自由貿易に強い関心を見出すようになった。産業革命は保護主義の上に築かれたのだ。（中略）1864 年から 1913 年の間，（米国は）世界で最も手厚く保護され，最も急速に成長した。米国が関税の大部分を引き下げたのは，第二次世界大戦の後，すでに支配的立場となってからだった。日本や韓国，台湾，その他の今日では豊かな国のほとんどが，同じ戦略に従った。（中略）保護主義，それは腐敗したエリートたちによって簡単に搾取され得るもので，常に富をもたらすとは限らない。しかし，それなしでは経済発展は一層困難になる。(Monbiot 2008)

そこで言っているのは，**一時的な**輸入関税は経済成長のきっかけとして有効な方法だということだ。これは経済発展の専門家の間で極めて一般的な――そして極めて論争を引き起こす――見解で，独自の名前を持っているほど実に一般的な考え方だ。その名前は，**幼稚産業保護論**という。この議論が信頼できるものかどうかという疑問は，極めて重要だ。なぜなら，豊かな国が低所得国に市場を開放して貿易を行うよう迫っても，実際には何百万という低所得国の人々を容赦ない貧困の未来へと運命づけることになりかねないが，関税を賢明に使えば，この貧困の呪いを断つ特効薬となり得ることを意味するからだ。

以下では幼稚産業論を歴史的に，また理論的に考察する。まずは，背景を見ていくことが理解に役立つだろう。

## 9.2 幼稚産業論：背景

幼稚産業保護の最も簡潔な定義は，**ある国が現時点では比較優位を持たない産業に対して，時間が経つにつれて比較優位を得られるという期待に基づいて一時的な保護を行う**，というものだ。その標準的なやり方は，関税による草創期の産業の保護だが，政府はその産業が自立した時点で関税を撤廃することを計画して保護を行う。幼稚産業の保護は，政府が工業化を推進しようとしている国で一般的に使用される戦略だ。それは**輸入代替工業化**（import-substituting industrialization：ISI）の重要な要素である。ISI とは，輸入製品を国産の工業製品に置き換えることで産業の成長を促進することを目的とする，積極的な輸入制限戦略のことだ。

こうした戦略は第二次世界大戦後，中・低所得国で広く普及した（ラテン・アメリカにおける状況の説明は Hirschman（1968）を参照）。これらの戦略は常に論争の的となってきた。そして多くの政府は 1980 年代および 1990 年代における貿易自由化の波の中，ISI を採用した経済の成長パフォーマンスに対する不満が広がるにつれ，その戦略から離れていった。経済学者の間で新たに生まれた大多数の見解は，アン・クルーガー（Kruger 1981）によって明確化されたもので，それは「輸出主導型成長」をスローガンとするものだ。つまり，輸入代替に基づく成長とは対照的に，自由な輸入と輸出を奨励し，ときには補助金さえ出すという考えだ（これらの問題に関する主流派の開発経済学者の考えや，彼らの思想の時間的変遷についての話は，Kruger（1997）を参照）。

アルゼンチンが分かりやすい例である。1940 年代のフアン・ペロン政権下のアルゼンチンは，ISI の手法における先駆けで，政府は国内産業を支援するために様々な工業製品に対して非常に高い関税を課していた。近年になって，アルゼンチン政府はより開かれた貿易体制に移行した。このことは図 9.1 に描かれているが，この図は 1974 年から 2001 年までのアルゼンチンの工業製品に対する関税の歴史をまとめたものだ。この図では，アルゼンチンの工業製品は 3 桁の標準産業分類体系に基づき約 1000 の産業に集計されている。図において十字で記された点はそれぞれ，データのひとつの年におけるひとつの産業での雇用量で加重した関税の中央値[1]を示している。1970 年代，工業製品の関税は全体的に高かった

（中央値が約 80％だった）だけでなく，大きくばらついていた。200％以上の関
税による保護の対象となった特別待遇の産業があった一方で，最も冷遇された産
業では関税が 50％ほどだった。これは ISI 政策の顕著な特徴だ。つまり，関税
は政府にとって優先度の高い特定の産業を対象として，その産業の発展を促進す
るために積極的に使用されたのだ。1970 年代以降，アルゼンチンの関税政策は
劇的に変化した。関税の中央値，最も高い関税，最も低い関税はすべて下落し，
関税の値の範囲はずっと狭まった。現在，すべての産業で関税は 50％よりもか
なり低くなっている。ここで 1974 年の関税と 2001 年の関税とで**重複部分がない**
ことに注目しよう。いかに政策が大きく変化したかが分かるだろう。多くのラテ
ン・アメリカ諸国の関税の歴史においても，同様のパターンが見られる。

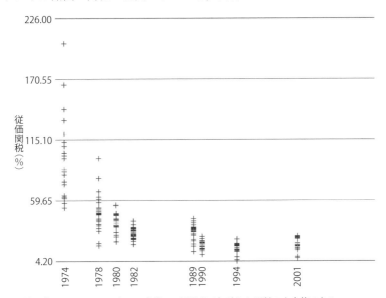

注：各＋マークは，ひとつの産業での雇用量で加重した関税の中央値である。
出典：Galiani and Porto (2010). 著者からのデータ提供に感謝する。

**図 9.1 1974 〜 2001 年におけるアルゼンチンの関税**

1 これは単にその産業のデータにおける「典型的な」関税の尺度だ。厳密には，ひとつのアルゼンチ
ン産業内のすべての製品カテゴリーを，関税水準によって昇順にランク付けした場合，雇用量で加重
された関税の中央値は次のようになる。ある関税の値より高い水準の関税がかけられているすべての
製品カテゴリーの生産に携わる被雇用者の総数が，その値より低い水準の関税がかけられているすべ
ての製品カテゴリーの生産に携わる被雇用者の総数と等しくなるとしよう。そのような関税の値が，
雇用量で加重された関税の中央値だ。

　対照的な例が，シンガポールと香港だ。これら２つの東アジアの島国経済は，同様の発展経路をたどりながらも非常に異なる政策の歴史を持っている（Young (1992) を参照）。第二次世界大戦の終了時点では両国は非常に貧しかったが，その後 30 年間で両国とも目覚ましい，想像を絶する成長を経験した。それは図 9.2 に示されている。1960 年から 1980 年にかけて，１人当たりの実質 GDP は香港では 11 倍，シンガポールでは８倍成長した。この成長により，両国は一世代のうちに繁栄した経済大国に変わったのだ。

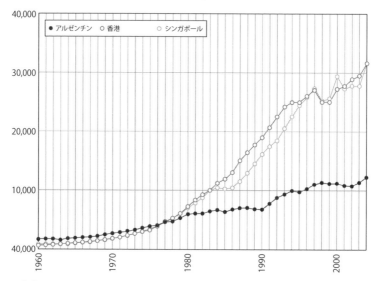

出典：Alan Heston, Robert Summers and Bettina Aten, Penn World Table Version 6.2, Center for International Comparisons of Production, Income and Prices at the University of Pennsylvania, September 2006（データは http://pwt.econ. upenn/edu から入手可能）

**図 9.2　1960〜2004 年における３つの国の１人当たり実質 GDP**

　両国とも例外的に開放度の高い経済であるものの（そして両国とも輸出主導型の成長の例としてよく取り上げられるが），シンガポールは幼稚産業保護の戦略を 1960 年代，1970 年代，1980 年代の間，その戦略の中心として使用した。政府は対象とする産業を特定し，多大な援助を行った。そうした援助は，高い関税障壁，税制優遇措置，そして有利な条件での融資の形をとり，それらはすべて一時的なものだった。数年後，異なる産業グループが保護の対象として特定され，奨

励金や保護はそれらの新しい産業に移っていった。この政策は，アルゼンチンで使用されたような ISI 政策とは異なっていた。なぜなら，各製造業は輸出することを期待され，また各産業の保護は本当に一時的だっただけでなく，期間が短かったからだ。ただし，幼稚産業の保護が依然として戦略の中心だった。これに対して香港では，イギリスの植民地の総督がこの期間は統治していたが，ほぼ純粋な自由貿易政策がとられていて，ある産業が他の産業より優遇されるというような政府の干渉は全くなかった。ヤング（Young 1992）は香港の発展アプローチを「最小主義者」，またシンガポールのアプローチを「最大主義者」と述べている。その違いは，2 つの経済の産業転換率に見ることができる。シンガポールでは，その経済を構成する異なる産業の割合は，香港より劇的な速さで変化した。

　ということで，全く異なる経験をした 3 つの異なる経済があることがわかった。1 つ目（アルゼンチン）は，幼稚産業保護を ISI 戦略で使用し，緩やかな成長を遂げた。2 つ目（シンガポール）は，幼稚産業保護を輸出促進戦略の中で使用し，驚異的な結果となった。そして 3 つ目（香港）は自由貿易に従うことで素晴らしい成功を得た。ここで次の疑問が沸き上がる。幼稚産業の保護はそもそも良いアイディアなのだろうか？　幼稚産業保護がシンガポールを成功に導いたと言っていいのだろうか？　それがアルゼンチンに遅いペースの成長をもたらした可能性があるだろうか？　以下では，主な理論上の議論を見ていくことにしよう。まず幼稚産業保護を支持する最も一般的な議論（学習効果）から始めるが，それ自体は説得力のある議論ではないことが分かる。その後，市場の失敗（クレジット市場の失敗と知識のスピルオーバー）に基づく議論に移るが，それらは十分な根拠になりうるものの，但し書きと警告が伴う。これらの議論を通じて，私たちは貿易モデルの系統図の最後の枝を埋めていく。最後に，簡単に科学的証拠を見ることにする。

## **9.3　学習効果：不十分な議論**

　幼稚産業保護の理由として最も広く引用されているのは，**学習効果**だ。それは一般的には，ある経済活動を時間をかけて行うことにより，その経済活動の生産性が向上するというものである。例えばアーウィンとクレノフ（Irwin and Klenow 1994）は，コンピューターのダイナミック・ランダム・アクセス・メモ

リ（DRAM）チップについて次のように述べている。これらのチップの生産には，労働者の側に多大な技術の習得が必要で，実際のところ生産されたチップは欠陥率が高い。各モデルのチップの寿命が続く間，各工場で，労働者が以前の生産分での失敗から学ぶことによって欠陥率は下がる。このことは，これまで何度も述べた関税を支持する議論を意味する。つまりこういうことだ。**わが国は現在，（例えば）DRAM チップに比較優位を持たないが，労働者と経営者がその産業で経験を積みさえすれば，将来的に比較優位を持つことができるかもしれない。駆け出しの DRAM チップ製造業が生き残るのを助けるため，その産業が国際競争に耐えるのに十分な生産性を獲得するまで，関税を使ってはどうか？**

このアイデアの理屈は，単純なモデルを使って分析できる。仮想的な小国にいる，ある労働者を考えよう。彼女には所得を稼ぐ方法が 2 つある。彼女はブルージーンズを縫い合わせると，1 か月で 1000 本生産することができ，1 本当たり 10 セント受け取るので 1 か月で 100 ドルを稼ぐ。所得を稼ぐ別の方法として，彼女は新しいトランジスタラジオ製造業で働くこともできる。その仕事では，うまくラジオを組み立てられれば 1 台当たり 2.5 ドルを稼ぐことができるが，失敗もしやすく，不良品のラジオができてしまう。ジーンズとラジオの単価はともに世界市場で決まるものと仮定する。製造業者は，ブルージーンズを 1000 本当たり最小の価格で縫い合わせることができる国と，ラジオを 1 台当たりの費用を抑えて組み立てることができる国を探し求める。その結果，ブルージーンズを 1 本縫い合わせる仕事の世界価格は 0.10 ドル，ラジオ組み立ての仕事の世界価格は 2.5 ドルとなる。

新入りの労働者は非常に多くの欠陥品のラジオを生産するが，やがて上達する。ラジオ組み立ての労働者の長期目標が，ちゃんと動くラジオを 1 か月に 50 台生産することだとしよう。これによる所得は，1 か月当たり $2.50×50，つまり 125 ドルだ。しかし，$t$ か月の経験がある労働者にとっては，ラジオが不良品となる割合は次のようになる：

$$\left(\frac{1}{1+g}\right)^t$$

ここで $g$ は労働者の専門技術の成長率を表す正の定数である。この式は，言うまでもなく，$t=0$ のときは 1 となり，$t$ が大きくなるにつれて 0 に近づく。した

がって，新入りの労働者（$t=0$ である）はすべてのラジオが使い物にならない一方，十分な経験を積んだ労働者（$t$ が非常に大きい）は非常に小さな故障率となる。

その結果，$t$ か月で，労働者は

$$50\left(1-\left(\frac{1}{1+g}\right)^t\right)$$

台の使用可能なラジオを作ることができる。

この労働者はどちらの仕事を選ぶべきだろうか？　彼女がブルージーンズの縫製をする場合，1か月当たり 100 ドルという一定の所得を稼ぐが，増える可能性はない。これに対してラジオの組み立てに挑戦するならば，最初の月こそ無給だが，徐々に所得が増えていき，最終的に1か月当たり 125 ドルを稼ぐようになる。前者の仕事は短期においては有利で，後者は長期において有利になる。全体としてはどちらが良いのだろうか？

もしも労働者が一定の利子率 $r$ でクレジット市場を利用できるならば，所得の現在割引価値（present discounted value：PDV）が最も高くなる仕事を選ぶのが最適だ。高校の代数学でよく見られる方程式，すなわち

$$\sum_{t=0}^{\infty}\alpha^t=\frac{1}{1-\alpha}$$

が0と1の間の任意の数 α について成立することを使うと，ブルージーンズの仕事から得られる所得の PDV は次のようになる：

$$\sum_{t=0}^{\infty}\$100\left(\frac{1}{1+r}\right)^t=\$100\,\frac{1+r}{r}$$

また，ラジオの仕事が稼ぐ所得の PDV は次のようになる：

$$\sum_{t=0}^{\infty}(\$2.50)(50)\left(1-\left(\frac{1}{1+g}\right)^t\right)\left(\frac{1}{1+r}\right)^t=\frac{\$125}{r}\,\frac{1+r}{(1+r+r/g)}$$

明らかに，ラジオの仕事が稼ぐ所得の PDV は専門技術の成長率 $g$ の増加関数で

ある。$g=0$ のとき，PDV は最小値の 0 をとる。この場合，使用可能なラジオの生産量は 0 からスタートして，それから増えることはない。また，PDV の最大値は $125/r$ ドルとなるが，それは $g$ が非常に大きい場合だ。これは，最初の月こそ稼ぎがゼロだが，それ以後は永続的に 1 か月当たり 125 ドルとなることを意味している。これら 2 つの仕事に関する PDV の式を合わせると，ラジオの仕事の方が大きな PDV をもたらすのは

$$1+r+\frac{r}{g} \leq 1.25 \tag{9.1}$$

のときであり，それ以外はブルージーンズの仕事の方が PDV は大きくなる。したがって，与えられた $r$ の値に対し，労働者は $g$ が高いほど——つまり，学習効果が速く進むほど——ラジオの仕事を選ぶようになる。これは納得がいく。なぜなら，ラジオの仕事はブルージーンズと比べて学習効果という強みを持っているからだ。また，与えられた $g$ の値に対して $r$ が低いほど，労働者はラジオの仕事を選ぶようになる。これもよく分かるだろう。ラジオの仕事は最初の稼ぎが少ないが，後になって上がっていくので，将来を大きく割り引くほどブルージーンズの仕事の方が魅力的になってしまうからだ。

　重要な点は，学習効果を伴う仕事は長期的にはより高い所得をもたらすが，それだけで労働者が必ずその仕事を選ぶとか選ぶべきだとかを結論づけるには不十分である，ということだ。なぜなら，長期的な便益は，初期の低い生産性によって最初のうちに発生した損失と比較して評価される必要があるからだ。したがって，幼稚産業政策の議論に紛れ込む 2 つの論理的な誤りが直ちに明らかになる。第 1 に，学習効果のために長期的な比較優位を潜在的に持っている産業が経済に存在していたとしても，必ずしもその産業を発展させることが望ましいとは限らない。将来の利益が十分に割り引かれていたり，学習ペースが十分に遅い場合は，止めたほうが良いだろう。第 2 に，経済において学習効果を伴う生産部門が現時点では静学的な意味で比較劣位にある（ここでの例で言えば，ラジオ生産における労働の限界生産物が最初は実際のところゼロに等しい）としても，労働者や企業がその産業に参入して経験を積むことはしない，と仮定する理由は存在しない。経済主体は意思決定において，経験を積むことによる将来の利得を考慮し，短期には損失をもたらすが長期には利益を生みだす産業に参入する可能性が

ある。学習効果は，労働者と企業が正しい決断を下すことができないことを意味
しない。それは単に動学的なモデルを意味しているにすぎず，動学的な思考が必
要となる。

　さて，幼稚産業の保護について議論しよう。$r$ が十分高く，$g$ が十分低いの
で，労働者はブルージーンズの仕事を選ぶと仮定する。すべての労働者が同じ選
択をするので，誰もラジオを組み立てようとせず，ラジオ産業はこの国には生ま
れない。ここで，政府が例えば5年間ラジオに輸入関税を課し，そしてこの政策
はラジオ産業が独り立ちするまでの間である，と政府が説明すると想定しよう。
このような関税は，それが実施されている間はラジオの国内価格を上昇させるの
で，その地域におけるラジオの単価を上昇させる。この単価の上昇が十分高けれ
ば，ラジオの仕事による所得の PDV はブルージーンズの仕事を上回るほど増加
する。これによって労働者は，ラジオ産業に仕事を変更するようになる。他のす
べての労働者も同じ状況にある。

　幼稚産業の保護は，その目的が新生のラジオ産業を発展させ，その産業が国際
競争に耐えることができるまで保護を続けることだったことを考えると，確か
に「うまくいく」だろう[2]。しかし，それは有益なのだろうか？　ここで留意す
べきは次の点だ。労働者の所得の PDV について，ブルージーンズの仕事の方が
ラジオの仕事よりも高かったという事実は，**世界価格で評価したこの国の GDP
の PDV** もまた，ブルージーンズの仕事の方がラジオの仕事よりも高いことを意
味している。一国の消費の PDV は，消費者の異時点間の予算制約のため，生産
の PDV と等しくなければならない。したがって，関税は一国の消費の PDV を
減少させると結論づけられる。関税はまた，第7章で見たように，消費の歪みを
発生させる。消費者は消費の決定を行う際，歪みのある国内価格に直面するから
だ。したがって，幼稚産業の保護は，ラジオ産業を新しく発生させるためにその
条件においては成功しているが，一国の厚生にとっては有害となる。

　要するに，学習効果はそれ自体では，幼稚産業の保護（またはあらゆる政府の

---

2　「国際競争に耐えることができる」とは，この場合どういうことを意味するだろうか？　それは，
　その地域のラジオ生産の労働者が学習曲線に沿って十分に高技能となり，ラジオ1台当たり2.5ドル
　という当初の関税なしの単価であっても，その仕事に就き続けようとする，という意味だ。明らか
　に，関税が撤廃される前に十分長くその仕事をしていれば，彼らが生産する使用可能なラジオの生産
　量はほぼ50台になり，自由貿易の価格でもブルージーンズの縫製よりラジオを作り続けたいと思う
　だろう。

介入）を支持する議論ではない，ということだ。それは単に費用に動学的な要素があることを意味するだけで，したがって経済主体は現在の静学的な費用と便益ではなく，費用と便益の PDV に焦点を合わせて動学的な決定をする必要がある。労働者や企業が学習効果を念頭に置いて将来の計画を練ることができると仮定するのは，決して非現実的なことではない。つまるところ，企業は長期にわたる投資を行い，将来の利潤を得るために数年間は損失を被る（例えば新薬の開発は，多くの歳月がかかり，その結果は不確実だ）し，労働者は長期的な便益を短期的な費用（大学院への進学や，見習い修行など）と引き換えにして，長期にわたる職業決定を行う。幼稚産業の保護を主張するためには，**市場の失敗を導入する必要がある**──この点は，ボールドウィン（Baldwin 1969）による影響力の大きい論文の中で強く主張されたものだ。以下では，これら市場の失敗のうち幼稚産業論にとって最も重要な 2 つのものを紹介する。クレジット市場の失敗と知識のスピルオーバーだ。

## 9.4　幼稚産業保護のための市場の失敗論

### 9.4.1　クレジット市場の失敗

　上で述べた例において，所得の PDV がより高いからという理由で労働者がラジオの仕事に就きたいとしたら，彼女は消費を平準化するために借金する必要があるかもしれない。仕事を始めたばかりの頃は，彼女が稼ぐ所得は低いからだ。同様に，新しい産業に参入しようとする企業家は，学習効果が進んでいく数年間における損失を補うために融資を受ける必要があるかもしれない。

　どちらの場合も，借り入れが利用できないとすると，労働と資本は利益の少ない部門にとどまる可能性がある。これはクレジット市場の失敗の結果であり，幼稚産業政策がとられる根拠となりうる。学習効果の起きている間に関税によってラジオの国内価格が上昇するならば，借り入れの必要性は減るかもしれないので，企業家や労働者は産業に参入し，その産業から利益を得るだろう。このことは，消費者が直面する価格を歪めることで消費者に歪みをもたらすが，生産の非効率性を是正するので，価値があるかもしれない。

　クレジット市場は様々な理由で失敗する可能性がある。ひとつの重要なものは，しばしば金融抑圧と呼ばれる──銀行貸出の利子率を市場の需給が一致する

水準よりも低い水準に保ち，銀行の支払準備率を高く保つ規制のことだ。金融抑圧は，過去に多くの中・低所得国の政府によって実施されてきた（古典的な説明については McKinnon（1973）を参照）。金融抑圧は必然的に，貸付の割当（標準的な家賃統制モデルにおける賃貸住宅の割当と同様）につながり，そのため経済が学習効果を伴う産業を最適な程度まで発展させられない可能性がある。結果として，金融抑圧は幼稚産業保護のための十分な論拠となり得る。しかし，これはセカンド・ベスト（次善）の政策であると強調しなければならない。つまり，金融抑圧政策によってクレジット市場が機能不全に陥っている場合，ファースト・ベスト（最善）の戦略はこれらの政策を取り除くことであって，関税を課すことによって新しい歪みを作り出すことではない。

　クレジット市場が失敗しうる第2の理由は，非対称的な情報である（Stiglitz and Weiss（1981）によって始まった議論だ）。非対称情報は，取引の一方の当事者のみが取引に関連する情報を持っていて，他方の当事者にはない状況を表す。それは貸付では非常に一般的だ。貸し手は借り手が返済できることを常に知りたがっているが，借り手は自分の信用度および融資されるプロジェクトの危険性について，常に貸し手よりも良く知っている。このことを考えると，貸し手は，金利が高いと低品質の借り手よりも高品質の借り手が借りたがらなくなるではないかと心配するかもしれない（なぜなら，そもそもローンを返済する気がない借り手は，高い金利を気にすることはないからだ）。その結果，ある金利の上限が存在して，その金利を超えると貸し手が貸出を拒否する可能性がある。この上限がそれほど高くない場合，信用割当を伴う均衡となる可能性がある。それは金融抑圧の結果と非常によく似たものとなる。したがって，クレジット市場における非対称的な情報は，幼稚産業保護を擁護する明快な論拠となり得る。

　ただし，この議論には重要な落とし穴がある。幼稚産業の保護は，定義上，産業に対する一時的な支援だ。結果として，最も政策の効果がある企業家は，あまり長い間保護を受けることを求めない人々だ。したがって，この政策は，夜逃げするような信頼できない経営者の参入を奨励することによって事態を悪化させ，結果として非対称情報の問題を悪化させる可能性がある[3]。

---

3　この議論は Grossman and Horn（1988）によって定式化された。それは厳密に言えばクレジット市場モデルの文脈ではないが，その論法はクレジット市場に当てはまる。これらの逆選択効果は，残念ながら，実証的にテストするのが難しい。

要するに，クレジット市場の失敗は幼稚産業保護のための論拠を与えうるが，その議論は完璧とは言えない。

### 9.4.2 知識のスピルオーバー

ここからは，クレジット市場の不完全性の可能性は無視して，幼稚産業の保護を正当化するために用いられるもう一方の主な市場の失敗について議論する。それは知識のスピルオーバーだ。

今，労働者がラジオの仕事に就き，上で述べたように自分の犯したミスから学習しながら，学習曲線を毎月進んでいくと仮定する。しかし，それに加えて，昼食時や休憩中，また勤務時間後に，彼女は自分の経験を同僚にも説明するとしよう。その結果，同僚たちも彼女のミスから学ぶことになる。同様に，彼女は同僚の経験からも学ぶとしよう。それは自分の会社でだけでなく，その地域におけるラジオの組み立て作業に従事している労働者との非公式な交流を通じても行われるとする。

この場合，ラジオ組み立てに従事する各労働者は，他の労働者に正の外部性を与える。各労働者が得た知識の一部は，同じ産業の他の労働者に利益をもたらすということだ。この現象は**知識のスピルオーバー**と呼ばれ，それ自体が幼稚産業保護を支持する重要な議論となる。

私たちのモデルの文脈では，$g$ は今や変数であり，その地域のラジオ製造業に何人の労働者がいるかに依存していると考えることができる。その地域でラジオ製造業に従事する労働者がたくさんいるほど，知識スピルオーバーの機会は豊富になり，$g$ は高くなる。

これは実際には規模に関する収穫逓増という形で現れる。この地域におけるラジオ製造の労働者数を（部品や工具などの他の投入物と共に）2倍にした場合にどうなるかを考えてみよう。$g$ が固定値の場合，各時点で組み立てることができるラジオの数は単純に2倍になるが，$g$ も増加するとした場合，各時点でラジオの生産量は2倍**よりも大きく**なる（最初の月よりも後は）。投入量を2倍にしたときに生産量が2倍を超える場合，それは規模に関する収穫逓増を意味する。第3章の3.2節を思い出してほしい。知識スピルオーバーの一部を他の企業の労働者が得るとするならば，これは外部的な規模に関する収穫逓増のケースとなる。知識の獲得が国内にとどまる場合，収穫逓増は外部的かつ国内的なものとなる。

知識が他の国にも流出するならば，収穫逓増は外部的かつ国際的なものとなる。

　これは，**集積の外部性**と呼ばれる一種の重要な外部性の例である。集積の外部性とは，特定の経済的活動が同じ活動を行っている他の企業や労働者の近くに立地することで発生する，正の外部性のことだ。集積の外部性は，いくつかの形をとることができる。例えば，ある製造業者の生産性は，様々な他の製造業者がその地域に存在することによって上昇することが可能だ。その理由は，輸送費用がかからないので，その地域の製造業部門が様々な中間投入物を低価格かつ短期間で提供できるためだ。このタイプの集積外部性は，クルグマンとヴェナブルズ（Krugman and Venables 1995）によって強調されている。彼らは，このタイプの集積外部性が存在する場合，貿易によって製造業が塊になって集中するのに伴い，国際的な所得格差が急に拡大する可能性があることを示している。集積はまた，企業がより専門分野に特化することを可能にする。それを促進するのは，特化した地場の投入物生産者を発展させるような産業の投入物に対する大きな地域市場（Holmes 1999）や，契約にかかる様々な費用を軽減するような市場の拡大（McLaren 2000）である。

　起源が何であれ，カリフォルニアの有名なシリコンバレーのような多くの分野で産業クラスターが存在することを考えると，集積の外部性は実際のところ重要

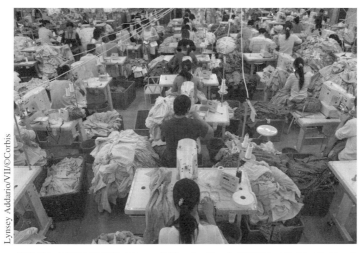

労働者たちが中国の工場でシャツを縫っている。この工場は，アバクロンビー＆フィッチやJ.クルー，その他の主要なアメリカの小売業者のために衣料品を製造している。

だと思われる。ファローズ（Fallows 2007）は，中国の深圳に多くの製造業者が集中していることの生産性への便益について説明している。深圳は珠江デルタにおける最大の製造拠点であり，「世界の製造拠点」（p. 50）となっている。ありとあらゆる電子部品が，例えば「賽格電子市場という7階建ての商業施設」ですぐに手に入れることができる。そこは「何百という家族経営の電子機器販売店がぎゅうぎゅう詰めに入っている」（p. 60）。ある企業家は次のように説明する：

> 他の場所では，様々な原材料や部品を輸入する必要がある。（中略）ここでは，1マイル以内に9つの異なるサプライヤーがいて，彼らは午後にはサンプルを持ってきてくれる。人々は中国製品といえばとにかく安いと考えるけれど，実のところ，速いのだ。(p. 62)

　知識のスピルオーバーを含む集積の外部性は，貿易や貿易政策に重大な影響を及ぼす。こうした点に焦点を当てるため，集積外部性を伴う単純化された**静学的**貿易モデルを分析しよう。それはイーシア（Ethier 1982）による革新的な論文で最初に検討されたモデルを変形したものだ。そのモデルは，現在割引価値の複雑な計算をすることなしに，問題の主な特徴を説明する。

### 9.4.3　集積の外部性と貿易

　自国と外国の2国が存在すると想定しよう。単純化のため，ブルージーンズとラジオの2財しか存在しないものとする。どの労働者もブルージーンズを1か月当たり1,000本生産できる。また，どの労働者も1か月当たり

$$\frac{50L_R}{1{,}000} \tag{9.2}$$

台のラジオを生産できる。ここで $L_R$ は同じ国の中でラジオを作っている労働者の数を表す。言い換えると，各ラジオ組み立て工場の生産性は，同じ経済の中に存在する労働者数に依存する。これは知識のスピルオーバーのためであり，したがってラジオ生産部門は外部的で国内的な収穫逓増を示している。もしもラジオ生産部門に収穫逓増が存在しなければ，ラジオの生産に従事する各労働者の生産性は一定の値をとることになり，第2章で学んだナイジェリアのモデルのような

リカード的な経済となるだろう。

　自国には $L$ 人の労働者，外国には $L^*$ 人の労働者がいるものとする。具体的な値として $L=1,200$ としよう。ブルージーンズが $B$ 単位生産されるとすると，ブルージーンズを生産する労働者は $B/1,000$ 人になるので，ラジオの生産のために残された労働者数は $(1,200-B/1,000)$ 人となる。ラジオを生産する各労働者の生産性は $50(1,200-B/1,000)/1,000$ なので，結果的に $50(1,200-B/1,000)^2/1,000$ 台のラジオが生産される。このことから，この経済の生産可能性フロンティアは図 9.3 のように描かれる。図が見慣れない，凸の形をしていることに注目しよう。これはラジオ産業が規模に関して収穫逓増であることによって生じたものだ。

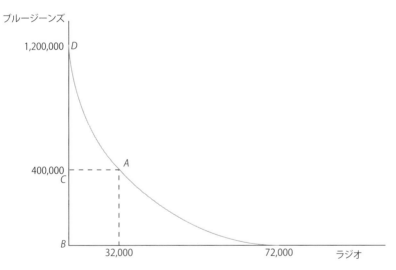

**図 9.3　外部的な収穫逓増がある場合の生産可能性フロンティア**

　さて，この経済が自給自足の場合を考えよう。均衡の完全な分析には（リカード・モデルと同様に）相対需要曲線を考えることが必要となるが，以前に分析したリカード・モデルよりも複雑になる（詳細は Ethier（1982）を参照）。そこで，ここでは均衡を求めるのではなく，すでに均衡があるものと仮定し，そこから貿易についていくつかの点を推論する。自給自足の下で，自国の労働者 800人がラジオを生産するものとし，その生産点を $A$ とする。(9.2)式から，労働者 1 人当たりの生産性は，1 か月当たりラジオ $50 \times 800/1,000 = 40$ 台なので，ラジ

オ1台の価格を $P^R$ とするとラジオ産業の労働者の所得は $40P^R$ に等しくなる。ブルージーンズの労働者の所得は，ブルージーンズ1本当たりの価格を $P^B$ とすると $1,000P^B$ に等しくなる。一部の自国労働者が一方の産業に参入することを選び，残りの労働者がもう一方を選ぶとしたら，それは $40P^R=1,000P^B$ つまり $P^R/P^B=25$ となる場合だ。この相対価格は，2つの産業の生産性の比，$1,000/40=25$ に等しい。

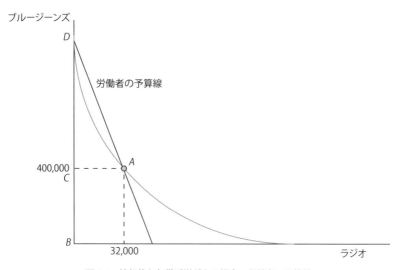

**図9.4　外部的な収穫逓増がある場合の労働者の予算線**

　このロジックは，図9.4に図示されている。$AC$ の長さはラジオの生産台数を表しており，これはもちろんラジオを生産する労働者の数と労働者1人当たりの生産性との積に等しい。$CD$ の長さはラジオを生産する労働者数に，労働者1人当たりのブルージーンズの**機会費用**生産性である $1,000$ 本をかけたものを表している。なぜなら，$BD$ は仮にすべての労働者がブルージーンズを生産した場合に得られるブルージーンズの最大生産量であるのに対し，$BC$ は均衡で実際に生産されるブルージーンズの本数であるからだ。したがって，$CD/AC$ という割合は，ブルージーンズ産業における労働者の生産性に対するラジオ産業における労働者の生産性の比に等しい。第2章のリカード・モデルと同様，労働者がどちらの産業で働いても構わないと思うためには，2つの財の相対価格が生産性の比に等しくなる必要があるので，ラジオの相対価格 $P^R/P^B$ はブルージーンズ産業に

おける労働者の生産性とラジオ産業における労働者の生産性との比である $CD/AC$ に等しくなければならない。

　以上の結果から，典型的な自国の労働者の予算線を描くことができる。予算線は生産点 $A$ を通らなければならない。なぜなら，生産した量は常に消費できるからだ。また，予算線の傾きは相対価格 $P^R/P^B$ と等しくなければならないが，これはたった今見たように $CD/AC$ に等しい。これらの事実を合わせると，予算線は非常に単純に作図できる。つまり，予算線は **$A$ 点と $D$ 点を結んだ直線**，つまり生産点と生産可能性フロンティアの一番上の点とを結んだ直線となる。さらに言えば，この結論を導き出した論理の連鎖に従えば，両方の財が生産される**任意の均衡**について同じことが言える。つまり，予算線は，生産可能性フロンティアの最も高い点から実際の生産点に引いた直線の形をとる必要がある。

　これが，外部性のないモデルで見られるものと何か違っていることに気づきはしないか。そう，予算線は生産可能性フロンティアと接していないのだ。実際のところ，予算線は生産可能性フロンティアを通り抜けている。その理由は，ラジオを生産する社会的な機会費用が私的な機会費用よりも小さいためだが，これは，この産業に参入する労働者が自分の受け取る所得だけを考慮に入れて，彼女がもたらす知識スピルオーバーの社会的便益は考慮に入れないことによるものだ。

　自給自足の下では，生産点は消費点と一致しなければならないので，図 9.5 では代表的な自国の労働者の無差別曲線が描き加えられており，それは $A$ 点で予算線と接している。明らかに，さっき述べたとおり生産可能性フロンティアと無差別曲線は接していないので，均衡では典型的な自国の労働者の効用は経済の生産可能性の条件下で最大化されていない。生産可能性フロンティア上には，$A$ 点よりも右側にあり，均衡における無差別曲線よりも高い無差別曲線上にある点が無数存在する。別の言い方をすると，この経済では十分な量のラジオが生産されていない。これは知識スピルオーバーの直接的な結果だ。つまり，ラジオの生産には正の外部性が発生するので，経済はそのままでは十分な量のラジオを生産しない。これはスピルオーバーの歪みと呼ぶことができ，理想的には政府によるラジオ生産への補助金，あるいは他の政策によって，より多くの労働者がラジオを生産するようになることが求められる。

　では，自国が貿易を開始するとどうなるか，考えてみよう。外国は自国よりも

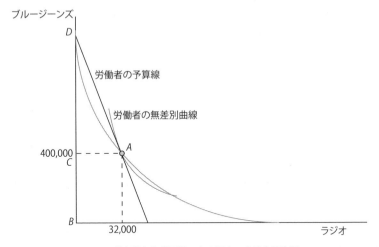

**図9.5　外部的な収穫逓増のある場合の自給自足均衡**

いくらか大きい（$L^* > L$）と仮定すると，自給自足の下では，より多くのラジオを生産する労働者が外国に存在する。したがって，外国ではラジオ生産の労働者の生産性は自国よりも高く，ラジオの相対価格は自国より低い。そして，2つの国がお互いに貿易できるようになると，両国の労働の配分が調整する機会を得る前に，自国におけるラジオの相対価格は自給自足のときの値である25から下がることになる。そして，自国の労働者はラジオの生産で稼ぐよりも高い所得を，ブルージーンズの生産で稼ぐことができる。その結果，自国のラジオ部門は縮小することになり，自国におけるラジオ生産の労働者の生産性は低くなり，そして自国は生産可能性フロンティアに沿って左上の点で生産するようになる。以下の2つの可能性が，結果として生じる。

### ケース1　自国のラジオ部門は生き残るが，自給自足のときよりも規模が小さくなる。

これは外国が全世界のラジオ産業を一国だけで吸収できるほどには大きくない場合に起こり，それは図9.6の $E$ 点で表される。注意すべきは，予算線がやはり $D$ 点と新しい生産点を結ぶ直線なので，この場合の新しい予算線は破線で示された直線 $DE$ であり，元の予算線 $DA$ より全体的に下に位置しているということだ。この場合，自国のすべての労働者が貿易によって損失を被る。この結果は，これまで見てきた他のすべての貿易モデルと著しく異なる

が，それはスピルオーバーの歪みによるものだ。元々の自給自足の労働配分は非効率的だった。というのも，ラジオを生産する労働者の数が次善の最適水準だったからだ。そして，より大きな経済と貿易することで，この非効率性は悪化する。

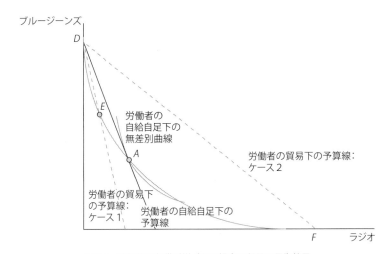

図 9.6 外部的な収穫逓増がある場合の貿易の厚生効果

この結果は，自給自足の下でラジオ産業が労働力の半分以上を占めている場合に起こりやすい（この例がまさにそれだ）。もしも外国が自国よりも十分大きくないとしたら，これらの2つの条件のために，外国だけで世界のすべてのラジオ需要を満たすことができない可能性が生じる[4]。

**ケース2　自国のラジオ部門は，外国のラジオ部門との競争によって消滅してしまう。**この場合，自国の生産点は $D$ となる。もっと情報がないと予算線が正確にどこを通るかは分からないが，それは $D$ 点から始まり，ラジオの新しい相対価格と等しい傾きを持っていることは分かっている。外国が自国よりも

---

4　逆説的になるが，両国の経済で労働が新しい配分に達した後は，ラジオの相対価格は自国の自給自足均衡よりもこの貿易の均衡での方が高くなることに注意したい。しかし，自国の労働者はブルージーンズからラジオに職業を変えたとしても，誰も所得をを増やすことができない。なぜなら，自国ではラジオを作っている他の労働者数が少ないので，彼女のラジオの生産性は低いからだ。

十分大きい場合，ラジオの新しい相対価格は自国の自給自足価格よりも低くなり，新しい予算線は図 9.6 の破線 *DF* のようになる。そして，自国の労働者は皆が貿易利益を得ることになる。ここでは，スピルオーバーの歪みは貿易によって悪化するが，自国の国民が消費者として安いラジオを享受できるという交易条件による利益は，それを補うのに十分すぎるほどある。ある小さな島国の経済を想像してみよう。自給自足の下ではいつも自分たちのラジオを，規模が小さいために高い単価で生産していた。しかし，貿易をすれば，この国は大規模にラジオを生産する大国から安くラジオを輸入できるようになる。

したがって，自国が貿易利益を得る結果になるのは，自国が大国である場合か，あるいは貿易相手国よりも十分小さい場合のいずれかである。貿易相手国よりもほんの少しだけ小さい場合は，貿易損失が発生する。なぜならこの場合，貿易はスピルオーバーの歪みを悪化させ，またそれを補償する大きな交易条件の利益を提供できないからだ。

その意味するところは，産業の空洞化を防ぐことによって自国の厚生を改善するために貿易制限を行う余地があるのは，自国の経済が *DE* のような予算線を生み出す上述のケース 1 と整合的な中規模の経済である場合のみ，ということだ。もし自国が非常に小さければ，自国はそもそも収穫逓増のある産業には全く恵まれていないということになる。したがって最善の戦略は，産業の空洞化を歓迎し，外国の安い価格から利益を享受することだ[5]。

もちろん，ここで考えているような静学モデルでは，幼稚産業の保護のような動学的な概念は意味がない。しかし，これまで描いてきたような，より精巧な学習効果を伴うモデルの中に知識のスピルオーバーを組み込むことは可能だろう。基本的な論点はそのまま成り立つだろう。つまり，学習効果の仕上がりまで一時的な関税を実施する意義があるのは，自国が貿易相手国と比べて小さい（あるいはラジオの生産が未熟である）場合だが，自国があまりにも小さ**すぎたり未熟すぎてはいけない**，ということだ。

強調しておきたいのは，保護が求められる場合，それは学習効果のスピルオー

---

5 　もちろん，それは香港やシンガポールのような小さな産業大国の成功をこの種のモデルで合理的に説明するのが難しい，ということを意味する。しかし，これは経済成長の理論ではよくある問題だ。

バーのある産業に**だけ**与えるべきだということだ。ただ，そのような産業が複数存在する場合，問題は非常に分かりにくいものになる。この単純なモデルで，ブルージーンズ産業にもスピルオーバーが発生すると仮定したら，市場でのラジオの生産が少なすぎるとかラジオに関税をかけるべきといった推測は成り立たないだろう。実際に，学習効果のスピルオーバーは，農業だろうが工業だろうが，どこでも見られるし，どんな製造業でも見られる。これらのスピルオーバーがどこにあるかを知ることは難しく，それは幼稚産業政策を使用するための非常に深刻な情報上の制約となる。

## **9.5** 実際に何が起きたのか？

以上をまとめると，**原則的には**産業発展の戦略として貿易保護の正当性を立証することができるが，それは慎重になされる必要があり，また特別な条件——市場の失敗の具体的な形や特定のパラメーター値など——に依存し，実際にそれらの条件が満たされるかどうかは分からない。貿易政策をこのように使うことが成長を促進するかどうかは，理論的には言えない。それは実証的な問いであり，様々な方法で研究されている。そして，中身が濃く活発な議論の対象となっている。

この問題へのひとつの接近方法は，ケーススタディを通じたものだ。本章の冒頭で引用したコラムでジョージ・モンビオットが述べたように，米国政府は19世紀，積極的に幼稚産業保護策を使った。ヘッド（Head 1994）はスチールレール産業におけるこの戦略の使用について研究した。スチールレールは鉄道の拡大にとって極めて重要で，米国のスチールレール産業はより経験豊富なイギリスの産業に後れを取っていた。米国政府は，自国の産業を急いで発展させるために一時的な高関税を利用した。19世紀最後の四半世紀において，米国のスチールレールの関税は50％をはるかに超え，一時は100％に近づくほどだった。20世紀に入り，米国の産業が十分確立されるとともに，関税は下がり，最終的に撤廃された。ヘッドはスチールレールの生産における学習効果スピルオーバーの部分均衡モデルを構築し，モデルをデータに適合させることで供給と需要の関係に加えて学習効果の大きさを推定した。彼は，消費の歪みを考慮に入れると，関税は米国の厚生に対してプラスだが非常に小さな効果しかもたらさなかったことを発見

した。興味深いことに，ヘッドは学習効果の**すべて**が外部性——つまり純粋なスピルオーバー——だと仮定することで，幼稚産業保護を支持する立場で研究したのだが，それにもかかわらずプログラムから推定された利益は最小限のものだった。アーウィン（Irwin 2000）は同様の手法を用いて，19世紀後半の米国におけるブリキ産業への幼稚産業保護を評価し，厚生効果は小さくマイナスであることを発見している。したがって，幼稚産業の保護が19世紀の米国における貿易政策の中心だったとするジョージ・モンビオットの意見は間違いなく正しいが，以上の研究はこうした政策が実際に米国にとって大いに助けになったという科学的根拠にはなっていない。

　この問題を研究するもうひとつの方法は，複数の国に関する長期間の成長率のデータと，各国の貿易制限のデータを集め，貿易制限と成長との間に正の相関があるかどうかを調べることだ。正の相関が存在すれば，幼稚産業保護論者にとっては援護射撃となり得るが，負の相関がある場合は，輸出主導型成長の支持者を支持することになる。

　そのような研究は，実際には困難を伴う。まず，一国の貿易制限の程度を計測するのは難しい。平均的な関税を求めることは（関税の値をすべての産業で合計し，産業数で割ることで）可能だが，10億ドルの輸入額にかかる関税と100万ドルの輸入額にかかる関税を同じウェイトで合計することは，あまり意味がない。したがって，ほとんどの研究者は輸入シェアでウェイト付けされた**加重**平均関税を使用している（そのため，10億ドルの輸入品には，100万ドルの輸入品の1,000倍のウェイトが付けられる）。しかし，輸入シェアはそれ自体が関税に反応する。例えばもし，砂糖に対する関税が1ポンド当たり1,000ドルに上昇した場合，砂糖はもはや輸入されなくなり，輸入シェアはゼロになるだろう。よってこの場合，砂糖への関税は，それが1ポンド当たり0ドルである場合と比べて，加重平均関税に影響を及ぼさないだろう。さらに言えば，多くの国々にとって（割当のような）数量的な障壁の方が関税よりも重要だが，それらの制限の程度を計測するのは関税よりもはるかに難しい。研究者たちは多くの時間を費やしてこれらの難問に取り組み続けている。

　これらの測定上の問題を考慮に入れながら，貿易政策と成長との関係についての多くの研究をレビューし統合した，広く読まれ影響力のある概説として，ロドリゲスとロドリック（Rodriguez and Rodrik 2000）が挙げられる。基本的に，

ロドリゲスとロドリックは，様々な測定問題を考慮に入れると，貿易制限と成長との相関が確実には正と負の**どちら**になるのかについて，データはどちらの解釈にも強い支持を提供しないと結論づけている。これは今もなお議論が続いている問題だが，図9.2がそれ自体，成長と貿易制限との関係についてデータがあまり明確な結果を示していない可能性を示唆していると指摘しておくべきだろう。世界で最も成功している2つの経済が，ほぼ正反対の政策戦略を追求してきたことが分かり，また保護を（異なる方法で）利用した2つの異なる経済が，極端に異なる成功率を持っていることも分かった。したがって，あるひとつの政策が成功の秘訣であり，別の政策では失敗につながるなどという単純なことはデータから言え**ない**としても，何ら不思議ではないだろう。

　幼稚産業の保護が役立つかどうかにかかわらず，それはせいぜい小さな利益であって，本当に成長に対して影響を与える大きな問題から注意をそらしているだけだ，と主張する著者もいる。例えば，政治制度や法制度の質が長期的な成長にとって重要だ，と多くの著者が主張してきた。アセモグルたち（Acemoglu et al. 2001）は，この主張に対する実証的なサポートを与えている。ロドリックたち（Rodrik et al. 2004）はその研究に基づき，これら制度の質の尺度をコントロールすると，データにおいて貿易の開放度と成長の間には何の関係もないことを示している。制度の質をコントロールする前は両者には相関があったのにもかかわらず，そのような結果となったのだ。彼らは，この結果が意味するところは，長期的成長への道を開くために国ができる最も重要なことは質の高い政治的・経済的制度を開発することであって，貿易政策はほとんど重要ではない，と主張する。同様に，ロドリック（Rodrik 1998）は，サハラ以南のアフリカにおける良好な成長パフォーマンスと強い相関を持っているのはマクロ経済政策の尺度であって，それは貿易の開放性の尺度に比べてはるかに強いことを示している。

　これらの研究が伝えたいのは，貿易戦略は——幼稚産業の保護だろうが，自由貿易だろうが，輸出促進だろうが——成長の問題を解決する特効薬でも，成長に対する乗り越えられない障壁でもなさそうだ，ということだ。

## 要　点

1. 幼稚産業の保護とは，産業が保護の下で発展し，生産性を高め，のちに保護なしでも外国との競争で生き残れるようになることを期待して，輸入競争からその産業を一時的に保護す

ることである。この政策は広く使われてきたが, 現在は裕福な経済が初期の成長期において, また近年は多くの中・低所得国が用いている。

2. 学習効果の存在は, しばしば幼稚産業保護の理由として引用される。しかし, それ自体は永久的だろうが一時的だろうが, いかなる保護を正当化するものではない。

3. 市場の失敗は, 幼稚産業の保護を正当化するために必要とされる。幼稚産業論において最も重要な2つの市場の失敗は, クレジット市場の失敗と知識のスピルオーバーである。

4. クレジット市場の失敗に基づく幼稚産業保護論は, その市場が失敗する原因を考慮に入れると, 正当化するのが難しい。クレジット市場の失敗がその市場における政策の歪みから起こるものだとすると, 貿易政策の反応はいずれも次善の政策となる。もしもそれが情報の非対称性の問題から起こるものならば, 幼稚産業への関税によって情報の非対称性問題が悪化しないかを懸念する必要がある。

5. 産業に外部的な収穫逓増をもたらす知識のスピルオーバーは, 市場の失敗を導く。よって, スピルオーバーのあるその産業は, 本来あるべき姿よりも小さな規模になる。その産業で作られる財の純輸出国と貿易を開始すると, 自国におけるその産業の規模が縮小することで, この非効率性が悪化する可能性がある。この場合, その部門に対する貿易保護は厚生を高めることができる。しかし, 自国が十分小さい場合, 貿易によってその産業は消滅し, 自国の消費者はスピルオーバーの伴う財を安く輸入するので, 厚生は改善することになる。この場合, 貿易保護は望ましくない。

6. 貿易の開放性が成長戦略として有効かについての科学的証拠は, 様々である。貿易政策の重要性は, 国内の所得分配への効果など, 成長以外の分野にあるのかもしれない。

## 私たちはどこにいるのか

外部的な収穫逓増を伴う貿易を, 収穫逓増の枝に追加した。これで, 貿易モデルの系統図は完成した。

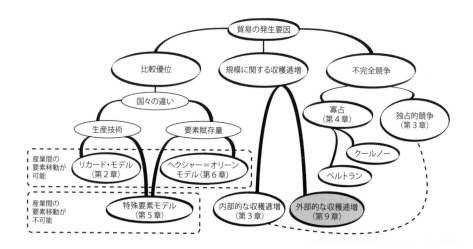

## 章末問題

1．第 1 章の問題で使った"world_bank_trade_spreadsheet.xls"を思い出してほしい。各国について，1 人当たり GDP を計算し，それから 1971 年から 2001 年までの 1 人当たり GDP の成長率を求めなさい。（これらは現在の米ドルで測った GDP なので，**名目**の成長率だ。したがって，どの国についても成長パフォーマンスがどれほど成功したかを評価するのには役に立つとはいえないが，各国の成長率を比較するのには役に立つ**といえる**。）

(a) 1971〜2001 年における 1 人当たり GDP の成長率が最も高い 5 か国と，最も低い 5 か国を挙げなさい。これらの 2 つのグループの貿易に対する開放度を比較しなさい（1971 年の図を使うこと）。

(b) 1971 年において最も開放的な 5 つの経済と最も閉鎖的な 5 つの経済を挙げ，1 人当たり GDP の成長率を比較しなさい。

(c) 開放度が成長にとって有効かどうかを結論付けることはできるだろうか？ この問いに関して，以上の計算から結論を下すことができ**ない**と考えられる理由を，少なくともひとつ提示しなさい。

2．**スピルオーバーのない幼稚産業の保護**。ある国を考え，自国と呼ぶことにするが，自国は半導体チップ産業の立ち上げを考えているとしよう。他の国には既にたくさんのチップ生産者が存在し，自国には当初全く生産者が存在しない。半導体チップの生産のためには，まず工場を 150 ドルで建設しなければならないものとする。ひとつの工場の最大生産量は，1 期間当たり 10 単位である。2 期間あるものと考えよう。第 1 期において，新規の生産者は工場を設置し，生産を始めることができる。新規の生産者の限界費用は 1 単位当たり 10 ドルである。新規の生産者が第 1 期において最大生産量いっぱいまで生産する場合，彼または彼女は経験豊かな生産者となり，第 2 期の限界費用は 0 にまで下がる。しかし，経験を積んだ生産者にとっても，最大生産量が 10 単位であるという制約は引き続き成り立つものとする。（**注**：スピルオーバーはないものとする。）

自国の消費者は，次の需要曲線に従って半導体チップを需要する：

$$Q = 36 - P$$

ここで $Q$ はある期における消費量，$P$ はその期における価格である。自国は世界市場で小国であり，よって世界価格を所与と見なす。その価格は，両期間とも 12 ドルである。

最後に，単純化のため利子率はゼロであると仮定し，よって企業の利潤（生産者余剰）の現在価値は第 1 期の（固定費用を差し引いた）利潤（$PS_1$）と第 2 期の利潤（$PS_2$）を足したものとなる。それを $PS_{TOT} = PS_1 + PS_2$ と表す。同様に，2 つの期の消費者余剰を合計することで，総消費者余剰が $CS_{TOT} = CS_1 + CS_2$ と計算され，政府収入がある場合は同様にして $GR_{TOT} = GR_1 + GR_2$ となる。

(a) 自由貿易の下でチップの生産に投資する自国企業はいるだろうか？

(b) 自由貿易の下での $PS_{TOT}$，$CS_{TOT}$，および社会厚生を計算しなさい。（**注**：単純化のため，自国には最大で 1 社の企業しか存在しないと仮定する。その企業はもちろん，世界市場においてプライス・テイカーである。）

(c) ここで政府が幼稚産業保護政策を行うと仮定する。具体的には，第 1 期においてチップ

の輸入1単位につき2ドルの関税を課し，第2期には自由貿易に戻るものとする。この政策は第1期の初めに公表され，その目的は，世界市場で競争できるようになる機会を自国のチップ生産者に与えることである。問(a)に再度答えなさい。

(d) 問(c)で述べた政策の下で，(b)を再び計算しなさい。社会厚生の計算の際，政府の余剰を必ず含めること。

(e) 幼稚産業保護政策は成功するか？　利益をもたらすか？　説明しなさい。

3．**スピルオーバーのある幼稚産業の保護**。今度は，前問のモデルに以下の小さな変更を加えたモデルを考える。当初，自国には半導体チップの生産者は存在しないが，利益が出るようならばチップに投資したいと考えている企業が自国には2社ある。工場の建設費は無視しうる額だが，この産業は自国にとって新しいものなので，工場長を教育するために外国人のコンサルタントを雇う必要がある。コンサルタント料は150ドルで，コンサルタントから知識を得ることなしにこの産業を立ち上げることは不可能だ。コンサルタントについて重要なことは，一度彼または彼女がひとつの企業で工場長を訓練したら，もうひとつの企業は最初の企業の行動を観察するだけで，そのアドバイスを無料で得ることができるということだ。したがって，ひとつの企業が150ドルの経費を払いさえすれば，国内全体で産業が立ち上がる。（その2つの国内企業はお互いを信頼していないと仮定するので，合弁事業は実現できない。）

2つの期間があるものとする。第1期において，新規の生産者は工場を建設し，生産を開始することができる。新規の生産者の限界費用は1単位当たり10ドルである。新規の生産者が第1期で最大生産量いっぱいまで生産すると，彼または彼女は経験豊かな生産者となり，限界費用は第2期には0にまで下がる。しかし，経験を積んだ生産者にとっても，生産力が10単位という制約は変わらないものとする。

(a) 自由貿易を仮定しよう。ひとつの企業がコンサルタントを雇って開業した場合，もうひとつの企業にとって開業することが利益になることを示しなさい。

(b) 引き続き自由貿易を仮定する。コンサルタントを実際に雇った方の企業は損をすることを示しなさい。

(c) 問(a)と問(b)をまとめると，自由貿易のときの結果はどうなるか？

(d) 自由貿易における $PS_{TOT}$（両方の企業について），$CS_{TOT}$，および社会厚生を計算しなさい。

(e) ここで政府が幼稚産業保護政策を行うと仮定する。具体的には，第1期でチップの輸入1単位につき2ドルの関税を課し，第2期には自由貿易に戻すものとする。問(a)，問(b)，問(c)を繰り返しなさい。

(f) 問(e)で述べた政策の下で，問(d)を再び計算しなさい。

(g) 幼稚産業保護政策は成功するだろうか？　それは利益をもたらすだろうか？　説明しなさい。この結果を，問2のバージョンのモデルと比較しなさい。

4．9.3節の学習効果モデルを思い出してほしい。横軸に $g$ をとり，縦軸に $r$ をとった図を描きなさい。その図の中で，ブルージーンズの仕事の方が望ましい部分と，ラジオの仕事の方が望ましい部分を示しなさい。（代数を用いても良いし，スプレッドシートを使って $g$ の値に対する $r$ の閾値を計算し，それらの点を結んでも良い。）

5．**集積の外部性と貿易**。トウモロコシと電子機器という2つの財と，自国と外国という2つ

のそっくりな国から成る世界を考える。生産要素は労働のみで，各国には 1,500 人の労働者がいるものとし，各労働者はすべての価格を所与として行動する。トウモロコシは規模に関して収穫一定の生産技術で生産され，両国ともトウモロコシ 1 単位の生産には 1 単位の労働を必要とする。しかし，電子機器は国内的かつ外部的な規模に関して収穫逓増の技術で生産される。したがって，ある 1 人の電子機器労働者の生産性は，同じ国で他に何人の労働者が電子機器を生産しているかに依存する。具体的には，ある国で電子機器を生産する労働者数が $L_E$ である場合，その国における 1 人の電子機器労働者の生産性は $L_E/300$ に等しいとする。

(a) 自給自足の下で各国の労働力の 40％が電子機器の生産に向けられると仮定する。電子機器の自給自足相対価格はいくらでなければならないか？

(b) ここから，自給自足下での典型的な労働者の予算線を導きなさい。

(c) ここで，2 つの経済が貿易を開始すると考える。世界全体で電子機器を生産している労働者の総数は自由貿易均衡においても以前と同じだが，そのすべてが外国にいると仮定する。均衡における世界全体での電子機器とトウモロコシの生産量を，自給自足と自由貿易とで比較しなさい。どちらの結果の方がより効率的であろうか？（**注**：ここでの効率性に関連する概念は，生産の効率性である。資源配分が生産について非効率的であるとは，他方の財の生産を減らすことなく一方の財をより多く生産できる，ということだったと思い出してほしい。）

(d) 問(c)の仮定の下で，電子機器の自由貿易均衡相対価格は，自給自足均衡相対価格と比べて高くなるか，それとも低くなるか？

(e) 自国の労働者は，電子機器産業を失ったことによって損失を被るか？　自国の典型的な労働者の予算集合を使って説明しなさい。

(f) 実質所得の**変化率**は外国の方が自国よりも高くなったか？　言い換えると，外国は高度技術部門を占有することで，**不釣り合いな形で**貿易利益を得たか？

6. 問 5 のモデルにおいて，自給自足の下で自国は 900 人の労働者が電子機器を生産していると考える。外国はそれより少し大きいとし，2 国間で貿易が開始された後は自国で 600 人の労働者しか電子機器を生産しないものとする。貿易の開始前と開始後について，自国の生産可能性フロンティアと自国の典型的な労働者の予算線を描きなさい。この場合，自国は貿易利益を享受するだろうか？　それはなぜか？

7. （**チャレンジ問題——おそらくグループ・プロジェクト用**）過去に ISI 戦略を使用したが，貿易をもっと開放した方が良いとしてそれを廃止した国をひとつ選びなさい。（分からなければ，担当教員が例を見つける手助けをしてくれるだろう。）その国の貿易障壁が時間をかけてどのように減少したかを示すデータを集め，(a)その国の貿易フローの大きさ，および(b) ISI の廃止前と廃止後におけるその国の成長パフォーマンス，に何が起こったかを述べなさい。政策の変化に対して，その経済はどのように反応しただろうか？

## 参考文献

Acemoglu, Daron, James A. Robinson and Simon Johnson (2001), "The Colonial Origins of Comparative Development: An Empirical Investigation," *American Economic Review*, 91 (December), pp. 1369-1401.

Baldwin, Robert E. (1969), "The Case Against Infant Industry Protection," *Journal of Political Economy* 77, pp. 295-305.

Ethier, Wilfred J. (1982), "Decreasing Costs in International Trade and Frank Graham's Argument for Protection," *Econometrica* 50: 5 (September), pp. 1243-1268.

Fallows, James (2007), "China Makes, the World Takes," *The Atlantic* 300: 1 (July/August), pp. 49-72.

Galiani, Sebastian and Guido G. Porto (2010), "Trends in Tariff Reform and Trends in the Structure of Wages," *Review of Economics and Statistics* 92: 3 (August), pp. 482-494.

Grossman, Gene M. and Henrik Horn (1988), "Infant-Industry Protection Reconsidered: The Case of Informational Barriers to Entry," *Quarterly Journal of Economics* 103: 4 (November), pp. 767-787.

Head, Keith (1994), "Infant Industry Protection in the Steel Rail Industry," *Journal of International Economics* 37, pp. 141-165.

Hirschman, Albert (1968), "The Political Economy of Import-Substituting Industrialization in Latin America," *Quarterly Journal of Economics* 82.1, pp. 1-32.

Holmes, Thomas J. (1999), "Localization of Industry and Vertical Disintegration," *Review of Economics and Statistics* 81: 2 (May), pp. 314-325.

Irwin, Douglas A. (2000), "Did Late Nineteenth Century U.S. Tariffs Promote Infant Industries? Evidence from the Tinplate Industry," *The Journal of Economic History*, 60: 2 (June), pp. 335-360.

Irwin, Douglas A. and Peter J. Klenow (1994), "Learningby-Doing Spillovers in the Semiconductor Industry," *Journal of Political Economy* 102 (December), pp. 1200-1227.

Krueger, Anne O. (1974), "The Political Economy of the Rent-Seeking Society," *American Economic Review* 64: 3, pp. 290-303.

Krueger, Anne O. (1981), "Export-Led Industrial Growth Reconsidered," in W. Hong and L. Krause (eds.), *Trade and Growth of the Advanced Developing Countries in the Pacific Basin*, Seoul: Korea Development Institute.

Krueger, Anne O. (1997), "Trade Policy and Economic Development: How We Learn," *The American Economic Review* 87: 1 (March), pp. 1-22.

Krueger, Anne O. and Baran Tuncer (1982), "An Empirical Test of the Infant Industry Argument," *American Economic Review* 72: 5, pp. 1142-1152.

Krugman, Paul R. and Anthony J. Venables (1995), "Globalization and the Inequality of Nations," *Quarterly Journal of Economics* 110: 4 (November), pp. 857-880.

McLaren, John (2000), "'Globalization' and Vertical Structure," *American Economic Review* 90: 5 (December), pp. 1239-1254.

McKinnon, Ronald I. (1973), *Money and Capital in Economic Development*, Washington, DC: Brookings Institution.

Monbiot, George (2008), "One Thing Is Clear from the History of Trade: Protectionism Makes You Rich," *The Guardian*, Tuesday, September 9, Comment & Debate section, p. 31.

Rodriguez, Francisco and Dani Rodrik (2000), "Trade Policy and Economic Growth: A Skeptic's Guide to the Cross-National Literature," *NBER Macroeconomics Annual 2000*.

Rodriguez, Francisco and Dani Rodrik (1998), "Trade Policy and Economic Performance in Sub-Saharan Africa," National Bureau of Economic Research Working Paper 6562.

Rodrik, Dani, Arvind Subramanian and Francesco Trebbi (2004), "Institutions Rule: The Primacy of Institutions over Geography and Integration in Economic Development," *Journal of Economic Growth* 9 (2) (June), pp. 131–165.

Stiglitz, Joseph E. and Andrew Weiss (1981), "Credit Rationing in Markets with Imperfect Information," *The American Economic Review* 71: 3 (June), pp. 393–410.

Young, Alwyn (1992), "A Tale of Two Cities: Factor Accumulation and Technical Change in Hong Kong and Singapore," in Olivier-Jean Blanchard and Stanley Fisher (eds.), *NBER Macroeconomics Annual 1992*, Cambridge, MA: The MIT Press, pp. 13–54.

# ロナルド・レーガンは
# 日本の自動車メーカーに
# カモにされたのか？

Bruce Dale/NGS/Getty Images, Inc.

自動車輸入をめぐる緊張：1982 年，全米自動車労働組合の駐車場の張り紙。写真の著作権は『ナショナル ジオグラフィック』のブルース・デール。

# 10.1　積極的な貿易政策のパラドックス

　1970 年代は米国の自動車産業にとって過酷な時代だった。その理由は部分的には，ガソリン価格の急騰や，自動車需要の減少をもたらしたマクロ経済的要因だったが，日本の自動車メーカーからの供給が急増したことも挙げられる。1970 年代の後半，米国市場における日本のシェアは 4 分の 1 と，それまでの 2 倍以上にもなった。そして 1980 年には，米国の三大自動車メーカーは 40 億ドルもの損失を被り，12 万人の労働者を解雇した（Denzau 1988）。その結果，米国政府には自動車産業の回復を助けるために何かするよう，強い圧力がかけられた。

　ロナルド・レーガン大統領が組閣した新政権が，それに応じた。1981 年 5 月 1 日，政権は日本政府と協定を締結し，日本の通商産業省（MITI）が日本製自動車の米国への輸出を年間 168 万台に制限することとなった。これは，前年の 7% 減となるものだった。同様の制限は，1985 年まで施行された（Tharp 1981）。第 7 章での用語を思い出すと，これは輸出自主規制（VER）の典型的な例だ。

　自由市場主義の立場で選挙運動を行ってきたレーガンが，彼にとってほとんど初めての公的な活動として保護主義的措置を講じることになったとは，意外に思えるかもしれない。しかし，彼の政権はかなり保護主義的な態度をとっていたことが分かっている（筋金入りの自由貿易論者による批判的な解説は Richman (1988) を参照）。いずれにせよ，もし政権が日本の生産者に断固たる措置をとらなかったとしたら，その時までに議会は保護主義的措置を自力で模索し始めていただろう。

　しかし，おかしなことが起こった。日本の自動車輸出制限の合意が発表されたとき，日本の自動車メーカーの株価は急**上昇**したのだ。これはデンザウ（Denzau 1988）やリース（Ries 1993）によって記されている。リースは，VER の発表の結果，日本の自動車メーカーの株価が市場で 22 億ドル上昇したと推定している。このことは，金融市場のトレーダーが，VER によって日本の自動車メーカーの利潤が増加すると予測したことを意味している。VER がその後もたらした効果についての研究の中には，例えば Berry et al. (1999) や Mannering and Winston (1987) のように，VER が少なくとも数年間，日本の自動車メーカーの利潤を増加させたと結論づけたものもある。この規制は日本で非常に評判が良

かったので，米国政府との協定の期限が切れ，レーガン政権がVERの継続を行わない意思を示しても，日本の政府は一方的にVERを延長した。

　当時のビジネス業界における共通認識は，日本企業は米国市場から部分的に締め出された結果，もっと儲かるようになったというものだが，なぜそんなことになったのだろうか？　以下ではこの問いについて，今や自由に使えるようになった様々な貿易モデルの下で，妥当な結果となるかどうかを見ていく。そこから分かることは，国際的な寡占——ただし適切な種類の寡占のみ——の下で，VERの「被害者」である企業がその制限によって得をする可能性が非常に高い，ということだ。

## 10.2　最初の試み：競争モデル

　第7章の完全競争モデルを思い出してほしい。原理上は，そのモデルを自動車市場の分析に使用できる。「砂糖」の代わりに「車」を当てはめ，「世界のその他の地域」の代わりに「日本」と書けば，そのモデルではVERが世界価格を下げることによって自動車における日本の生産者余剰を必ず減少させることが分かる。しかし，VERは生産者余剰の減少を十分補うほど大きな割当レントを創出することによって，日本の社会厚生を高める可能性がある。確かに，日本の自動車メーカー自身がライセンスを与えられているために割当レントの獲得が認められている——これは日米間の自動車VERでなされていた方法とだいたい同じだ——場合，日本の自動車メーカーの総利潤（生産者余剰と割当レントの合計）はVERの結果として増加するだろう。

　しかし，これは適切なモデルではない。まず，各自動車メーカーはプライス・テイカーであると仮定されている。この仮定は，非常に寡占的な自動車産業においては無理がある。トヨタはカムリの価格を所与とは考え**ない**。むしろトヨタの経営陣は長時間の内部審議の結果，この価格を選ぶので，カムリの価格を，例えば無理にシボレー・インパラと同じ価格にすることはない。この点は重要だ。なぜなら，競争的なモデルにおいてVERがいかにして輸出国のためになるかについて重要なのは，プライス・テイカーの行動だからだ。すべての生産者がプライス・テイカーであったとしても，事実上，VERは輸出国を若干，独占者のように行動させる。第7章の砂糖のモデルを思い出してほしい。VERがなければ，

世界の他の地域における砂糖の供給者は限界費用に等しい水準に価格を設定するが，VER がある場合，輸出国は米国では生産の限界費用よりも高い価格で販売する。それが，砂糖の VER によって砂糖輸出国が裕福になり得る方法だが，この理論は自動車産業には当てはまらない。なぜなら，各自動車生産企業はすでに限界費用よりも高い水準に価格を設定しているからだ。

さらには，マネリングとウィンストンが驚くべき主張をしている（Mannering and Winston 1987）。それは，GDP や利子率などの要因を修正した下で，米国の自動車メーカーが VER の実施中に生産した自動車数が VER なしの場合の予想台数より少なかった，というものだ[1]。言い換えれば，彼らは VER が米国の自動車メーカーの生産量を**減らした**とデータを解釈した。この結果は競争モデルとは完全に矛盾する。砂糖のモデルでは，米国の砂糖生産は割当によって増加したことを思い出してほしい。これは，国内価格が上昇し，米国の砂糖生産者が供給曲線に沿って行動したためだ。

ということで，完全競争のモデルは 1980 年代の自動車の VER を理解するのに適切ではない，と結論づけられる。次に，寡占の貿易モデルに目を向けて，より適切な結果が得られるかどうかを見てみよう。

## 10.3 クールノー・モデルでうまく解釈できるか？

今度は，自動車産業が第 4 章の 4.3 節から 4.6 節のようなクールノー寡占で構成されていると考えよう。問題の単純化のため，日本の自動車産業をトヨタという 1 社の企業に，また米国の自動車産業をゼネラル・モーターズ（GM）に集約することとし，その 2 企業が生産する自動車は消費者の観点からは代替可能だと仮定する。これらは現実的な仮定ではなく，多くの場合において不十分な仮定となるだろうが，ここで展開される主な論点はこれらの単純化に依存しない。

均衡において，トヨタと GM はそれぞれ利潤を最大化する販売量を決定する。ただしその際，価格がどう反応するかを推測し，また相手企業の選択を所与と見なす。図 10.1 は米国市場における均衡を示したものだが，それは 2 企業の反応

---

1 これは決してこの分野における全員一致の結論ではない。例えば，Berry, Levinsohn and Pakes（1999）では非常に異なる方法によって，正反対の結論が得られている。

関数のグラフの交点として示される。輸送費がゼロであり，両企業の限界費用は等しいと仮定すると，2つの企業は市場を等しく分け合うことになる。この図において，GMとトヨタの自由貿易における反応曲線がそれぞれ黒い実線の $GG$ と $TT$ として表され，自由貿易均衡は $E$ 点で表される。ここで，両国政府が VER 協定を結ぶと想定する。これは，トヨタの米国での販売量が自由貿易下の輸出量を下回るよう制限するものだ。これによってトヨタの反応関数は切断され，その新しい反応関数は $TAT'$ というグレーの線で与えられることになる。その結果，均衡は GM の反応関数に沿って右下へ移動し，新しい均衡は $E'$ 点となる。これは，GM が米国での販売台数を自由貿易のときよりも確実に増加させることを意味する。

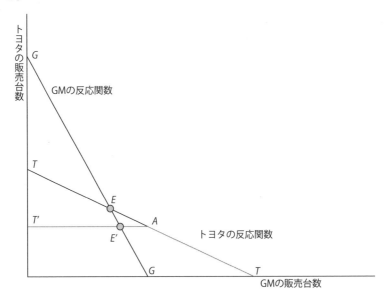

図 10.1　クールノー寡占における VER：米国市場

　トヨタの立場からすると，この協定は大損害となる。トヨタは GM の行動を所与として利潤を最大化する販売台数を選べないだけでなく，今や **GM は VER がなかったときよりも多くの自動車を市場に送り込むことになる**。それは，どんな販売量を考えても，トヨタが受け取れると期待する価格を引き下げる。これら両方の理由によって，トヨタの利潤は VER の下では自由貿易に比べて低くなる。
　クールノー・モデルでは，実際に起こったことを説明できないことは明らか

だ。次に，ベルトラン・モデルでうまく説明できるかを見ていく。

## 10.4 ベルトラン・モデルを試してみる

今度は，自動車産業が第4章の4.7節のようなベルトラン・モデルで構成されると仮定しよう。したがって，トヨタとGMはそれぞれ相手企業の価格を所与として，利潤を最大にする価格を選ぶ。ここで再び，議論をできるだけ簡単にするため，2つの企業の自動車は消費者にとって代替可能であり，輸送費はゼロで，両企業の限界費用は同じだと仮定する。具体性を持たせるため，米国における自動車の需要は以下の式で与えられるとしよう：

$$Q = 20,000,000 - 2,000P \tag{10.1}$$

ここで $Q$ は自動車の年間販売台数，$P$ は（1981年のドル建て）価格を示している。両企業とも限界生産費用は1台当たり5,000ドルであると仮定する。すると，第4章の理屈に従って，自由貿易均衡では両企業とも自動車の価格を5,000ドルに設定する。(もしもトヨタが，例えば6,000ドルに価格を設定すると，GMにとって最適な価格は5,999ドルであり，GMは全市場を占有し，多大な利潤を受け取る。しかし，もしGMが5,999ドルに価格を設定すると，トヨタの最適価格は同じ理由から5,998ドルとなる。このような値下げ競争を起こさない唯一の価格は，限界費用に等しい価格だ)[2]。両企業とも同じ価格を設定するので，市場は等しく2分されると仮定できる。これは各企業とも500万台の自動車を販売することを意味する。注意すべき点は，どちらの企業もこの状況では経済的利益を上げていないし，またそれは不可能だということだ。例えば，GMが単位費用よりも高い価格を設定したとすると，単純にすべての顧客を失うことになる。

---

2 厳密には，一方の企業が5,000ドルを設定し，他方の企業が5,001ドルを設定して市場のすべてを相手に譲り渡す，というのも均衡である。いずれにしても，各企業の利潤はゼロになるので，どちらの企業もこれを受け入れるだろう。しかし，ここではそのケースを無視して，2つの企業が市場を分け合う均衡にこだわることにする。トヨタの車が実際はGMの車と代替可能ではないという事実を考慮に入れると，このような単純な値下げ競争は明らかに起こらないことを指摘するべきだ。したがって，トヨタは少し価格を上げたとしても，米国の消費者を少しは失うかもしれないが，すべて失うことはない。その場合，均衡の分析はもっと複雑になるが，VERの効果に関するここでの基本的な点はやはり成り立つ。

（もちろん，両企業ともゼロという経済的利益を得ている。つまり，限界費用には企業の資本と経営技術の機会費用が含まれるので，会計上の利潤は十分稼いでいるかもしれない。）

　ここで，VER の効果を考えよう。単純な例で結果がはっきりするよう，VER はトヨタが米国で 500 万台を超える自動車を販売することを禁止すると仮定する。一見すると，トヨタは自由貿易の下でさえそれ以上販売できないので，これは効果がないように見える。しかし，決定的に重要な変化がここでは起きている。今では，GM が 1 台当たりの価格を 5,000 ドルよりも高い水準に設定すると決定したとしても，**トヨタは米国での顧客数を増やすことができないので，GMはすべての顧客を失うことはないのだ**。その結果，GM は喜んで 5,000 ドルを超える価格を設定し，厳密に正の利潤を稼ぐことになる。ところが実は，GM が 5,000 ドルを超える価格を設定するという事実は，トヨタにとっても良いニュースとなる。なぜなら，トヨタもまた 5,000 ドルから少し高い価格を設定しても，500 万台を売ることができるからだ。したがって，**寡占企業の間で競争を弱めることにより，VER は両企業にとって良い結果をもたらすことが可能だ**。事実上，VER によって自動車メーカーはカルテルに近い行動を取ることができる。というのも，仮に企業がカルテルを結成した場合，共同利潤が最大になるように，両企業とも価格の上昇に合意するからだ。クリシュナ（Krishna 1989）がこの問いに関する先駆的な論文で用いた言い回しによれば，VER は「共謀促進装置」として働くのだ。

　新しい均衡についてもっと厳密に議論するためには，VER が企業によるゲームのプレイをどのように変化させるかについて何らかの仮定が必要だ。ひとつのあり得る仮定は，自由貿易の場合と同じように，両企業が依然として同時に価格を選択するというものだ。唯一の違いは，結果として生じる価格がトヨタに 500 万台を超える需要をもたらすとしても，トヨタの販売台数は 500 万台で止まってしまうことである。私たちはこれを VER の「同時手番」的解釈と呼ぶことができる。これはクリシュナのアプローチで，彼女は——おそらく驚くべきことに——この種の状況では，一般的に**価格のランダム（無作為）化を伴わないナッシュ均衡が存在しない**ことを示している[3]。均衡において各企業はそれぞれ相手企業の

---

3　クリシュナのモデルは，2 つの企業の自動車が完全に代替可能ではないという，より現実的な仮↗

価格を推測するが，基本的なベルトラン・モデルとは異なり，各企業はある範囲の価格帯から無作為に価格を選ぶため，相手企業の価格を正確に予測できないのだ。このちょっと厄介な結果がなぜ生じるかを見るために，5,000ドルを超える無作為ではない価格となる均衡を考えると上手くいかないことに注意しよう。これは，4.7節の議論と同様の値下げの理屈のためだ。それと同時に，前の段落で述べた理由により，ちょうど5,000ドルの価格も上手くいかない。もしもトヨタがちょうど5,000ドルの価格を設定するだろうと予想されるならば，GMは正の利潤を得るために5,000ドルを超える価格を設定するが，GMが5,000ドルを超える価格を設定すると予想される場合，トヨタもまたGMより少し値下げをした5,000ドルを超える価格を設定する。しかし，それはトヨタの価格が5,000ドルであるという仮定に矛盾する。（この種の推論の良いモデルとして，じゃんけんを考えよう。どちらかのプレイヤーが予測可能ならば，もう一方のプレイヤーはそれを利用しようとする。）その結果，どちらの企業も5,000ドルから独占的な価格までの範囲で無作為に価格を設定する。しかし，ここでの重要な点は，最終的に市場で観察される価格はほぼ確実に5,000ドルよりも高く，統計学的な意味での両企業の期待利潤はゼロよりも大きくなる，ということだ。

　以上の想定に対して，ハリス（Harris 1985）のように，VERの下でトヨタはGMが価格を発表するまで自社の価格決定を待たなければならず，その後トヨタは500万台以下の販売需要を生み出す価格を選ぶ，と仮定することもできる。これをVERの「シュタッケルベルグ先導者」的解釈と呼ぶことができる。（それは，ある企業が他のすべての企業よりも先に行動するような寡占の形態に与えられている名称だ。）この解釈の下では，どんな価格をGMが選んでも，トヨタはそれを1ドル下回る価格を設定して500万台すべてを販売しようとするだろう[4]。そして，GMの観点からは，考えられうる価格のそれぞれについて，その

---

　　＼定に基づいている。そのため，一方の企業がより高い価格を設定しても，消費者の中にはまだその企業から購入することを選ぶ者もいる。そのモデルはここで提示した単純なモデルよりもずっと複雑だが，VERの効果についての基本的な点は同じである。

4　厳密に言うと，GMが7,500ドルを超える価格を設定した場合，トヨタが1ドルだけ値下げすることはない。そのような高い価格では，500万台という自動車の全割り当て分を売ることができないからだ。GMの価格がそのように高い場合，トヨタはGMを無視し，代わりに独占的な価格を選択するだろう。しかし，GMは決してそんな高い価格を設定したくないので，このような複雑な状況を心配する必要はない。

価格における市場の需要からトヨタの販売台数である 500 万を引いた分を同社は販売できる。したがって，GM の残余需要は図 10.2 のグレーの破線で示すように，市場の需要曲線をちょうど 500 万台分だけ左にシフトさせた市場の需要曲線となる。これは代数的には，需要曲線（10.1）から 500 万を引くことで処理することができる：

$$Q^{GM} = 15,000,000 - 2,000P$$

ここで $Q^{GM}$ は GM の残余需要を表す。この残余需要曲線に基づき，GM は限界収入 $MR^{GM}$ を次のように計算する：

$$MR^{GM} = 7,500 - Q^{GM}/1,000$$

そしてこの限界収入と限界費用である 5,000 ドルが等しくなるように，最適な数量と価格を求める。それは図 10.3 のようになる。その結果，GM は 250 万台の自動車を 1 台 6,250 ドルで販売することになる。これは自由貿易のときの販売価格 5,000 ドルよりもかなり高い——そして，思い出してほしいのは，この例では VER の割当量がトヨタの自由貿易の販売量と同じ水準に設定されているということだ。さらに言えば，GM は明らかに正の独占的利潤を稼ぎ，トヨタも 6,249 ドルという価格を設定するため明らかに VER の下で正の利潤を得る。これは自由貿易の下ではありえなかったことだ。

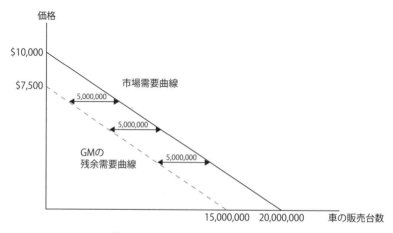

図 10.2　VER 下での GM の残余需要曲線

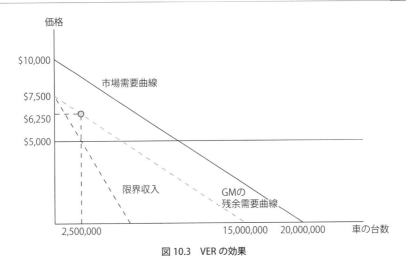

図 10.3 VER の効果

最後に，より高い価格となることで，米国における自動車の販売台数は，VER の下では自由貿易のときよりも少なくなることに注意しよう。VER の有無にかかわらず 500 万台は外国の供給者によって販売されるので，VER の下では自由貿易のときよりも **GM の自動車販売台数が少なくなる**と結論づけられる[5]。これは特筆すべき結果で，その理由は重要だ。VER によって GM は，単に所与の数量の自動車を自由貿易のときよりも高値で販売できるようになっただけではない。GM はまた，価格支配力を強めたことで，ある種の独占力を手に入れたのだ。VER がなければ，GM は事実上，水平な残余需要曲線に直面する。GM がトヨタの価格より高い価格を付けると，すべての顧客を失ってしまうからだ。これに対して，VER があると GM は右下がりの残余需要曲線に直面するので，価格を高く保つために生産量をいくらか制限する動機が発生する。ちょうど独占企業がそうするのと同じだ。保護を受ける企業に与えられるこの独占力の増大が，寡占下の VER の重要な特徴だ。

したがって，1980 年代の事例における 2 つのパラドックス——日本の企業が VER によって利益を得たらしいということと，米国の自動車生産が VER によっ

---

5　はっきりした結論を出すため，トヨタの米国での販売量を自由貿易のときと同じ水準に制限するような VER に焦点を当ててきた。もちろん，実際の VER は日本の販売台数を自由貿易よりも少ない水準に制限するものだった。簡単に確かめられることだが，より厳しい割当量の制限は，それがどれほど厳しいかに応じて，GM の米国での販売量を増加させもするし，減少させもする。

て減少したこと——は，ベルトランのモデルで説明できるが，これまで見てきた他のモデルでは説明できない。

　要約すると，レーガン政権はもちろん，**文字通り**日本の自動車メーカーに騙されてこの政策を追求したわけではない。デトロイトの自動車産業を助けるよう，国内でかなりの政治的圧力が政権にかけられていたのだ。しかし，この政策がもたらした結果を考えると，レーガン政権が騙されたとほぼ同じ結果になっている。

## 10.5　さらに詳しい分析：クールノー寡占下の貿易政策

　1980 年代の日米自動車 VER の話は，かなり一般的な点を描写している。つまり，寡占の場合における貿易政策の効果は，完全競争の下での効果と**非常に**異なる可能性がある，という点だ。この点について，クールノーやベルトランの寡占における関税と輸出補助金について見ることで，もっと詳しく説明しよう。

　10.3 節で説明したような，トヨタと GM によるクールノー複占を考える。両企業とも車 1 台当たりの限界費用は 5,000 ドルで一定とし，問題を単純化するため，両企業とも輸送費なしで米国市場で販売を行うと仮定する。各国において，需要曲線は(10.1)式で与えられているものとする。米国市場における GM とトヨタの販売量をそれぞれ $q_{GM}$ と $q_T$ で表すことにすると，第 4 章のロジックに従って GM の限界収入が次の式で与えられる：

$$MR^{GM} = 10,000 - \frac{q_T}{2,000} - \frac{q_{GM}}{1,000}$$

これが 1 台当たり 5,000 ドルという限界費用に等しい，という条件から，GM の反応関数が次のように導かれる：

$$q_{GM} = 5,000,000 - \frac{1}{2} q_T$$

自由貿易でかつ輸送費が発生しない場合，トヨタは米国市場で同じ費用に直面するということが分かっているので，その反応関数も同じように求められる：

$$q_T = 5{,}000{,}000 - \frac{1}{2}\,q_{GM}$$

ここからナッシュ均衡が導かれ，米国市場での各企業の販売量が 333 万台と求められる。これは図 10.4 において点 $E$ で示されている。この点は，実線で描かれている両企業の自由貿易の反応関数のグラフが交わる点である。両企業の販売量の合計を需要曲線(10.1)に代入すれば，市場価格が 1 台当たり 6,667 ドルと求められる。もちろん，日本市場についても同じ分析が適用される。

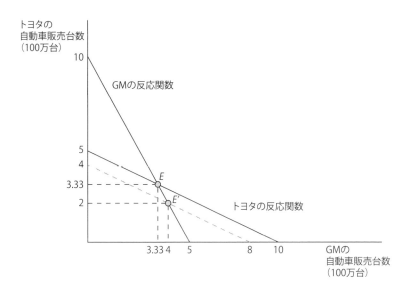

図 10.4　クールノー寡占の下での関税：米国市場

　ここで，輸入車に対する 1 台当たり 1,000 ドルの関税を考えよう。これにより米国で販売する際のトヨタにとっての限界費用は 6,000 ドルに上昇し，その反応関数は次のように変化する：

$$q_T = 4{,}000{,}000 - \frac{1}{2}\,q_{GM}$$

その一方で，GM の反応関数は変化しない（また，日本市場における両企業の反応関数も変化しない）。これは図 10.4 で見ることができる。この図において，関

税の影響を受けたトヨタの反応関数はグレーの破線で示され，新しい均衡が $E'$ 点で表される。関税の結果，米国でのトヨタの販売量は 200 万台に減少し，GM の販売量は 400 万台に増加する。総販売量である 600 万台を需要曲線に代入すると，価格は 1 台当たり 7,000 ドルとなる。米国市場におけるトヨタの販売量が減少し，GM の販売量が少し増加する結果，米国の消費者への販売量は減少し，販売価格は高くなる。

関税の結果，GM の利潤が増加することは明らかだ。1 台当たりの利潤は価格から単位費用を引くことで計算できるので，関税が課される前は (6,667−5,000) ドルであり，関税の下では (7,000−5,000) ドルとなる。これに米国におけるGM の販売量，つまり関税前は 333 万台，関税導入後は 400 万台という販売量をかけることにより，関税前の利潤が 55.5 億ドル，関税後は 80 億ドルと求められる。注目すべき重要な点は，GM の利潤が増加したのは関税によってトヨタが米国市場から部分的に撤退する羽目になったから，ということだ。トヨタの販売量が 333 万台から 200 万台に減少することで，GM にはより多くの市場が残され，残余需要曲線が右にシフトするので，販売量の拡大と価格の上昇の両方が可能となる。これは**レント収奪**——貿易政策が寡占利潤の一部を外国企業から国内企業にシフトさせる過程——と呼ばれる。

明らかに，このレント収奪は，米国の消費者を犠牲にして発生する。自動車の価格が値上がりするからだ。この効果は，関税収入の利益（1 台当たり 1,000 ドルの関税率に，トヨタの米国での販売量である 200 万台をかけた額）と共に，関税が米国の厚生に与える効果を計算する際に考慮されなければならない（米国の厚生は，GM の利潤と消費者余剰と関税収入の合計として計算される）。この場合，関税によって米国の厚生は増大することが，簡単に確認できる。このことは，関税が寡占利潤を外国企業から国内企業にシフトさせることで，一国の厚生が改善する可能性は十分にある，ということを示している。

今度は，さらに難しい問いを考えよう。一国の厚生を改善するために**輸出補助金**を使うことは可能だろうか？　第 7 章での完全競争の場合を思い出すと，これは不可能だ。なぜなら，輸出補助金を使う国は，生産と消費の歪みと，交易条件の**損失**を被るからだ。（7.4.5 項を参照。）

この場合，1 台当たり 1,000 ドルという，米国政府による自動車への輸出補助金は，米国市場には何の効果ももたらさない。しかし，日本市場に対しては，

GM が日本市場に供給する際の限界費用を 5,000 ドルから 4,000 ドルに下げることで影響を与える。これにより GM の日本における反応関数は右にシフトし，図 10.5 におけるグレーの破線のようになる。そして GM の日本での販売量は 333 万台から 467 万台に増加し，トヨタの日本での販売量は 333 万台から 267 万台に減少する。前と同じように，GM の利潤は増加する。価格費用マージンと販売量の両方が増加するからだ。繰り返しになるが，これは部分的にはトヨタが生産量を減らしたことによる。トヨタは，GM が補助金のおかげで生産を増やすと理解しているため，最適な形で販売計画を削減するのだ。やはり前と同様，輸出補助金はトヨタの寡占レントを GM にシフトさせる。

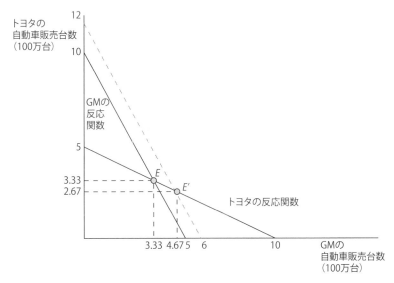

**図 10.5　クールノー寡占の下での輸出補助金：日本市場**

　米国の厚生はこの場合，GM の日本での利潤と，米国の納税者に課される補助金の財政費用（自動車 1 台当たり 1,000 ドルの補助金に，GM の日本での自動車販売量をかけた額）との差額として計算される。米国の消費者余剰と GM の米国での販売からの利潤は，補助金の影響を受けないため，ここでは無視することができる。この例でも，米国の社会厚生は補助金によって増大することが，直ちに確認できる。

　重要なパラドックスに注目しよう。補助金の下での日本における自動車の総販

売量は自由貿易のときの総販売量よりも多いため，補助金は日本市場の自動車の価格を**低下**させる。このことは，第7章の競争モデルと同様，輸出補助金を使用した国の交易条件が悪化することを意味している。しかし，この例では依然として米国の厚生は増大しているのだ。その理由はレント収奪効果があるからで，これは不完全競争が存在する場合にのみ発生する。均衡では，価格は限界費用よりも高いので，トヨタからGMに乗り換えたすべての消費者はGMの利潤を増加させる。補助金があまり高くなければ，この効果は補助金を出すことに価値をもたらす。

　寡占市場においては輸出補助金を使用した国の厚生が改善する可能性があるという考えは，ブランダーとスペンサー（Brander and Spencer 1985）によって最初に検討された。**戦略的貿易政策**という用語は，この例のようにレント収奪目的で利用される貿易政策を表すために，よく用いられる。このレント収奪は，ブランダーとスペンサーが指摘したように，いくつかの場合において貿易政策の重要な動機となり，また第7章で学んだ交易条件動機とは全く異なるものとなる。

## 10.6　ベルトラン寡占の下での貿易政策

　今度は，寡占がベルトランの構造をしていると想定しよう。すると，GMとトヨタは販売量ではなく各市場での価格を選択する。米国政府が輸入自動車に1,000ドルの関税をかけると考える。再び，米国市場に供給する場合のトヨタの限界費用は，関税によって6,000ドルに上がる。第4章の4.7節での分析を思い出すと，この種の寡占，つまりある企業の限界費用が他社よりも高いような価格競争においては，費用が安い方の企業が市場のすべてを獲得するが，その企業は価格を，高い費用の企業の限界費用と（1ドルの範囲内で）等しい水準に設定する。この場合，両企業は依然として日本の市場を等しく分け合うが，米国市場に関してはGMがそのすべてを獲得し，1台当たり6,000ドルに価格を設定する。図10.6は米国における厚生効果を示している。米国の社会厚生のうち米国市場で生まれる部分は，自由貿易のときは$A+B+C$の面積に等しい（なぜなら，それは価格が5,000ドルのときの消費者余剰だからだ。均衡では利潤が発生しないことに注意しよう）。関税によって，米国の社会厚生は$A+B$の面積になる。ここで$A$は価格が6,000ドルのときの新しい消費者余剰で，前よりも少ない。また

$B$ は GM の米国での利潤である。その差は $C$ の面積の死荷重損失であり，これは独占によって生じる死重的損失と同様のもので，関税によってもたらされる。これは，関税が単に GM に対して限界費用を上回る価格設定を許してしまうために発生する。この場合，レント収奪は起こらない。なぜなら，自由貿易の下での競争の激しさによって，最初から寡占の利潤は消滅する――そしてトヨタが得られる利潤は全然ない――からだ[6]。関税の唯一の効果は独占の歪みを発生させることであって，そのため米国の社会厚生は悪化するだけとなる。

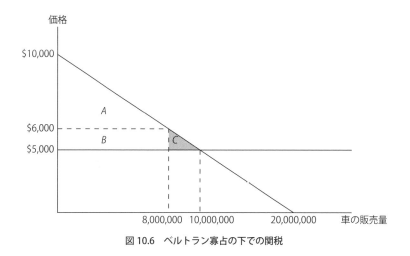

図 10.6 ベルトラン寡占の下での関税

　最後に，輸出補助金について考えよう。米国政府が GM に車 1 台当たり 1,000 ドルの輸出補助金を支払う場合，日本市場に供給する際の GM の限界費用は 4,000 ドルに下落する。上で述べた理屈に従えば，GM は日本市場のすべてを獲得し，価格を 5,000 ドルに設定する。需要曲線(10.1)を用いると，これは日本で GM が 1,000 万台の自動車を販売し，1 台当たり 5,000 ドル−4,000 ドル＝1,000 ドルの利潤を得ることを意味する。米国の社会厚生に与える効果を計算するため

---

6　この結論は，2 つの企業が販売する自動車に違いがあると考えると成立しなくなる。これは Krishna（1989）や Berry, Levinsohn and Pakes（1999）などのような精緻な分析の焦点である。その理由は，2 つの企業の自動車が不完全な代替財である場合，1 ドルの関税は消費者価格に 1 ドル未満の増加をもたらすことになるので，関税収入は消費者余剰の減少よりも大きくなるから，というものだ。少し見方を変えると，不完全な代替財の場合，両企業とも均衡でいくらかの寡占利潤を得るので，再び関税のレント収奪動機が発生する。

には，補助金の財政費用を引く必要があるが，米国の納税者が負担すべき補助金は日本での GM の販売に関するもので，それは車 1 台当たり 1,000 ドルである。その結果，GM の利益は米国の納税者の費用負担とちょうど相殺されるので，輸出補助金が米国の厚生にもたらす純効果はゼロになる[7]。

　結論を言うと，関税も輸出補助金もクールノー寡占では魅力的だが，ベルトラン寡占ではそうではない[8]。このことは，戦略的貿易政策を実際に用いる際に落とし穴として現れた。つまり，戦略的貿易政策の望ましさや，最適となる戦略的貿易政策のタイプは，クールノーとベルトランとの違いなどのような市場構造の詳細に依存するが，それは政策決定者が入手しづらい種類の情報なのだ。この問題はイートンとグロスマン（Eaton and Grossman 1986）によって詳細に検討された。

## 要　点

1．貿易政策は，寡占が存在する場合，完全競争とは非常に異なる効果をもたらすことがある。
2．日米の自動車に関する VER を解釈する最も良い方法はおそらく，ベルトラン的な価格設定の寡占という文脈で考えることだろう。これは，VER が共謀促進装置としていかに機能することができたかを説明している。それはつまり，VER によって寡占企業の行動はカルテルの価格設定に近いものになった，という意味である。これはまた，VER が日本の自動車メーカーの利潤と株価にとって望ましいものに思えた理由や，米国政府が VER に興味を失った後も日本政府が VER を維持することを選んだ理由を説明するのにも役に立つ。
3．より一般的には，寡占は，貿易政策が外国企業の寡占利潤を国内企業にシフトさせ得る可能性——レント収奪動機——をもたらす。レント収奪動機は，いわゆる戦略的貿易政策を生み出す。クールノー寡占では，関税と輸出補助金の両方がこの役割を果たし得る。後者のケースは，輸出国の厚生が輸出補助金によって増大することは絶対にないという完全競争の場合とは，まったく正反対のものとなる。
4．しかし，ベルトラン競争の下では，どちらのタイプの戦略的貿易政策もあまり魅力的ではない。戦略的貿易政策が寡占の種類に依存していることは，実際問題としてその有用性を大きく制限するものとなる。

---

7　日米間の車の違いを考慮に入れると，ベルトラン・モデルにおいては輸出国の厚生に対する輸出補助金の効果は，厳密に負となる。Eaton and Grossman（1986）を参照。
8　再認しておきたいが，2 つの企業の車が不完全代替で，関税のケースを考えると，この結果は修正が必要となる。

## 章末問題

1．戦略的貿易政策が政府にとって潜在的に利用可能な政策手段となると思われる産業と，そうでないと思われる産業をそれぞれ 3 つずつ挙げなさい。そう考える理由を平易な言葉で説明しなさい（詳細な調査やデータ作業の必要はない）。(**注**：寡占が戦略的貿易政策のロジック全体にとって重要であることを思い出そう。)

2．貿易保護を支持する政策決定者によってなされる重要な議論として，影響を受ける産業における雇用の維持が挙げられる。本章の様々な例を見た場合，影響を受ける産業の雇用が，問題になっている貿易政策によって増加するケースはどれか？　また，減少するケースはどれか？

3．トランジスタの市場を考えよう。トランジスタは自国では H 社，外国では F 社によって生産される。世界にはこれら 2 国のみが存在する。どちらの国も，トランジスタの需要曲線は

$$Q = 10 - P$$

である。ここで $Q$ はトランジスタの販売量，$P$ は消費者が直面する価格である。H 社と F 社の両方がトランジスタ 1 個当たり 4 ドルという一定の限界費用で生産し，両社ともクールノー的な企業として競争する。

(a) 自由貿易の下での均衡を計算し，また均衡を自国における H 社の販売量を横軸に，自国における F 社の販売量を縦軸にとった図の中に示しなさい。

(b) ここで，自国政府がトランジスタ 1 個当たり 1 ドルの輸入関税を課すと仮定する。新しい均衡を計算し，(a)で描いたのと同じ図の中に示しなさい。

(c) 関税の厚生効果を，自国の消費者余剰，利潤，関税収入に対する効果を示した図を用いて分析しなさい。関税は自国の厚生を高めるだろうか？　関税は F 社の利潤を H 社にシフトさせることができるだろうか？

4．問 3 のモデルについて，自国政府が F 社に対して VER を課すよう外国政府を説得すると仮定する。

(a) VER によって，F 社の輸出は自由貿易での輸出量以下に制限されると仮定する。これは均衡を変化させるか？　説明しなさい。必要に応じて，新しい均衡を計算し，それを反応関数の図の中に示しなさい。

(b) 今度は，VER によって F 社の輸出が自由貿易の輸出量の半分以下に制限されるものとしよう。これは均衡を変化させるか？　新しい均衡量と価格を計算し，反応関数の図の中にその均衡を示しなさい。

5．再び問 3 のモデルについて，自国政府がトランジスタ 1 個当たり 1 ドルの輸出補助金を H 社に支給すると仮定する。

(a) これが均衡をどう変化させるか，示しなさい。新しい均衡価格と販売量を計算し，その新しい均衡を外国市場の反応関数の図の中に示しなさい。

(b) 輸出補助金の厚生効果を，H 社の利潤と自国の納税者の負担を示した図の中に示しなさい。自国は補助金から利益を得るだろうか？

(c) 外国は自国の輸出補助金から利益を得るだろうか？　説明しなさい。

6. 今度は，問3のモデルについて，その産業が価格設定的なベルトラン寡占であるという重要な変更を加えて考える。自国政府がトランジスタ1個につき1ドルの輸入関税を課した場合の効果について分析しなさい。

 (a) 各国における各企業の販売量と利潤に対する効果，また消費者余剰と関税収入に対する効果はどうなるか？

 (b) 自国の厚生は関税によって増加するか？

 (c) その効果は，（問3のような）クールノー競争で同じ政策を取った場合の効果とどのように比較されるか？　違いが生じる理由は何か？

7. 再び，問6のベルトラン寡占で，外国がF社に自由貿易下の水準以下に輸出を制限するVERを考える。この場合におけるVERによる企業行動の変化としては，シュタッケルベルグ先導的解釈を用いなさい。

 (a) 両社の販売量と利潤，および消費者余剰への効果を分析しなさい。

 (b) これはF社が好むような政策だろうか？　外国政府は自国政府がそれを求めなくなったとしても，この政策を続けたいと思うだろうか？　説明しなさい。

8. またもや問6のベルトラン寡占で，自国がH社にトランジスタ1個につき1ドルの輸出補助金を支給すると仮定する。

 (a) 両社の販売量と利潤，および消費者余剰への効果を分析しなさい。

 (b) この補助金は自国の厚生を改善させるか？　もしもその答えがクールノーの場合（問5）での答えと異なるならば，その理由を説明しなさい。

 (c) ここで，このモデルに輸送費を加えよう。他の国の市場で販売するためには，各社ともトランジスタ1個につき50セントの輸送費を支払う必要があると仮定する。これによって1ドルの輸出補助金を与えた場合の分析は，どのように変化するか？　特に，自国の厚生に対する補助金の効果はどうなるか？

9. **寡占，規模に関する収穫逓増，関税，そしてFDI**。第3章での議論を思い出してほしい。外国に分工場を建設する動機のひとつは輸送費と関税を回避することだが，これは収穫逓増と比較検討する必要がある。収穫逓増は，生産の1か所への集中を擁護する要因だ。ここで，こうした考え方と寡占をまとめることができる。10.5節の自動車産業のモデルを考え，10.4節で導入された需要曲線と生産費用を使うことにしよう。ただし，クールノーの仮定は維持し，輸送費を導入する。よって，今や両国の自動車メーカーは他の国で販売する自動車1台につき1,000ドルの費用を支払わなければならない。自動車1台当たりの限界生産費用5,000ドルに加え，各企業には1工場当たり一定額の固定費用が発生すると仮定する。また，自由貿易の下では，この固定費用はGMが米国の工場のみを維持して日本には輸出することを選び，トヨタが日本の工場のみを維持して米国には輸出することを選ぶのに十分な額であると仮定する。しかし，もしも米国の関税が十分高いと，トヨタは米国に工場を建設し，そこから関税や輸送費を支払うことなく米国市場に供給することを選ぶだろう。これは**関税回避型FDI**と呼ばれる。

 (a) 輸送費を考慮して，自由貿易下の米国市場における均衡を計算しなさい。

 (b) 今度は，米国政府がトヨタに米国での工場建設を促すほどの高い関税を課すという仮定の下で，同じ問いに答えなさい。

 (c) 消費者余剰，GMの利潤，関税収入を考慮に入れると，(b)で述べた米国の厚生に対する

関税の効果はどうなるか？

(d)　通常，輸入品に課される関税は，その製品の国内価格を上昇させ，消費者余剰を減少させる。それはこの関税にも当てはまるか？　説明しなさい。

(e)　通常，輸入品に課される関税は，その製品の国内生産者の所得を増加させる。それはこの関税にも当てはまるか？　説明しなさい。

(f)　この例は，FDI を促す関税が魅力的な戦略であることを示唆しているか？　説明しなさい。

## 参考文献

Berry, Steven, James Levinsohn and Ariel Pakes (1999), "Voluntary Export Restraints on Automobiles: Evaluating a Trade Policy," *The American Economic Review* 89: 3 (June), pp. 400–430.

Brander, James A. and Barbara J. Spencer (1985), "Export Subsidies and International Market Share Rivalry," *Journal of International Economics* 18, pp. 83–100.

Denzau, Arthur T. (1988), "The Japanese Automobile Cartel: Made in the USA," *Regulation* 12: 1, pp. 11–16.

Eaton, Jonathan and Gene M. Grossman (1986), "Optimal Trade and Industrial Policy under Oligopoly," *The Quarterly Journal of Economics* 101: 2 (May), pp. 383–406.

Harris, Richard (1985), "Why Voluntary Export Restraints Are 'Voluntary'," *The Canadian Journal of Economics* 18: 4, pp. 799–809.

Krishna, Kala (1989), "Trade Restrictions as Facilitating Devices," *Journal of International Economics* 26, pp. 251–270.

Mannering, Fred, and Winston, Clifford (1987), "Economic Effects of Voluntary Export Restrictions," in Winston, Clifford (ed.), *Blind Intersection: Policy and the Automobile Industry*, Washington, DC: Brookings Institution, pp. 61–67.

Richman, Sheldon L. (1988), "The Reagan Record on Trade: Rhetoric vs. Reality," *Cato Policy Analysis* No. 107 (May 30).

Ries, John C. (1993), "Windfall Profits and Vertical Relationships: Who Gained in the Japanese Auto Industry from VERs?" *The Journal of Industrial Economics* 41: 3 (September), pp. 259–276.

Tharp, Mike (1981), "U.S. and Japan Agree on Ceilings for Car Shipments," *The New York Times*, May 1, 1981, p. A1.

# 11 iPod は米国で作られるべきか？

Martin Ley/Age Fotostock America, Inc.

ビデオ iPod。写真の著作権はハーマン・ユン。

## 11.1 いたるところで作られる

米国の製造業は近年，外国の競争相手に追いついていくのにかなり苦労していて，次々と製品分野の市場シェアを失いつつある。このような状況で，iPod は例外的な成功例だ。それはアメリカ製品で，カリフォルニア州クパチーノ市のアップル社が 2001 年に発表して以来，世界に旋風を巻き起こし，人々の音楽の聴き方を変革した。

しかし，iPod は本当にアメリカ製品なのだろうか？ カリフォルニア大学の研究グループが，30 ギガバイトのビデオ iPod の生産について，各生産段階がどこで行われているのか，また関係する各国が占める所得のシェアがどれくらいかを（アップル社の協力なしに）分析した（Linden, Kraemer and Dedrick 2007）。彼らは，ひとつの製品が 400 以上の部品を含み，それらの大部分が原産地不明であることを発見した。主要な部品はすべて原産地を特定できるもので，日本や中国，台湾，シンガポール，韓国でその部品を生産する製造者から入手していた。加えて，iPod は中国で組み立てが行われており，それは台湾に本社があるフォックスコンなどの企業との契約で行われている。これらの企業の多くは，香港の近くの深圳市竜華区にある無秩序に広がった工業団地に立地している。そこでは 20 万人の労働者が居住し，働いている（イギリスの新聞『メール・オン・サンデー』（*The Mail on Sunday*, 2006）のレポート記事を参照）。

ということで，iPod はほとんどが米国の外で作られた部品を使って，米国の外で組み立てられているが，依然としてアメリカ企業の製品である。これは，この 10 年間で加速した傾向の一例だ。この傾向はしばしば**生産のグローバル化**と呼ばれ（あるいは生産の**フラグメンテーション**とも呼ばれることもある），企業が複数の国から投入物を調達し，費用最小化を達成するために生産工程を複数の国にまたがって配置するものである。もしもある企業が，コンピュータのプログラミングやデータ入力，会計，コールセンター業務など，自国でもできるはずのビジネスサービスを行うために他の国で労働者を雇っていたとしたら，その企業は**サービスのオフショアリング**に従事している。もしもある企業が，他の国の労働者を雇って，縫製や組み立てなどのような製造業務を，その企業の本国にいる労働者の代わりにやらせる場合，その企業は**生産をオフショア（外国に外注）し**

ていると言える[1]。

　これは，国内で生産されていたかもしれない中間投入物を輸入することと，ほとんど区別がつかないことがある。企業の業務に関するグローバル化のこうした形態のすべては密接に関係しており，同様の経済効果をもたらし得る。

　iPod の生産工程がどの程度グローバル化されたかは，特筆に値する。例えば，『メール・オン・サンデー』（*The Mail on Sunday*, 2006）で報告されているように，iPod Nano の中心的な部品は PortalPlayer 社のマイクロチップだが，それは「英国の企業 ARM からライセンスを受けた技術」で作られ，「その後カリフォルニア州，ワシントン州，そしてインドのハイデラバードにある PortalPlayer 社のプログラマーによって改良された。完成したチップには，約 100 万行のプログラムコードが載っている。」そのチップはそれから台湾の企業によって作られ，台湾の他の企業やさらに韓国の他の企業によっても加工され，香港に輸送される。そこで必要になるまで倉庫に保管され，最終的に iPod に組み込むために中国本土に送られる。これが**単一の部品**——全部で 400 あるうちのひとつ——のためのすべての工程だ。

　iPod の例では，生産のグローバル化の複雑さを極端に感じるかもしれないが，重要な点ではそれは決して珍しいものではない。フンメルスとイシイとイーは，垂直的分業，つまり輸出品を作るために使う投入物の輸入，の増加について述べている（Hummels, Ishii and Yi 2001）。そこで彼らが示しているのは，垂直的分業が世界中で急速に成長しており，世界貿易の成長の 3 分の 1 を占めるという事実だ。米国経済のいたる所でオフショアリングは増えてきた。コールセンターや情報技術サービスがインドにオフショアされている話はよく知られており，また米国企業は 1994 年の北米自由貿易協定（North American Free Trade Agreement：NAFTA）の成立以降，マキラドーラとして知られるメキシコの組立工場に業務のオフショアリングを広げている（Hummels, Rapoport and Yi（1998）を参照）。米国の製造業者によるビジネスサービスのオフショア

---

1　これらの現象を説明するために使用される用語には多くのバリエーションがある。例えば，ここでオフショアリングと呼ばれるものは，国際的なアウトソーシング（外部委託）と呼ばれることもあり，また一般向けの記事ではふつう，単にアウトソーシングと呼ばれる。これらの用語は混乱を招く場合がある。というのも，アウトソーシングは，国内か海外かを問わず，業務を委託するために別の企業を雇うことを意味する場合があるからだ。オフショアリングは，ある仕事を他の企業が行うかどうかにかかわらず，単にその仕事を他の国に移すことを意味する。それがこの章の焦点である。

リングは，1990年代に年間6.3％上昇した（Amiti and Wei（2006）。Bhagwati, Panagariya and Srinivasan（2004）も参照）。多くの論者が，これを脅威と見なしている[2]。様々な疑問が沸き起こる。これは問題なのだろうか？　経済にとって悪いことなのか？　先進工業国のブルーカラー労働者にとって悪いことなのか？　はっきり言って，iPodは米国で作られるべきなのだろうか？

　私たちはこれから，上記の疑問に対して国際経済学者が与える，より有力なほんの一握りのアプローチを見ていく。そして，彼らのアプローチが正解に近いかどうかを確かめる。その過程で，iPodに関する疑問よりもはるかに一般的なオフショアリングの理論を取り上げる必要が出てくるだろう。それは，サービスのオフショアリングや関連する活動を解明するのにも役立つ。

## 11.2　オフショアリングと不平等：フィーンストラ＝ハンソン理論

　おそらく，オフショアリングの効果について最もよく知られている理論は，フィーンストラとハンソン（Feenstra and Hanson 1996）によるものだろう。彼らは，各国間での業務の配分に関するフォーマルなモデルを構築している。彼らのモデルでは，技能が豊富な国の生産者はオフショアリングによって，彼らにとって最も技能集約的でない業務を技能が不足している国に移すことができる。これらの業務は，技能が豊富な経済では最も技能集約的ではないが，技能が**不足している**経済ですでに行われている業務**よりも**技能集約的だ。その結果，労働の技能集約度は両国経済で共に高まり，両国で熟練労働者に対する相対的需要が増加し，熟練労働者の相対賃金は上昇する。したがって，フィーンストラとハンソンの理論は，オフショアリングはすべての国で所得格差を引き起こす傾向があると予測している。

　この理論がどういう仕組みになっているのかを見るために，この議論の非常に定型化され単純化されたバージョンを考えてみよう（もともとのモデルは，ここで提示されるものより精巧かつ複雑で，多くの細かい点で異なっているが，議論

---

2　2004年の世論調査では，アメリカ人が懸念している問題の中で「世界経済の競争と米国の雇用のアウトソーシング」がテロリズムを上回った。回答者の63％がこの問題に「大いに関心がある」または「非常に関心がある」と答え，46％がこの問題について最も重要，または2番目に重要な問題であると答えたのだ（p. 5）。Greenberg Quinlan Rosner Research（2004）を参照。

の本質は同じだ）。2つの国が存在すると考え，それらを米国とメキシコと呼ぼう。そこではただひとつの製品が多数のプライス・テイカー企業（すべて本社は米国にある）によって，熟練労働と非熟練労働を用いて生産されている。具体性を持たせるため，この製品はトランジスターラジオで，ラジオの価格は1ドルに固定されているとしよう。各ラジオの生産には，3つのタスク（作業）が必要だとする。タスク1は部品の組み立てで，そこでは内部の電子部品が組み合わされる。タスク2は外部の組み立てで，そこでは外側のケースと消費者がいじるためのつまみとスイッチが組み合わされる。タスク3は，製品が要求どおりに動くかを確認するためのテストだ。各ラジオが販売に向けて準備完了となるためには，3つの段階すべてを踏まなければならない。

　各タスクは両方のタイプの労働を必要とし，両者は固定された比率で組み合わされると仮定する。1,000個のラジオについて，タスク1を行うには，5単位の非熟練労働と2単位の熟練労働を必要とする。1,000個のラジオについてタスク2を行うには，各タイプの労働を3単位必要とする。1,000個のラジオについてタスク3を行うには，2単位の非熟練労働と5単位の熟練労働を必要とする。これらの生産関数は両国とも同じであり，図11.1に示されている。この図には2種類の労働が2つの軸にとられ，ラジオ1,000個の生産に対する各タスクの等産出量曲線が描かれている。明らかに，タスク3はタスク2に比べて熟練労働集約

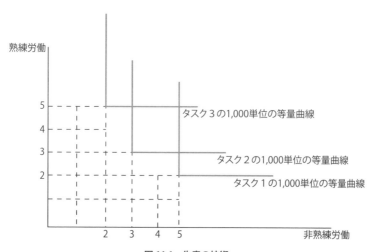

図 11.1　生産の技術

的で，タスク2はタスク1に比べて熟練労働集約的である。

　労働者は異なる国の間を移動することはできないが，各労働者はどれだけ働くかを選択できるものとしよう。したがって，各国において，熟練労働の賃金の関数として右上がりの熟練労働供給曲線と，非熟練労働の賃金の関数として右上がりの非熟練労働供給曲線が存在する。(労働供給曲線は**実質**賃金に依存するが，ラジオの価格が1ドルに固定されているので，名目賃金と実質賃金には違いがないことに注意しよう。) 単純化のため，両国とも両タイプの労働について，労働供給の弾力性は $\epsilon > 0$ という値で一定だと仮定しよう。よって，各国で供給される熟練労働と非熟練労働の比率は，熟練労働者の相対賃金 $w^S/w^U$ の増加関数となる。米国はメキシコに比べて熟練労働が豊富であるとして，次のように仮定しよう。熟練労働者の相対賃金の任意の値に対して，米国における熟練労働者と非熟練労働者の比率はメキシコの3倍だとする。この労働供給の違いが両国間の唯一の違いである。このようなモデルでは，均衡において熟練労働者の相対賃金 $w^S/w^U$ はメキシコよりも米国の方が低くなければならない，ということになる。

　賃金は，生産者が生産工程の一部を米国に，また一部をメキシコに置くことを選ぶように調整されなければならない。このことは，より熟練労働集約的なタスクが米国で行われる一方，最も熟練労働集約的ではないタスクがメキシコで行われる，という意味であることに注意しよう。これは図11.2に描かれている。そこには米国の単位等費用線（雇うのに1ドルの費用がかかる，熟練労働と非熟練労働のすべての組み合わせを意味する）と，メキシコの単位等費用線が示されている。メキシコの曲線の方が傾きが緩やかなのは，その傾きが非熟練労働者の相対賃金 $w^U/w^S$ に等しく，米国よりもメキシコの方がその値は小さいからだ。各ラジオ生産者は，1ドルの費用でタスク1の生産量が最も多く得られる国にタスク1を配置する。よって，各国について単位等費用線に沿ってタスク1の最大生産量を見つけ，その量がより大きい方の国を選ぶ。メキシコで1ドルの支出に対して生産可能なタスク1の最大量は，図11.2の点 $F$ で示される。図に描かれているように，この1ドルの支出で，メキシコの方が米国よりも多くのタスク1を達成できる。なぜなら，米国の単位等費用線は点 $F$ に対応する等量曲線に届かないからだ。したがって，タスク1はメキシコでより安く生産できるため，企業はメキシコでの生産を選ぶ。同様の推論によって，企業が米国において1ドルで達成できるタスク3の最大生産量は，点 $H$ によって与えられる。これは，同じ

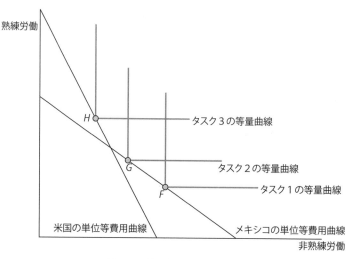

熟練労働

H

タスク3の等量曲線

G

タスク2の等量曲線

F

タスク1の等量曲線

米国の単位等費用曲線

メキシコの単位等費用曲線

非熟練労働

**図11.2　国ごとのタスクの配置**

支出に対してメキシコで達成できる量よりも多い。メキシコの単位等費用線は点
*H*に届かないからだ。したがって，タスク3は米国で行われる。

　この図の描かれ方によると，タスク2の生産はメキシコで（*G*点で）最も安
く行うことができることに注意しよう。ラジオの製造者はすべてメキシコでタス
ク2の生産を行い**たい**が，当初それができないと仮定する。その理由としては，
そのタスクを国境を越えて他のタスクと調整することが困難なこと，あるいは未
完成品を国境を越えて輸出入する際に支払うべき関税が法外に高いことが考えら
れる。もしかしたら，タスク2は多くの管理業務を必要とし，米国の経営者がメ
キシコの工場と十分に意思疎通を図って，そのレベルの管理業務を行うことは
難しいかもしれない。その場合，ラジオの生産のうちタスク2とタスク3が米国
で行われる必要があるが，タスク1はメキシコで行われる。1か月当たり1,000
個のラジオを生産するには，米国で1,000単位のタスク2を実行するのに十分な
熟練労働と，1,000単位のタスク3を実行するのに十分な熟練労働者が必要とな
る。したがって，米国で必要とされる熟練労働の合計量は，タスク2のための熟
練労働3単位とタスク3のための熟練労働5単位を加えた，熟練労働8単位とな
る。1か月で1,000個のラジオを生産するにはまた，タスク2の生産量1,000単
位を達成するのに十分な非熟練労働とタスク3の生産量1,000単位を達成するの
に十分な非熟練労働も必要とする。よって，タスク2の非熟練労働3単位とタス

ク3の非熟練労働2単位を加えた，非熟練労働5単位が必要となる。これは，米国における熟練労働の相対需要が8/5つまり1.6に等しいことを意味する。同様に，メキシコにおける熟練労働の相対需要は，タスク1の生産1,000単位に必要な熟練労働2単位を，それに対応する非熟練労働5単位で割った0.4となる。

　均衡相対賃金は，各国の熟練労働の相対供給が相対需要に等しいという条件によって決められる。米国の場合，これは図11.3に示されている。この図では縦軸に非熟練労働の相対賃金 $w^S/w^U$ が，横軸に熟練労働者の相対的な雇用量がとられている。垂直な実線は熟練労働の相対需要を示し，右上がりの線は熟練労働の相対供給を示している。均衡は $A$ 点で示されている。図11.4はメキシコの労働市場について同じ情報を示しており，均衡は $B$ 点である[3]。

　ここで，タスク2のオフショアリングが実現可能になったとしよう。これは，通信技術の急速な進歩によってメキシコでタスク2を他のタスクと一緒に効果的

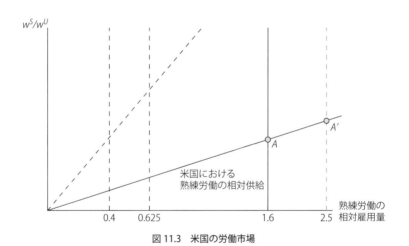

図 11.3　米国の労働市場

---

3　完全な均衡を求めるのは，もっと複雑だ。内生変数は5つある。つまり，4つの賃金と $R$ で示されるラジオの生産量だ。4本の労働市場の均衡式がある。各国の熟練労働市場についての式と，各国の非熟練労働市場についての式だ。例えば，米国の非熟練労働に対する需要は，タスク3で生産されるラジオ1個当たり2単位，タスク2で生産されるラジオ1個当たり3単位の，計 $(3+2)R$ に等しい。これは米国の非熟練労働の供給量（非熟練労働の賃金の関数である）に等しくなければならない。さらにゼロ利潤条件もある。それは，ラジオ1個を生産するための3つのタスクすべてにかかる総費用が1ドルとなる，ということだ。これらをまとめると，5本の方程式と5つの未知数が得られる。しかし，要点を理解するためには，これらの詳細を気にする必要はない。

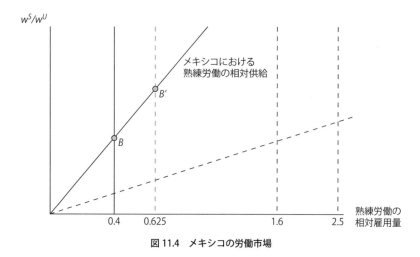

$w^S/w^U$

メキシコにおける
熟練労働の相対供給

$B'$

$B$

| 0.4 | 0.625 | 1.6 | 2.5 |

熟練労働の
相対雇用量

**図 11.4　メキシコの労働市場**

に行えるようになったためかもしれないし，未完成品の国境を越えた輸出入に対
して課されていた高い関税が撤廃されたためかもしれない。タスク 2 がメキシコ
に移動すると，米国における相対労働需要は，タスク 3 における必要労働量から
求められる必要がある。それはつまり，熟練労働 5 単位を非熟練労働 2 単位で
割った，2.5 という比率になる[4]。これは図 11.3 においてグレーの垂直な破線で
示されている。これは熟練労働の相対需要の増加を意味するので，新しい均衡点
$A'$ で示されるように，米国の熟練労働者の相対賃金は上昇しなければならない。
メキシコでは，オフショアリング前の相対労働需要はタスク 1 の必要労働量に
よって与えられていたが，オフショアリングが行われると，タスク 1 とタスク 2
の必要労働量の合計で与えられる。つまり，タスク 1 の熟練労働 2 単位にタスク
2 の熟練労働 3 単位を加えたものを，タスク 1 の非熟練労働 5 単位とタスク 2 の
非熟練労働 3 単位の合計で割るので，その値は 5/8 つまり 0.625 となる。これは
図 11.4 においてグレーの垂直な破線で示されている。この場合もやはり，労働
需要の熟練労働集約度の上昇となり，よってメキシコの相対賃金は上昇しなけれ
ばならない。これは $B'$ 点という新たな均衡で示されている。これにより次の主
要な結果が得られる。つまり，オフショアリングは**両国の経済**において賃金格差

---

4　均衡の完全な分析は，タスク 2 の一部が米国で，一部がメキシコで行われる可能性も考慮に入れた
　ものとなる。単純化のため，その議論は省略する。

を拡大し，熟練労働の相対供給を増大させる。

　要は，技能の豊富な国から技能の不足している国に移動した作業であるタスク2が，技能豊富国では**最も**技能集約的**ではない**仕事だが，技能の不足している国では**最も**技能集約的な仕事になる，ということだ。この理論について，重要なことを述べておこう。それは，第6章で議論した労働市場の経験に関する難問を説明するのにこの理論が役立つ，ということだ。労働市場の経験とはつまり，グローバル化が進むにつれて，1人当たりの所得水準が様々に異なる国や，各国内の様々な産業で，熟練労働者の相対賃金とその相対雇用水準が同時に上昇していったことだ。フィーンストラ＝ハンソン理論は，これが生産のグローバル化の結果である可能性を示唆している。それは，最終財の貿易の結果として説明するのは難しいが，作業や中間投入物の貿易の結果として考えられるということだ。

　ここでの目的にとっては，タスク2のメキシコへのオフショアリングがメキシコの企業へのアウトソーシングによるものなのか，それとも米国の多国籍企業によるメキシコ人労働者の直接雇用によるものなのかは関係ない，ということに注意したい。ミシガン州シボイガンのABCラジオ・コーポレーションは，メキシコの現地企業と契約し，その生産設備を所有・運営し，労働者を雇用して，タスク2をオフショアすることができた。これはアウトソーシング，あるいはアームズ・レングス（独立企業間）貿易と呼ばれることがある。これに対して，ABCはメキシコに自社の子会社を設立し，自社の生産設備を運営し，その子会社を通じて労働者を直接雇用することもできた。これは，もちろん，垂直的直接投資となる。これらのどちらもタスク2のオフショアリングを構成し，均衡に対して全く同じ効果を持つ[5]。

　フィーンストラ＝ハンソン理論の最後のポイントは，オフショアリングによって米国の非熟練労働者の賃金が上昇する可能性も，下落する可能性も，どちらも理論と矛盾しないという点だ。メキシコの賃金がオフショアリングによって上がり過ぎなければ，米国の国民所得は増えるが，同時に非熟練労働者の所得の占める割合は低下する。つまり，米国の非熟練労働者はより大きくなったパイのうち，より小さなシェアしか得られない。パイの拡大とシェアの低下のどちらの効

---

5　業務を他の企業へ外注するか，企業内に留めるかの決定は，産業組織論の分野における豊富な文献の主題である。それは経済的な効率性に関するいくつかの側面にとってかなり重要になる可能性があるが，それはここで検討している所得分配に関する問題にとっては重要ではない。

果が支配的かによって，米国の非熟練労働者の賃金は上がる可能性も下がる可能
性もある。一方，メキシコの労働需要の増加に伴い，メキシコの賃金は米国の国
民所得が実際には**減少する**ほど十分に上昇する可能性がある。その場合，米国の
非熟練労働者の賃金は，**より小さくなった**パイの中のより小さなシェアとなるた
め，確実に下がる。これは実質的に，米国の交易条件が悪化するケースである。
なぜなら，これは米国がメキシコの労働を輸入するモデルだからだ。結果的に，
メキシコの賃金の上昇がどれほどであっても，それはメキシコの生活水準を向上
させ，米国の交易条件を悪化させる。

　次のようにまとめることができる。このモデルは，オフショアリングによって
**賃金格差**が（両国で）生じることを明確に予測するが，米国の賃金の**絶対水準**へ
の影響については明確な予測はできない。


# **11.3**　オフショアリングと生産性：代替的なモデル

　オフショアリングについて関連した解釈をしつつも極めて異なる結論を導い
たのが，グロスマンとロッシ・ハンスバーグによる論文（Grossman and Rossi-
Hansberg 2008）である。彼らは，これまで非熟練労働者が行っていた作業の一
部を海外で行う機会があると，非熟練労働者の生産性が上がり，結果的に非熟練
労働者の賃金が上がると主張している。

　この議論を最も単純な形で見るために，ラジオと衣料品を生産する小国開放経
済（「自国」と呼ぶ）を考えよう。ラジオ1個を生産するには，管理職務を果た
すために3単位の熟練労働が必要であり，加えて物理的な生産を行うためにいく
らかの非熟練労働が必要である。この非熟練労働はタスク1（部品の組み立てな
ど）に労働1単位，またタスク2（最終的な組み立てなど）に労働1単位を必要
とする。衣料品1単位の生産には，管理職務を果たすために2単位の熟練労働が
必要であり，加えて物理的生産を行うために非熟練労働がいくらか必要である。
この非熟練労働はタスク1（ズボンの型紙に正確に沿った布の裁断など）の生産
に労働2単位，またタスク2（ズボンを完成品にするための布の縫製など）の生
産に労働2単位を必要とする。ラジオ1個の価格と衣料品1単位の価格はどちら
も1ドルに等しく，また小国開放経済であるため，変化しない。この話では，あ
る財（ラジオ）が他の財と比べて熟練労働集約的だが，フィーンストラ＝ハンソ

ンの話とは異なり，すべての**タスク**は同程度に非熟練労働集約的であることに注意しよう。

当初，両財とも両方のタスクが自国で行われているとする。両方のタイプの労働の労働賃金は以下のゼロ利潤条件によって決定される：

$$(1+1)\,w^U+3w^S=1,$$
$$(2+2)\,w^U+2w^S=1$$

ここで $w^U$ は非熟練労働者の賃金を表し，$w^S$ は熟練労働者の賃金を表す。最初の方程式はラジオのゼロ利潤条件であり，2番目の方程式は衣料品のゼロ利潤条件である。これらを解いて賃金を求めると，$w^U=0.125$ と $w^S=0.25$ が得られる。これらは図11.5の $D$ 点で示されている。この図には，2本のゼロ利潤条件も黒い線で描かれている。

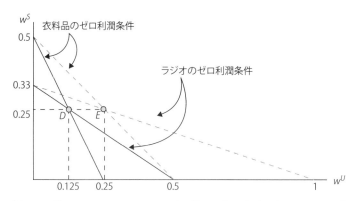

図11.5　グロスマン＝ロッシ・ハンスバーグ・モデルにおけるオフショアリング

ここで，自国はラジオ生産のタスク1も，衣料品生産のタスク1も，労働が非常に安価な別の国へオフショアリングできるようになったとしよう。議論の便宜上，当該の外国における労働費用は無視できると仮定し，よってこれらのタスクは今や外国人労働者によってほとんど無報酬で行われるとしよう。自国の非熟練労働者は，今や自国の生産者が非熟練労働者の仕事の一部を取り上げ，代わりに外国にいる極端に低賃金の労働者にやらせることを検討しているのではないかと心配になる。

オフショアリングが自国の賃金に与える効果はどうなるか？　今や各産業でタ

スク1の生産が実質的にタダで行われるので，ゼロ利潤条件は次のようになる：

$$w^U + 3w^S = 1,$$
$$2w^U + 2w^S = 1$$

これらを解いて賃金を求めると，$w^U = 0.25$ と $w^S = 0.25$ が得られる。これは図11.5の E 点で示されている。この図には，新しいゼロ利潤条件もグレーの破線で描かれている。熟練労働者の賃金は変化しないが，非熟練労働者の賃金は今や**2倍になっている。**

オフショアリングによって自国の非熟練労働者がより裕福になるというのは，意外な結果かもしれない。というのも彼らは，実際には，非常に低賃金の労働者によって置き換えられているからだ。しかしここでのポイントは，オフショアリングが自国の非熟練労働者の生産性を2倍にするのと同様の効果を持つということだ。つまり，自国の労働者を雇う自国の雇用主は，オフショアリングなしで雇用していた労働の2倍の労働を得ることになる。この完全競争モデルでは，そのような生産性の上昇は賃金に転嫁される。幾何学的には，図11.5における2本のゼロ利潤線は右に2倍分シフトするので，熟練労働者の賃金を変えることなく非熟練賃金の均衡を2倍にすることで均衡を回復する。

次のようにまとめることができる。このモデルからは，米国における非熟練賃金の**絶対水準**の上昇に加えて，賃金格差が（少なくともオフショアリングを行う国で）減少することが予測される[6]。

## 11.4 これらの理論はデータの検討にどう耐えうるか？

さっきの節とその前の節で提示されたオフショアリングの2つのモデルは，その現象について全く異なる解釈を示唆している。これらのモデルは，データの検討にどう耐えうるだろうか？

簡単に言うと，賃金格差が上昇するというフィーンストラ＝ハンソン仮説は，元の1996年の論文における実証研究から始まって，多くの異なる研究によって

---

6　ここでは，彼らのモデルの最も基本的なバージョンを紹介した。原著論文（Grossman and Rossi-Hansberg 2008）では，これらの結果がより精巧なバージョンでどのように覆されるのかが示されている。

支持されてきた。元の論文において著者たちは，米国の450の産業に関するデータを使用し，各産業のオフショアリングの程度を，中間投入の輸入によって計測した。（これはオフショアされた「タスク」の尺度と厳密には同じものではないが，かなり近い。なぜなら，例えばハードディスク・ドライブを国内ではなく外国から買うことは，国内で労働者を雇いハードディスク・ドライブを組み立てる代わりに外国人労働者を雇って組み立てるのと，ほぼ同じことだからだ。）

　フィーンストラとハンソンはそれから，ある産業におけるオフショアリングの程度の時間を通じた変化が，その産業で支払われた国内賃金に占める熟練労働のシェアの変化と正の相関があることを示した。これは理論が予測したとおりだ。さらに言えば，国境を挟んだメキシコ側については，メキシコへのオフショアリングが増加した期間（1980年代）を通じて，非生産労働者の賃金が生産労働者の賃金と比べて相対的に上昇し，非生産労働者の雇用が生産労働者の雇用と比べて相対的に増加したことを彼らは示している。これは重要なことで，理論と整合的だ。なぜなら，非生産労働者はエンジニアリングや会計などの管理・技術分野にいる傾向があり，高い技能を持っているからだ。したがって，非生産労働者と生産労働者とに分ける方法は，熟練労働者と非熟練労働者との分類についての適切な代理変数となる。さらには，これら2つのモデルはマキラドーラ部門——米国の国境近くにある工場から成る部門で，そこでは輸出用の組み立て作業が行われ，主に米国の多国籍企業がオフショアリング目的で使っている——の急成長を考察している。非生産労働者の相対賃金の上昇および相対雇用の増加は，マキラドーラ工場を多数含む州で最も急激であり，それはフィーンストラ＝ハンソン・モデルのように，オフショアリングが推進力となった可能性を示唆している。その後のかなり多くの研究が，フィーンストラ＝ハンソンの予測を支持している。彼らの後の展望論文（Feenstra and Hanson 2002）やSitchinava（2008）を参照してほしい。後者は，最新かつ精緻化された推定と共に網羅的な概説を提供している。

　これよりずっと最近のものであるグロスマン＝ロッシ・ハンスバーグ仮説を実証的にテストした研究は，多くは存在しない。オフショアリングの結果，米国の非熟練労働者の賃金は上昇するが熟練労働者の賃金は上昇しない，という文字通りの発見は，データに当てはまらない。このことはオフショアリングが賃金格差を縮小させることを意味するが，上述の現在得られている検証結果はオフショア

リングが賃金格差を**拡大させる**ことを示唆している，という点に注意しよう。しかし，このモデルの最も良い解釈は，それが非常に明確な方法でオフショアリングの生産性効果を強調している，ということだ。この因果関係については，多くの研究は存在していない。ひとつの例は Sethupathy（2009）で，メキシコにオフショアリングした企業は生産性効果を実現し，その一部が国内労働者により高い賃金をもたらした，という検証結果を示している。

　強調しておきたいのは，フィーンストラ＝ハンソン理論では，高い技能を持つ国の非熟練労働者がオフショアリングの結果，実質所得の上昇と下落のどちらを経験するかを明確にしようとはしていない，ということだ。一国の GDP に占める彼らのシェアは低下するが，最も低コストの場所で業務を調達できるために生産性が高まるので，GDP は増加する。結果として，その理論では，米国の労働者の実質所得はオフショアリングによって増加も減少もする可能性があるが，非熟練労働者の相対賃金に最も焦点が当てられているためにそのことは忘れられやすい。グロスマン＝ロッシ・ハンスバーグ・モデルは，この生産性効果と，それに付随して非熟練労働者の実質賃金が上昇する可能性を，可能な限り明確にしている。

## **11.5**　別のアプローチ：総雇用量からの証拠

　オフショアリングが労働者に与える効果を評価するもうひとつの方法は，集計された雇用量の傾向を調べることだ。このアプローチを理解するため，5.5 節で提示した混合特殊要素モデル（別名リカード＝ヴァイナー・モデル）のような単純な貿易モデルを考えよう。2 つの産業があると仮定する。ひとつは多国籍企業を通じて生産が行われるもので，生産施設は自国にも他の国にもあるものとする。もうひとつは，国内企業のみによって生産が行われるもので，生産設備はすべて自国にある。単純化のため，多国籍部門は 1 種類の財のみを生産し，非多国籍部門も 1 種類の財のみを生産すると仮定し（これは私たちの議論にとって本質的な仮定ではない），両財の価格は世界市場で固定され，変化しないものとする（こっちの方はかなり重要な仮定だ。オフショアリングにおける交易条件効果の分析は，Bhagwati, Panagariya and Srinivasan（2004）を参照のこと）。それに加えて，すべての労働は同質的であると仮定する。つまり，ここでは熟練労働と

非熟練労働との違いには焦点を当てない。当初，オフショアリングは不可能であると仮定する。多国籍企業は外国市場向けに海外生産を行うが，国内市場向けの生産を支援するために外国人労働者を雇うことはできない。均衡は，図 11.6 に示されているようなものとなる。縦軸は賃金を表している。多国籍部門からの労働需要は，左側の軸から右下がりに描かれるグレーの曲線で示され，多国籍企業の国内雇用 $L^M$ は左の軸から右方向に測られる。非多国籍部門の労働需要は，右側の軸から右上がりに描かれるグレーの曲線で示され，非多国籍企業の雇用 $L^N$ は右の軸から左方向に測られる。当初の均衡賃金は $w^*$ で示されている。

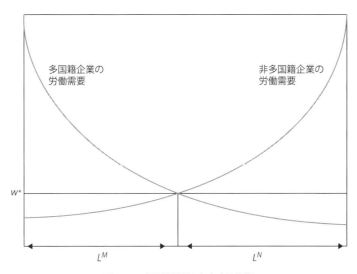

図 11.6　多国籍部門の存在する均衡

　いま，技術あるいは政策の変化によって，多国籍企業が海外の生産設備の一部を国内市場向けの生産に役立てることが可能になったとしよう。2つの可能性が存在する。この生産のグローバル化の一環として外国人労働者の行う業務が，国内の労働を**代替**するものになるか，それとも国内の労働を**補完**するものになるか，のどちらかだ。前者のケースの例としては，生産工程がひとつの作業のみから成り，その作業を外国人労働者は国内労働者と全く同じくらい上手に，しかも $w^*$ よりも安い賃金で喜んで行うような場合が挙げられる。後者の例は，ある業務をそれらの仕事が得意な外国人労働者に代わりにさせて，国内労働者には彼らが得意な業務に専念させることにより，国内労働者の生産性を高めるような状況

だ[7]。例えば，おそらく生産のグローバル化によって，外国人労働者が組み立て
や検査を行う一方，自国の労働者はデザインや最後の仕上げ，マーケティングな
どに専念できるようになるだろう。この議論では，その効果は純粋な代替か純粋
な補完のどちらかであると単純に仮定する。

　より正確には，2つの可能性がある。このモデルにおいては，生産工程におい
て外国人労働者が利用可能になることで，次のどちらかが起こる。ひとつは，多
国籍部門における国内労働の限界生産物が低下し，図 11.6 における多国籍企業
の労働需要曲線が下にシフトする。あるいは，多国籍部門における国内労働の限
界生産物が上昇し，多国籍企業の労働需要曲線が上にシフトする。前者の場合，
外国の労働と国内労働は代替的であると言い，後者の場合，両者は互いに補完的
であると言う。

　まず，外国の労働が国内労働と代替的な場合を考えよう。この単純なモデルに
おいてそれが意味するのは，多国籍企業が今や国内生産のためにいくらかの外国
の労働，例えば $L^F$ だけの外国の労働供給を，$w^F$ の賃金で入手できるというこ
とだ。ここで $F$ は外国を表す。すると，均衡は図 11.7 のように変化する。四角
形は追加的な労働 $L^F$ の量だけ横に長くなり，また多国籍部門の新しい労働需要
曲線はグレーの破線で描かれる。この曲線は以前と同じものだが，追加的な労働
の分だけ左にシフトしている。国内労働者の観点からは，その結果は，まるで多
国籍企業の労働需要曲線がオフショアリングによって下方シフトしたかのような
ものとなる。結果的に，新しい均衡賃金 $w^{**}$ は，当初の賃金よりも低くなる。
明らかに，この場合オフショアリングは国内労働者に損失をもたらす（たとえそ
れが国民所得を増やし，特殊要素の所有者の利益が労働者の損失を上回るとし
ても）。それに加えて，新しい均衡が古い均衡の左側にある（言い換えれば，図
11.7 の $L^M$ が図 11.6 におけるそれよりも小さい）という事実が示すように，多
国籍部門はその国内労働力を減らすことになる。その結果，データでは，国内雇
用に占める多国籍部門の割合の低下が見られるはずだ。さらに，多国籍企業の外
国の労働力は，国内労働力の縮小に伴い増加する（$L^F$ の増加は $L^M$ の減少をも
たらす）。これらの結果は，代替仮説の証拠を示す符号として機能しうる。

---

7　11.3 節のモデルは後者の種類の例である。そこでは，外国人労働者は国内労働者を補完している。
　11.2 節のモデルは，代替と補完の両方の要素が混ざっている。

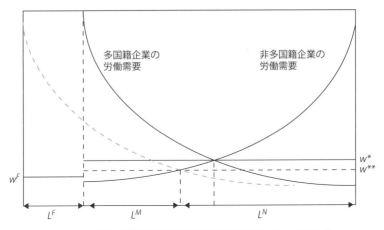

**図 11.7** 外国の労働が国内労働と代替的な場合のオフショアリング

　今度は，外国の労働が国内労働と補完的な場合を考えよう。この場合，均衡は図 11.8 のように変化する。多国籍部門の新しい労働需要曲線はグレーの破線で与えられる。また，新しい賃金はやはり $w^{**}$ で示されているが，当初の賃金より高くなっている。明らかに，ここではオフショアリングは国内労働者に**利益をもたらしている**。それに加えて，多国籍部門は国内労働力を**増加させ**，データで

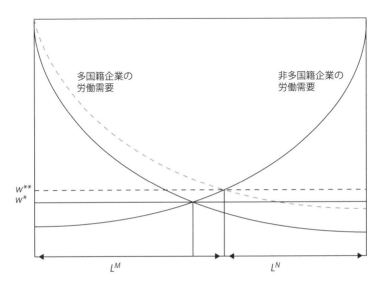

**図 11.8** 外国の労働が国内労働と補完的な場合のオフショアリング

は，国内雇用に占める多国籍部門の割合の上昇が見られるはずだ。さらに，多国籍企業の外国の労働力も，国内労働力と同じ方向に変化する——両者とも増加するのだ。これらの結果は，補完仮説の証拠を示す符号として機能しうる。

　スローター（Slaughter 2004）は，1991 年から 2001 年における多国籍企業による雇用について，経済分析局（Bureau of Economic Analysis：BEA）からの公的に入手可能なデータを使用し，これら 2 つの仮説を互いに比較して検討しようと試みた。まず，用語を明確にすると，各多国籍企業は本国（ここでは米国）におけるその企業の事業である「親会社」と，他の国にある多国籍企業の事業である 1 社以上の「子会社」から成り立っている。子会社は，多国籍企業によって完全に所有されている生産あるいは物流の施設の場合もあるが，それ以外の場合には多国籍企業が部分的な所有権を持つような外国の企業である。1990 年代は，メキシコのマキラドーラ部門が非常に急速に成長し，中国とインドがますます世界経済に統合されていったように，オフショアリングの可能性が急速に成長した期間だった。この期間において，スローターは米国の多国籍企業による外国子会社での雇用が急速に成長し，1991 年の 690 万人から 2001 年の 980 万人へと，42％の上昇となったと述べている。しかし，米国の親会社による雇用もまた増えており，1991 年の 1,800 万人から 2,350 万人へと，30.6％の上昇であった。さらには，米国の親会社における雇用の増加分である 550 万人は，子会社における増加分の 290 万を大きく上回っており，ゆえにスローターは「米国の多国籍企業が外国の子会社で生み出したひとつの仕事に対して，米国の親会社ではほぼ 2 つの仕事を生み出した」と結論づけた（p. 1）。それに加えて，米国の多国籍企業の親会社による雇用が米国の総雇用に占める割合は 16.6％から 17.8％に成長し，それは多国籍企業による国内雇用が国内の非多国籍企業による雇用よりも速く成長したことを意味している。総じて，これらのデータは図 11.8 の補完モデルで示した符号が当てはまる。スローターがまとめた科学的証拠，つまり親会社と子会社は（例えば，製造業と卸売りなどのような）異なる種類の業務を行う傾向にあるという検証結果を合わせると，それらは 1991〜2001 年の期間において補完仮説が支持される強い根拠となるようである。

　スローターの検証は，より最近の BEA のデータを使って更新することができる。1988 年から 2006 年までのデータに基づいて示したのが，図 11.9 だ。（ずっと洗練された最新の分析は，Desai, Foley and Hines（2009）によってさらに厳

密な方法で行われ，概ね同様の結果が得られている。）図 11.9a の黒い曲線は，米国の多国籍企業による米国の親会社の雇用，つまり多国籍企業による米国国内の雇用を示しており，グレーの曲線は多国籍企業による子会社の雇用，つまり多国籍企業による他の国での雇用を示している。（ここでのデータは，外国の過半数所有子会社に限定されており，この点はスローターの説明とは少し異なる点だ。これはデータの入手可能性によるものである。）図 11.9b は，これら 2 つの変数がどのように変化したかをより明らかにするために，1988 年からの同じ 2 つの変数の変化（つまり，現在の値から 1988 年の値を引いたもの）を示したものだ。その図は 2000 年までは親会社の雇用において着実な増加を示しているが，その後急速な減少を見せている。また同時に，子会社の雇用はずっと小さい値であるものの，緩やかな一定の増加を示している。その結果，2000 年を含むそれまでの期間を見ると，親会社と子会社は同じ方向に移動していることが分かる。これがスローターによる発見であり，外国と国内の労働はお互いに補完し合っていると彼が結論づけた理由である。また，2000 年以降のデータを見ると，親会社の雇用は急速に減少している一方，子会社の雇用は僅かに増えていることが分かるが，それ自体ではそれぞれの労働は代替的のように見える。しかし，総じて親会社と子会社の雇用は反対方向ではなく同じ方向に変化する傾向にある[8]。

　全期間で見ると，親会社の雇用は 1,770 万人から 2,190 万人へと 420 万人増加し，子会社の雇用は 470 万人から 940 万人へと 470 万人増えた。多国籍企業が外国での仕事ひとつに対して 2 つの米国の仕事を創出したというスローターの劇的な観察結果は，米国の多国籍企業による 1990 年代後半の国内雇用の急増によって作り出されたものであって，より長期的にはその比率は 1：1 に非常に近くなる。しかし，重要な点はその符号だ。生産のグローバル化が劇的に増加した期間において，米国の多国籍企業は国内の労働力を外国の労働力と同じくらい増やしてきた。その動きは，図 11.7 の代替モデルではなく，図 11.8 の補完モデルにとてもよく似ている。

---

8　これを評価するもっと正式な方法は，次のとおりだ。親会社の雇用の前年比変化（あるいは親会社の雇用の「1 階差分」），つまり $PE_t - PE_{t-1}$ を計算する。ここで $PE_t$ は $t$ 年における親会社の雇用を表す。そして同じことを子会社の雇用についても行い，これら 2 つの 1 階差分の変数間の相関を求める。90% 近くの相関が見られ，非常に高い数値となっているので，親会社の雇用は大部分の期間において子会社の雇用と同じ方向に変化する傾向にある，と言える。

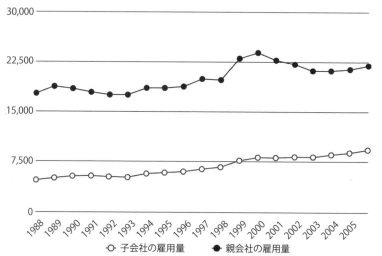

図 11.9a　1988〜2006 年における米国の多国籍企業の親会社と子会社の雇用量（労働者数の単位は千人）

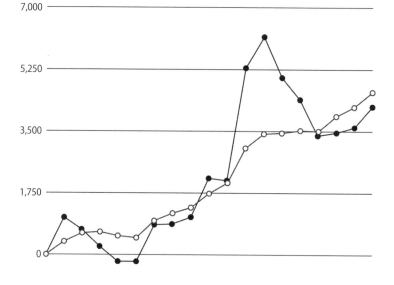

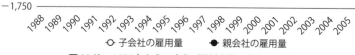

図 11.9b　1988 年からの変化（労働者数の単位は千人）

　親会社の雇用と子会社の雇用が連動していることに加え，米国の雇用において多国籍企業のシェアが上昇したという結果も，より最近の経験によって割り引かなくてはならない。それはちょうど図 11.10 に示されている。この図は，同じ期間における米国の国内雇用における多国籍企業の親会社のシェアを示したものだ。多国籍企業の雇用シェアは 1990 年代の大半で約 16％だったが，1990 年代の終わりには 18％に急上昇した。これがスローターの指摘した上昇だ。その後下落し，16％前後に戻っているが，これは多国籍企業の国内雇用が国内の非多国籍企業の雇用よりも緩やかに伸びていることを示している。表面上は，2000 年以降の期間は図 11.7 のモデルのように見えるかもしれない。つまり，生産のグローバル化によって多国籍企業は国内労働者を外国の労働者に置き換える，というものだ。しかし，長期的に見ると，1990 年代後半の多国籍企業のシェアの急上昇とその後の急激な下落は，どちらも異例の出来事のように見える。総じて，多国籍企業の雇用は国内雇用について行っているような感じで，その長期的なシェアは約 16％を維持している。

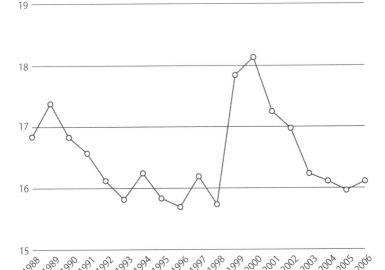

出典：Bureau of Economic Analysis（2008）および The Economic Report of the President, 表 B-46。

図 11.10　米国の国内雇用に占める多国籍企業の親会社のシェア（％）

これらの結論に対する重要な留保条件が，ハリソンとマクミランによって与えられている（Harrison and McMillan 2006）。彼らは，1982 年から 1999 年における米国の多国籍企業に関する詳細な企業レベルの BEA のデータを分析した。彼らは，その期間を通じて平均的に多国籍企業が親会社の労働力と外国子会社の労働力を両方とも増やしたが，低所得国に子会社を持つ一部の多国籍企業は，親会社の労働力を**減らし**外国の低賃金の労働力を増やした，ということを示した。したがって，全体像としては，高賃金の外国人労働者は米国の労働者を補完するが，低賃金の外国人労働者は米国の労働者と代替的である，と思われる。ひとつの可能性として，これは高賃金国における米国の FDI が主に水平的 FDI であり，外国市場に財を供給することを目的としているのに対し，低賃金国への米国の FDI は主に垂直的であるためだろう。

総じて，米国の多国籍企業による外国子会社の拡大は，米国の労働者に対する需要を減少させたのではなく，増加させてきたようだ。しかし，その見解は，低所得国の子会社については逆の効果だった可能性が高いという事実と，2000 年以降の期間がそれ以前といくらか異なるように見えるという事実がある，という但し書き付きのものである。

**いくつかの注意事項**。このアプローチには 2 つの重要な限界があることを述べておかねばならない。第 1 に，それは外国の子会社が持ちうる様々な機能を区別していない。本章の焦点は垂直的 FDI であり，その目的は生産工程の一部を他の国に配置することであるが，第 3 章の 3.3 節で考察した水平的 FDI の場合は，その目的は他の国の市場に財を供給することである。件の BEA のデータは，水平的 FDI によって生じた子会社と，垂直的 FDI によって生じた子会社とを区別していない（また，実際に区別できるという保証もない）。したがって，外国の子会社における従業員は決して全員がオフショアリングに携わっているわけではないので，ここでの分析はオフショアリングを過大評価している可能性がある。

第 2 に，生産のグローバル化の多くは子会社を全く介さず，他の国にある別の企業と契約している製造業者を通じてか，あるいはそうした企業から投入物を購入することを通じて行われている——いわゆるアームズ・レングス（独立企業間）貿易だ。iPod の場合は，このカテゴリーに当てはまる。なぜならフォックスコンなどの組み立てを行う外国の企業は，アップル社の一部ではないからだ。このようなアームズ・レングス貿易を通じた海外生産のために雇われた労働

者は，BEA の外国子会社のデータには全く出てこない。そのため，ここでの分析はオフショアリングを**過小評価している**可能性がある。こうしたデータ上の問題は簡単に修正できないので，これらのデータから導かれる結論は実際は不完全だ。とはいえ，これらのデータは，すでに述べたように多くの暫定的な結論を強く示唆している。

## 11.6 結論，未解決の疑問，そしてオバマ批判

多国籍企業の海外における活動の拡大は，拡大の種類によって，自国の労働者にとって非常に異なる意味合いを持つ可能性がある。多国籍企業が国内生産したものを海外で売るために外国に子会社を設立している場合，それは国内の労働需要を増やすことになる。多国籍企業が（外国の子会社であれ，アームズ・レングスであれ）外国で労働者を雇用して，国内労働者の生産的な業務の一部を代わりにさせる場合，外国の労働のやっていることが（図 11.7 で見たように）代替的であるか，あるいは（11.3 節や図 11.8 のモデルで見たように）補完的であるかによって，国内の労働需要を増やすか，減らすことになる。

iPod は，最後のカテゴリーに確実に属する例だと思われる。つまり，外国人労働者を雇っていて，その労力は国内労働者を補完するものになっている。海外で行われる作業には，サプライチェーンの一部である組み立て全般や試験，梱包の部分，そしてほとんどすべての投入物の生産が含まれる。米国の労働者はデザインやマーケティング，販売に携わっている——これらは全く異なる一連の技術を必要とする，全く異なる職務だ。さらに，米国の労働者はそのバリュー・チェーンの末端からかなりの所得を得ている。Linden et al. (2007) の当時の計算では，30GB のビデオ iPod の卸売価格は 224 ドルで，そのうち 80 ドルはアップル社の粗利益，144 ドルは組み立て労働を含む全ての投入物の費用と推定されている。80 ドルには，マーケティングや研究開発，管理に加え，純利益が含まれている。それに加えて，75 ドルが iPod がアップル社によって販売された後の流通と小売りのための支出（それによって小売価格は 299 ドルに上昇）だと推定されている。これは，米国で販売されるすべての iPod の購入価格のうち，80 ドルと 75 ドルの合計，つまり 155 ドルがアメリカ人に支払われることを意味する。その大部分（その正確な割合はこの研究では解明されていないが）は，賃金

と給与の形になる。

　中国の工場における組立工程の人件費が安いことについては，十分な証拠書類がある。例えば，『メール・オン・サンデー』（*The Mail on Sunday*, 2006）は，iPod の組み立て作業員にインタビューを行ったが，その人は1日15時間工場で働いて，毎月もらっていたのは27ポンド（約40ドル）だった。これが米国の賃金率の数分の1かないことを考えると，仮に米国で iPod とその部品を製造した場合，投入と組み立ての費用144ドルは数倍に増加し，299ドルの製品には桁外れな値段がつくことになるだろう。したがって，かなりの量のオフショアリングを行わなければ，その製品は存在できなかっただろうし，iPod1台につきアメリカ人が獲得した155ドルも失われていただろう。これは，米国の労働者がオフショアリングから明らかに恩恵を受けるケースと思われる。（第14章で，外国人労働者への影響の問題を再び考える。）

　しかし，それは必ずしも全てのオフショアリングに当てはまるわけではない。フィーンストラとハンソンは，米国の製造業における中間投入のオフショアリングが産業における熟練労働者の賃金プレミアムの上昇と強い相関があることを示している。この結果は，そのようなオフショアリングが熟練労働の相対需要を増やすという彼らの理論と整合的だ。その理論は，技能の豊富な国ではブルーカラーの労働者がオフショアリングの増加によって損失を被るという可能性を提示している。フィーンストラとハンソンはまさに，このプロセスが第6章で議論した米国の労働市場における低迷のいくつかを説明するのに役立つと主張している。ハリソンとマクミランの発見，つまり米国の多国籍企業が低所得国で雇用すると平均的に国内の労働力が減少するという結果もまた，その可能性を連想させる。しかし，問題は完全に解決されてはいない。中間投入のオフショアリングが**賃金格差**を拡大させるという傾向（非熟練労働者の賃金に比べて相対的に熟練労働者の賃金が上昇することによる）は，かなり確かなものである。しかし，それがブルーカラー労働者の実質所得の**絶対水準**を上げるか下げるかという，さらに難しい疑問については，よくわかっていない。

　最後の点は，政策に関係する。オフショアリングは輸入の一形態，特に業務の輸入であるため，最終財の貿易についての貿易政策の分析に用いるのと同様の推論が，ここでも適用できる。ただ，オフショアリングへの最適な政策は何かという問題については，それほど多くの研究の関心を引いていない。例えば，オフ

ショアリングに対する課税は，最終財の貿易モデルにおける輸入関税と全く同じように，オフショアリングを行っている国の交易条件を改善し，厚生を改善することができるだろう。この場合，それは業務が外注された国における賃金が下がることを意味する。これに対して，オフショアリングへの補助金は反対の効果をもたらす可能性があり，そのため魅力的ではない。これらの問題は，現在の米国政府の政策課題となっている。なぜなら，米国の税法の特徴は，企業が外国の子会社からの所得にかかる税金の納税を，企業がその所得を送還する，つまり米国に戻すまで遅延することができるからだ。この柔軟性のため，企業は親会社の所得に課税できないという方法によって子会社の所得への税金支払いの時期を調整することができ，したがって子会社の所得1ドルに対する米国の所得税の現在割引価値は親会社の所得1ドルに対するそれよりも小さくなる。この税法の特徴は，オフショアリングに対する隠れた補助金として機能する。バラク・オバマ大統領は，この隠れた補助金をなくす意向であると宣言した。例えば，2009年2月24日の議会におけるスピーチの中で，彼は「我々の雇用を海外に送っている企業に対する税制優遇措置を最終的に終了することによって，公平性と税法のバランスを取り戻す」と宣言した——まさに，この対策を意味していると思われる。この種の政策が米国内外の賃金に与える効果の測定について，より多くの研究が行われることが待ち望まれる。

## 要　点

1．オフショアリングは，一般向けの記事ではふつうアウトソーシングと呼ばれ，費用を抑えるため生産工程を複数に分割し，2つ以上の国に配置して行うものである。

2．オフショアリングに関するフィーンストラ＝ハンソン・モデルは，異なる生産的業務における熟練労働集約度の違いに着目している。その理論では，オフショアリングが増加すると，最も熟練労働非集約的な業務は技能の豊富な国から離れて，技能の不足している国に移動する。そこではその作業が最も熟練労働集約的となる。このようにして，熟練労働に対する相対的な需要は，熟練労働者の相対賃金と共に，両国で上昇する。これは，第6章で論じた労働市場の難問のいくつかをうまく説明できる。それらは最終財の貿易モデルでは説明できなかったもので，例えば，すべての所得水準の国において同時に賃金格差が広がったのはなぜか，というような疑問である。

3．オフショアリングに関するグロスマン＝ロッシ・ハンスバーグ・モデルは，業務の技能集約度の違いは無視して，オフショアリングのひとつの重要な効果に焦点を当てている。つまり，国内でできるよりも安価に海外で業務が行われれば，国内の非熟練労働者の生産性が実質的に上昇し，それによって国内の非熟練労働者の賃金は上昇する。

4．オフショアリングを理解する上で重要なのは，外国の労働が国内労働を代替するか補完するかの区別である。単純なモデルでは，外国の労働が国内労働と代替的な場合，オフショアリングの増加によって多国籍企業の国内での雇用は減少する一方で同じ企業の外国での雇用は増加し，同時に国内賃金は低下することになる。国内外の労働が補完的な場合は，オフショアリングの増加によって多国籍企業の国内での雇用は**増加する**一方で同じ企業による外国での雇用も増加するが，国内の雇用に占める多国籍企業の割合は上昇する。そして国内賃金は上昇する。総じて，低所得国における多国籍企業の拡大の効果は前者の場合，高所得国における多国籍企業の拡大の効果は後者の場合に，それぞれ酷似しているように思われる。

5．これらは主に分配に関する問題であることを強調しておく必要がある。オフショアリングのモデルのほとんどにおいて（11.3 節や 11.4 節のモデルでは確実に），オフショアリングはそれを行った国の国民所得を増加させる。ただし，その国の非熟練労働者の所得は増えるかもしれないし減るかもしれない。

## 章末問題

1．あなたが知っている製品を生産している国内企業を考え，その製品を生産し，国内の消費者に販売するために必要ないくつかの業務をまとめたリストを作りなさい。そのリストを次のグループに分けなさい。ひとつは，オフショアを行った方が良いと思われる業務のグループで，もうひとつは，国内で行われる必要があると思われる業務のグループとする。それぞれの業務を各カテゴリーに入れた理由を説明しなさい。

2．図 11.6 を再度作成しなさい。

(a) （オフショアリングがないときの）国民総所得を示す図の領域を，多国籍企業，非多国籍企業，労働者のそれぞれの所得を区別しながら，塗りつぶしなさい。

(b) 今度は，労働が代替的な場合におけるオフショアリングの効果を示すため，図 11.7 のように図を修正しなさい。再び，国内外の労働者への支払いを差し引いた多国籍企業の収入，国内労働者への支払いを差し引いた非多国籍企業の収入，そして国内労働者の所得を区別しながら，国民総所得の領域を塗りつぶしなさい。

(c) これらの図から，国民所得がオフショアリングの結果，増えたか減ったかを述べることはできるだろうか？　国民所得の変化を図の中に示しなさい。

3．この問題には，スプレッドシート "multinational_employment.xls" を使用すること。

(a) スローターが彼のデータを通して「米国の多国籍企業が外国の子会社で生み出すひとつの仕事につき，米国の親会社でほぼ 2 つの仕事を生み出した」と指摘したことを思い出してほしい。そのパターンがデータとどの程度整合的なのかを見てみよう。1988～2001 年の期間に焦点を当て，多国籍企業が生み出した米国の雇用の比率を計算しなさい。（この課題では，例えば「2000 年時点で生み出された米国の雇用」は，2000 年時点での米国の雇用から 1988 年時点での米国の雇用を差し引くことで測られる。）この比率は，米国の多国籍企業の子会社が行う活動が米国の労働者にとって好ましい，という主張として使用できるだろうか？　それとも，これらの活動が米国の労働者に損失をもたらす，という反グローバル化支持者の主張として使用され得るだろうか？　どちらを選ぶにせよ，どうやってその結果を出したかを，場合によっては統計を用いても構わないが 1～2 行で説明しな

さい。

(b) 今度は，2001～2006 年の期間に焦点を当てて，同じことをしなさい。（再び，この課題では「2004 年時点で創出された米国の雇用」は，2004 年時点での米国の雇用から 2001 年時点での米国の雇用を差し引くことで測られる。）

(c) ここで，1998 年から 2001 年までにおいて米国の雇用に占める多国籍企業の割合がどのように変化したかを示し，また 2001 年から 2006 年までの変化はどうかを示しなさい。そして，これらの分析結果が，米国の労働者に対するオフショアリングのプラスの効果を支持する科学的根拠，あるいは反対となる根拠として，どのように解釈できるかを説明しなさい。

(d) これらのデータから得られる教訓は，使用するデータの期間によって影響を受けるだろうか？　説明しなさい。

4. 以下のような，11.2 節で説明したタイプの単純なオフショアリングのモデルを考えよう。米国とメキシコはどちらも，熟練労働と非熟練労働を使ってラジオを生産している。それぞれのラジオは，完成するまでに 3 つのタスクを必要とする。タスク 1 はラジオ 1 個につき 4 単位の非熟練労働と 2 単位の熟練労働を必要とする。タスク 2 はラジオ 1 個につき 3 単位の非熟練労働と 3 単位の熟練労働を必要とする。タスク 3 はラジオ 1 個につき 2 単位の非熟練労働と 4 単位の熟練労働を必要とする。米国では，非熟練労働の供給曲線は $L^U = 100 w^U$ で与えられる。ここで $L^U$ は労働量，$w^U$ は非熟練労働者の賃金を表している。同様に，熟練労働の供給曲線は $L^S = 100 w^S$ である。メキシコでは，非熟練労働の供給曲線は $L^{U^*} = 300 w^{U^*}$ で与えられる。ここで $L^{U^*}$ はメキシコでの非熟練労働の量で，$w^{U^*}$ はメキシコの非熟練労働者の賃金である。そして熟練労働の供給曲線は $L^{S^*} = 100 w^{S^*}$ で与えられる。ラジオの価格は 1 ドルに固定され，両国においてこれが唯一の産業だとする。どの仕事が米国で行われ，どの仕事がメキシコで行われるかは（また両方の国で行われる仕事がないことも），分かっているものとしよう。$R$ 個のラジオが生産される場合，上で与えられた単位必要労働量に $R$ をかけることにより，各国の熟練労働と非熟練労働に対する需要量が求められる。そして，それらを上で与えられた賃金の関数としての供給曲線と等号で結ぶ。これらを，労働市場の均衡条件と呼ぶことにする。すると，これらの式はゼロ利潤条件と一緒にまとめられる。ゼロ利潤条件は，3 つのタスクすべてについて，両国における両方の種類の総労働費用の合計が 1 ドルに等しくなければならない，というものだ。これにより，5 つの未知数つまり 4 つの賃金と $R$ を含む，5 本の方程式が得られる。（以下では，読者が 5×5 行列の逆行列を求めなくて良いように，$R$ の均衡値を明らかにすることで，解答の一部を与えている。）

(a) 物流上の問題あるいは関税により，タスク 2 はメキシコで行うことができず，米国でのみ行われることが分かっていると仮定しよう。すると，タスク 2 とタスク 3 は米国で行われ，タスク 1 はメキシコで行われることになる。$R = 1.2$ であることが分かっているものとする。メキシコの労働市場均衡条件を使ってメキシコの賃金を求め，次に米国の労働市場均衡条件を使って米国の賃金を求めなさい。これらの計算によって求めた賃金が，ゼロ利潤条件を（合理的な近似値で）満たすことを示しなさい。そうすれば，完全な均衡を計算したことになる。

(b) 今求めた，その完全な均衡において，タスク 2 は米国で行うよりメキシコで行った方がもっと割安になることを確かめなさい。したがって，ラジオのメーカーはタスク 2 をオフ

ショアできるのならば，そうしようとする。

(c) 今度は，タスク2がメキシコで行われるようになったとしよう。すると，タスク3は米国で行われ，タスク1とタスク2はメキシコで行われることになる。$R=1.63$ であることが分かっているものとする。米国の労働市場均衡条件を使って米国の賃金を求め，次にメキシコの労働市場均衡条件を使って米国の賃金を求めなさい。こうして計算した賃金が，ゼロ利潤条件を（合理的な近似値で）満たすことを示しなさい。そうすれば，完全な均衡を計算したことになる。

(d) タスク2のオフショアリングは，これら2つの国の賃金格差にどのような影響を与えるか？　熟練労働者と非熟練労働者の雇用比率に対する影響はどうなるか？

(e) タスク2のオフショアリングによって得をするのは誰か？　損をするのは誰か？　なぜか？　詳しく分析しなさい。

5．（グロスマン＝ロッシ・ハンスバーグのオフショアリング・モデル）熟練労働と非熟練労働を用いてX財とY財を生産する，小国開放経済を考える。X財1単位の生産には1単位の熟練労働と4単位の非熟練労働を必要とし，そのうち1単位の非熟練労働は4つのタスクそれぞれに使用される。Y財1単位の生産には2単位の熟練労働と4単位の非熟練労働を必要とし，そのうち1単位の非熟練労働は4つのタスクそれぞれに使用される。当初，これらの非熟練労働のタスクはすべて国内で行われていたが，今ではX財とY財の両方について，これらのタスクのうちひとつを他の国で行うことが可能になったとし，その国では労働はずっと安価で，そのタスクは無料で行われているものとする。X財の価格は世界市場で24ドルに固定され，Y財の価格は世界市場で36ドルに固定されているものとする。

(a) オフショアリングが行われる前の熟練労働者と非熟練労働者のそれぞれの賃金を求めなさい。これらの賃金が均衡となることを示すゼロ利潤の図を描きなさい。

(b) オフショアリング後の熟練労働者と非熟練労働者のそれぞれの賃金を求めなさい。ゼロ利潤の図がどのように変化するかを，シフトした曲線を(a)の図に描き加えながら，示しなさい。

(c) この例ではオフショアリングの結果，誰が得をするか？　理由を説明しなさい。

## 参考文献

Amiti, Mary, and Shang-Jin Wei (2005), "Fear of Service Outsourcing: Is It Justified?" *Economic Policy* 20: 42 (April), pp. 308-347.

Amiti, Mary, and Shang-Jin Wei (2006), "Service Offshoring and Productivity:Evidence from the United States," NBER Working Paper No. 11926 (January).

Bhagwati, Jagdish, Arvind Panagariya and T. N. Srinivasan (2004), "The Muddles over Outsourcing," *Journal of Economic Perspectives* 18: 4 (Fall), pp. 93-114.

Bureau of Economic Analysis (BEA) (2008), "Summary Estimates for Multinational Companies: Employment, Sales, and Capital Expenditures for 2006," Bureau of Economic Analysis News Release BEA-08-15, April 17, 2008.

Desai, Mihir, C. F. Foley and J. R. Hines Jr. (2009), "Domestic Effects of the Foreign Activities of U.S. Multinationals," *American Economic Journal: Economic Policy* 1: 1

(February), pp. 181-203.

Feenstra, Robert C. and Gordon H. Hanson (1996), "Foreign Investment, Outsourcing and Relative Wages," in R. C. Feenstra, G. M. Grossman and D. A. Irwin (eds.), *The Political Economy of Trade Policy: Papers in Honor of Jagdish Bhagwati*, Cambridge, MA: MIT Press, pp. 89-127.

Feenstra, Robert C. and Gordon H. Hanson (2002), "Global Production Sharing and Rising Inequality: A Survey of Trade and Wages," in E. Kwan Choi and James Harrigan (ed.), *Handbook of International Trade*, Blackwell Publishing, pp. 146-185.

Greenberg Quinlan Rosner Research (2004), "National Public Radio Frequency Questionnaire: March 12-14."

Grossman, Gene M. and Esteban Rossi-Hansberg (2008), "Trading Tasks: A Simple Theory of Offshoring," *American Economic Review* 98 (5), pp. 1978-1997.

Harrison, Ann and Margaret McMilllan (2006), "Dispelling Some Myths about Offshore Outsourcing," *Academy of Management Perspectives* 20: 4, pp. 6-22.

Hummels David, Jun Ishii and Kei-Mu Yi (2001), "The Nature and Growth of Vertical Specialization in World Trade," *Journal of International Economics* 54, pp. 75-96.

Hummels, David, Dana Rapoport and Kei-Mu Yi (1998), "Vertical Specialization and the Changing Nature of World Trade," *Federal Reserve Bank of New York Economic Policy Review* (June), pp. 79-99.

Linden, Greg, Kenneth L. Kraemer and Jason Dedrick (2007), "Who Captures Value in a Global Innovation System? The Case of Apple's iPod," Personal Computing Industry Center (PCIC) Working Paper, Paul Merage School of Business, University of California at Irvine.

*Mail on Sunday* (2006), "The Stark Reality of iPod's Chinese Factories," August 18, 2006 (available at www.mailonsunday.co.uk).

Sethupathy, Guru (2009), "Offshoring, Wages, and Employment: Theory and Evidence," Working Paper, Johns Hopkins University.

Sitchinava, Nino (2008), "Trade, Technology, and Wage Inequality: Evidence fromU. S.Manufacturing, 1989-2004," University of Oregon Economics DepartmentWorking Paper.

Slaughter, Matthew J. (2004), "Globalization and Employment by U.S. Multinationals: A Framework and Facts," Discussion paper, Dartmouth College.

# 12 国境にフェンスを建てるべきだろうか？

移民受け入れ賛成派のデモ隊。ロサンゼルス，2006 年 5 月 1 日。

LUCAS JACKSON/REUTERS/NewsCom

## 12.1　取締りを求め，哀れみを誘う

　2006 年 3 月 25 日，40 万人から 100 万人と様々に推定される元気いっぱいの群集がロサンゼルスの市街を埋め尽くし，おそらくこの市の歴史上最大のデモを行った。この集会は大部分が平穏で祝祭的だったが，移民受け入れ賛成派のグループによる抗議行動として組織されたものだった——米国の数か所の都市でのメーデー集会や「移民のいない日」という職場ボイコットがそれに続いた（報道記事については，Watanabe and Becerra（2006），Archibold（2006），Gorman et al.（2006）を参照）。これらの行動は，米国政府の不法移民を厳重に取り締まる動きに抗議するのが目的だった。政府によるこうした動きのひとつは，HR4437 という，不法入国を（以前は軽犯罪だったが）重罪とする下院の法案だった。その法案はまた，不法入国者へのいかなる援助も重罪とするものだった。もうひとつの動きは，不法移民を締め出すために，米国とメキシコとの間の国境に沿って高いフェンスを建てるという提案だった。

　米国への移民に関する論争は，言い換えれば，大きな政治的対立となっていた。

　過去 40 年間で，米国への移民は急速に進み，労働力に占める外国生まれの人の割合はほぼ 3 倍になった（図 1.5 を思い出してほしい）（2008 年の不況で，少し戻ったが）。近年では，不法に入国した（または「不法滞在の」）移民人口の割合も急増している[1]。有権者の中にはこうした傾向に怒りの声を上げる者もおり，ジェームズ・センセンブレナー下院議員（共和党・ウィスコンシン州）などの政治家が，積極的な反不法移民法案を議会に提出することでそれに反応した。センセンブレナーは 2005 年 12 月の HR4437 を起草したうちの 1 人であり，この法案は今まで提案された中で最も厳しいもののひとつであった。それは広範囲にわたる結果をもたらす可能性があった。例えば，宗教指導者の中には，無料食堂の運営などのような慈善活動も，もし不法移民が恩恵を受けていたら犯罪行為となるのではないかと懸念する者もいた（New York Times, 2006）。その法案は下

---

1　Passel and Cohn（2011）の推定によると，2000 年における米国での不法移民者数は 840 万人で，毎年増加して 2007 年にはピークの 1,200 万人に達した。その後，2008 年には 1,160 万人に減少し，それ以降は少しずつ減少している。

院を通過したが，上院で否決された。その前の1月にも，センセンブレナー下院
議員は，数十億ドルの費用をかけて南部国境にほぼ2,000マイルの長さのフェン
スを建設するという法案を提出し，その法案は2005年5月に署名され法律とし
て成立した。

　移民およびその支援者の怒りや政治的主張は，2006年3月25日および同年の
メーデーの行進で爆発したが，それは主にこうした議会の動きに対する反応であ
り，また部分的にはすでに入国している移民に優しく，新しい移民に対してより
開かれた法案への推進力を創り出そうとする試みであった。これらの方針に沿っ
た最も重要な法案は，ラリー・クレイグ上院議員が2005年に，またジョン・マ
ケイン上院議員とエドワード・ケネディ上院議員が2006年に提出した妥協案
だった。これらの法案は，一時入国が許可される出稼ぎ労働者のシステムを作り
出すことで不法入国者の流入に対処し，また米国にいる不法労働者が市民権を取
得する道を切り開こうとするものだった。しかし，その試みは保守派の共和党下
院議員たちが反対したために失敗した（報道記事については，Klein（2007a, b）
を参照）。

　その結果，一種のまひ状態に陥っている。およそ1,100万人の労働者がこの国
で不法に暮らし（Passel and Cohn 2011），働き，財やサービスの生産を行い，
多額の税金を支払い，家族を養いながらも，強制送還の恐怖の中で生きている。

　近年の移民政策におけるひとつの明らかな変化は，密入国の労働者に対する厳
しい取り締まりの増加だ[2]。これが代償を伴わないはずはない。連邦政府は，移
民の強制捜査を頻繁に行うようになった。例えば，2008年5月にアイオワ州ポ
ストビルの食肉加工工場で強制捜査を行った。連邦当局は，その工場で雇ってい
る大半が密入国の労働者で，彼らの多くが合法の移民であると見せかけるため
に，社会保障番号の入った偽造の証明書を購入していたという情報を得ていた。
連邦取締官は389人の労働者を逮捕し，彼らを75マイル離れた仮設の集団裁判
所へバスで移送した。そして公文書偽造および身元詐称の罪で起訴した（皮肉な
ことに，彼らは自分のものではない社会保障番号を使っていたが，これは自分

---

　2　例えば，これらの問題を処理する米国の政府機関である移民関税執行局（Immigration and
　　Customs Enforcement：ICE）は，2007年以降，国外追放した人の数が年々増えていることを自慢
　　しており，その数は2007年の245,601人から2011年には319,077人に増加している（www.ice.gov/
　　removal-statistics）。

たちが将来利益を享受できない年金制度に給与税を支払っていたことを意味していた）。途方に暮れ，読み書きできず，母国語しか話せない労働者に対する適正な手続きがねじ曲げられているとして，人権活動家が強く非難した訴訟手続きで（Preston 2008），262 人が短い刑期を言い渡され，その後強制送還された。ポストビルの町の混乱は酷いものだった。人口の 10％が親権を持っていたので，強制捜査後の地元の学校は出席率が通常の半分となり，地元の企業も同様に被害を受けた。学校の校長にいたっては，この出来事を「まるで自然災害のようだ——違いは人為的であるだけで」と述べるほどだった（Hsu 2008）。密入国の疑いがある労働者の継続的な逮捕により，その事件が審理されている間，家族全員を収容するための勾留施設の建設が必要となり，刑務所のような環境に置かれた児童への影響に疑問を呈する批判の声が高まった（Blumenthal 2007）。国境のフェンス自体は，度重なる遅れと費用超過のため 2011 年 1 月に取り下げられたが，国境付近の所々で普通の生活が破壊された——あるところでは市営のゴルフコースの右を横切るように計画され，別のところでは絶滅危惧種の生息地となっていた自然保護地域を分断していた（Hylton 2009）。もちろん，密入国阻止に対する直接的な財政費用もかかり，国境警備の予算は 2008 年時点で 130 億ドルであった（Hanson（2007, p. 25）を参照）。

　次のような疑問を持つかもしれない。**そうするだけの価値があるものなのか？**移民は財政や環境，人道的なコストを割いてまで制限するべきものなのか？　特に，**不法移民**は費用を割いてまで**阻止**すべきなのか？　本書はこの活発で熱心な議論について解決するつもりはないが，理論における重要な問題に目を向け，またどんな科学的証拠があるかを見ていく。

## 12.2　3つの理論と，共通して言えるひとつのこと

　移民に関する経済学的な議論における主要な点は，第 11 章で見たオフショアリングに関する議論の主要な点と同じである。つまり，外国人労働者が国内労働者の代替物なのか，補完物なのか，という点だ。

　図 12.1 を見てみよう。この図は，移民と国内労働者を区別できないという仮定の下で，5.5 節のような混合特殊要素モデル（別名リカード＝ヴァイナー・モデル）において移民の流入を許可した場合に，国内労働市場の均衡がどう変化

するかを示している。具体的には，この経済は食肉加工（ポストビルの移民の産業だ）と家具という2つの産業から成り，その価格は世界市場で決まっていて，所与であると仮定する。国内労働力は $L^D$ で，これは移民がいないときの四角形の横の長さである（四角形の上の辺に示されている）。移民がいないときの均衡は，2本の黒い労働需要曲線の交点である $A$ 点で，そのときの賃金は $w^*$ である。今，移民がいくらかこの経済に入ってくることを許可しよう。代替的な場合の最も単純なケースを考察するため，移民労働者はあらゆる点で国内労働者と同一であると仮定する。この図において，$L^I$ 人の移民がその経済に入ってきたとする。これは四角形の横の長さを $L^D + L^I$ に引き伸ばし，食肉加工の労働需要曲線をグレーの破線の曲線で示されている位置にシフトさせる（左への平行移動）。移民は国内労働者と同質的であるという仮定から，国内労働者と同じ賃金を受け取ることになり，労働供給の増加によって国内賃金は $w^{**}$ まで低下することになる。その新しい均衡は，$B$ 点で示されている。明らかに，この場合，国内労働者は移民によって**損失を被る**。移民は国内の労働供給を増やし，賃金の下落をもたらすからだ。

　今度は，労働が補完的なケースを考えよう。移民が持っている一連の技能は，国内労働者と全く異なると仮定しよう。それは教育水準の差や，教育の種類の違い，文化の違い，語学力の違い，あるいは職務経験の違いなどによる。その結果，雇用主は国内労働者とは異なる仕事をさせるために移民を雇うことになる。

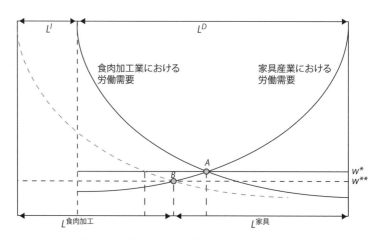

**図 12.1　外国の労働が国内労働を代替するという仮定における移民の効果**

この場合，移民が存在する場合の均衡は，図12.2のようになる。ここで，四角形の横の長さは国内労働のみを示す。移民労働は異なる生産要素となり，それは土地や資本と同じようなもので，国内労働と同じ賃金が彼らに支払われるだろうと考える理由はない。この場合，移民の存在により，国内労働の限界生産物はひとつの産業あるいは両方の産業で高まる。この例では，おそらく移民が自分たちの国で用いてきた伝統的な放牧や食肉処理の技能を伝えることによって，食肉加工の国内労働需要は高まる。移民はこれらの技能のため，彼らが上手に行える特定の仕事に特化することができ，国内の労働者はより生産的な他の仕事に特化することが可能になる。食肉加工業における国内労働に対する新しい需要曲線は，グレーの破線の曲線で示されている。移民がいないときの均衡は以前と同様 $A$ 点で示され，移民がいる時の均衡は $B$ 点で示される。$B$ 点では**より高い賃金**が達成されている。明らかに，この場合，国内労働者は移民によって**利益を得る**。移民は国内の労働需要を増やし，賃金の上昇をもたらす。

　さて，最後にひとつのモデルを考えよう。これは移民が消費者の需要に与える効果に焦点を当てたものだ。それは，ある移民研究者が次のように述べているとおりだ：

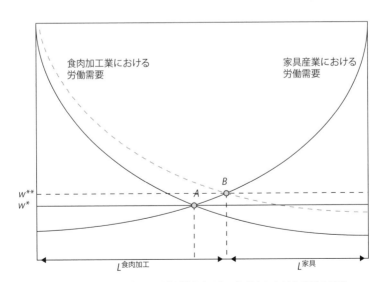

図 12.2　外国の労働が国内労働を**補完する**という仮定における移民の効果

人口の増加は雇用を創出する。なぜなら人々は生産するだけでなく，消費もするからだ。彼らは物を買い，映画を観に行き，子どもを学校に送り，家を建て，車にガソリンを入れ，歯医者に行き，店やレストランで食べ物を買う。人口が減少すると，店は閉店し学校は廃校，病院は閉鎖され，雇用が失われる。このパターンは米国で何度も繰り返し目撃されてきた。地域社会の成長は，雇用の増加を意味するのだ。(Chomsky 2007, p. 8)

　換言すれば，移民は地域の需要を増大させるので，現地で利用可能な，より多様な財やサービスの提供が可能になり，地域経済を活性化することにつながる。これを解釈するひとつの方法は，3.4 節の独占的競争モデルである。(この種のモデルに移民を加えた精緻な数学的分析は，Krugman (1991) で行われている。) 2 つの国が存在し，各国には同質的な労働者がいて，生産要素は他にないと仮定しよう。どちらの国でも労働者はトウモロコシを生産でき，労働 1 単位の投入からトウモロコシ 1 単位が生産される。あるいは，労働者はある独自の製品を生産するために，新しく起業することができる。その生産は，他の労働者を雇って，規模に関して収穫逓増の関数によって行われる。参入は自由に行われるものとし，したがってこの差別化財の市場は独占的競争市場である。貿易は行われないと仮定する（これは論点をできるだけ明確にするためで，本質的な仮定ではない）。このような独占的競争の部門は，美容院や飲食店などのような地域的なサービスの提供が考えられる。

　当初，経済は図 3.2 のような均衡の状態にあると仮定する。独占的競争部門の各生産者は，その独自の製品やサービスに対する需要曲線からの限界収入を限界費用と等しくすることで，利潤を最大化する。そして独占的競争の生産者の数は，自由参入を通して各生産者の利潤がゼロになるまで調整される。今，一方の国から他方の国へ，数百万人が移民したとしよう。移民の受け入れ国では，各企業にとっての需要曲線は，新しい消費者の登場によって需要が増加する（これらの消費者は，少なくともトウモロコシを生産することで所得を得られるため）ので，右にシフトすることになる。その結果，各企業は今や正の利潤を得ることができるので，新しい企業の参入が起こる。これは各企業の需要曲線を，ゼロ利潤の均衡が回復されるまで左へ押し戻すことになる。最終的に，移民受入国には前よりも多くの企業が存在し，提供される製品やサービスは以前よりも多様にな

る。その結果，移民受入国ではすべての労働者が利益を享受する——**消費者**として，消費の選択の幅が広がるのだ——そして同じ理屈によって，移民を送り出した国ではすべての労働者は厚生が悪化する。移民は，より多様な，現地で手に入る製品やサービスを生み出すことで，国内労働者に利益を与える。これらの効果を**需要の外部性**と呼ぶ。

これら3つのモデルは明らかに非常に異なっているが，これらすべてにおいて共通しているひとつの要素がある。それは，移民受入国で自国生まれの住民が手にする実質総所得が，移民によって増加すると予測していることだ。図12.1の代替モデルにおけるその理屈は，図12.3に示されている。GDPは2本の労働の限界生産物曲線より下の部分の面積で表される。この面積は移民の結果，図12.1の$A$点で2つに分割され，また新しい部分の面積 $abcde$ が加わったことを除いては，移民の前後で同じである。したがって，GDPは移民によって $abcde$ の分だけ増えている。自国生まれの住民が手にする純所得を求めるためには，この面積から，移民への賃金の支払い分を差し引く必要がある。移民に支払われる賃金は新しい均衡賃金に等しいので，$ef$ の高さに移民の数，つまり $ed$ の長さ（$L^I$ に等しい）をかけたものとなる。その結果，移民への賃金の支払い分は $fgde$ に等しいので，移民が自国生まれの住民に追加的にもたらす所得は，色付きの部分の面積 $abf$ と $bcg$ を足した部分に等しく，常にプラスである。

図12.2の補完モデルでも，GDPはやはり2本の労働の限界生産曲線より下の

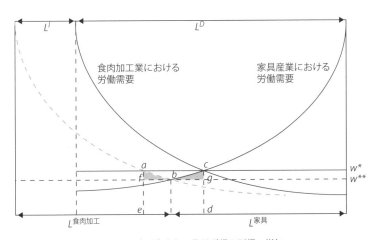

**図 12.3　自国生まれの住民が得る所得の増加**

部分の面積に等しい。そして移民後の曲線がグレーの破線のような形になるとき，移民前の黒い実線の曲線のときよりも GDP は大きくなる。これは移民が加わることによる GDP の増加である。自国生まれの住民が手にする所得への純効果を得るには，やはり移民への賃金支払い分を差し引く必要がある。しかし，移民労働者への支払い額が限界価値生産物の大きさに等しく，また彼らの限界価値生産物が移民労働者数の減少関数である限り，これら移民への賃金支払い分は移民がもたらす GDP の増加分よりも少なくなる。（言い換えると，すべての移民に対して，最後に雇われた移民の限界生産物に等しい額が支払われるので，最後の一人以外のすべての移民は，その限界生産物が賃金を上回っている。）これはやはり，自国生まれの住民が手にする純所得が増加することを意味している。

　独占的競争モデルでは，その変化はもっと微妙だが，利用できる製品やサービスがより多様になり，また競争の増加によって各商品の価格が低下するので，消費者価格指数は低下し，それによって**実質**所得は増加する[3]。

　したがって，3つのモデルのすべてにおいて，移民受け入れの結果，すでにその国に住んでいた人々の実質所得の増加が予測される。この点だけを考慮すべきならば，最適な政策は，移民の希望者をできるだけ多く受け入れることだろう。実際には，最適値はそれよりも小さくなる可能性があるが，それには主に2つの理由がある。第1の理由として，図 12.1 の代替モデルにおいて，自国生まれの住民の所得は全体として増加するものの，自国生まれの労働者の所得は**減少し**，その一方で自国生まれの資本・土地所有者の所得は増加する，という点が挙げられる。つまり，分配の問題が存在するのだ。貿易政策と同様，最善の解決策は税と所得移転でこれに対処することだが，それが不可能な場合，移民の制限が要求されるかもしれない。第2の理由は，既存の税制と政府サービスに関係している。すべての移民は——たとえ不法移民であっても——税を，最低でも消費税を支払っている。多くの人々は所得税を支払っており，そして米国では，多くの不法移民が自分のものではない社会保障番号を使って，社会保障制度において給与税を支払っているが，不法移民は後でそこから利益を得ることができない（連邦当局がポストビルの労働者に目を付けたのは，この点だ）。それと同時に，彼らは政府

---

3　例えば，以前は町にアフガニスタン料理店がなかったとして，誰かがついにレストランをオープンしたら，その地域におけるアフガニスタン料理の価格は無限大から有限の値に下がることが分かるだろう。結果的に，製品の多様性の上昇は消費者物価の低下として解釈できる。

のサービスからいくらか恩恵を受けてもいる。例えば，公立学校への入学や救急救命室の無料治療などだ。原則として，これらすべての仕組みから不法移民への純支払いはプラスにもマイナスにもなり得る。これらの純支払いがプラスである場合，その国は移民をある有限の最適レベルに制限しようとするかもしれない。

明らかに，移民が国内労働にとって良いか悪いかについて理論的な推測は存在しない。実際の効果を確かめるためには，科学的根拠を調べる必要がある。

## 12.3 3つの重要な証拠

移民の経済効果に関する研究文献は膨大にある。読みやすい概要としては，Lowenstein（2006）を参照してほしい。ここでは，特に影響力のある3つの知見に焦点を当てる。

1．**マリエル事件**。1980年4月20日，キューバのフィデル・カストロ大統領は，一連の政治紛争の集大成として，キューバを去ることを望む国民は誰でも，ある短い期間においてマリエル港から出国できると宣言した。その年の5月から9月にかけて，何千人ものキューバ人が即席のボロボロな小型船に乗り込み，マイアミに向かった。約125,000人がその5か月で到着し，それは一夜にして現地の労働力が7%増加するほどだった。

これは移民における自然実験の特に顕著な例であり，カード（Card 1990）はその有名な論文において，ヒスパニック系労働者，キューバ人労働者，黒人労働者，白人労働者，そしてマイアミの熟練労働者と非熟練労働者の賃金と失業率に対する大量移民の影響を，他の都市と比較して研究した。その結果は，マイアミの**どの**労働者階級にとっても例外なく，大量移民が賃金や失業率に対して**いかなる**影響をも見つけることは難しい，というものだった。

このことは，図12.4から見てとれる。この図は，白人，黒人，ヒスパニック系など様々な人種グループのそれぞれについて，大量移民直前の1979年から1985年までの期間における平均的な1時間当たり賃金を示したものだ。（賃金は1980年時点の米ドルで表されている。）平均賃金は，マイアミの労働者と，マイアミとほとんどの点で類似している他のサンプル都市の労働者とで別々に計算され，後者は対照群として機能する。対照群における賃金は，図で

は「その他の白人」などのように示されている。マイアミのサンプルに関して
のみ，カードはキューバ出身と特定されるヒスパニック系のサンプルのサブグ
ループを独立させることができている。図 12.1 の代替モデルから，1980 年の
大量移民の結果，1980 年あるいは少なくとも 1981 年には，他の都市の労働者
と比較してマイアミの労働者の賃金が低下すると予測できるはずだ。しかし，
図 12.4 から明らかなように，データ上ではそのような効果がない。唯一の大
きな動きは，1981 年にマイアミの黒人労働者の賃金が大幅に**上昇**し，その後
1982 年に大きく低下したことだ。1982 年は深刻な全国的不況の谷間であった
ので，この賃金低下は 1980 年の大量移民よりもむしろマクロ経済の出来事に
起因するものと考えられる。そのデータは，マイアミの**キューバ人**労働者の平
均賃金が低下していることを確かに示している。しかしカードは，これが以前
に到着していた高賃金のキューバ人労働者に続いて低賃金のマリエル労働者が
労働力に加わったため，他の労働者の賃金を低下させることなく平均賃金を下
落させたことと整合的だと示している。同様の話は，失業率のデータでも起き
ている。カードは，現地の労働集約的な製造業，例えば繊維産業や衣料品産業
がマイアミには豊富に存在したので，新規の労働者を素早く容易に吸収できた
と結論づけている。

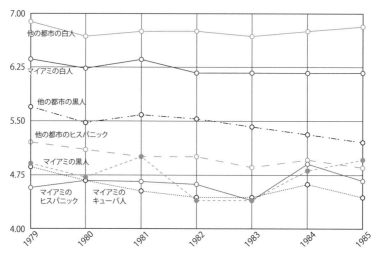

出典：Card (1990).

**図 12.4　マイアミと比較都市における賃金**

　マリエルのケーススタディは，特筆すべきものがある。というのも，それは現地の労働供給に対する突然の大きなショックでありながら，現地の労働市場に対して観察可能な影響を及ぼさなかったからだ。それは，もっと小さい，ありふれた地域的な移民ショックもまた，現地の労働市場に小さな効果を与える可能性があることも示唆している。

2．**一国全体の労働市場アプローチ**。ボージャス（Borjas 2003）は，労働は同じ国内の地域間で再配分可能であるため，地域的なアプローチが誤解を招く恐れがあることを示唆した。ひとつの町に 10 万人の移民が流入したとすると，そこへ行きたいと思っていた同じくらいの数の自国生まれの労働者がその意思決定を考え直すかもしれないし，あるいはすでにそこにいる現地の労働者の中には出ていこうとする者もいるかもしれない。このようにして，地域的な移民ショックは平準化される可能性がある。なぜなら，賃金は同じ国の中では地域間で等しくなるからだ。もしもこれが正しければ，ある町に 10 万人の新しい労働者が加わることにより，その町の労働供給が 7% 増加しつつも，賃金への影響はないだろう。しかし，一国の労働供給を 7% 増加させるのに十分な数の労働者が**全国的**に増える場合は，賃金に影響を与える**ことになるだろう**。
　したがって，ボージャスは一国レベルで移民の効果を検討することを提案した。でも，これは簡単なことではない。例えば，各時点での平均労働賃金と移民数を調べて，それらが時間を通じてどのように相関しているかを確認することはできるだろう。しかし，この相関関係によって，移民が賃金に与える影響について何かがはっきり分かるとは，特に言えないだろう。なぜなら，マクロ経済のレベルでは，様々に異なるルートで賃金に影響を及ぼすものが他にもたくさんあるからだ。移民の効果を区別するために，ボージャスは一国の労働市場を各労働者の経験と教育に基づき 32 のカテゴリーに分けた。したがって，高校中退で職歴が 1〜5 年の労働者の市場，高卒で職歴が 1〜5 年の労働者の市場，同様に，大学中退の労働者と大学卒業の労働者の市場を考えることができる。ひいては，高校中退で職歴が 6〜10 年の労働者の市場，高卒で職歴が 6〜10 年の労働者の市場，などを考えることができる。これら異なるカテゴリーの労働者が互いに密接な代替関係にないと主張しつつ，ボージャスは各カテゴリーの労働者の賃金とそのカテゴリーにおける一国全体の移民の供給との間

の時間を通じた関係を，米国のデータで調べた。その際，彼はすべてのカテゴリーに同時に影響を及ぼすマクロ経済の変動をコントロールした。彼は賃金と移民供給との間に強い負の関係を発見した。それは，あるカテゴリー内で一国の労働供給を 10%引き上げるような移民の増加が，そのカテゴリー内の平均賃金を約 4%低下させることを示唆するものだった（正確な数値はボージャスが試みた異なる方法によって変動するが，それらの値はすべて似通っている）。これは，図 12.1 の代替モデルの信頼性を回復するものであると考えられる。

3．**代替の弾力性アプローチ**。話はそれで終わりではない。上述のボージャスのアプローチは，例えば，高卒で職歴が 6～10 年の新しい移民 100 万人が，米国生まれの高卒で職歴が 6～10 年の労働者の賃金に対して（また他の 31 の労働者カテゴリーについても同様に）与える負の効果を見ている。しかし，これはその新規の労働者が次のような労働者の賃金に与えうる影響については，何ら考慮していない。それは例えば，大学に通ったことがあり 11～15 年の職歴を持つ米国の労働者のように，それら新しい移民を**雇って**，結果的に自分の生産性と所得を増やせるような者だ。言い換えれば，ボージャスは，32 の各労働者カテゴリーについて移民の**自己賃金効果**を推計したが，起こり得る**交差賃金効果**は無視している。各カテゴリーの労働が他のカテゴリーの労働の限界生産物に正の効果を持つとしたら，各労働・職歴カテゴリーによる移民の影響を自分が属するタイプの賃金だけで推計することは，全体の移民が全体の賃金に与える影響について，過度に悲観的なイメージを与えることになるだろう。事実，原則として，高卒で職歴 6～10 年の新しい移民 100 万人は，自国生まれの高卒かつ職歴 6～10 年の労働者の賃金を低下させる可能性がある。それでも，100 万人の移民労働者が**32 のすべてのカテゴリーに均等に分散している**としたら，すべての自国生まれの賃金は上昇することになるだろう。

これらの交差賃金効果を求めることは，ボージャスが求めたような自己賃金効果を求めるよりもずっと困難であり，それはオッタヴィアーノとペリ（Ottaviano and Peri 2008）による論文で行われた仕事だ。彼らのアプローチの中心は，各労働カテゴリー内における自国生まれの労働と移民労働との間の代替の弾力性を推計することだった。2 つの生産要素間の**代替の弾力性**は，2 つの要素がどの程

度類似していて，どの程度交換可能であるかを，潜在的な雇用主の観点から測ったものだ。それは形式的には，一方あるいは他方の価格の変化によって引き起こされた2つの要素に対する相対需要の比例的な変化を，相対要素価格の比例的な変化で割ったものとして計算される。例えば，ある労働者カテゴリーで，自国生まれ労働者と外国生まれ労働者間の代替の弾力性が5である場合，もしも外国生まれの労働者に支払われる賃金が10%上昇し，他の変化はないとすると，外国生まれの労働者の自国生まれの労働者に対する雇用比率は5(0.1) = 0.5，つまり50%低下する。自国生まれと外国生まれの労働者が雇用主から見て同一であるとみなされる場合は，弾力性は無限大になる（なぜなら，自国生まれの労働者がわずかでも外国生まれの者より賃金が高い場合，雇用主は自国生まれの労働者を雇いたいと思わないからだ）。自国生まれと外国生まれの労働者が固定比率で雇用されている場合，代替の弾力性はゼロになる。図12.1の代替モデルは代替の弾力性が無限大であることを要求する一方，図12.2の補完モデルでは弾力性が小さな値をとる必要がある。ボージャスは暗黙のうちにそれを無限大と仮定した。

　オッタヴィアーノとペリは，この代替弾力性の推計が，移民の影響を理解するうえで重要だと議論している：

　　移民は，彼らが異なる職種を選ぶ傾向にあるためか，彼らが選ばれた集団であるためか，あるいは彼らが何か文化特有の技能を持っているためか，その理由を問わず，同じ学歴・職歴・性別の中であっても，自国で生まれた労働者の不完全な代替物と見なすのが合理的と思われる。そして，対応する代替の弾力性をデータから推計することが妥当だろう。(Ottaviano and Peri 2006, p. 3)

　その弾力性は，国内賃金に対する移民の効果を評価する際に非常に重要だ。なぜなら，移民労働者が労働力に追加されたときに，自国生まれの労働者と移民労働者に支払われる相対賃金がどう変化するかは，弾力性によって調整されるからだ（賃金への効果がどのように弾力性から計算されるかについての数学は，やや複雑なので省略する）。米国の国勢調査データを使用して，著者たちは弾力性を約20と推計した。これはかなり大きな値だ——例えば，大学教育を受けた労働者とそうでない労働者との間の代替の弾力性より高い——しかし，それは確実に無限大ではない。（これとは対照的に，男性と女性の労働者間の代替弾力性は無限

大であると推計されている。）このことは，雇用主が国内労働者と外国生まれの労働者を，たとえ彼らが同じ水準の学歴と職歴を持っていたとしても，同一ではないと見なしていることを意味している。この結果と入手可能な他のすべての情報を一緒に用いて，オッタヴィアーノとペリは驚くべき結論に達した。それは，米国への移民は短期的には平均的な労働者の賃金をほんのわずかに下落させただけだが，**長期**的には平均的な米国の労働者の賃金の**上昇**をもたらした，というものだ。彼らの解釈では，新しい移民によって賃金が下がった労働者は，自国生まれの労働者ではなく，それより前にたどり着いた移民たちだ。

　この結果は，3つの要因から生じたと解釈することができる。第1の要因は，与えられたレベルの教育と経験についての，自国生まれの労働者と外国生まれの労働者との間の代替弾力性の大きさで，上で説明したとおりだ。

　第2に，米国への移民は，自国生まれの労働者とは非常に異なる教育と経験の**組み合わせ**を持っていることが挙げられる。これは，図12.5で説明することができる。この図は，Peri（2006）の図2を再作成したものであり，それは米国国勢調査局による2003年のアメリカン・コミュニティ・サーベイ（American Community Survey：ACS）のデータを用いて作成されている（著者によるデータ提供に感謝する）。図におけるそれぞれの棒は，高校中退から博士号まで配列された教育カテゴリーを表し，また理系の博士号は別の棒にしてある。それぞれの棒の長さは，そのカテゴリー内の米国の労働力のうち，外国生まれの労働者の割合を表している。例えば，高校の卒業証書を持ち大学に行っていない米国の労働者（図では高校卒業のカテゴリー）の8％は，米国以外で生まれた者である。明らかに，図で最も長い棒は——圧倒的に——最初と最後だ。外国生まれの労働者は，高校中退者の23％，理系の博士号を持っている労働者の30％を構成しているが，労働力全体のうち11％しか占めていない。中間のカテゴリーにおける外国生まれの労働者の割合は，高校卒業の8％から博士号持ち14％まで幅がある。言い換えると，自国生まれの住民と比較して，移民は2つの極端なカテゴリーに偏って見られる。つまり，高校を卒業していないか，理系の博士号を持っているか，のどちらかだ。ほとんどのアメリカ人労働者は，どちらのカテゴリーにも属さない。例えば，これらのデータで，米国の労働者の59％は高校の卒業証書を持っているが大学の学位は持っていない。これは，大多数の米国の労働者にとって移民が代替物ではなく補完物であると考える，追加的な理由だ。

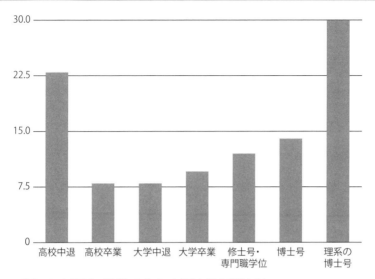

出典：Peri（2006）（著者によるデータ提供に深く感謝する）

図 12.5　2003 年における教育水準別の米国の労働力に占める外国出身者の割合

　第 3 の要因は，資本の調整である。オッタヴィアーノとペリは，移民がもたら
した国内の労働供給の増加に対して，資本の国内供給が反応しないはずはないだ
ろうと指摘し，予想される資本の反応を含めて分析を行っている。結果として，
移民の急増に対する米国生まれの労働者の賃金における短期的な，つまり資本が
調整される機会を得る前の反応の推定値は，ややマイナスだが，長期的な反応は
若干のプラスとなっている。

　総じて，オッタヴィアーノとペリは，長期的な調整を考慮すると，データは図
12.1 の代替モデルよりも図 12.2 の補完モデルに近いと主張している。

　データに基づく証拠について，ひとつ追加的な注意点がある。それは，12.2 節
で述べた最後のモデルである，独占的競争部門での需要外部性の影響による製
品やサービスの多様性の拡大を正式に検証するのが難しい，ということだ。した
がって，そのモデルがデータに適合するかどうかは，未解決のままである。し
かし，その証拠は，地元の店やレストランが取り締まりに続いて閉店したと記
者たちが報告しているように（例えば，Walker（2007），Wucker（2007），Hsu
（2008）など），移民の取り締まりの後遺症に関する逸話や新聞記事には頻繁に出
てくる。こうした影響が正式な方法でデータの中で見つけられるかは，非常に興

味深い課題である。


## **12.4 結　論**

　本書の冒頭で提起した質問に，もう戻っても良いだろう。つまり，米国は，その経済から不法移民を排除するために，国境フェンスのような政策を推進すべきだろうか？

　この問いに答えるため，ハンソン（Hanson 2007, pp. 19-26）は，不法移民によるGDPの増加分のうち移民への賃金支払いを除いた分についての既存の検証結果を再検討している。それは，彼が「不法移民余剰」と呼んだものである。この数値には多くの不確実性が含まれていることに言及しながら，彼はGDPの0.03％という中立的な推定値を採用している。それから，彼は不法移民が米国に支払う税金と彼らに提供される公共サービスの費用を考慮して，不法移民が米国に与える純財政効果についての入手可能な研究を概観している。彼は不法移民への純移転として，GDPの0.1％という推定値を採用している。したがって，これら2つの純効果は，不法移民が自国生まれのアメリカ人にもたらす損失であり，それはGDPの0.07％に相当する額となる。ハンソンは，両方の推定値を取り巻く不確実性を考えると，これはゼロと区別できないと考えられるべきだと指摘する。それと同時に，当時の不法入国者の阻止と逮捕のための予算支出はGDPの0.1％であり，これはそもそも不法入国による損失の推定値よりも大きかった。それに加えて，これらの支出はまだ，不法滞在労働者の流入のせいぜい一部を排除することしか予想していなかった。したがって，そのような流入を止めること（既存の不法労働者を逮捕あるいは退去させることは言うまでもなく）は，はるかに多くの支出を必要としただろう。

　ところで，ハンソンが不法移民余剰について参照した経済学的な研究では，Ottaviano and Peri（2008）の補完性に関する発見（つまり，需要の外部性を通じた製品やサービスの多様化に関する，まだ検証されていない潜在的な利益）を考慮していないことを考えると，移民余剰の効果に関するこれらの推定値は過小評価と考えるべきだ。さらには，ハンソンの計算で考えられた費用は純粋に財政費用であり，例えば国境フェンスの環境効果などは含まれていない。結局のところ，経済学的な理由からは，国境フェンスを含む移民排除のアプローチを正当化

移民の権利を主張するデモ参加者。ロサンゼルス，2006 年 4 月 10 日。

することは難しいと思われる。

　もちろん，たとえこの結論に同意したとしても（そして皆が同意するわけでもないが），最適な政策が何であるべきかという疑問は残っている。ボージャスの研究とオッタヴィアーノとペリの研究とで一致しているたひとつの結論が，米国への移民は自国生まれの高校中退者の賃金の低下をもたらした，ということに注意したい[4]。これら自国生まれの高校中退者は，労働力においては少数派（2003年の ACS サンプルの 13%）だが，明らかに最低所得の労働者なのだ。したがって，いかなる所得の減少も，彼らにとっては明らかに深刻な懸念となる。このことは，低賃金労働者を支援するために移民改革と再分配政策を結びつける論理的根拠を示唆している。さらに言えば，現状は明らかに非効率かつ不公平だ。年間何千人もの労働者が危険を冒して不法入国し，何百万人もの人々が政府から常に隠れながらその国に住み，働いているのである。理想的な政策が単なる（おそら

---

4　これは単純化し過ぎではある。正確には，オッタヴィアーノとペリ（Ottaviano and Peri 2008）は，米国におけるすべての自国生まれの労働者が，移民によって短期的には賃金がわずかに低下し，長期的にはわずかに賃金が上昇したと発見している。低学歴の労働者にとっては，彼らより学歴が高い労働者と比べると，短期的な損失はより大きく，長期的な利益はより少なかった。もちろん，低所得の労働者には消費を円滑化する手段があまりないので，高所得の労働者の場合に比べて，長期的な利益は短期的な損失を補償しにくい。

く入国費用を伴う）門戸開放政策なのか，ケネディ＝マケイン提案のような出稼ぎ労働者のプログラムなのか，あるいは他の政策なのかは，活発に議論すべき課題として残されている。

## 要　点

1．移民が経済に与える影響や自国生まれの住民間の所得分配に与える影響は，移民労働と先自国生まれ労働との間の相互作用の性質に依存する。自国生まれの労働と移民労働がより代替的なほど，移民が国内賃金の低下をもたらす可能性は高くなる。両者がより補完的であるほど，移民が国内賃金の上昇をもたらす可能性は高くなる。

2．しかし，どちらの場合でも，標準モデルでは移民への賃金支払いを控除した GDP は移民によって**増加する**と予測されているため，移民への財政移転（無料で公立学校に通えるなど）がない場合，自国生まれの住民の総所得は移民によって増加する。実際，標準的なモデルでは，財政移転がない場合，移民が多いほど，自国生まれの住民の所得はより大きくなる。

3．ところが，実際には多くの移民が，税収にも貢献する一方で公的サービスの形で財政移転を受け取っている。移民への純財政移転がプラスになる場合，自国生まれの住民の観点から見た移民の最適水準は，一般的にプラスだが有限である。

4．移民の**地域的な**影響に関する実証研究では，一般的に影響は小さいか，または全くないとされている。これとは対照的に，各労働者カテゴリーにおける**国内労働市場**の概念に基づいた研究では，あるカテゴリーにおける移民は，その**カテゴリー**の賃金にマイナスの影響を与えるが他のカテゴリーの賃金にはプラスの影響を与える，という検証結果を得ている。移民が彼らの賃金を控除した総所得だけでなく，自国生まれの労働者の賃金の上昇ももたらしている可能性を考慮すると，自国生まれの労働と移民労働とは不完全な代替物であると思われる。

5．しかし，米国の場合，高校中退者の賃金が移民によって下落する可能性により，再分配政策を通して対処されうる重要な分配上の問題が生じる。

6．重要だが学術的にあまり注目されなかった移民の効果がひとつある。それは，需要の外部性によって，その地域の財やサービスの多様性が広がる，というものである。この効果は，非貿易財あるいは不完全な貿易財を含む独占的競争モデルで当然ながら発生し，また報道記事で取り上げられているものの，正式な実証的検証はなされていない。

## 章末問題

1．第6章で述べた米国・中国間の貿易モデルを考える。そのモデルを，600万人の非熟練労働者が中国から米国へ移住すると仮定したモデルに置き換えよう。
   (a) 移民の結果，中国におけるプラスチックと衣料品の供給量はどう変化するか？（正確な数字を答えなさい。）
   (b) 米国における2つの財の供給量はどのように変化するか？
   (c) プラスチックの新しい世界全体の相対供給を計算しなさい。

(d) プラスチックの新しい均衡相対価格はどうなるか？

(e) 両国における熟練労働者と非熟練労働者の予算集合は，移民の結果，どう変化するか？特に，米国における非熟練労働者は，これら非熟練労働者の移民によって損失を被るか？

(f) 経済学者ロバート・マンデルは，（ヘクシャー＝オリーンの世界では）財貿易と国際要素移動は代替可能である――つまり同じ経済効果を持つ，と主張した。この例はそれを実証しているか，それとも反証しているか？

2．図12.3を思い出してほしい。この図は移民が自国生まれの住民の純所得に与える影響を示しているが，図に示されているよりも多くの移民がいる場合について，この図を描き直しなさい。移民が増加する結果，均衡がどう変化するかを示し，移民への賃金支払いを控除した所得の増加（当初の移民数が少なかった図12.3の均衡と比較して）を示す部分を塗りつぶしなさい。

3．図12.2で示した，労働に補完性がある場合の移民モデルを考える。食肉加工の国内労働需要は，完全に非弾力的である（機械がたくさんあるだけで，それぞれの機械を扱うのに必要な労働者数は固定されているため）と仮定する。そして，木工の伝統がかなり発展している国からの移民によって，家具産業の国内労働者の限界生産物が，各雇用水準に対して2倍になったとしよう。移民労働の機会費用は非常に低く，彼らを雇う費用が家具産業の生産費用に占める割合は無視できるほど小さいと仮定する。

(a) この場合について図12.2を描き，均衡によってその図と均衡点がどのように影響を受けるかを示しなさい。

(b) 国内の雇用主は，移民によって利益を得るだろうか？　なぜか？　あるいはなぜ違うか？

4．**労働の補完性が存在する場合の一般均衡効果**。100の都市から成る経済を考える。各都市には当初，高校中退者，高校を卒業した者，大学に一時在学した労働者，大学を卒業した者がそれぞれ100万人いるものとする。都市間での移動は自由で，したがって何が起ころうとも，各労働者カテゴリーの賃金は都市間で等しくなる。労働市場の均衡において，例えば移民の流入に対する高校中退者の賃金の反応は次の式で表されると仮定する：$(\Delta w^{HSD})/w^{HSD} = -3(\Delta I^{HSD})/L^{HSD} + (\Delta I^{HSG})/L^{HSG} + (\Delta I^{SC})/L^{SC} + (\Delta I^{CG})/L^{CG}$。ここで $w^{HSD}$ は高校中退者の賃金であり，$\Delta$ は変化を示している。また $I^{HSD}$ はその国の移民全体における高校中退者の数で，$L^{HSD}$ は現在の国内労働力における高校中退者の数なので，$(\Delta I^{HSD})/L^{HSD}$ は高校中退者に対する比例的な移民供給ショックを表している。同様に，他の3つの項は高校卒業者（HSG），大学に一時在学した労働者（SC），大学卒業者（CG）に対する移民供給ショックの大きさを表している。他のグループにおける賃金の反応は対称的だと仮定すると，高校卒業者の反応は $(\Delta w^{HSG})/w^{HSG} = -3(\Delta I^{HSG})/L^{HSG} + (\Delta I^{HSD})/L^{HSD} + (\Delta I^{SC})/L^{SC} + (\Delta I^{CG})/L^{CG}$，大学に一時在学した労働者の反応は $(\Delta w^{SC})/w^{SC} = -3(\Delta I^{SC})/L^{SC} + (\Delta I^{HSD})/L^{HSD} + (\Delta I^{HSG})/L^{HSG} + (\Delta I^{CG})/L^{CG}$，大学卒業者の反応は $(\Delta w^{CG})/w^{CG} = -3(\Delta I^{CG})/L^{CG} + (\Delta I^{HSD})/L^{HSD} + (\Delta I^{HSG})/L^{HSG} + (\Delta I^{SC})/L^{SC}$ となる。つまり，各労働者カテゴリーにおいて，そのカテゴリーにおける移民の「自己効果」は「交差効果」の3倍の大きさで符号が逆である。

(a) 10万人の高校中退者の移民が，番号12（例えば）の都市に到着し，それによって都市12の高校中退者の数が10%上昇すると仮定しよう。都市12の高校中退者の賃金にはどん

な影響があるか？　その国の他の都市では？　そして，これをすべての都市に同時に 10
万人の新しい高校中退者が移民したときの効果と比較しなさい。この対比は，地域への影
響に関する研究の結果と 12.3 節の国内労働市場に関する研究の結果との対比を説明する
のに役立つだろうか？

(b)　今度は，**それぞれの**カテゴリーにおいて 10 万人の労働者が各都市に移民し，総労働力
が 10%上昇すると仮定しよう。すべての賃金はどうなるだろうか？　この結果と(a)の結
果との比較は，12.3 節のボージャスの結果とオッタヴィアーノとペリの結果との間の対立
を説明するのに役立つだろうか？

(c)　ここで別の思考実験をしてみよう。移民が複数の都市にまたがってランダムに分布し
ていると仮定しよう。例えば，その国では 1,000 万人の高校中退者を移民として受け入
れ（他のカテゴリーの移民はいない），その 1,000 万人が，ある都市は少なめに，ある都
市は多めにといったように，100 の都市に散らばっているものとする。地域的な移民供給
ショックを横軸に，現地の高校中退者の賃金における比例的な変化を縦軸にとって，散布
図を描きなさい。その際，散布図の各点は，100 都市のうちの 1 都市におけるこれら 2 つ
の変数の値を示すものとなる。散布図がどのような形になるかを示し，移民が賃金に影響
を与えないとする実証例として，誤って解釈される可能性があることを説明しなさい。

## 参考文献

Archibold, Randal C. (2006), "Immigrants Take to U.S. Streets in Show of Strength," *The New York Times*, May 2.

Blumenthal, Ralph (2007), "U.S. Gives Tour of Family Detention Center That Critics Liken to a Prison," *The New York Times*, February 10, p. A9.

Borjas, George J. (2003), "The Labor Demand Curve Is Downward Sloping: Reexamining the Impact of Immigration on the Labor Market," *The Quarterly Journal of Economics* 118: 4 (November), pp. 1335-1374.

Card, David (1990), "The Impact of the Mariel Boatlift on the Miami Labor Market," *Industrial and Labor Relations Review* 43: 2 (January), pp. 245-257.

Chomsky, Aviva (2007), *"They Take Our Jobs!" And 20 Other Myths about Immigration*, Boston: Beacon Press.

Gorman, Anna, Marjorie Miller and Mitchell Landsberg (2006), "Marchers Fill L.A.'s Streets," *The Los Angeles Times*, May 2.

"The Gospel vs. H.R. 4437" [editorial] (2006), *The New York Times*, March 3.

Hanson, Gordon H. (2007), "The Economic Logic of Illegal Immigration," Council Special Report No. 26 (March), Council on Foreign Relations.

Hsu, Spencer S. (2008), "Immigration Raid Jars a Small Town," *The Washington Post*, May 18, p. A1.

Hylton, Hilary (2009), "Opponents of the Border Fence Look to Obama," *Time*, January 21.

Klein, Rick (2007a), "Kennedy, McCain Try Again on Immigration," *Boston Globe*, February 28.

Klein, Rick (2007b), "Kennedy-McCain Partnership Falters," *Boston Globe*, March 22.

Krugman, Paul (1991), "Increasing Returns and Economic Geography," *Journal of Political Economy* 99: 3 (June), pp. 483-499.

Lowenstein, Roger (2006), "The Immigration Equation," *The New York Times*, July 9, p. 36 (Section 6).

Ottaviano, Gianmarco I. P. and Giovanni Peri (2006), "Rethinking the Effects of Immigration on Wages," *NBER Working Paper* No. 12497 (August).

Ottaviano, Gianmarco I. P. and Giovanni Peri (2008), "Immigration and National Wages: Clarifying the Theory and the Empirics," *NBER Working Paper* No. 14188 (July).

Passel, Jeffrey S. and D'Vera, Cohn (2011), *Unauthorized Immigrant Population: National and State Trends, 2010*, Washington, DC: Pew Research Center, Feburary 1.

Peri, Giovanni (2006), "Immigrants, Skills, and Wages: Measuring the Economic Gains from Immigration," Immigration Policy in Focus 5: 3 (March), Immigration Policy Center.

Preston, Julia (2008), "An Interpreter Speaking up for Migrants," *The New York Times*, July 11, p. A1.

Walker, Devona (2007), "Immigration Crackdown Called Devastating to Economy," *The Oklahoman*, September 18, p. 1A.

Watanabe, Teresa and Hector Becerra (2006), "The State; 500,000 Pack Streets to Protest Immigration Bills; The rally, part of a massive mobilization of immigrants and their supporters, may be the largest L.A. has seen," *The Los Angeles Times*, March 26, p. A1.

Wucker, Michele (2007), "A Safe Haven in New Haven," *The New York Times*, April 15, p. 14LI.

# 13 貿易と環境：
## グローバル化は環境に優しいか？

長江支流の烏江の近くにある工場

## 13.1 地球規模の災害？

フィリピンにある大規模な銅精錬所のPASAR社では，複数の国から調達した銅鉱石を銅陰極に変えている。銅陰極は，ほぼすべてが輸出され，電子機器の製造に使用されている。その事業は，グローバル化の結果について観察者によっては恐れを抱くものになる，ひとつの例だ。グローバル化の批判者であるデビッド・C・コーテン（Korten 1995, p. 31）は，次のように指摘している。PASAR社は元々，日本の合併事業の一部として設立され，ホウ素やヒ素やその他の毒素で地域の給水源を汚染し，魚の収穫量を減らし，呼吸器系の問題の発生率を高めるなど，環境に深刻な影響を引き起こしている，と。彼の解釈は，グローバル化によって，精錬事業は日本のように環境基準が厳しい高所得国ではなく環境基準の緩い低所得国で行われるようになるので，精錬所がなければそこまでにならなかった環境への損害がもっと酷くなる，というものである。

> その会社は繁栄した。地域経済は成長した。日本の人々は，環境への対価を支払うことなく銅の供給を手に入れている。地元の貧困者——プロジェクトから受益を得ているとされる人々——は，生活の手段を失い，健康障害を被った。フィリピン政府は，日本からの対外援助ローンを返済しているところで，そのローンは工場のためのインフラ建設費用として融資されたものだ。そして日本人は，自分たちの国内環境の清潔さと，フィリピンの貧しい人々に寛大な援助をしたことに対して，自分たちを祝福している。(Korten 1995, p. 32)

コーテンの結論は，グローバル化によって有害な生産工程が世界中の貧しい人々に輸出され，環境と人間の健康に壊滅的な影響が発生する，というものだ。これは共通の懸念事項であり，これまで議論してきたグローバル化に関連する他の問題すべてを圧倒し得るほどの重みを持つものだ。本章では，この問題を扱ってきた研究のいくつかを簡単に検討し，グローバル化が結局のところ環境を破壊するかどうかについて，究明を試みる。

## 13.2  2つの理論（だがモデルはひとつ）

研究者たちはグローバル化と環境との関係を様々な角度から見てきた（包括的なサーベイについては，Copeland and Taylor（2003）を参照）が，ここでは最も影響力があると思われる2つの理論に焦点を当てていく。

第1の仮説は，**汚染逃避地仮説**である。この仮説は，Copeland and Taylor（2003，第5章）によって理論的に極めて詳細に検討された。それは，次のようにまとめることができる。(i) 豊かな国は貧しい国よりも環境基準が厳しい。(ii) その結果，多くの汚染を発生する産業は，豊かな国では相対的に高い費用に直面するので，事実上，貧しい国は「汚染の多い」産業に比較優位を持つ。(iii) このことは，貿易が開始されると，「汚染の多い」産業が豊かな国で縮小し，貧しい国で拡大することを意味する。(iv) これにより，汚染規制の厳しい国から相対的に汚染規制の緩やかな国へと，汚染財産業の生産が移動するので，世界全体の汚染は結果として増加する。結果的に，汚染逃避地仮説の下では**貿易は世界全体の汚染を増加させる**[1]。

これとは対照的な仮説として，例えば，アントワイラーとコープランドとテイラー（Antweiler, Copeland and Taylor 2001）が提唱したものがある（Copeland and Taylor（2003，第6章）でも検討されている）。この仮説は，貿易がヘクシャー＝オリーン効果を通じて世界全体の汚染に望ましい効果をもたらすことを示唆している。この理論は，次のようにまとめることができる。(i) 豊かな国は，貧しい国よりも環境基準が厳しい。(ii) しかし，豊かな国は多くの資本を持っているから豊かなのであり，そのため資本集約的な産業に比較優位を持つ。(iii) その結果，貿易が開始されると，資本集約的な産業は豊かな国で拡大し，貧しい国で縮小する。(iv) しかし，資本集約的な産業は汚染をもたらす産業でもあるので，このことは汚染規制が緩やかな国から相対的に厳しい汚染規制に直面している国

---

1　この用語は，様々な著者によって様々な言い方がされている。多くの著者は，**汚染逃避地仮説**という用語について，ある国で汚染排出規制がより厳しくなると，その国の生産パターンが汚染の酷い産業から別の産業へとシフトする，という意味で使っている。その使い方は，ここで示した定義とは関係があるものの，異なるものだ。この用語を使っている文献を読むときには，読者はその著者がどの定義を使用しているか，常に明確にしておく必要がある。

へと，汚染財産業の生産の移動をもたらす。その結果，世界全体の汚染は**減少**する。

　この第2の理論は，文献において広く認められている名称がないみたいだが[2]，ここでは Antweiler-Copeland-Taylor-Heckscher-Ohlin 理論の頭文字をとって ACTHO と呼ぶことにする。頭字語（「ハクション！」）を考えると，この仮説は**くしゃみ仮説**と名付けてもいいかもしれない。（結局のところ，くしゃみは大気中の粉塵への健康的な反応で，それは ACTHO 理論における均衡貿易の反応と同様だ。）くしゃみ仮説では，**貿易は世界全体の汚染を減少させる**。

　これらの仮説は明らかに互いに矛盾しているが，どちらも，あるひとつの一般均衡貿易モデルから導き出すことができる。6.5 節で示したような，要素間の代替が可能な場合のヘクシャー＝オリーンの貿易モデルを考えよう。具体的には，2つの国を再び米国と中国にするが，今度は2つの生産要素を労働（$L$）と資本（$K$）とする。2つの財は衣料品と化学製品で，それぞれ価格は $P^A$ と $P^C$ で表す。衣料品は相対的に労働集約的で汚染排出量は低く，化学産業は資本集約的で相対的に多くの汚染をもたらす（Kahn and Yoshino (2004, 表1, p. 12) を参照）。米国は相対的に資本が豊富であり，中国は労働が豊富である。

　単純化のため，衣料品の生産は汚染を排出しないが，化学製品の生産は通常，生産1単位当たり一定量の汚染を発生するものと仮定する。この汚染排出は，汚染防止費用を負担することによって予防できる。汚染防止費用とはつまり，生産技術の変更や，工場の煙突に取り付ける高額な防塵装置などだ。化学製品部門のどの企業による汚染も，防止技術を使用することで完全に取り除くことができるが，それに伴い企業の生産量のうち $\theta$ の割合が失われると仮定する。この費用は完全に個別の企業が負担し，そして汚染の減少から得られる便益は社会の全構成員に広がるので，どの企業も政府から強制されない限り，汚染防止技術を使おうとはしない。

　両国の各消費者は同じ効用関数を持つと仮定し，それは次のように表されるものとする：

---

2　Antweiler, Copeland and Taylor (2001) では要素賦存仮説と呼ばれているが，基本的なヘクシャー＝オリーン・モデルの予測（第6章を思い出してほしい）との混同を避けるため，ここではその用語を使わないことにする。

$$U(A, C) - d(E)$$

ここで $A$ は衣料品の消費量，$C$ は消費者の化学製品の使用量，$E$ は汚染の総排出量，$U$ は効用関数で厳密な増加関数とし，そして $d$ は各消費者が汚染を嫌悪する度合いを示す**不効用関数**で厳密な増加関数とする。関数 $U$ は，$A$ と $C$ に同じ倍数をかけても限界代替率が変わらない，という性質を持つと仮定する（これを相似拡大性の性質という）。これにより，第 6 章で使用された相対需要曲線が利用できる。しかし，$U$ は厳密に凹であると考えるので，所得の限界効用は所得が高いときの方が低いときよりも小さい。このアプローチは，低所得国よりも高所得国のほうがより厳しい環境政策をとることを正当化するのに役に立つ。$E$ については，2 つの対照的な仮定が考えられる。$E$ が消費者のいる国内のみにおける汚染の総排出量を表す場合，これは**局所的汚染効果**のモデルとなる。これに対して $E$ が世界全体の汚染を表す場合，これは**越境汚染**のモデルとなる。

　論点をできるだけ単純にするため，次のように仮定しよう。米国政府は，すべての国内の化学製品の生産者に対し，米国における化学産業の汚染をゼロにするための防止技術の採用を要求する。しかし，中国政府は汚染対策を全く要求しない。明らかに，現実の世界では環境政策の差はこんなに極端ではないが，1 人当たり所得の高い国ほど環境法やその実施は厳しい傾向がある。

　まず，$\theta$ がゼロに等しい場合を考える。その場合は，基本的なヘクシャー＝オリーン・モデルとなる。2 つの国の相対供給曲線は，衣料品の相対価格である $P^A/P^C$ の関数として，図 13.1 に描かれているようなものになる。図 6.11 と図 6.12 の間で行った議論で述べたように，要素間の代替が可能な場合，相対供給曲線は右上がりとなる。さらに，米国は資本豊富国なので，リプチンスキー効果により，中国の相対供給曲線は米国の曲線よりも右側に位置することになる。資本豊富国である米国経済は化学製品を輸出し，労働豊富国である中国経済は衣料品を輸出する。自給自足における中国の衣料品の相対価格 $P^{China}$ は米国の自給自足相対価格および自由貿易価格 $P^{FT}$ よりも低くなる。

　今度は，$\theta$ がゼロより大きいとしよう。衣料品の相対価格を一定とすると，衣料品の米国での相対供給には 2 つの効果が発生する。第 1 に，所与の労働と資本の配分に対して，化学製品の生産量は減少する。なぜなら，汚染防止費用 $\theta$ の直接効果は，生産量を減らすことであるからだ。第 2 に，生産物価格を一定とする

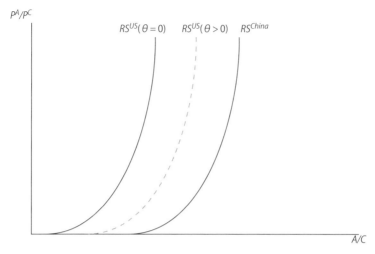

図 13.1　汚染防止費用がある場合の相対供給

と，化学製品のゼロ利潤線は左にシフトする（第6章の図6.11で同様の場合を
考えたことを思い出してほしい）。その結果，図6.11でストルパー＝サミュエル
ソン定理を導いたのと同じ理屈により，米国の賃金は上昇し，米国の資本サービ
スの価格は低下する。これにより，両産業とも生産量1単位当たりの資本量は増
え，産出1単位当たりの労働量は減る。したがって，資本と労働は衣料品により
多く配分され，化学製品により少なく配分される（再び，相対供給曲線が右上が
りになる理由を示す6.5節のロジックに従っている）。与えられた要素配分に対
して化学製品の生産量が減るという直接効果と，より多くの要素が衣料品に，よ
り少ない要素が化学製品に配分されるという間接効果の両方の理由により，与え
られた衣料品の相対価格に対して，米国の衣料品の相対的な供給量は $\theta$ の上昇に
よって増加する。その結果，米国の相対供給曲線は，図13.1に示されているよ
うに，右にシフトする。

　仮定によって中国では排出削減が不要なので，中国の相対供給曲線は変化せず
そのままだ。それに加えて，世界の相対供給曲線は（図には示されていないが）
両国の相対供給曲線の間に位置し，$\theta$ の上昇による米国の相対供給曲線のシフト
に伴い，いくらか右にシフトする。$\theta$ が十分大きくなると，米国の相対供給曲線
は貿易パターンが逆転するほど十分右にシフトし，米国は衣料品を輸出し化学製
品を輸入することになる。貿易のパターンが逆転することになる $\theta$ の臨界値を

$\theta^*$ とする。$\theta < \theta^*$ の場合，中国の自給自足時における衣料品の相対価格は米国の自給自足価格および自由貿易価格よりも低いが，$\theta > \theta^*$ の場合は逆になる。

この結果と世界経済に関する他の要因をすべて合わせると，図 13.2 と図 13.3 が描かれる。これらの図は，世界の相対供給曲線と相対需要曲線を示している（以前と同様，相対需要曲線は両国とも同じだと仮定する）。図 13.2 は，$\theta$ が十分小さく，汚染防止費用が比較優位のパターンを逆転させるほどではない場合（つまり，$\theta < \theta^*$ の場合）の均衡を示している。$\theta$ がこの範囲のとき，世界の相対供給曲線はグレーの破線となる。比較のために示すと，黒い曲線は相対供給曲線が $\theta = \theta^*$ のときのものだ。米国は資本豊富国なので，$\theta < \theta^*$ のとき米国は化学製品を輸出し，中国は衣料品を輸出する。さらに，貿易によって中国における衣料品の相対価格は（自給自足価格 $P^{China}$ から自由貿易価格 $P^{FT}$ へと）上昇する。このことは，貿易が開始されると，中国経済は自給自足時よりも衣料品を多く，化学製品を少なく生産するように生産可能性フロンティア上を移動することを意味する。汚染量は中国の化学製品生産量に比例するので，このことは**貿易によって汚染が減少した**ことを意味する。この結果は，中国における汚染と世界全体の汚染の両方について成立する。（仮定により，米国の化学製品の生産には汚染排出をゼロにする必要があることを思い出してほしい。）これはすでに詳述した，くしゃみ仮説の例である。中国が汚染財産業から離れるのに伴い，米国

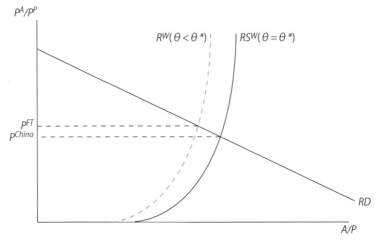

図 13.2　くしゃみ仮説

経済は汚染財産業**に向かっていく**ことに注意しよう。この現象が起こるのは，貿易によって米国における衣料品の相対価格が高い自給自足価格から $P^{FT}$ へと低下し，米国では生産可能性フロンティア上を化学製品の方に向かって，衣料品から離れるように生産が移動するからだ。

これに対して図13.3は，$\theta$ が比較優位のパターンを逆転させるほど十分大きい場合（つまり，$\theta > \theta^*$ の場合）にはどうなるかを示している。この場合，図13.3のように，自由貿易均衡では米国は衣料品を輸出し，中国は化学製品を輸出する。自由貿易価格 $P^{FT}$ は中国の自給自足価格 $P^{China}$ より低いので，自由貿易によって中国では衣料品が自給自足のときよりも安くなる。その結果，貿易によって中国経済は生産可能性フロンティア上を，自給自足に比べて衣料品を少なく，化学製品を多く生産するように移動する。汚染は中国で生産される化学製品の量に比例するので，中国の汚染量と世界全体の総汚染量の両方において，**貿易は汚染を増加させる**。これは汚染逃避地仮説が成立する例である。貿易によって中国経済がより汚染の多い産業に向かう一方，米国経済は汚染の少ない産業に向かうことに注目しよう。

要するに，両方の仮説は経済の均衡の一部として理論的に意味あるものだが，根底にあるパラメーターの値が仮説間で異なっているのだ。正確には，図13.2と図13.3で示されているように，どちらの仮説が妥当するかは，$\theta < \theta^*$ である

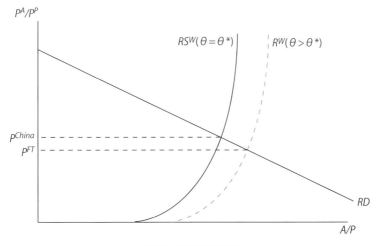

図 13.3　汚染逃避地仮説

か $\theta > \theta^*$ であるかによる。 $\theta < \theta^*$ の場合はくしゃみ仮説が成立するが、 $\theta > \theta^*$ の場合は汚染逃避地仮説が成立する。資本豊富国は、本来は資本集約的な産業に比較優位を持つが、資本集約的産業は汚染財産業でもある。したがって、もしも汚染防止費用が比較優位を圧倒するほど大きくなければ、貿易によってその産業は豊かな国に移動し、全体的な汚染は減少する。これに対して、資本豊富国の汚染防止費用が十分高い場合は、比較優位のパターンは要素賦存量の代わりに汚染防止費用によって決まる。そして、汚染の多い資本集約的な産業は、貿易によって資本の希少な国へと移動し、総汚染量は増加する。

貿易の厚生効果は、汚染のないモデルよりも複雑になることに注意しよう。 $\theta$ が十分大きく、汚染逃避地仮説が成立すると仮定する。すると、もしも汚染が局所的である——つまり、中国の汚染は中国の国民に不効用もたらすがアメリカ人には影響しない——ならば、米国は必ず貿易利益を得る。第6章の推論が、そのまま米国に当てはまるからだ。それと同時に、中国の国民は通常の貿易利益を得て、それは便益となるが、増加した汚染から損害を被ることにもなり、それは費用である。貿易のもたらす局所的な汚染の増加が標準的な貿易利益を打ち負かす可能性は十分にあり、そうなると中国は自給自足の方が良かった、ということになる。この場合、中国政府は効果的な環境規制を行う替わりに、貿易の制限あるいは禁止さえも考えるだろう。しかし明らかに、厳しい環境保護を制定する動機は、グローバル化の効果によって強まる。

逆に、汚染が局所的でない——地球温暖化を引き起こす温室効果ガスの場合のように、ある国の汚染が別の国の国民に影響を与える——場合、地球環境への影響によって、汚染逃避地仮説の下では、米国自身が貿易によって損害を被る可能性がある。

これら2つの仮説、汚染逃避地仮説とくしゃみ仮説はどちらも、理論上は筋が通った、起こりうる話だ。次の疑問は、これらの理論がデータに当てはまるかどうか、である。

## 13.3 科学的根拠

汚染逃避地仮説を検証するため、これまでの文献では貿易データを用いて徹底的な考察が行われた。Kahn and Yoshino (2004) や Levinson and Taylor (2008)

でまとめられているように，ほとんどの文献で汚染逃避地効果は非常に弱いか，全くないという結果が得られている。特に，前述したように，アントワイラーとコープランドとテイラー（Antweiler, Copeland and Taylor 2001）は，世界の貿易データでは全体として，1人当たりの所得が低い資本希少国ではなく，1人当たりの所得が高い資本豊富国こそが，大量の汚染を排出する産業の純輸出国となる傾向にあると示している——つまり汚染逃避地仮説とは逆である。この結論は，中国の輸入財が輸出財よりもはるかに汚染集約的である，という最近の研究成果によって強固なものになっている[3]。

　しかし，最近の研究で示されているように，既存の研究は実際に存在する汚染逃避地効果を見逃していた可能性がある。ひとつの例がレヴィンソンとテイラー（Levinson and Taylor 2008）だ。彼らは，以前の研究における2つの重要な特徴を指摘している。まず，多くの既存研究は，産業内の企業が汚染防止のために負担する平均費用を，産業全体の付加価値の一部として捉えている。これは，測定された汚染防止費用と呼ぶことができる。（ここでは，**汚染防止**とは企業が汚染を予防するか，汚染が発生した後で除去するために負担するすべての費用を意味する。）次に，この変数が，その産業における環境規制の厳しさの尺度として用いられている。既存研究は，この変数と輸入浸透率との間の相関を求めている。輸入浸透率とは，ある産業における製品の輸入量の，国内総消費量（あるいは生産量や出荷量）に対する割合を表したものだ。これらの研究において，産業の測定された汚染防止費用と輸入浸透率との間に正の相関があれば，それは汚染逃避地効果の科学的証拠と見なされるだろう。つまり，ある産業において環境規制が厳しいほど，その産業の国内生産を妨げ，環境規制がそれほど厳しくない国からの輸入を奨励する，ということの科学的根拠となる。一般的に，これらの研究では，測定された汚染防止費用と輸入浸透率との間には弱い相関しかないか，または全く相関がないことが分かっており，これは汚染逃避地効果がないことを示唆している。

　しかし，レヴィンソンとテイラーは，このアプローチにはいくつかの問題点があることを指摘している。特に彼らは，測定方法の問題について言及している。

---

3　Dean and Lovely（2010）を参照のこと。本節で後に議論するが，彼らは中国のデータに革新的な手法を適用している。

データ内の各産業は，常に例外なく，あらゆる種類の製品を生産する企業を集めたものである。その中にはかなり汚染度の高い企業もあれば，汚染が少ない企業もある。産業全体として公害規制が厳しくなると，各企業の汚染防止費用は上昇することになり，結果として産業全体の汚染防止費用の測定値も上昇することになる。これは，**直接効果**と呼ぶことができる。しかし，規制の強化によって，より汚染度の高い企業の中には規制の緩い国に事業を移すものが出てくるかもしれない。これにより，汚染の少ない企業の集まりのみが国内に残り，結果として産業における汚染防止費用の測定値が**低くなる**可能性がある。この第2の効果は，**産業構成効果**と呼ぶことができる。これら直接効果と産業構成効果を組み合わせると，産業への公害規制を厳しくしても，測定された汚染防止費用が全く増加しないこともありうる。この場合，測定された汚染防止費用は，明らかに政策に関して不十分な評価基準となる。

　レヴィンソンとテイラーは，計量経済学的手法を用いてこの問題を修正し[4]，正の相関関係を示す明確な科学的証拠を見つけた。つまり，ある産業に対する米国の汚染規制が厳しくなると，米国経済はその産業の製品を国内で生産するのではなく，むしろ輸入する傾向がある，と彼らは示した。ただし，その効果はそれほど大きくはなく，著者たちの計算が示唆するのは，米国の環境規制の強化がメキシコからの輸入の伸びの約4%，カナダからの輸入の伸びの9%にしか貢献していないかもしれない，という結果だ。

　これらの異なる研究結果をまとめるのはそれほど難しいことではない。アントワイラー＝コープランド＝テイラーの研究では，$\theta$は十分小さく，貿易を開始しても米国が化学製品の純輸出国になることを意味しているように思える。これに対して，レヴィンソン＝テイラーの研究は，$\theta$が少し上昇すると，米国は化学製品の生産を少し減らし，中国から化学製品を少し多めに輸入することを意味している。アントワイラー＝コープランド＝テイラーの研究成果が汚染規制の**全体的な効果**に関するものであるのに対して，レヴィンソン＝テイラーの研究成果は**限**

---

4　ここでは詳細を気にする必要はない。簡単に要約すると次のようになる。著者たちによると，米国の環境規制は大きい汚染問題を抱えている州の方がそうでない州よりも厳しくなる傾向にあるので，産業が直面する公害規制の全体的な厳しさは，産業が大きな汚染問題を抱えている州にどの程度集中しているかの尺度と相関する傾向にある。これを**地理変数**と呼ぼう。操作変数法と呼ばれる計量経済学の基本的な方法に従い，レヴィンソンとテイラーは，地理変数によって予測される測定削減量の一部を使用して，産業構成効果の測定削減量を消去している。

**界的な**効果に関するものだ。2つの結果は，完全に整合的である。しかし，これら2つを合わせると，結局のところ，貿易の開始によって結果的に世界の汚染は増加するよりも減少する傾向が高い，ということになる。

貿易データと汚染を調べる別の方法が，レヴィンソンの最近の研究で検討されている（Levinson 2009）。レヴィンソンは，米国の各製造業が発生する生産1ドル当たりの平均汚染量に関する環境保護局（Environmental Protection Agency：EPA）による推定値を用いて，汚染量の傾向およびその貿易との関係を分析した。

詳しく説明すると，13.2節で考察したモデルの重要な特徴は，次のようになる。汚染逃避地仮説の下では（つまり，$\theta > \theta^*$ の場合），貿易が開始されると，富裕国における**生産の構成**は汚染度の高い産業のシェアが低下することで「よりクリーンに」なるが，低所得国の生産の構成は「より汚染をもたらす」ようになるのだ。この特徴は，以下のようにして検証できる。各産業 $i$ について，その産業の汚染集約度の尺度 $z_i$ が得られると想定しよう。その意味は，生産1ドルあたりのその産業における汚染の発生量である。産業 $i$ の時点 $t$ における生産物の価値が $v_{i,t}$ で，工業製品の総生産額が $\sum_i v_{i,t}$ であるとしよう。このとき，ある国で生産の構成がどれくらい汚染を出すかを測定する良い方法は，次のように計算できる：

$$D_t^{output} \equiv \frac{\sum_i z_i v_{i,t}}{\sum_i v_{i,t}}$$

この尺度は，総生産額に占める各産業の割合でウェイト付けされた平均汚染集約度である。$D_t^{output}$ を計算する際，汚染集約度 $z_i$ は時間を通じて一定であるとされている。これは，時間を通じた技術や規制の変化の影響から分離するためだ。生産の構成の変化は，汚染逃避地仮説とくしゃみ仮説のいずれにおいても働くメカニズムなので，この尺度は私たちの目的にとっては有用だ。1987年から2001年までの米国の製造業について，$D_t^{output}$ が図13.4に描かれている。ここで汚染集約度 $z_t$ は，生産1ドル当たりの二酸化硫黄（$SO_2$）排出量である[5]。この図は，

---

5　これらのデータは，米国環境保護局による1987年の米国のデータから世界銀行がまとめたものだ。図13.4の値は，Levinson（2009）の図1の線(1)に対する線(3)の比率に対応している。Levinson（2009）のデータは著者によって提供されており，彼に深く感謝する。

1987年での値が100になるように正規化されている。二酸化硫黄は，湖に大きなダメージを与えうる酸性雨を引き起こすことでよく知られた大気汚染物質だ。他の汚染物質の結果も同様だ。図から明らかに分かるように，米国の製造業生産の構成は，よりクリーンな産業の方に急激に変化しており，平均汚染集約度は急速なグローバル化の期間（当初，わずかに逆方向に変化した後）において，約9％低下した。この結果は，13.2節のモデルにおける汚染逃避地仮説で予測されたものと，完全に整合的である。

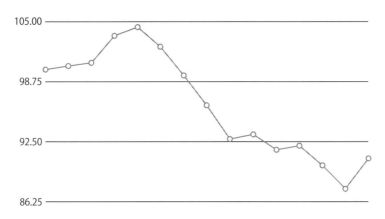

出典：Levinson（2009）.

**図13.4　汚染集約度に対する構成効果：1987～2001年における米国の製造業**

　汚染逃避地仮説の第2の特徴は，低所得国の消費がよりクリーンな財へと移行しているにもかかわらず，生産は汚染の多い産業の方へ移行するという予測である。（図13.3で，貿易開始後に中国で衣料品の相対価格が下落し，その結果，化学製品産業の生産高に占める割合が上昇するが，消費に占める割合が低下したことを思い出してほしい。）このモデルの下では，グローバル化が進むと，米国から見た世界の他の国々からの輸入の構成は，汚染財の方に次第に移行していくはずだ。レヴィンソンのデータは，その予測を評価するためにも使用できる。純輸入の平均汚染集約度を，次のように定義する：

$$D_t^{imports} \equiv \frac{\sum_i z_i m_{i,t}}{\sum_i m_{i,t}},$$

ここで $m_{i,t}$ は時点 $t$ における産業 $i$ の製品の米国における純輸入を表している。1987 年から 2001 年までの $D_t^{imports}$ の値は，図 13.5 に描かれている[6]。ここでもまた，問題となっている汚染物質は $SO_2$ で，1987 年の値が 100 になるように数値は正規化されている。この場合，その動きは図 13.4 の場合よりもずっと顕著になっている。輸入の産業構成は，よりクリーンな産業の方へと急激に変化していて，データの終了時点における平均汚染集約度は開始時点よりも 20% 下回っている[7]。すると，これは汚染逃避地仮説の予測とは逆になっている。この結果は，ディーンとラヴリー（Dean and Lovely 2010）によって強固なものとなって

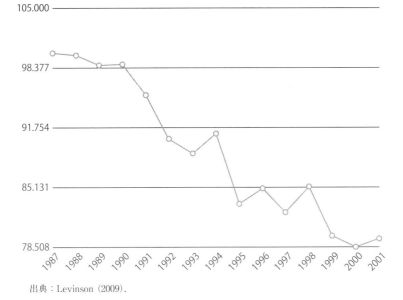

出典：Levinson（2009）.

図 13.5　汚染集約度に対する構成効果：1987〜2001 年における米国の輸入

6　図 13.5 の値は，Levinson（2009）の図 2 における「すべての輸入額」の値に対する「直接係数」の値の比率に対応している。

7　レヴィンソンは，海外から輸入された各製品の生産に必要な中間投入物がもたらした汚染を補正した後でも，この結論が成り立つことを示している。

いる。彼らは，中国の輸出の産業構成について，輸出が爆発的な成長を示すのに
つれて，時間を通じてよりクリーンな産業の方へと移行していることを示してい
る。

　したがって，産業の構成に関するデータは，実際には13.2節のどちらの仮説
にも当てはまらない。環境問題への関心の高まりのためか，政府に対して規制
の強化を求める政治的圧力のためか，いずれにしてもグローバル化が進むにつれ
て世界の産業と消費はともに，よりクリーンな産業の方へ移行するように思われ
る。実際，レヴィンソンの論文は，ここで焦点を当てた生産の構成効果とは別
の，ずっと大きな効果も働いていることを示している。各産業における生産1ド
ルあたりの汚染は，その期間を通じて大幅に減少したが，それはおそらく技術
の向上と結びついた規制の強化の結果であり，そのため工業製品の生産量が大き
く増加したにもかかわらず，米国の製造業における汚染は大幅に減少した。しか
し，私たちの目的にとって重要なのは，大局的に見ると，貿易は環境を悪化させ
るものではないようだ，という点だ。

## 要　点

1．高所得国は，低所得国よりも環境規制がはるかに厳しくなる傾向がある。これにより，低
　所得国は汚染財産業に比較優位を持つ可能性が高くなる。そのため，貿易の開始によって汚
　染の多い産業は低所得国に再配置され，世界の汚染量が増加する。これが汚染逃避地仮説で
　ある。

2．しかし，貿易は，汚染財産業の高所得国への再配置により，世界の汚染を**減らす**可能性も
　ある。その理由は，汚染財産業は資本集約的であり，資本の豊富な高所得国は資本集約的な
　産業に比較優位を持つためである。私たちはこれをくしゃみ仮説と呼んだ。

3．これらの仮説はどちらも，一般均衡の貿易理論と整合的である。実際，どちらも**同じ**一般
　均衡貿易理論の特殊ケースである。くしゃみ仮説は，資本集約的な産業から発生する汚染と
　汚染防止費用を追加したヘクシャー＝オリーン・モデルにおいて，資本豊富国における汚染
　防止費用が，その国の資本豊富財における本来の比較優位を圧倒するほどには高くない場合
　に生じる。汚染逃避地仮説は，資本豊富国の汚染防止費用が本来の比較優位のパターンを逆
　転させるほど十分高い場合に発生する。

4．実証的には，限界的に見て適度な汚染逃避地効果があるように思われる。その意味は，一
　国があるひとつの産業に影響を及ぼすような環境規制の強化を行うと，その産業の一部は海
　外に移る，というものである。しかし，全体的な貿易のパターンは，富裕国が汚染の多い産
　業の生産物を輸出し，貧困国がよりクリーンな産業の生産物を輸出するというもので，その
　逆方向の結果となる汚染逃避地仮説よりもはるかに，くしゃみ仮説の方に近い。さらに，グ
　ローバル化の進展に伴い，米国における世界の他の地域からの輸入財の構成は，よりクリー

ンな産業の方へと急激にシフトした（そしてこのシフトは，米国の製造業における同様のシフトよりも急速である）。概して，貿易は環境を悪化させるのではなく，むしろ環境を改善させるかのように見える。

## 章末問題

1．**前後即因果の誤謬**とは「Bの後にAが起きたので，BがAを引き起こしたに違いない」と推論者が結論づけてしまう論理的な誤りのことだ。次の2つの例を考えよう。
 (a) 1970年代にグローバル化の第二波が始まって以来，世界の環境規制はますます厳しくなっており，工業国では製造業の各カテゴリーで汚染が非常に少なくなっている（米国の検証結果についてはLevinson（2009）を参照）。このことから，グローバル化は環境に優しい規制を**引き起こした**と結論づけることができるだろうか？　それとも，妥当な説明が他にあるだろうか？
 (b) 1980年代に中国経済が国際貿易を開始して以来，中国の大気汚染はどうしようもないほどに制御不能になっている（状況は改善しているようだが——Dean and Lovely（2010）を参照）。このことから，グローバル化は中国の汚染問題を**引き起こした**と結論づけることができるだろうか？　それとも，妥当な説明が他にあるだろうか？
2．グローバル化が政府に対して，最適な水準よりも厳しい環境規制を採用する動機を与え得る理由はあるか？（第8章に，いくつか有用な例があったかもしれない。）グローバル化が政府に対して，最適な水準よりも**緩い**環境規制を採用する動機を与え得る理由はあるか？
3．13.2節のモデルを考えよう。$\theta$が最初はプラスの値をとるが，排出規制の強化によって上昇するものと仮定する（$\theta < \theta^*$か$\theta > \theta^*$のどちらかの場合を選び，それで分析を続けること）。図を用いて，均衡がどう変化するかを描写しなさい。特に，以下の点を明らかにすること：
 (a) 米国における要素市場の均衡（ゼロ利潤条件で表される）は，与えられた生産物価格に対してどう変化するか？
 (b) 米国の生産可能性フロンティアはどう変化するか？
 (c) 米国の相対供給曲線はどう変化するか？
 (d) 世界の相対供給と相対需要の図はどう変化するか。当初の世界の均衡と新しい均衡を同じ図に示しなさい。
 (e) 世界の均衡価格が変化することで，両国の生産可能性フロンティア上の生産点はどう変化するか？
4．前問でのあなたの分析から，$\theta$の上昇が**世界**の汚染に与える影響はどうなるか？
5．今度は，米国の政策決定者は実は汚染に関心がなく，米国の所得の実質購買力にだけ関心があるものと仮定しよう。$\theta$の上昇は，交易条件に対して，また米国と中国の厚生に対して，どんな影響を与えるか？あなたの答えは，この問いで明記されていない他の仮定に依存しているか（もしそうならば，どのように）？　そもそも米国政府は，（汚染基準を順守するのに費やされる事務作業と時間の増加などで）$\theta$の値を大きくする動機を持つだろうか？　明快に説明しなさい。

# 参考文献

Antweiler, Werner, Brian R. Copeland and M. Scott Taylor (2001), "Is Free Trade Good for the Environment?" *American Economic Review* 94: 1, pp. 877-908.

Copeland, Brian R. and M. Scott Taylor (2003), *Trade and the Environment*, Princeton, NJ: Princeton University Press.

Dean, Judith M. and Mary E. Lovely (2010), "Trade Growth, Production Fragmentation, and China's Environment," in Robert C. Feenstra and Shang-Jin Wei (eds.), *China's Growing Role in World Trade*, Chicago: University of Chicago Press, Chapter 11.

Kahn, Matthew E. and Yutaka Yoshino (2004), "Testing for Pollution Havens Inside and Outside of Regional Trading Blocs," *Advances in Economic Analysis & Policy* 4: 2, Article 4.

Korten, David C. (1995), *When Corporations Rule the World*, Sterling, VA: Kumarian Press.

Levinson, Arik (2009). "Technology, International Trade, and Pollution from U.S. Manufacturing," *American Economic Review* 99: 5 (December), pp. 2177-2192.

Levinson, Arik and Scott Taylor (2008), "Unmasking the Pollution Haven Effect," *International Economic Review* 49: 1 (February), pp. 223-258.

# ブラック工場と児童労働：
## グローバル化と人権

田んぼに水を引く作業をする2人の少年。ベトナム。

# 14.1 グローバル化と児童労働

### 14.1.1 私のチョコバーの原料であるカカオ豆を収穫したのは子どもの奴隷労働か？

あなたがチョコレートを食べるとする。そのとき，あなたはマリック・ドンビアのような人が収穫したものを食べている可能性が高い。彼は若いマリ人男性で，家族の農場で働いていた 14 歳のとき，コートジボワールへと南下して村の過酷な貧困から抜け出そうと決めた。コートジボワールではお金を稼げるという噂があったのだ。彼は良い仕事をくれると約束したココア（カカオ豆）収穫作業員の斡旋者について行ったが，それどころか彼はココア農家へ売られ，数年間奴隷として拘束された。

　彼には賃金が支払われることはなく，まともな食事も与えられず，青いバナナとヤムイモを食べて生活していた。それも少年たちが自分で焼いたものだった。夜，彼は他の人たちと一緒に閉じ込められた。子どもや 10 代の若者は病気になり，中には死んだ子もいた。数か月後，マリックは賃金の支払いを求めたが，殴打された。彼は二度と要求しなかった。(Off 2006, p. 126)

やっとのことで，マリックは逃げ出し，勇敢なマリ領事館員の手助けを得て家に帰った。しかし，この非道な行為はコートジボワールのココア産業では日常茶飯事であることは明らかだった。組織的な人身売買業者と新たな児童奴隷は，毎日やってくるのだった。

児童労働は常に問題とされてきたが，ありがたいことに，世界的に減少傾向にある（調査については Basu (1999) を参照）。マリックの事例は「児童労働の最悪の形態」という範疇に属する。すなわち，危険で，家族の保護から遠く離れたところで行われる強制労働である。しかし，児童労働には様々な形態があり，最も無害なものでさえ，所得を生み出す仕事に週の大半を費やしている子どもたちは教育の機会を失っている，という懸念が生じている。

マリックが育てて摘み取ったココアのすべてが輸出のために栽培されたことに注目すると，ひとつの疑問が湧いてくる。同様に，エクアドルでは，米国に輸出されるバナナは，しばしば児童労働によって栽培されている（Forero 2002）。ま

たインドでは，大量の輸出用カーペットが劣悪な環境下で児童労働によって生産されている（Seidman 2007）。そして中国では，輸出財の工場で奴隷にするために子どもたちを引き渡すよう，貧困家庭をだました詐欺師グループが見つかっている（Barboza 2008）。これらの各ケースおよびその他の多くのケースで，児童労働は輸出用の製品の生産に使われてきたが，そこで自然と湧いてくるのが次の疑問だ。**グローバル化は児童労働を引き起こすのだろうか？** 富裕国の消費者はこれらの製品を消費することで，悲惨な状況を作り出し，子どもたちの未来を台無しにしているのだろうか？ そして，もしそうならば，それに対して何をすべきだろうか？ 次の節では，この問題について行われた研究をいくつか見ていき，これらの問題とグローバル化との関係の解明を試みる。その後の節では，グローバル化の経済学が，非経済学者にとって大きな関心事である人間の幸福の領域に影響を与える，他のいろいろな面——労働者の権利とブラック工場の問題，民主的権利，女性の権利——大雑把にくくれば人権，について考察する。経済学的な分析は，これらの領域におけるグローバル化の（複雑で，しばしば曖昧な）役割を理解するのに役立つが，それをこれから示していこうと思う。

### 14.1.2 グローバル化と児童労働——多少の理論

グローバル化と児童労働の関係についての最も影響力のある研究は，エドモンズとパヴニックによる先駆的論文（Edmonds and Pavcnik 2005）である。彼らのモデルを単純化したバージョンは，データで検討する因果関係の種類を描写するのに役に立つ。モデルは本質的に第5章の特殊要素モデルを変形したもので，それに少し追加的な設定を与えて児童労働を議論できるようにしている。コメと工業製品という2つの財を生産する経済を考えよう。農村にいる家計はコメだけを生産でき，都市にいる家計は工業製品だけを生産できるとする。言い換えれば，各家計の労働はひとつの産業に特殊的だとする。農村の家計は1単位の労働からコメ1単位を生産でき，都市の家計は1単位の労働から1単位の工業製品を生産できる。（どちらかの産業で労働の限界生産物が1ではない場合には，測定単位を変更することで，議論の本質を失わずに分析できる。）単純化のため，生産における土地や資本の役割は，問題としている論点にとって重要ではないので除外する。この経済はコメを輸出していると仮定すると，グローバル化はコメの工業製品に対する国内相対価格を上昇させる。

各家計は複数の成人と複数の子どもで構成され，その全員がコメと工業製品を消費し，全員が労働と余暇に時間を使えるものと仮定する。**余暇**という用語は，賃金を得たり財を生産したりする以外に使うすべての時間を含み，休息，遊び，社交，家事，また子どもの場合は学校に通うことも含む。こうした行動のすべてを正確に含む適当な用語は存在しないので，不適切だが従来の**余暇**という用語を使うことにする。

　慈悲深い世帯主が家族全員の経済的選択を行い，この世帯主は家計全体の消費についてうまく定義された効用関数を持っていると仮定する。単純化のため，コメと工業製品は常に同じ割合で消費されるものと仮定すると，各家計の財の消費は次のように要約することができる：

$$G = \min\{R, M\}$$

ここで $G$ は財の消費，$R$ と $M$ はそれぞれコメと工業製品の消費を表している。（やはり，この特定の消費のパターンは便宜上のもので，本質的に重要ではない。）この仮定の下で，$P^R$ をコメの価格で $P^M$ を工業製品の価格とすると，財の消費 1 単位当たり価格は $P^G = P^R + P^M$ となる。

　各家計には 1 週間当たり合計で $\overline{L}$ という時間が与えられ，これを労働あるいは余暇のために使うものとする。この $\overline{L}$ は，各構成員である大人と子どもの時間を含めたものだ。（これは例えば，家計の各構成員について 1 日 24 時間から睡眠の 8 時間を引いたものだ。）これらの時間のうち $\overline{L}^C$ がその家計の子どもの時間で，残りの $\overline{L}^A$ が大人の時間（なので $\overline{L}^C + \overline{L}^A = \overline{L}$ となる）としよう。そして次のことを仮定する。家計は子どもの時間を労働に充てる前に，大人の時間をすべて労働に充てる——家計は，他の条件が一定の下では，子どもを児童労働から保護したいと考える。これは，次のことを意味する。つまり，家計は余暇の総時間が $L$ に等しいとき，$L > \overline{L}^C$ ならば大人だけが働くが，$L < \overline{L}^C$ ならば大人は 1 週間当たり $\overline{L}^A$ 時間働き，子どもも 1 週間当たり $\overline{L} - L - \overline{L}^A = \overline{L}^C - L$ 時間働く。

　図 14.1 は，代表的な農村家計の予算線を示している。右下がりの直線は，任意の余暇水準 $L$ で消費される財の消費量 $G$ を表している。例えば，余暇がゼロの家計は $A$ 点で消費し，1 週間に $\overline{L}$ 時間働いてコメを $\overline{L}$ 単位生産し，そのコメを販売して週に $P^R \overline{L}$ の所得を稼ぎ，財を $\dfrac{P^R \overline{L}}{(P^R + P^M)}$ 単位購入する。この場合，

子どもたちは週に $\overline{L}^C$ 時間働く。その反対に，全く働かない家計は余暇を $\overline{L}$ 単位使い，財の消費を行わない。それは $D$ 点で表されているものになる。この場合，児童労働は明らかにゼロである。中間の場合である $B$ 点では大人が余暇を取らず，子どもは $L < \overline{L}^C$ 単位の余暇を過ごし，したがって $\overline{L}^C - L$ 単位働く。これに対して $C$ 点は，大人が労働もして余暇も取るケースで，子どもが働かない場合だ。

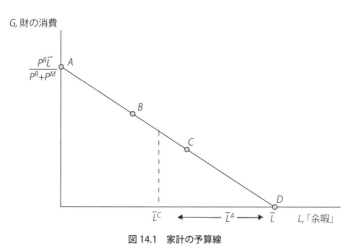

**図 14.1　家計の予算線**

この予算線の下で，児童労働が存在するか，存在するとしたらどの程度かは，選好に依存する。図 14.2 はひとつの可能性を示している。右下がりの曲線は，世帯主の無差別曲線である。グローバル化が工業製品に対するコメの国内相対価格を上昇させるとどうなるか，考えてみよう。予算線の縦軸の切片 $\dfrac{P^R \overline{L}}{(P^R + P^M)}$ は $\dfrac{\overline{L}}{1 + P^M/P^R}$ と書くことができるので，相対価格の変化によって予算線は上に旋回する。図示されている例では，グローバル化によって予算線は黒い線からグレーの線へと上にシフトする。これによって家計は児童労働のない $A$ 点から，児童労働が正の値をとる $B$ 点へと移動するので，グローバル化は農村の家計において確かに児童労働の原因となる。その解釈は次のように説明される。グローバル化は，農作業に費やされる時間の限界生産物価値を上昇させる。そして世帯主は全員を——子どもを含めて——さらに働かせることで，その利益を享受するのだ。

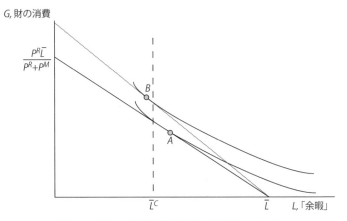

図 14.2　グローバル化が児童労働の原因となるケース

　グローバル化はまた，反対の効果にもなり得る。特に，バスーとヴァン（Basu and Van 1998）は，家計の大多数にとって最も現実的な仮定は，子どもを働かせるのは家計が最低生活水準の消費を家計が達成するため，経済的に必要な場合に限られる，と提言した——バスーとヴァンはこれを贅沢品の公理と呼んでいる（なぜなら，非常に低所得の家計にとって子どもの余暇は贅沢品であることを意味するからだ）。例えば，財消費に最低水準 $\overline{G}$ が存在すると定めることができるだろう。$\overline{G}$ は，家計が児童労働なしで達成できるとしたら選ぶだろう消費水準だ。例えば，世帯主の効用関数は次のようになるかもしれない：

$$U(G, L) = \min \{ G - \overline{G}, L - \overline{L}^{C} \} \tag{14.1}$$

この効用関数の無差別曲線は図 14.3 に描かれている。注目すべきは，これらの無差別曲線から，最低限必要な消費水準 $\overline{G}$ を児童労働なしで達成できるとしたら，家計は児童労働に決して頼らない（つまり，$L < \overline{L}^{C}$ を選ぶ）ということだ。ここで再び，コメの国内相対価格を上昇させるグローバル化の影響を考えよう。家計の予算線は，黒い線からグレーの線へと上方に旋回する。この場合，図 14.3 において，児童労働が使われている $A$ 点のような点から，児童労働が使われない $B$ 点のような点に移動する可能性が，結果として生ずる。この場合，グローバル化は農村家計の児童労働を終わらせる。それは次のように解釈できる。グローバル化によって，家計は児童労働に頼らずに基本的ニーズを確保すること

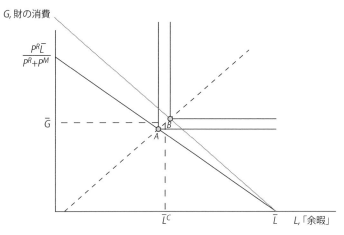

図 14.3 グローバル化が児童労働を排除するケース

が可能になり，そしてそれは家計が望むものなので，家計はそうすることを選ぶ
のだ。

　明らかに，どちらの可能性も経済理論と整合的だ。これら2つの大きな違い
は，所得効果と代替効果の相対的な強さだ。相対価格が変化し，予算線が上方に
旋回すると，余暇1時間の機会費用は上昇するが，これによって（子どもの余暇
も含めて）余暇を減らし，代わりに財の生産と消費を増やす動機が発生する。こ
れが代替効果であり，図14.2ではこの効果が支配的となっている。その一方で，
家計の所得も増加し，正常財である余暇（子どもの余暇を含む）に対する需要が
高まる。これが所得効果であり，図14.3ではこの効果が支配的となっている。
これら2つのうちどちらの効果が現実の世界で優勢になるかは，実証的な問題
だ。

　理論上の問題として，ここでもう一点指摘すべきことがある。これまでずっと
農村の家計について言及してきたが，同じメカニズムは都市の家計では反対方向
に働く。都市家計の予算線の縦軸切片は $\dfrac{P^M \overline{L}}{(P^R + P^M)}$ であり，それは $\dfrac{\overline{L}}{P^R/P^M + 1}$ と
書くことができる。グローバル化によって予想されるコメの相対価格の上昇は，
都市家計の予算線を**下方に**旋回させる。その結果，もしも図14.2のように代替
効果が支配的であれば，グローバル化によって都市家計で児童労働の利用は減少
するが，図14.3のように所得効果が支配的であれば，グローバル化によって児

童労働は増加することになる。より一般的には，このモデルは，グローバル化が児童労働に対して異なる経済部門で異なる影響を与えることを予測する。つまり，代替効果が支配的な場合，児童労働は輸出部門で増加し輸入競合部門では減少するが，所得効果が支配的な場合，その効果は逆になる。

　この単純なモデルは，データを見るための自然な枠組みを提供している。以下では，実際にデータを見ていこう。

### 14.1.3　科学的根拠と政策への含意

　エドモンズとパヴニックの研究（Edmonds and Pavcnik 2005）は，ベトナムの事例に焦点を当てている。ベトナム経済は，コメと労働集約型工業製品に強い比較優位を持っている。1990年代の間，ベトナムは急速なグローバル化の期間と急速な児童労働の減少を経験しているが，問題はその2つが関係しているかどうかだ。エドモンズ＝パヴニックの研究で焦点となったグローバル化の形態は，コメの輸出に関係している。1990年代初頭，政府は消費者のためにコメの価格を低く抑えるため，割当制度を通じてコメの輸出を制限した。1990年代半ばから後半にかけて，政府はこれらの割当を撤廃し，コメの国内価格を引き上げた。しかし，コメの価格は国内のすべての地域で同じようには上昇しなかった。世界市場により統合されていた地域ほど，世界市場と関係の薄い地域よりもコメの価格の急速な上昇が見られたのだ。その結果，このグローバル化のエピソードの影響を明確に測定することができる。

　エドモンズとパヴニックは，無作為に選ばれた115の異なる農村「自治体」すなわち地方の行政単位で，1992〜1993年と1997〜1998年に記録されたベトナム生活水準調査のデータを用いた。その期間において，コメの輸出割当は緩和されており，コメの国内価格は急速に上昇したが，地方によって大きなばらつきがあった。これは図14.4で見ることができる。この図はEdmonds and Pavcnik (2005) の図1を再現したものであり，横軸にはこの期間における各自治体で観察されたコメ価格の変化がとられ，縦軸にはその自治体における児童労働の減少がとられている（著者たちから提供されたデータについて，深く感謝する）。コメの価格は多くの自治体で2倍以上になったが，他の多くの自治体では価格上昇がはるかに緩やかで，また僅かながら，コメの価格が半分程度まで低下した地域もある。このばらつきは，価格の上昇幅の大小による効果の比較を可能にし，そ

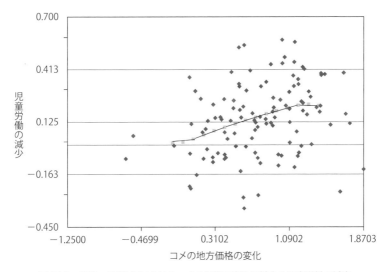

図 14.4　1992～1998 年におけるコメの価格の変化に対する児童労働の減少

れによって価格上昇それ自体の効果（したがってグローバル化の効果）を独立さ
せることができるので，研究者にとって非常に有用だ。

　各自治体における児童労働の程度は，1 週間に 7 時間以上の家事労働，農業ま
たは家族経営の企業での労働，あるいは賃金のための何らかの労働を行った 6～
15 歳の割合として定義された。これら 2 つの期間を比較すると，サンプル全体
で児童労働は 60％から 48％へと大幅に減少した。図 14.4 の縦軸は，各自治体に
おけるこの減少をパーセントポイントの差で記録しているので，例えば，ある自
治体で児童労働が 1992～1993 年は 60％であり 1997～1998 年は 48％であった場
合，図 14.4 においてその自治体を示す点の高さは 60－48，つまり 12％ポイント
（0.12）となる。図の各点はそれぞれひとつの共同体におけるコメ価格の変化と
児童労働の減少を示す点である。この図は，価格の変化と児童労働の改善との間
に正の相関があることを示しているが，それは散布図を通る最も当てはまりの良
い曲線が右上がりの線であることによって確認される。同じ結論は，他の多くの
要因をコントロールした上で，詳細な統計分析から得られる。それによると，平
均して，コメ価格が 10％ポイント上昇した農村自治体では，児童労働が 3％ポイ
ント減少した。

　インフレ補正後のコメ価格の平均上昇率が約 30％であったことから，エドモ

ンズとパヴニックは，輸出割当の廃止が農村部の児童労働の約9％ポイントの減少に寄与した，と推定している。このサンプルにおいて，農村部の児童労働全体ではこの期間を通じて60％から48％へと，12％ポイントの減少であったことを思い出してほしい。その変化のうち9％ポイントがコメ価格の上昇によるものだとしたら，そしてコメ価格の変化がグローバル化によるものだとしたら，児童労働の全体的な改善の4分の3はグローバル化によるものだったことになる。その研究の初期のバージョン（Edmonds and Pavcnik 2002）は，サンプルを都市家計を含むものに拡張して同じ方法を使用し，グローバル化が全体的な児童労働の減少の45％を担っていることを発見している。どちらの方法においても，これは非常に大きな寄与度である。

　他にもいくつかの詳細が明らかになっている。初期のバージョンで著者たちは，コメ価格の上昇は農村の児童労働を減らす効果があるが，**都市の**児童労働を**増やす**効果もあることを発見した。2005年のバージョンでは，著者たちはコメの価格の上昇がコメの純販売者（販売量よりも多くコメを生産する，という意味だ）となる家計の児童労働を減少させる効果があったが，コメの純購入者となっている家計の児童労働を増加させる効果もあったことを発見した。これら両方の結果はともに，前項での単純な家計モデルにおける所得効果が支配的なケースの図14.3やBasu and Van（1998）で仮定されたものと整合的である。これらの分析結果は，多くの他の実証研究とも整合的であり，児童労働の主な決定要因が単に貧困であることを示唆している。貧困ライン以下の家計は子どもを働かせる必要がある傾向にあり，貧困ラインを超えた世帯は一般的にその必要がない。

　基本的に同じ話が，エドモンズとパヴニックとトパロヴァ（Edmonds, Pavcnik and Topalova 2010）による論文において，インドのデータでも見られている。彼らは1991年の貿易自由化の前後における家計データを分析しているが，このとき，インドの関税は83％から30％に低下した。関税は，インドの各地で等しく影響を与えたわけではなかった。ある地域では，関税が大幅に引き下げられた産業に雇用が大きく依存していたが，他の地域ではそうではなかった。著者たちは，各地域の雇用市場における関税保護の程度の尺度として，雇用量で加重平均した関税を使用している。これは，地域平均関税と呼ぶことができる[1]。当該の期間中，インド全域で児童労働率は急速に低下し，就学率は急速に上昇した。著者たちの分析結果によると，地域平均関税が大幅に下落した地域

では，地域平均関税の低下が小さい地域と比較して，児童労働の減少が著しく緩やかで，就学率の上昇も緩やかとなる傾向が，農村（Edmonds, Pavcnik and Topalova 2010）と都市（Edmonds, Pavcnik and Topalova 2009）の両方で見られた。この結果もまた，所得効果が支配的となるモデルと整合的だ。ある地域の雇用の大半が手厚く保護されている産業に依存しており，その産業が関税を失う場合，（労働者がその国の他の地域に移動することや，資本がその地域に流入することが困難ならば）その地域における賃金の低下と，それによる地域的な貧困の増加および生き残るために児童労働を必要とする家計数の増加が，当然ながら予想される。同時に，関税の低下から打撃を受けない産業（輸出産業など）が存在する地域では，関税が引き下げられた輸入財の消費者価格の低下により，実質賃金は上昇するだろう。その結果，それらの地域では貧困率が低下し，児童労働の利用も減少するだろう。

### 14.1.4 児童労働問題についての結論

　要約すると，グローバル化と児童労働に関してこれらすべてが意味しているのは，実証的に，グローバル化は家計所得への効果を通じて児童労働の出現率に影響を与えているように思われる，ということだ。所得が増加する家計——例えば，輸出に特殊的な要素を所有しているなどの理由による——は，グローバル化が営利目的で児童労働を利用する機会を増やすとしても，児童労働の利用を減らす傾向にある。そして所得が減少する家計——例えば，輸入競争部門に特殊的な要素を所有しているなどの理由による——は，児童労働の利用を増やす傾向にある。したがって，「グローバル化が児童労働にどんな影響を与えるか？」という問題は，「グローバル化が所得にどんな影響を与えるか？」という問題と切り離すことはできない。この点はミクロ経済のデータだけでなく，集計的なデータでも裏付けられている（Edmonds and Pavcnik 2006）。各国の貿易開放度と児童労働との間には，（貿易の対 GDP 比率の最も高い国は児童労働の利用が最も低

---

1　例えば，A 地区では労働者の 90%が関税率 30%の繊維部門で働き，10%が関税ゼロのソフトウェア部門で働いている場合，A 地区の地域平均関税は (0.9)(0.3) + (0.1)(0.0) = 27%と求められる。B 地区では労働者の 90%がソフトウェア部門で，10%が繊維部門で働いている場合，B 地区の地域平均関税は (0.1)(0.3) + (0.9)(0.0) = 0.03 である。明らかに，すべての関税が撤廃された場合，A 地区にいる労働者は B 地区にいる労働者よりも損害を被りやすく，B 地区の労働者は利益を得る可能性が高くなる。

いという）強い負の相関があるが，この関係は完全に貿易開放度と所得との間の強い正の相関関係（これは第1章の演習問題5を解いた読者にはお馴染みのものだ）によって引き起こされているものと思われる。1人当たり所得を調整した後は，各国の貿易開放度と児童労働との間の相関関係は消失する。

## 14.2　ブラック工場と多国籍企業

　貿易と児童労働との間の関係と関連している問題として，ブラック工場と多国籍企業との間の関係が挙げられる。**ブラック工場**とは定義があいまいな言葉だが，労働者が非常に低賃金かつ劣悪な環境下で長時間働かされるような工場を指す。この用語は，何らかの形で労働者を無理やり働かせる工場や，現地の労働法に違反する工場に対して使われることもある。他の多くを代表する例として，中国の広東省東莞市にある美泰塑膠電子公司がひとつの好例だ。その工場に関する詳細な検証は，ピッツバーグに本拠地を置く労働者の権利の監視団体である全米労働委員会が発行した報告書（National Labor Committee 2009）に掲載されている。報告書から浮き彫りになる点をいくつか挙げていこう。工場では毎日何千個ものコンピューターのキーボードが製造されている。工場の労働者は大部分が若い女性で，法律では1週間に40時間の労働を要件とし，また残業を拒否する権利が与えられているにもかかわらず，1日12時間のシフト労働が週7日義務づけられ，隔週に1日しか休日が与えられていない。月に1日は，18時間のシフトが必須とされている。彼女らはまた，会社の寮に住んでいるが，部屋代を支払う必要がある。それぞれの小さな部屋で10〜12人の労働者が睡眠をとり，基本的なプライバシーのない厳しい門限と規則に直面している。また彼女らが何らかの理由でそこを離れたい場合，会社の許可を得るのに4日かかる。労働者の1人は次のような説明をもってこの状況を描写した。「まるで刑務所で服役しているように感じる」（p. 2）。作業場は，設備のせいや換気の欠如のせいでしばしば耐え難いほど暑くなり，多くの労働者は過度の発汗から発疹ができている。これによって発生する治療費は，すべて労働者が負担しなければならない（p. 51）。同社は食事を提供してはいるが，朝食に出されるのは薄い水のような粥だ。こうした状況の下で労働者が得る報酬は時給は76セント，つまり1週間で57.19ドルだ。

　もしもあなたが Dell やヒューレット・パッカード，レノボ，あるいは IBM が販売しているコンピュータを使用するなら，キーボードはこの工場で作られた可能性が高い。また，その工場はマイクロソフトのキーボードも作っている。

　美泰塑膠電子公司をはじめとする多くの企業の存在は，グローバル化について自然と疑問を生じさせる。その工場などで行われている作業は，ほぼ完全に輸出用のものなので，次のような疑問が湧くのは当然だ。つまり，ブラック工場はグローバル化の有害な結果として生じるものなのか，消費者はそこで生産された財の購入を拒否すべきか，消費者運動によってブラック工場の労働者の生活を改善できるか，といった疑問だ。以下の議論で概説されるように，経済学はこれらの疑問に対していくらかの視点を提供することができる。

## 14.2.1　ブラック工場は貧困から生まれる

　まず最初に，富裕国の企業が低賃金国で雇用できると低賃金国の賃金が低下する，という話をするのは難しい。もっと簡単なのは，低賃金国で安価な労働を求める多国籍企業が，いかにしてそこで労働需要を増やし，それによって賃金の上昇が可能になるかを理解することだ。例えば，図 14.5 に示すような低賃金の経済を想定しよう。この経済は，5.5 節のモデルのように，部門間で労働が完全に移動可能な（混合）特殊要素経済であると考えよう。四角形の横の長さは，この経済における労働の総供給量である。右下がりの曲線は，国内のすべての産業（農業，製造業，サービスなど）の労働需要曲線を水平方向に合計したものを表している。外国の多国籍企業がこの経済で生産設備を建設していない場合，国内の総労働需要は国内の供給に等しくなければならないので，均衡点は $A$ 点となり，賃金は $w^{NSS}$（"NSS" は「ブラック企業がない（no sweatshops）」を表す）となる。この均衡賃金は，米国の家計の貧困ラインを大きく下回っていると仮定する。米国企業が自社工場でこれらの労働者の一部を雇うためにこの経済に参入し，彼らにこの経済での安い均衡賃金を支払い，はた目にはブラック工場と呼ばれるものになる場合，これは労働需要の新たな発生源となる。それは，図 14.5 の右上がりの曲線で示されるものになる。（ブラック工場の雇用は，5.5 節のモデルと同じように，右側の軸から左方向に測られる。）これによって均衡は $A$ 点から $B$ 点へと移り，この経済のすべての労働者の賃金は $w^{NSS}$ から $w^{SS}$（"SS" は「ブラック工場（sweatshops）」を表す）へと上昇する。この枠組みにおいて，

この経済の労働者は多国籍企業にとって機会費用が低いので，雇うための費用が安く済む。製造業にとって利用可能な資本や，農業のための良質な土地のストックは，労働供給と比べて相対的に少ないので，多国籍企業が存在しない場合，彼らの賃金はブラック工場があるときよりもさらに低くなってしまう。言い換えると，ブラック工場で雇用されている労働者の貧困は，ブラック工場によって引き起こされたのではなく，むしろブラック工場が貧困によってもたらされているのだ。ブラック工場はまた，賃金をいくらか上昇させることで，国内の貧困を減少させてもいるのだ。

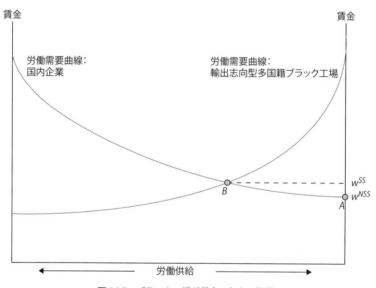

図14.5　ブラック工場が賃金に与える影響

　この分析は，単に賃金にのみ焦点を当てるのではなく，労働条件，職場での安全性，医療補助，労働者のプライバシーなどを含むように拡張しても根本的に変わらないことに注意しておこう。雇用主は労働者を集めるために仕事の内容を提示するが，その内容は労働者がその仕事を喜んで引き受けてくれるように（強制労働や詐欺行為が関わっていない限りで。もちろん，関わっていたとしたら問題となる場合がある），最低でも機会費用と同じ水準の効用を労働者が得られるものでなければならない。労働者に対する需要が高まれば，雇用主はもっと魅力的な仕事内容を提示するだろうと期待される。その仕事内容には，賃金，労働条

件，付加給付における全体的な改善が含まれる。

　低所得国の輸出志向型の工場で賃金と労働条件が劣悪なのは労働者の機会費用が低いせいだという点は，ティマーマン（Timmerman 2009）によって強烈に指摘されている。彼は自分の服の生産者を見つけ，インタビューを行うために世界中を旅したアメリカの作家だ。例えば，彼は自分のビーチサンダルを作った中国の都市工場で働く夫婦にインタビューしたが（奥さんは一足ごとにタグとストラップを縫い付け，旦那さんは色を塗っている），この夫婦は月に300時間以上働いて，月給は225ドル以下しかもらっていない（第20章）。彼はそれから，田舎にある彼らの故郷へ30時間の電車旅行をして，彼らがいつの日か戻ってくることを望んでいる親戚にインタビューを行った。そして，その村では経済的機会がないこと，また若者や中年の大人が都市へ出稼ぎに行ってしまって村にいないことを，ティマーマンは鮮烈に述べている（第22章）。僅かな賃金でさえ，インタビューを受けた夫婦にとっては，村で実現できたと思われる水準をはるかに超えた生活水準への改善が可能になった。自分たちのためのコンクリートの家を建て，両親のための高額な医療費を支払うこともできるようになったのだ。彼は次のように結論づけている（p. 173）：

　中国でブーツやサンダルを作っている人たちに自由はない。彼らは，我々の衣服を作っているほとんどの人々と同様，他の選択肢がないためにその仕事に縛られているのだ。

　その主張は，ティマーマンがカンボジアのプノンペンにあるゴミ捨て場を訪れたとき，さらに強烈になった。そこでは2,000人もの人々がリサイクルできるものをあさり，1日平均1ドルを稼いでいる。その際，彼らは最良の採集物を得るため，しばしば重機の間で危険な争いをしている。彼らの多くは元農民で，「綺麗な空気と広大な土地がありながらも選択肢がない村を去ることを選び」（p. 144），またゴミ捨て場に「チャンス」があると聞いた人たちだ。ゴミ捨て場に住む11歳の少女について，彼は次のように観察している（p. 147）：

　ブルージーンズを縫ったり，砥石で格好良く仕上げたり，サンドブラストで磨いたりする85人の中の1人になる一方で，週6日働いて毎月の稼ぎは50ドル——その

半分は家族を養うために実家に送金する——これは，私にとっては大した人生には思えない。しかしこの少女にとっては，運良く手に入れられた人生なのだ。

## 14.2.2 多国籍企業は解決策の一部になるかもしれない

ブラック工場と関わりのある貧困が，問題となっている経済における経済的機会の欠如と，その結果として生じる労働者の機会所得の低下によって引き起こされているとしたら，ブラック工場の存在は実際には状況を改善するかもしれない，ということになる。この改善は，2つの方法で起こり得る。第1に，上で指摘したように，需要と供給の単純な分析により，輸出主導型のブラック工場の登場を含む現地の労働需要の増加は，図14.5のように市場賃金を上昇させる可能性を高める。そしてそれは，問題の根源である機会所得を改善する。ただし，これらの効果はデータで確認するのが難しい。FDIの効果に関する研究の広範なサーベイにおいて，リプシー（Lipsey 2004）はこれらの効果に関する決定的な証拠はないと結論づけている。

第2に，多国籍企業は，雇用している経済における市場賃金よりも多くの支払いをする傾向がある。国内雇用主の賃金への影響とは異なり，これはおそらく国際経済学において最も確実かつ裏付けのある実証的な結果である。これについても，Lipsey（2004）を参照してほしい。最もよく知られている研究のひとつ（Lipsey and Sjöholm 2006）は，インドネシアの多国籍企業について調べ，それらが同等の国内企業よりも約50％高い賃金を支払っているという結果を得ている。なお，立地と産業をコントロールするとブルーカラー労働者間の賃金格差は半分になり，工場規模をコントロールすると格差はさらに小さくなる（なぜなら，多国籍企業が高い賃金を払う理由の一部は，大きな工場を所有しているからで，他の条件が等しければ，大きな工場は小さい工場よりも高い賃金を支払う傾向にある）。しかし全体的な結論としては，インドネシアや他のどの地域でも，国内所有の工場よりも外資系工場の方が，労働者は高い賃金を受け取っている。この多国籍企業の賃金プレミアムが発生する理由は，活発な議論の対象となっている。多国籍企業が最も有能な労働者を見分けることができるからかもしれないし，多国籍企業が職場での窃盗や辞職を阻止したいという強い動機を持っている結果，被雇用者がそういう行動をとらないように市場より高い賃金を支払っている（しばしば効率賃金と呼ばれる）のかもしれない。

　ということで，多国籍企業の雇用は，国内企業が支払う賃金を上昇させる可能性と，国内企業よりも高い賃金を支払うという揺るぎない効果をもたらす。これら2つを平均すると，**多国籍企業が労働市場に入ってくることで平均賃金は上昇する傾向にある**，という結果がデータから明らかになる（Lipsey（2004）の3節を参照）。

### 14.2.3　それでも圧力をかけ続ける正当な理由があり得る

　ブラック工場の出現が貧困の原因ではなく，平均賃金を上昇させることで状況を改善する傾向があることを認めるとしても，それは下手に介入することなく市場に任せておくのが一番の解決策だという意味ではない。富裕国の消費者が，自分たちの購入する製品を生産する低所得国の労働者の生活を改善させたいと願い，その労働者たちとグローバル化の利益をもっと共有するためにもう少し高い製品価格を支払う意思があるならば，彼らは企業に給料やその他の条件を改善するように圧力をかけることができる。多国籍企業はこのような感じで，圧力に非常に影響を受けやすいことが証明されている。

　シードマン（Seidman 2007）は，多国籍企業と第三世界の輸出メーカーに対して労働者の処遇を改善するよう求める活動家のキャンペーンに関する，詳細な歴史を提供している。一例を挙げると，南アフリカのアパルトヘイト時代における株主の社会運動は，米国の多国籍企業に対して，サリバン原則として知られている行動規範に合意するよう促した。この原則は，南アフリカの職場における人種差別の撤廃や現地の施設への寄付，その他の方法による人種問題に関する改善を求めている。最近になって，消費者の社会運動が手縫いのサッカーボール生産者に対し，生産工程から児童労働を排除するための積極的な措置を講じるように促した（Seidman 2007, pp. 99-100）。

　社会運動が労働市場に与える影響についての興味深いケース・スタディが，ハリソンとスコース（Harrison and Scorse 2010）によって行われている。彼らはインドネシアの繊維，衣料品，履物の生産部門を研究した。これらの部門は，高所得国の消費者向け商品の生産においてブラック工場と児童労働を使用しているとして，1990年代を通じて多数のメディアおよび活動家の注目を集めた。特に，反ブラック工場の活動家たちは，ナイキ，アディダス，リーボックに対し，彼らのインドネシアの工場で働く労働者の待遇を改善するよう強く圧力をかけた。そ

の際，国内の監視者のネットワークや，それらの企業の製品に対する富裕国の消費者向けの綿密な報道キャンペーンを利用した。

ハリソンとスコースは，この期間におけるインドネシアの製造工場での雇用と賃金に関するデータを持っており，どの工場がナイキ，アディダス，リーボックの仕事をしていたかを特定する情報はないものの，どの工場が反ブラック工場運動の対象となった地区に位置していたかについては，確実に情報を持っている[2]。彼らが発見したのは，1990年から1996年までにおいて，外資系あるいは輸出志向型の履物，織物，および衣料品産業の工場——活動家に最も監視される対象となったグループ——では，他の工場よりも非熟練労働者の賃金が10〜12%上昇した，という結果だ。さらに，履物，織物，衣料品の産業内で，外資系または輸出志向型の，活動家の関心が高い地区にあった大規模工場では，他の工場よりも賃金が52%も上昇した。これらの結果は，多くの追加変数をコントロールした後も依然として成立し，活動家がその対象とする工場で労働者の賃金を引き上げることに成功した，という強力な状況証拠を提供している。それに加えて，それらの工場では，この期間中に労働者を解雇したり，他の企業よりも少ない数の労働者を雇ったりといった兆候は見られなかった。著者たちはこの情報を，反ブラック工場運動が多国籍企業に対し，雇用を犠牲にすることなく労働者に高い所得を支払わせることに成功したという，強力な証拠であると考えている。その一方で，インドネシア政府は同じ期間中に最低賃金を2倍にした。その結果，検証結果が示すところによると，雇用されている労働者の賃金は大幅に上昇したが，総雇用数の成長は減ることになった。この点において，反ブラック工場運動は，低賃金労働者の所得を増やすための最低賃金戦略が持つ大きな不利益を回避したように思われる。

同様の分析は，ブラック工場と，大学のロゴ入りTシャツやコーヒーカップなど大学ブランド商品の問題にも当てはまる。1990年代の間，多くの組織が反ブラック工場運動の一部として現れた。その目的は，大学で認可された商品の製

---

2　これは少し説明が必要だ。著者たちはインドネシアの工業センサス・データを使用しているが，それは彼らのデータにおける各工場の所在地を示しているものの，企業の身元は分からない。特に，各工場がナイキ，アディダス，リーボックの仕事をしていたかどうかは分からない。しかし，これら3つの多国籍企業自身が，ナイキ，アディダス，リーボック用に生産をしている各工場が位置する地区に関する情報を公表しているため，著者たちは少なくとも，データ内のどの工場が，活動家の注目の対象となった工場のうちのひとつ以上と同じ地区にあるかを特定できる。

造業者を監視し，それらをブラック工場や児童労働を使っていないものとして認定することだった。大学は，労働者の権利連合や公正労働協会，あるいは経済優先度評議会の認定機関に，その仕事の費用を補うための会費を払うことで，加盟することができた。こうした組織は大学ブランド商品の供給者を監視し，違反が発見された場合は大学に警告した。2000 年 7 月 29 日，国際貿易に関する学術コンソーシアム（Academic Consortium on International Trade：ACIT）と呼ばれる経済学者連合が文書を発表した[3]。そして，この反ブラック工場運動は裏目に出るかもしれないと次のように主張した：

　　しかし，これらのグループはどちらも，多国籍企業（multinational corporations：MNCs）が一般的に，同じ経済の他の場所で雇用されている同様の労働者に対して支払われている市場賃金に比べて，平均的に高い賃金を支払っているという，定評のある事実を見落としているようだ。（中略）したがって，我々が懸念するのは次の点だ。つまり，反ブラック工場組織による進行中の研究が適正な賃金水準を決定し，それに対する反応として，もしも MNCs が彼らの衣料品生産の労働者にさらにもっと支払うよう促されるならば，最終的な結果として，援助が必要と考えられる貧しい国々において，まさにその労働者の全体的な厚生を悪化させるような雇用のシフトが起こるだろう。

　この主張は，図 14.6 で示されている。この図は，反ブラック工場運動の効果を説明するため，図 14.5 に手を入れたものだ。ブラック工場があるが反ブラック工場運動がないときの均衡賃金は，以前と同様に $w^{SS}$ で表され，均衡の労働配分は $B$ 点で示される（当面はグレーの曲線を無視しよう）。このモデルでは，多国籍企業部門が活動家たちによるボイコットの脅威にさらされて $\overline{w}$ のような高い賃金を支払わなければならないとすると，企業は雇用を減らし，労働需要曲線に沿って $B$ 点から $C$ 点への移動が起こる。これによって多国籍企業に解雇された労働者は国内の雇用主に吸収されることになるが，国内企業が追加の労働者を雇うためには市場賃金は下がらなければならない。国内の雇用主は労働需要曲線に沿って $B$ 点から $D$ 点に移動し，賃金は $w^{SS}$ から $w^{ACIT}$（添え字は，ACIT

---

3　その文書は，ACIT のウェブページ（www.spp.umich.edu/rise/acit）で読むことができる。

の文書で述べられた懸念を表す）へと下落する。この低い賃金は今や，多国籍企業に雇用されていない**すべての**労働者が受け取るものとなる。その結果，この解釈では，ブラック工場に対する運動は，運良く多国籍企業で働き続けている少数の労働者を助けたが，他のすべての労働者に損害を与えている。明らかに，$\overline{w}$ が十分高ければ，この経済の労働者は全体として反ブラック工場運動によって損失を被ることになる。

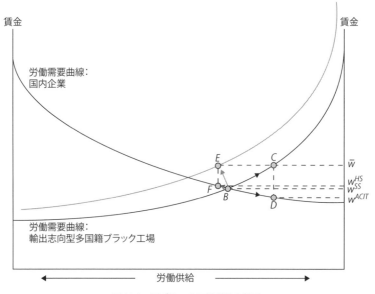

**図14.6　反ブラック工場運動の効果**

　実際には，反ブラック工場運動の賃金効果に関する科学的証拠はあまりないが，ハリソンとスコース（Harrison and Scorse 2010）によって行われたひとつの正式なケース・スタディは，この悲観的な事例が起こらなかったことを示唆している。実際，少なくともインドネシアの履物製造業では，それと**逆のこと**が起きたようだ。つまり，影響を受けた地域における外資系の輸出工場は，実際には社会運動に反応して多少は雇用を**増やした**ようだ[4]。この理由は明らかではな

---

4　雇用の推定増加数は，採用している統計的手法によって異なる。一般的に，著者たちは増加がゼロであることを除外できないが，最も高い推定値は16％である。彼らの論文の表6Bを参照のこと。

い。例えば，監視が適正に行われている今では，活動家たちが事実上，消費者に対して後ろめたさを感じることなく靴を購入できると納得させ，そのため需要が増えたのかもしれない。図14.6において，これによって多国籍企業が以前よりも高い価格でスニーカーを販売することが可能になると，労働の限界価値生産物曲線は上方にシフトする。それは，図14.6のグレーの曲線で示される。この場合，ブラック工場は賃金の引き上げとともに雇用を増やし，$B$点から$E$点へのジャンプが起きる。この結果が可能になるためには，国内の雇用主は今や一部の労働者を**雇わない**ように誘導される必要があるので，国内賃金は上昇するはずであり，国内の雇用主は労働需要曲線に沿って$B$点から$F$点へと移動する。新しい国内賃金は，（ハリソンとスコースに敬意を表して）$w^{HS}$と表されている。重要な点は，もしもこれが実際に起きたとしたら，それは履物工場の労働者に限らずインドネシアの労働者すべてが，社会運動から恩恵を受けたことを意味する，ということだ。ただし，この問題に関する結論はいずれも仮説に過ぎないと考えなければならない。これらの結果が標準的だと自信を持って言えるためには，これらの問題についてもっと多くの検証結果が必要だ。

　したがって，経済学者の観点からブラック工場問題を見るひとつの方法は，以下の通りだ：(i) ブラック工場は貧困の原因というよりもむしろ，貧困の症状である。(ii) 低賃金労働市場における労働者に対する需要の増加によって賃金がいくらか上昇する傾向にあるという点で，ブラック工場は実際に解決策の一部になるかもしれない。しかし，(iii) iPodやサンダルを作る労働者の窮状を懸念する消費者からの多国籍企業に対する圧力により，状況はさらに改善する可能性がある。

## 14.3　グローバル化と人権についてのより一般的な議論

　これまで，グローバル化が児童労働とブラック工場に与える影響を検討してきた。これら2つの経済トピックは，しばしば人権問題として扱われることが多い。グローバル化の経済的な力が経済分野以外の人権問題にも重大な影響を及ぼす可能性があることは，指摘しておく価値がある。以下では，グローバル化が民主的権利にどのように影響を及ぼすか，また時にはそれが内戦を引き起こす可能性さえあるのか，について解説し，その後にグローバル化と女性の権利との関係

について述べよう。

### 14.3.1　民主主義への影響：多国籍企業の政治的影響力

　多国籍企業の存在は，一国の民主的権利の進化に多種多様な影響を与えうる。マイナスの効果となる例はたくさんあるが，プラスの効果となる例もたくさんある。有名な事例は，鉱物資源の採掘をしている多国籍企業が，採鉱や石油抽出を円滑に行うため，現地の政府と結託して反対意見を黙殺した，というものだ。例えば，多くの批評家が石油会社を，1990年代にナイジェリアの軍事独裁政権を支え，武力による反対勢力の鎮圧を手助けしたとして非難している。シェブロンは1998年に抗議団体への攻撃のため，政権にヘリコプターを貸したと言われており（例えば，Renner（2002, pp. 46-47）を参照），またシェルは最近，ある訴訟に和解したが，それは政府によるオゴニ族の抗議行動の抑圧に手を貸し，武器を供給し，警察に抗議者の殺害を奨励したとして告発されたものだった（Usborne 2009）。その訴訟は，政府によって1995年に絞首刑にされた作家ケン・サロウィワの息子と，政府によって処刑されたその他の反体制活動家の遺族によって提起され，その犯罪は部分的にシェルに責任があるとされた。もうひとつの例はエクソンモービルで，国際労働権利基金によって訴訟を起こされている。その罪状は，インドネシア軍と協力して，アチェ州での天然ガス事業に抗議した住民たちを殺害し拷問した，というものだ[5]。また別の部門としてはテクノロジー企業があり，それは彼らが操業している国々で政治的弾圧に力を貸したとして，ますます非難されている。ヤフーは，中華人民共和国による少なくとも4人の反体制活動の追跡に手を貸したとして非難されているが，その4人はインターネット上での抗議行動によって現在服役中だ。その中の1人は，彼に対する拷問の共犯者として，同社を米国の裁判所に訴えた（Blakely 2007）。

　これらはすべて，資本の移動や多国籍企業の海外事業の増加という形でのグローバル化が民主的権利の進歩を妨げうる例で，その原因は多国籍企業と受入国政府の相互作用によるものだ。しかし，その影響は，ときには反対の方向に行くこともある。ジョン・カム氏は，香港に駐在するオキシデンタル・ケミカル株

---

5　BBCオンラインの2001年6月22日付『エクソンが「インドネシアでの拷問を支援」』やフランス通信社の2008年8月27日付『エクソンモービル事件はインドネシアの人権侵害を明らかにした』などのニュースレポートを参照してほしい。

式会社の元地域担当副社長で，在香港アメリカ商工会議所の元会長である。カム氏は中国政府の反体制派に対する処遇に懸念を抱き，彼のビジネスキャリアを捨て，フルタイムの人権活動家となった。彼は政府との間で築いた人脈や信頼を利用し，多くの政治犯の釈放を求めるキャンペーンを行った（Rosenberg 2002）。時事解説者の中には，少なくとも，多くの米国の多国籍企業がサリバン原則として知られている自主的な行動規範を採用した後，アパルトヘイト下の南アフリカで多国籍企業が同国の政治的自由化に向けた前進的な姿勢の育成を手助けをした，と主張する者もいる[6]。

　一般的な論点として，海外直接投資は単に労働者を雇用し，そこで生産的な活動を行うことによって投資の受入国に影響を与えるだけではなく，より巧妙な形で，受入国の政府の行動に影響を与えること通じて，受入国に影響力をもたらす。これは直接的にも間接的にも，様々な経路で起こり得る。外国企業は概して，国内企業に比べて，自分たちに利益をもたらす政策決定を行うように受入国政府を上手に説得できる，という科学的証拠がいくつかある（Desbordes and Vauday 2007）。明らかに，これは問題となる外国企業の意図や政治的な課題によって，ここで示した例のように，民主主義の進展にプラスの効果もマイナスの効果も持ち得る。また，多国籍企業の株主や消費者からの圧力が決定的となることもある。

### 14.3.2　民主主義への影響：貿易の効果

　多国籍企業が存在しない場合でも，単に国際貿易を開始すると，民主主義の発展に大きな影響を与える可能性がある。アセモグルとロビンソン（Acemoğlu and Robinson 2005, 第10章）は，貿易の開始が一国の民主主義への移行可能性に影響を与えうる様々な経路について，概観している。これらのメカニズムのうちのひとつは，ローゼンドルフ（Rosendorff 2000）によって定式化されたが，次のように要約される。ある国が独裁的な権力を持つ一握りのエリート層によって支配されているとし，そのエリート層が権力を保持する目的は，自分の富を守ることであるとしよう。しかし，この独裁的権力を維持するためには，そのエリート層は治安部隊，暴動の鎮圧，反体制派の監視などにかなりの経済的資源を

---

6　これは活発な議論の対象だ。Seidman（2007, pp. 63–67）の概説を参照のこと。

費やす必要があり，それは自分たちの富を守ることの利益と比較しなければならない費用である。代替案は民主主義を認めることであり，その場合，エリート層は弾圧に資源を費やす必要はないが，貧困層あるいは中流階級の有権者が政府を支配する場合には再分配課税の実施を甘受しなければならない。エリート層は，人口の半分を占める貧困層が自分たちと比較してさらに貧しくなった場合，再分配がより多くなることを理解している。そのため，富裕層と貧困層の差が大きいほど，エリート層は民主主義を恐れるようになる。したがって，この理論の下では，**所得の不平等が民主主義への進展を遅らせ，所得の不平等が改善されれば民主主義への進展は加速する。**

　貿易がこのプロセスに対して様々な方法で影響を与えうることは明らかだ。なぜなら，よく知られているように，貿易は所得分配に強力な影響を及ぼす可能性があるからだ。例えば，第6章で描かれたようなヘクシャー＝オリーンの世界では，非熟練労働が豊富な国では貿易の開始によって所得格差は縮小するが，非熟練労働が希少な国では所得格差は拡大する。したがって，この理論の下では，貧しい経済では貿易が民主主義の原動力となる一方，豊かな経済では貿易は民主主義に逆らう力となる。アセモグルとロビンソン（Acemoğlu and Robinson 2005）は，ほとんどの富裕国はすでに民主的なので，この理論は貿易が結局のところ民主主義の原動力となっているという推測を確立している，と指摘している。この考えには，実証的な裏付けがある。例えば，ロペス・コルドヴァとマイスナー（López-Córdova and Meissner 2008）は，広範な国々において長い歴史的期間にわたって，貿易開放度の高さと民主主義への傾向の強さとの間に相関があることを示している。アイケングリーンとルブラン（Eichengreen and Leblang 2008）は，グローバル化が民主主義に影響を与えうると同時に民主主義もグローバル化に影響を与えうるという事実に十分注意しながら，やはり同様の結果を見出している。

　しかし，個々の事例では，貿易と民主化との間の相互作用は非常に複雑となる可能性がある。ローゼンドルフ（Rosendorff 2000）は，南アフリカではおそらく貿易の**禁止**によって民主化への道が加速したのではないか，と論じている。それは単に貿易禁止によって政府への外交圧力が高まったという通常の理由だけでなく，貿易禁止が巨大な採鉱企業やその他の多国籍企業の利潤を大きく減少させ，所得の不平等を改善したことも理由とされる。別の例を挙げると，ペルー

と米国との間で最近結ばれた自由貿易協定は，木材・エネルギーの多国籍企業に
よる開発のためにジャングルの広い一帯を開放する法令を制定するよう，ペルー
政府に要求した。手続きを簡素化するため，この法令は先住民の居住地域で，そ
の土地の権力者の同意なしに開発を進めることを可能にした。この決定は様々
な先住民グループを憤慨させ，彼らは 2009 年 6 月に高速道路や石油施設を占拠
した。(Romero（2009）を参照。) 抗議者たちと治安部隊との間で度重なる激し
い武力衝突が生じ，その後政府は法令の公布を停止した。この事例は，ペルー人
の中には協定による利益を期待する者と，損害を予期する者とがいたように，貿
易が頻繁に国内の政治的対立をもたらすという一般原則を示す良い例となってい
る。分配上の対立は，民主的な制度に深刻な負担をかける可能性がある。

### 14.3.3 グローバル化と内戦

　戦争は人権侵害の主な源泉だ。グローバル化が内戦を引き起こす一因となり得
るとしたら，グローバル化が人間の幸せに与える他のすべての効果はかすんでし
まうことになるだろう。そうなる可能性は多くのケースでありうる，という議論
がコリアーとヘフラー（Collier and Hoeffler 1998）による研究で展開された。
彼らは，一国の一次産品輸出への依存度とその国が内戦に巻き込まれる可能性と
の間に，強い統計的な関係があることを示した。著者たちの解釈によると，近現
代の内戦はしばしば略奪の欲望によって引き起こされており，武装した集団が鉱
床や他の一次産品の宝庫のような価値ある資源の支配をめぐり，敵対勢力となっ
て争いを起こしている[7]。この解釈では，問題となっている資源は常に輸出財な
ので，暴力行為はグローバル化と密接に結びついている。このことは，もしも一
次産品の世界価格が低かったら戦争は起こらなかったのではないだろうか，とい
う疑問を提起する。

　輸出向け一次産品によって引き起こされた，あるいは悪化した内戦の例は，残
念ながらしょっちゅう起きている。レナー（Renner 2002）やロス（Ross 2004）

---

[7]　具体的には，内戦をする可能性が最も低いとされた国は，一次産品への依存度が非常に低いか，非
常に高い国だった。依存度が中程度の国は，内戦の起きる割合が最も高いことが分かった。一次産品
がほとんど存在しない国では内戦は起こり得ない一方，十分豊富に存在する国では，政府はそれが生
み出す富によって強力な防衛への資金調達ができるので，どちらの場合も内戦の可能性はない。こ
れらの問いに関してデータがどれほど正しいかについては，議論の余地がある。批判については，
Fearon（2005）を参照。

が詳細な概説を提供している。最もよく知られている事例のひとつはシエラレオネでの戦争で，1991年から2002年にかけて起きたが，それは部分的にダイヤモンドの産地の支配をめぐって争っていた敵対武力を巻き込んだ。この戦争は，民間人に対する非常に激しい暴力と，児童兵を多く募集したという特徴があった。2000年，シエラレオネの国連大使は「この紛争の根本は依然としてダイヤモンドであり，ダイヤモンドであり，ダイヤモンドである」とまで断言した（Renner 2002, p. 22）。1970年代にナイジェリアで起きたビアフラ戦争は，本質的には石油の豊富な地域の支配権をめぐる争いだった。コンゴ民主共和国における現在の暴力行為の大部分は，コルタンと呼ばれる鉱物が採掘される鉱山の支配権に集中している。この鉱石はほとんどの人々にとって馴染みのないものだが，mp3プレイヤーや携帯電話などの電子機器の製造に不可欠な原料だ。それは世界的に供給源が少ないが，コンゴ民主共和国では地表堆積物から簡単に採ることができる（Renner（2002, p. 51）を参照）。近隣諸国から来たものを含めた武装集団によるコルタン鉱山の利用権をめぐる争いは，数万からおそらく数十万もの犠牲者を出した，国連がレイプの蔓延と呼んだものを含め，その土地の民間人に破壊的な暴力の雨を伴うものとなった（Gettleman 2008）。民間人への暴力は，民兵の略奪の邪魔をさせないよう民間人を脅したり，強制労働をさせるといった経済的な目的を持っていたようだが（Dias 2009），戦争が長期化するにつれて暴力それ自体が目的になっていったようにも見える。

　その貿易政策に対する影響は，明らかではない。ダイヤモンドが引き起こした戦争の場合，ひとつの建設的な反応が生じた。それは，紛争地域で採れたダイヤモンドを世界市場で取引禁止にするという一連の国際的な試みだ。レナー（Renner 2002, pp. 54-64）は，ダイヤモンドや他の紛争鉱物に対するこの種の様々な取り組みを要約しており，執行に伴う膨大な実際上の問題点を指摘している。作家のイヴ・エンスラーは，コンゴ民主共和国における暴力行為の被害者とかなりの時間を一緒に過ごしてきて，消費者が「レイプと無関係の」電気製品を購入していることを保証するための表示制度が必要だと提案している（Paczkowski 2009）。

　それと同時に，**正しい種類**のグローバル化は内戦への傾向を減らすことができる，と論じられてきた。経済における全体的なパフォーマンスが良好ならば，内戦に巻き込まれる可能性は低くなる，という科学的証拠が存在している。例

えば，この点に関するアフリカの検証結果は，ミゲルとサティヤナスとセルゲ
ンティ（Miguel, Satyanath and Sergenti 2004）によって提供されている。彼ら
は，堅調な経済が雇用を生み出し，反乱軍に参加することに誘惑されそうだった
労働者の機会費用を高める，として自分たちの結果を解釈している。ブラッド
シャー（Bradsher 2002）は，輸出用のマグロ加工がもたらした雇用の急増が，
フィリピンのミンダナオ島におけるいくつかのゲリラ活動をいかにして全滅させ
たかを述べている。その意味するところは，紛争を引き起こす一次産品の輸入規
制を，紛争の起こりやすい国からの労働集約的な輸出品の自由な輸入とともに行
えば，内戦の問題を緩和するのに役立つかもしれない，ということだ。

### 14.3.4　女性の権利についての覚書

　グローバル化は，女性の地位と権利に微妙な影響を及ぼす可能性がある。ここ
でいくつか例を挙げよう。

　第1に，多くの低所得国では，富裕国向け輸出用の労働集約的な工業製品は
ほとんどが女性を雇用しており，経済的機会を生み出す主力であり，さらには
女性にとって労働力への参入のきっかけとなる。ミルナーとライト（Milner and
Wright 1998）は，1980年代のモーリシャスにおける工業製品の輸出の急成長に
ついて，この事実を記録している。彼らは，輸出用の製造業部門における雇用の
急増はほぼすべてが女性労働によるもので，彼女らの多くがこれまで家の外で働
いたことがなかった，と記している。ティマーマン（Timmerman 2009）やチャ
ン（Chang 2009）は，労働者へのインタビューに基づき，様々な国についてこ
の現象を説明している。これは女性の社会的地位の向上と関係がある。なぜな
ら，女性の交渉力は，彼女らが自分の収入源を生み出して自分で貯蓄を行うなら
ば，常に強くなるからだ。職場での女性の立場が拡大するにつれて，平均余命な
どの社会指標における男女間の格差が縮まる傾向にあることを，検証結果は示し
ている（Mammen and Paxon 2000）。

　第2に，経済の開放度が賃金における男女差別の範囲を減らし得る，いくつか
の証拠がある。ブラックとブレナード（Black and Brainerd 2004）は，輸入競
争が米国の労働市場において差別に対抗する強い圧力となってきたと主張してい
る。彼らは，米国の労働市場における男性労働者と女性労働者との間の収入格差
が縮小しており，またその縮小の度合いは貿易が最も急速に拡大した期間中に最

大になったと示している。さらに，産業および年ごとの男女間の賃金格差につい
て研究した結果，学歴と人種を補正した後，最も大きく格差が縮小したのは，集
中度の高い（つまり少数の企業が市場を支配している）産業で，その産業が急速
な輸入成長に遭遇した年だったことが示されている。ブラックとブレナードの解
釈（労働経済学者ゲイリー・ベッカーの研究に従う）によると，賃金差別は競争
の欠如から生じるとしている。女性労働者に対して偏見を持ち，一緒に仕事を
したくないと思っている雇用主は，たとえ男性の応募者の方が劣っているとして
も，女性の応募者を候補から外して男性応募者を優先することで，企業の収益性
を犠牲にしてしまうのだ。輸入競争がなく集中度が高い産業では，企業はあまり
競争に直面していないため，この偏見は起こりうる。しかし，企業が輸入品と競
争する必要がある場合，その偏狭な雇用主はもはや偏見に身を任せる贅沢を味わ
うことはできない。そして，企業が生き残るのに十分な収益を維持するために，
応募してきた候補者のうち，性別に関係なく最も優秀な候補者を雇わざるを得な
くなる。

　一般的に，グローバル化は女性の権利にプラスの影響もマイナスの影響も与え
る可能性がある。女性の雇用によって，多くの低所得国では女性の社会的地位が
向上し，米国では差別が減少したようだ——しかし，コルタンの輸出需要がコン
ゴ民主共和国の女性の権利にプラスの影響を与えたとは，誰も主張しないだろ
う。

## 14.4　結論：望ましいグローバル化を得るために

　正確だが腹の立つ方法で本章の議論をまとめると，グローバル化は価格や所得
といった経済変数への直接的な影響に加えて，人権に対して無数の間接的な影響
を与える，ということになる。そして，これらの間接効果は，場合によって人権
を強化することも弱めることもあり得る。自分の消費習慣がこれらの問題を解決
しているのか，それとも悪化させているのかをただ知りたいだけの富裕国の消費
者にとっては，この分析では不満が残るだろう。しかし，そのような消費者は，
この問題を建設的な方向に持っていくことができる。貿易が人権を侵害している
と思われる方法を特定し，それを変えるために消費者としての自身の力を使うの
だ。同じことは，富裕国の投資家にも当てはまる。誰でも，実際に，望ましいグ

ローバル化を追求することができるのだ。

カリフォルニア大学サンディエゴ校のクリスティン・ブランソン博士は，『チョコレートの奴隷労働をやめさせよう』というタイトルのウェブサイトを運営しており，「奴隷労働によって作られていないチョコレート」に関する消費者向けガイドとともに，14.1.1 項で議論した問題に関する幅広い情報を提供している[8]。消費者はその情報を使って自身の消費選択を知らせることができ，また関係する企業に連絡して，自分の財布によって投票をしていることを知らせることができ，そして友人にも同じことをするよう促すことができる。消費者や投資家の圧力が，報道記事と共に，企業の行動に大きな影響を与える可能性がある。注目を浴びた履物産業への効果は，すでに指摘したとおりだ。ティマーマン（Timmerman 2009）は，消費国からの圧力によって，米国のブルージーンズ生産用のカンボジア工場における労働条件が改善したことを述べている。活動家の圧力は，ダイヤモンドの巨大企業デビアスに，アンゴラ内戦の長期化の原因となっていた慣習である，アンゴラの反政府組織からの買い付けをやめるよう説得した。ベルギーの航空会社 SABENA も同様に，報道の圧力によって，内戦に苦しむ中央アフリカからのコルタンの輸送を停止した（Renner 2002, p. 59）。消費者や投資家が人権を侵害するのではなく人権を守るような製品を欲しがるならば，それは彼らの力の及ぶ範囲にあるのだ[9]。

## 要　点

1．グローバル化は理論上は，児童労働の使用を増加させる可能性も減少させる可能性もある。例えば，輸出農業では，グローバル化の結果として予想される輸出財の価格の上昇により，農家はより裕福になる傾向がある——所得効果であり，それは児童労働を減らす。しかし，輸出財価格の上昇はまた，1 時間の「余暇」を過ごすことの機会費用を上昇させる——代替効果であり，それは児童労働を増やす傾向がある。
2．実際には，所得効果が優勢になるようで，貧困が減少すると児童労働は減る。検証結果が示唆するところによると，低所得国では，グローバル化によって輸入競争部門における児童労働の使用が増え，輸出部門では減る傾向がある。ベトナムでは，貿易の開始によって児童労働が大きく減ったという純効果がもたらされたようである。

---

8　http://vision.ucsd.edu/~kbranson/stopchocolateslavery/ で見ることができる。
9　シードマン（Seidman 2007）は，多国籍企業に対する消費者運動の歴史を広く調査し，そのような社会活動の限界を強調し，活動家の目的を達成するには政府の行動がしばしば必要だと論じている。

3. 「ブラック工場」は，賃金が非常に低く労働条件が非常に悪い工場を指す，不正確に定義された用語である。その根本的な原因はグローバル化ではなく貧困であり，それは労働者にとっての機会費用が低いことを意味する。理論的に正当な理由によって，低所得の労働市場で雇用している多国籍企業は，その工場がたとえブラック工場であっても，労働需要を増やすことによって貧困を減らすことが期待される。実証的な検証結果により，多国籍企業は平均賃金を改善することが示されるが，それは主に多国籍企業が高い賃金を支払っていることによる。

4. しかし，この効果をもってしても，低賃金労働者は彼らが生産する財の輸出がもたらす余剰のうち，僅かなシェアしか獲得できない。だが，そのシェアは消費国の社会運動によって増やすことができる。

5. 外国直接投資は民主化に大きな影響を与えてきたが，その影響は場合によって異なる。多国籍企業が受入国政府による反体制派の弾圧に手を貸したという例は数多くあるが，多国籍企業が逆の方向に圧力をかけた例も知られていないわけではない。

6. ある理論によると，貿易の自由化は，所得格差を縮小し，独裁的なエリートが抱く多数決ルールへの恐れを減らすことで，低所得国における民主主義への進展を容易にさせる。貿易自由化の長期化にわたる民主化促進効果については，実証的な科学的根拠がある。

7. グローバル化と人権との間のおそらく最も厄介な相互作用は，輸出可能な一次産品をめぐる内戦から生じる。紛争の原因となる一次産品の輸入に対する国際的な警戒と，労働集約的な工業製品の輸入促進の組み合わせ——つまり，「正しい種類」のグローバル化——は，この問題を緩和することに部分的な希望を与えている。

8. グローバル化は，女性の権利に重大な間接的影響を与える可能性がある。それは，有給の労働力における女性の役割を拡大し，女性の交渉力と社会的地位を改善することによるものであり，また市場競争を激化させ，労働市場差別の範囲を狭めることによるものである。

## 章末問題

1. 貿易の開放度が高まると，輸出部門では児童労働がいくらか減少し，輸入競争部門ではいくらか増加する，という実証結果は周知の事実と考えられるとしよう。貿易自由化が経済のすべての部門において児童労働を増やすという仮想的な例は，思いつくだろうか？　経済のすべての部門において児童労働を減らすという仮想的な例を考えることはできるだろうか？

2. 14.1.2項の家計モデルを考えよう。各家計が労働と余暇とに配分するための時間は，大人については $\overline{L}^A = 40$ 時間，子どもについては $\overline{L}^C = 60$ 時間であると仮定する。工業製品の価格は常に1に等しい。世帯主の効用関数は(14.1)式で与えられ，$\overline{G} = 24$ とする。

   (a) コメの価格は1に等しいと仮定する。この家計の総労働はいくらになるか？　児童労働はいくらか？　最適点における家計の予算線と無差別曲線を用いて図示しなさい。

   (b) ここで，コメは輸出品であり，外国でコメの輸送費が下がったためにコメの価格が1.5に上昇したと仮定する。(a)の分析をもう一度行いなさい。

   (c) 今度は，工業製品を作る家計について，同じ分析をしなさい。

   (d) このモデルにおいて，グローバル化は児童労働にどんな影響を与えるか？　説明しなさい。（所得効果と代替効果の観点から解釈できるなら，なお良い。）

3．さて，問2を再び考えるが，選好については以下の異なる仮定をおく。財の消費を $G$，余暇を $L$ とし，世帯主の選好は労働と余暇の限界代替率（つまり，余暇の限界効用を財消費の限界効用で割ったもの）が $G/L$ に等しくなるようなものと仮定する。（これは，効用関数が財と余暇に等しいウェイトを持つコブ＝ダグラス型であることの別の言い方だ。）

(a) コメの価格は1に等しいと仮定する。この家計の総労働はいくらになるか？　児童労働はいくらか？　最適点における家計の予算線と無差別曲線を用いて図示しなさい。

(b) ここで，コメは輸出品であり，外国でコメの輸送費が下がったためにコメの価格が1.5に上昇したと仮定する。(a)の分析をもう一度行いなさい。

(c) 今度は，工業製品を作る家計について，同じ分析をしなさい。

(d) このモデルにおいて，グローバル化は児童労働にどんな影響を与えるか？　説明しなさい。（所得効果と代替効果の観点から解釈できるなら，なお良い。）

4．14.3.2項で説明した民主化の理論を考えよう。第6章の問2で述べた米国，中国，コロンビアから成る世界経済で，コロンビアが当初，独裁政権によって統治されていると仮定する。このとき，以下のそれぞれの場合にコロンビアが貿易を開始すると，コロンビアの民主化にどのような影響をもたらすか？　(a) 中国が貿易をしていない場合，(b) 中国が貿易をしている場合。説明しなさい。

5．14.3.4項で要約した，貿易を通じた競争の激化が雇用の差別を減らす可能性があるという，複数の研究者によって分析された見解について考えよう。具体的には，雇用主の中には女性に偏見がある者もいて，女性を雇わずに済むためには利益をいくらか諦めても良いと考えており，女性の雇用に同意するのは彼女らの賃金が男性の賃金より十分低い場合のみ，と仮定する。その一方で，企業が何とか収支ゼロならば，雇用主は利益を上げることを優先し，偏見に身を任せることが少なくなり，女性を積極的に雇おうとするだろう。問題となっている産業は独占的競争であると仮定し，このモデルの経済学的なロジックに従って，数学を用いることなく次の2つの問いに答えなさい。

(a) すべての雇用主は偏見の度合いが同程度だが，6.5節で議論したメリッツ・モデルのように，生産性が異なるものとする。どの企業が均衡において最も女性を積極的に雇用すると考えられるか？　均衡はどうなるか？　国際貿易は差別のパターンにどう影響を与えるか？

(b) 今度は，すべての雇用主は同じ生産性を持っているが，偏見の度合いが異なり，したがって女性を雇う意欲が異なるという仮定の下で，同じ問いに答えなさい。あなたの答えは前問の仮定の場合からどう変わるか，またそれはなぜか説明しなさい。

## 参考文献

Acemoğlu, Daron and James A. Robinson (2005), *Economic Origins of Dictatorship and Democracy*, Cambridge, UK: Cambridge University Press.

Barboza, David (2008), "Child Labor Rings Reach China's Distant Villages," *The New York Times*, May 10, p. A5.

Basu, Kaushik (1999), "Child Labor: Cause, Consequence, and Cure, with Remarks on International Labor Standards," *Journal of Economic Literature* 37: 3 (September 1999), pp. 1083-1119.

Basu, Kaushik and Pham Hoang Van (1998), "The Economics of Child Labor," *American Economic Review* 88: 3, pp. 412-427.

Black, Sandra E. and Brainerd, Elizabeth (2004), "Importing Equality? The Impact of Globalization on Gender Discrimination," *Industrial and Labor Relations Review* 57: 4 (July), pp. 540-559.

Blakely, Rhys (2007), "Yahoo! Sued Over Torture of Chinese Dissident," *Times Online,* April 19.

Bradsher, Keith (2002), "Drugs, Terror and Tuna: How Goals Clash," *The New York Times,* May 16, p. A1.

Chang, Leslie T. (2009), *Factory Girls: From Village to City in a Changing China,* New York: Random House.

Collier, Paul and Anke Hoeffler (1998), "On Economic Causes of Civil War," *Oxford Economic Papers* 50, pp. 563-573.

Desbordes, Rodolphe and Julien Vauday (2007), "The Political Influence of Foreign Firms in Developing Countries," *Economics and Politics* 19: 3 (November), pp. 421-451.

Dias, Elizabeth (2009), "First Blood Diamonds, Now Blood Computers?" *TIME Magazine,* July 25.

Edmonds, Eric V. and Nina Pavcnik (2002), "Does Globalization Increase Child Labor? Evidence from Vietnam," NBER Working Paper W8760 (January).

Edmonds, Eric V. and Nina Pavcnik (2005), "Does Globalization Increase Child Labor? Evidence from Vietnam," *Journal of International Economics* 65: 2 (March), pp. 401-441.

Edmonds, Eric V. and Nina Pavcnik (2006), "International Trade and Child Labor: Cross-Country Evidence," *Journal of International Economics* 68: 1 (January), pp. 115-140.

Edmonds, Eric V., Nina Pavcnik and Petia Topalova (2010), "Trade Adjustment and Human Capital Investment: Evidence from Indian Tariff Reform," *American Economic Journal: Applied Economics* 2: 4 (October), pp. 42-75.

Edmonds, Eric V., Nina Pavcnik and Petia Topalova (2009), "Child Labor and Schooling in a Globalizing World: Some Evidence from Urban India," *Journal of the European Economic Association* 7: 2-73 (April), pp. 498-507.

Eichengreen, Barry and David Leblang (2008), "Democracy and Globalization," *Economics and Politics* 20: 3, pp. 289-334.

Fearon, James D. (2005), "Primary Commodity Exports and Civil War," *Journal of Conflict Resolution* 49: 4 (August), pp. 483-507.

Forero, Juan (2002), "In Ecuador's Banana Fields, Child Labor Is Key to Profits," *The New York Times,* July 13, p. A8.

Gettleman, Jeffrey (2008), "Rape Victims' Words Help Jolt Congo intoChange," *The NewYork Times,* October 18, p. A1.

Harrison, Ann and Jason Scorse (2010), "Multinationals and Anti-Sweatshop Activism,"

*American Economic Review* 100: 1 (March), pp. 247-273.

Lipsey, Robert E. (2004), "Home and Host Country Effects of FDI," in Robert E. Baldwin and L. Alan Winters (eds.), *Challenges to Globalization*, Chicago: University of Chicago Press, pp. 333-379.

Lipsey, Robert E. and Fredrik Sjoholm (2006), "Foreign Firms and Indonesian Manufacturing Wages: An Analysis with Panel Data," *Economic Development and Cultural Change* 55: 1 (October), pp. 201-221.

López-Córdova, J. Ernesto and Meissner, Christopher M. (2008), "The Impact of International Trade on Democracy: A Long-Run Perspective," *World Politics* 60: 4, pp. 539-575.

Mammen, Kristin and Christina Paxson (2000), "Women's Work and Economic Development," *Journal of Economic Perspectives* 14: 4 (Fall), pp. 141-164.

Miguel, Edward, Shanker Satyanath and Ernest Sergenti (2004), "Economic Shocks and Civil Conflict: An Instrumental Variables Approach," *Journal of Political Economy* 112: 4, pp. 725-753.

Milner, Chris and Peter Wright (1998), "Modelling Labour Market Adjustment to Trade Liberalization in an Industrializing Economy," *Economic Journal* 108 (March), pp. 509-528.

National Labor Committee (2009), *High Tech Misery in China: The Dehumanization of Young Workers Producing Our Computer Keyboards. Dongguan Meitai Plastics & Electronics Factory*, Pittsburgh, PA: National Labor Committee.

Off, Carol (2006), *Bitter Chocolate: The Dark Side of the World Most Seductive Sweet*, New York: The New Press.

Paczkowski, John (2009), "Eve Ensler Calls for Rape-Free Cellphones," *All Things Digital website*, May 27, at http://allthingsd.com.

Pavcnik, Nina and Eric Edmonds (2006), "International Trade and Child Labor: Cross Country Evidence," *Journal of International Economics* 68: 1 (January), pp. 115-140.

Renner, Michael (2002), *The Anatomy of Resource Wars*, Worldwatch Paper 162 (October), Worldwatch Institute, Washington, DC.

Romero, Simon (2009), "Protesters Gird for Long Fight over Opening Peru's Amazon," *The New York Times*, June 11.

Rosenberg, Tina (2002), "John Kamm Third Way," *The New York Times Magazine* (March 3), p. 58.

Rosendorff, B. P. (2000), "Choosing Democracy," *Economics and Politics* 13: 1 (October), pp. 1-29.

Ross, Michael (2004), "How Does Natural Resource Wealth Influence Civil Wars? Evidence from Thirteen Cases," *International Organization* 58 (Winter), pp. 35-67.

Seidman, Gay W. (2007), *Beyond the Boycott: Labor Rights, Human Rights, and Transnational Activism*, New York: Russell Sage Foundation.

Timmerman, Kelsey (2009), *Where Am I Wearing? A Global Tour to the Countries,*

*Factories, and People that Make Our Clothes*, Hoboken, NJ: John Wiley and Sons.

Usborne, David (2009), "Shell Settles Nigerian Human Rights Abuses Lawsuit for $15.5m," *The Independent*, June 9, p. 24.

# NAFTA は貧困者に対する裏切りか，それとも繁栄への道か？

Jonathan Tobin/Flickr/Getty Images, Inc.

メキシコのイラプアトにある工場で，ブルージーンズにダメージ加工を施す労働者たち。

## 15.1　争い：誰が NAFTA を最も嫌っているか？

2008 年 2 月は，国際貿易政策の政治的駆け引きの顕著な例となった。米国で大統領選挙に向けた準備が始まると，民主党の指名候補を巡ってヒラリー・クリントン上院議員とバラク・オバマ上院議員が争い，3 月頭のオハイオ州での予備選挙に向けて，同州で選挙運動を行った。（共和党の指名候補は，すでにジョン・マケイン上院議員に決まっていた。）両候補者による選挙運動の中心的課題は，ひとつの貿易政策だった——1993 年に米国，メキシコ，カナダの政府によって署名された，北米自由貿易協定（NAFTA）である。

NAFTA は，その 3 つの北米経済，それらはすでに密接に結びついていたが，それをさらに緊密に統合するための動きだった。米国・カナダ間の自動車や部品に関する自由貿易を達成した 1965 年の米加自動車協定は，第 3 章ですでに議論したし，二国間における基本的に他のすべての貿易についても，1988 年の米加自由貿易協定（Canada-U.S. Free-Trade Agreement：CUSFTA）が関税免除措置を与えた。それに加えて，米国の製造業者はメキシコの**マキラドーラ**を多用しており，その指定地域の工場ではメキシコ人の労働者が米国に送り返す輸出財の組み立て作業を行っていた[1]。協定締結の時点では，カナダは米国にとっての最大の輸入元であり，米国からの輸出の最大の買い手だった一方で，メキシコは両方の点で（日本に次いで）3 番目に大きい国だった。そのため，NAFTA が署名されるまでに北米経済はすでに高度に統合されており，協定は交渉スケジュールに従って，3 国間の関税を撤廃することで結びつきを一層強くした。それは実際に貿易パターンに影響を及ぼしたと思われる。1990 年から 2000 年までの間に，米国の輸出入に占めるメキシコのシェアは 2 倍になったのだ[2]。

---

1　マキラドーラの工場は，輸出用の組み立てのみに使用する場合に限り，原材料を免税でメキシコに輸入する権利を持っていた。米国に出荷された完成品は，マキラドーラの付加価値に対してのみ関税が課された。例えば，Hufbauer and Schott（2005, pp. 103-105）を参照のこと。
2　ただし，米国の輸出入に占めるカナダのシェアは，ほとんど変わっていない。これは，二国間ですでに CUSFTA によって関税が免除されていたためと思われる。1990 年から 2000 年までの間に，米国の輸入に占めるカナダのシェアは 18.42％から 18.84％になり，米国の輸出に占める同シェアは 21.11％から 22.61％へと変化した。同じ期間において，米国の輸入に占めるメキシコのシェアは 6.08％から 11.17％に，米国の輸出に占めるメキシコのシェアは 7.22％から 14.32％に上昇した。数字は，www.usitc.gov による。

その協定は同じ党の大統領（ビル・クリントン——実は候補者の一方と結婚した人物だ）によって署名され，また，その党が与党の議会によって批准されたという事実にもかかわらず，民主党の候補者は二人とも協定の破棄と，申し立てられた損害の回復に尽くすことを表明しながら，相手に勝とうと競い合った。この協定は「国民を養って」いないと指摘した後，オバマ候補はオハイオ州の労働者が「NAFTA のような悪い貿易協定のせいで無職になった後，仕事を探し求め」てきたと述べた。また，クリントン候補は夫が大統領だったときに，協定を支持しないように説得しようとしたが失敗したので，大統領になったら協定の再交渉を行うと断言した（Leonhardt 2008）。オバマ氏の最高顧問が，オバマは大統領としてNAFTA を廃止しないとカナダ政府に対して密かに確約したという噂が流れたとき，大きな政治的騒動が起きた（Austen 2008）。

この政治劇は，NAFTA がオハイオ州では極めて不人気で，その州が近年被ってきた失業の原因として多くの有権者に非難されたという事実を反映している。より一般的には，この協定は最初から意見が対立しており，協定が米国の雇用と賃金を減らすだろうと信じていた人々からの激しい大衆主義的な反対が生まれた。この立場を体現したのがロス・ペロー大統領候補であり，彼は 1992 年のバージニア州リッチモンドにおける大統領選の討論会で，アメリカ人労働者にとって結果が悲惨になる，と次のように述べたことで有名だ：

> もしも皆さんが工場労働者に 1 時間 12 ドル，13 ドル，14 ドルを支払っていて，自分の工場を国境の南に移動させることができて，労働者に支払う時給が 1 ドルで（中略）健康保険——それは自動車の製造で最もお金がかかるひとつの要素です——がなく，環境管理も汚染防止も定年もなく，お金を稼ぐこと以外のことは何も気にかけなくて良いのなら，南へと吸い込まれる巨大な音がするでしょう。(Associated Press, 1992 年 10 月 15 日)

ペロー氏の「吸い込まれる巨大な音」という表現は，この協定に反対する人々にとって長年のキャッチフレーズとなった。彼のその後の反対は，多くの支持者と中傷者を得た。そして驚くべきことに，協定が発効してから 10 年以上も経っても，未だ非常に大きな政治問題であり，また意見も真っ二つに割れたままだ。本章では，経済理論と 1994 年以来蓄積されてきた証拠を踏まえて，NAFTA や

その他同様の協定の評価を試みる[3]。まず，基礎理論のいくつかの点を理解する必要がある。それらについて，次の節で説明しよう。

## 15.2 特恵貿易協定：背景と基本原理

NAFTA は特恵貿易協定（preferential trade agreement：PTA）の一例である。PTA は，協定に署名した国同士の間では貿易障壁を低くするが，そうでない国との間では低くしないという協定だ。例えば，NAFTA は，米国の輸入業者がメキシコのイチゴやカナダの木材を輸入関税を支払うことなく米国に持ち込むことを保証しているが，グアテマラのイチゴやブラジルの木材を米国に関税なしで輸入することは認めていない。これらの協定が持つ，特恵的——あるいは，率直すぎる言い方をすれば，差別的——という性質は極めて重要だ。これらの協定は，そのほとんどが隣接国間で署名されるため，地域貿易協定と呼ばれることがあるが，米国・イスラエル自由貿易協定（1985 年発効）や EU・南アフリカ自由貿易協定（2000 年発効）のように，互いにかなり離れた国の間で署名された協定もたくさんあるため，PTA の方がより正確な用語である[4]。

### 15.2.1 協定の種類

PTA には様々な形態がある。最も重要な区別は，自由貿易協定と関税同盟との違いだ。**自由貿易協定**は，2 つ以上の国の間で，他の国に対する貿易政策をこれらの国の間で調整することなしに，実質的にすべての貿易障壁を撤廃する協定である。**関税同盟**は，**対外共通関税**（common external tariff：CET），すなわち問題となっている製品をどの加盟国が輸入しているかにかかわらず，非加盟国からの輸入に対しては同じ関税を課すことを条件として規定する自由貿易協定である。例えば，NAFTA は，その名の通り，自由貿易協定だ。3 つの加盟国は，非加盟国に同じ関税を課す必要はない。実際，第 7 章で説明したように，米国は砂糖に対してカナダやメキシコよりもはるかに高い関税を維持し続けている。3 つ

---

3　カナダと米国はすでに自由貿易協定を締結しており，カナダ・メキシコ間の貿易は未だにかなり小さいので，この協定はカナダにはあまり効果がなかったようだ。よって，分析の焦点は大部分を米国とメキシコに当てる。例外は 15.5 節で，紛争メカニズムに関するものである。

4　PTA に関する研究を網羅した概説については，Freund and Ornelas（2010）を参照してほしい。

の NAFTA 加盟国の，非加盟国からの輸入に対する関税表は，加盟国間では関税を実質的に撤廃しているのに，依然として大きく異なっている。その他の重要な自由貿易協定としては，東南アジアの加盟国から成る ASEAN 自由貿易地域，2004 年に署名され CAFTA-DR として知られているドミニカ共和国・米国・中米自由貿易協定，そして 1965 年からのニュージーランド・オーストラリア自由貿易協定（New-Zealand-Australia Free Trade Agreement：NZAFTA）がある。

　自由貿易協定と関税同盟との重要な違いは，自由貿易協定では常に**原産地規則**の取り決めを伴うことである。これらの規則の考え方は次のとおりだ。ある特定の財に高い関税をかけている A 国が，その財に低い関税をかけている B 国との自由貿易協定に署名したと仮定する。自由貿易協定に加盟していない C 国におけるこの財の輸出者は，自社製品を B 国で作られたものとして認められるための何らかの方法を見つけようとするだろう。なぜなら，そうすることで関税をかけずに A 国に輸出できるからだ。例えば，靴のメーカーは，紐のない靴を低い関税を払って B 国に輸出し，B 国で何人かの労働者を雇って靴に紐を付ける。そして箱に「B 国で製造した」というステッカーを貼り，それを A 国に関税ゼロで輸出し，A 国の消費者に販売する。これによって，A 国が高い関税を課す目的は無効になってしまうだろう。事実上，A 国の関税は B 国と同じ水準の低い関税になるが，違いは A 国政府は関税収入を得ることができないという点だ。このような結果にならないために，自由貿易協定の交渉担当者は，以下の点に関するルールについて交渉を行う。つまり，協定上，所定の製品に対して B 国製というステッカーを貼るためには，B 国製の部品がどの程度その製品に含まれていなくてはならないかということについてのルールだ。これらのルールは，**原産地規則**と呼ばれるものだ。明らかに，これらのルールは関税同盟においては同様の妥当性を持っていない。関税同盟ではすべての加盟国が同じ関税を課すからだ。

　最も重要な関税同盟は欧州連合（European Union：EU）で，1957 年のローマ条約によって当初 6 か国で締結された。EU は 27 の加盟国間の関税をゼロにし，世界の他の地域からの輸入には CET を維持している。例えば，タイで生産されたレインコートには，英国，スペイン，ドイツなどすべての EU 加盟国に輸入される場合には，全く同じ関税が課される。その後，それらの 3 か国間では関

税をかけずに出荷される。もうひとつの重要な関税同盟は MERCOSUR（南部共通市場のスペイン語での頭字語）で，その加盟国はブラジル，アルゼンチン，ウルグアイ，およびパラグアイであり，1991 年にアスンシオン条約によって締結された。最も古い関税同盟は南部アフリカ関税同盟（Southern Africa Customs Union：SACU）で，1910 年に締結され，その加盟国はボツワナ，レソト，ナミビア，スワジランド，そして南アフリカである。アンデス共同体は，ボリビア，コロンビア，エクアドル，ペルー間で 1992 年に締結され，関税同盟の方向へ着実に動いていった。

　これ以降，**PTA** という用語は，自由貿易協定と関税同盟を指すことにする。さらに進んだ統合を考えることも可能だ。共通の通貨を共有し，したがって共通の金融政策を採用する国のグループは，**通貨同盟**と呼ばれる。そして関税同盟でもある通貨同盟で，加盟国間の自由な要素移動を含む，より広い意味で統一された経済政策を有するものは，**経済同盟**と呼ばれる。最もよく知られた通貨同盟の例は欧州通貨統合であり，EU 諸国のうちユーロを共有している国々だ。EU 自体は経済同盟の方向に進展しているが，完了してはいない。ここでは，自由貿易協定や関税同盟といった，より適度な統合形態に限定して注目していく。

## 15.2.2　第 24 条

　第 8 章で述べたように，PTA は GATT 第 24 条に基づく最恵国待遇（Most-favored-nation：MFN）原則の例外として，いくつかの要件を満たす場合において認められている。主な要件は，以下の通りだ：

1. その協定は，PTA の加盟国でない国に対して貿易障壁を上げるようなものであってはならない（第 24 条第 5 項(a)）。
2. その協定は，ある特定の期間内に PTA の加盟国間のすべての貿易に対する貿易障壁を撤廃しなければならない（第 7 項および第 8 項）。
3. その PTA は，GATT の締約国に対して公表され，第 24 条の要件を満たしていると締約国によって承認されなければならない。

　この 3 番目の要件があるため，WTO は，実質的にすべての現存する PTA のリストを持っている。図 15.1 は，それらが時間を通じてどのように累積していっ

たかを示している。1958年から現在までの各年について，図に示されたひとつの点は，その時点において（2009年末時点で存在するすべてのPTAの中で）発効しているPTAの数を示している。注目すべきは，近年における急増だ。現在発効している188のPTAのうち，119は2000年以降に署名されたもので，さらに多くのPTAが締結される見込みだ[5]。明らかに，特恵的な貿易自由化は国際貿易政策の策定において，多国間のGATT/WTOプロセスと並んで（いや，それをしのぐ勢いで，と言う人もいる）非常に重要な影響力を持つものとして急増している。

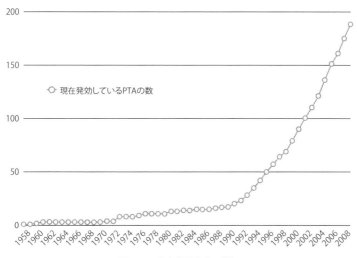

図 15.1　特恵貿易協定の増加

## 15.3　古典的なトレードオフ：貿易創出と貿易転換

　特恵的な貿易自由化がこんなに急増していることは良いことだろうか？　この疑問の解明には，前章までの貿易効果の分析で議論された論点が総動員される。貿易障壁の撤廃は，次の理由によって国内の実質所得を増加させることができる。各国が比較優位に従って特化し，関税がもたらす生産と消費の歪みを回避す

---

5　ここで使用したPTAの年表は，WTOのウェブサイト www.wto.org にある地域貿易協定データベースを基にしている。「加盟」として記載されている協定は，新しい協定の創設ではなく既存の貿易ブロックの拡大を示すため，含まれていない。無効あるいは解体となったPTAは含まれていない。

ることによる効率性の向上（第2章および第6章）。規模に関する収穫逓増の利益を享受するために各製品の生産を1か所に集中させることによる，合理化の利益（第3章）。競争の激化による利益（第4章）。生産性の低い企業の淘汰（第3章）。そして，各消費者が入手できる製品の多様性の増加（第3章）。しかし同時に，貿易障壁の削減には，寡占の場合にレント追求行動の動機を生み出し（第4章），知識のスピルオーバーがある場合に自給自足下で非常に小さかった産業が貿易によってますます縮小する（第9章），といった効率性に対する負の影響がある。このリストに貿易が生み出し得る分配問題を加えると，経済全体が利益を得たとしても一部のグループは損をするかもしれない（第5章および第6章）。これらの問題はすべて，PTA および多国間の貿易自由化に関する分析にも当てはまる。

　**特恵的な**貿易自由化であるがゆえに，PTA はまた新たな問題を生み出している。それは，ジェイコブ・ヴァイナーによる先駆的な研究（Viner 1950）で最もよく知られたものだ。ヴァイナーは，PTA が加盟国間の貿易障壁を減らすだけでなく，加盟国と非加盟国との間の関税の相違をもたらすことにもなると指摘した。したがって，PTA は**貿易創出**だけでなく**貿易転換**という結果をもたらす。なぜなら，差別的な関税が非加盟国に適用されることにより，非加盟国のより効

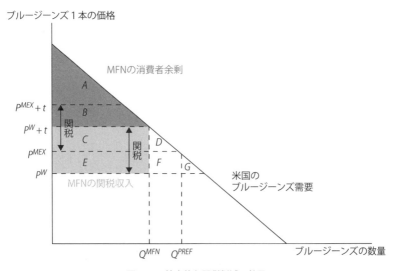

**図 15.2　特恵的な関税削減の効果**

率的な供給者は PTA の加盟国に財を供給できなくなり，PTA 内のより非効率的な供給者が代わりに供給することになるからだ。図 15.2 は，このメカニズムがどう働くかを示している。

米国はブルージーンズを消費するが，生産はしないものとする。この市場におけるすべての生産者と消費者は価格を所与と見なし，その産業は GDP や消費者の予算集合に占める割合が十分小さいために部分均衡分析が適用できる，と仮定しよう。図の右下がりの曲線は，ブルージーンズに対する米国の消費者の需要曲線を示している。ブルージーンズはメキシコで，一定の限界費用 $P^{MEX}$ で生産され，世界市場では $P^W < P^{MEX}$ という価格で購入できると仮定する。米国とメキシコはともにブルージーンズの世界市場と比較して小さいので，$P^W$ は所与と見なされるとしよう。メキシコにおけるブルージーンズ生産の限界費用はメキシコでの要素価格のみによって決まり，ブルージーンズの市場からは影響を受けないので，$P^{MEX}$ も所与と見なすことができる。

当初，米国はブルージーンズのすべての輸入 1 単位につき $t$ ドルの関税——最恵国（MFN）関税——を課していると仮定する。MFN 関税は，第 8 章から思い出されるように，すべての WTO 加盟国からの輸入に等しく適用される関税である。このとき，メキシコからのブルージーンズ 1 本の輸入には $P^{MEX}+t$ を支払わなければならず，また世界の他の地域からの輸入には $P^W+t$ を支払わなければならないが，これは $P^{MEX}+t$ よりも低い。したがって，米国の消費者はブルージーンズを世界の他の地域からしか輸入せず，またメキシコから入手する際の費用は意味のないものとなる。米国の消費者は $Q^{MFN}$ 本のブルージーンズを輸入して消費し，消費者余剰は $A+B$ の面積に等しくなる。関税収入は，ジーンズ 1 本当たりの関税 $t$ に輸入量 $Q^{MFN}$ をかけたもの，つまり $C+E$ の面積に等しい。

ここで，特恵的な自由化を考えよう。つまり，米国はメキシコ製のブルージーンズに対する関税を撤廃するが，他のすべての国からのブルージーンズには関税を撤廃しないと仮定する。すると，メキシコからのブルージーンズ 1 本の輸入には $P^{MEX}$ だけの費用がかかるが，世界の他の地域からの輸入には $P^W+t$ の費用が依然としてかかる。価格が図に示されているような（$P^W$ と $P^{MEX}$ の差があまり大きくない）場合，米国の消費者にとってはメキシコから輸入する方が安上がりとなる。今や，米国の消費者は $Q^{PREF}$ 本のブルージーンズを輸入して消費し，$A+B+C+D$ の面積に等しい消費者余剰を享受する。米国政府は，メキシコから

のジーンズをすべて関税なしで輸入するので，関税収入を受け取ることはない。

MFN の下では米国の社会厚生は $A+B+C+E$ に等しかったが，特恵的自由化の下では $A+B+C+D$ に等しい。その変化分は $D-E$ で，図 15.3 に示されている。$D$ の部分の面積は，**貿易創出による利益**と呼ばれる。この図を理解するために，MFN 関税の下では，米国は厚生損失 $D+F+G$ を被ることに注目しよう。これは，第 7 章の言葉を使えば，関税によって失われたブルージーンズ消費による消費の歪みである。（この単純なケースでは，仮定により米国は国内でブルージーンズを生産していないため，生産の歪みは存在しない。また，ブルージーンズの世界価格は米国にとって所与と仮定しているので，交易条件の利益も発生しない。）消費の歪みの一部は，特恵的な貿易自由化によって消費が $Q^{MFN}$ から $Q^{PREF}$ に増加することで解消されるが，その利益はちょうど $D$ の大きさになる。これに対して，$E$ の部分の面積は，**貿易転換による損失**と呼ばれるものである。これはヴァイナーが経済学者の注目を集めた効果で，**特恵的**自由化のみで見られるものだ。その大きさは，世界の他の地域からの低価格による供給からメキシコからの高価格による供給への切り替え（つまり，$P^W$ と $P^{MEX}$ との差）が原因となる単位当たり費用の増加に，輸入量をかけたものである。言い換えると，貿易転換による損失は，関税が今やメキシコ製品を優遇するように差別し，そのため

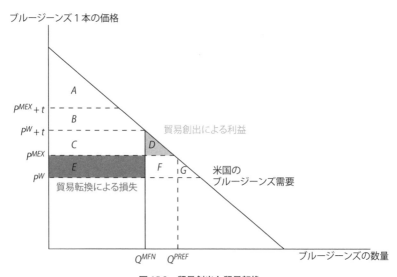

**図 15.3　貿易創出と貿易転換**

低コストの供給源ではなく高コストの供給源からの輸入を奨励していることから生じる非効率性である。この例では，明らかに$E > D$なので，貿易転換は貿易創出よりも大きく，米国は関税の特恵的措置によって損失を被る。一般的に，それはプラスにもマイナスにもなり得るので，PTAの厚生効果は実証的な問題となる。

　貿易創出と貿易転換の厚生効果を計測する際には，注意が必要だ。ひとつの影響力のあるアプローチは，クリシュナ（Krishna 2003）によって開発された。彼は，完全競争下の単純な3国モデルを分析した。このモデルでは，各国はひとつの財を生産し，3つの財はすべて各国で消費される。クリシュナは，第1国が第2国に対する関税を削減し，第3国に対する関税は維持したままにした場合，第1国の厚生が改善するための必要十分条件は

$$t^{21} \Delta m^{21} + t^{31} \Delta m^{31} \tag{15.1}$$

が正の値をとることであると示した。ここで$t^{ij}$は第$j$国が第$i$国からの財に課す（当初の）**従価**関税，$m^{ij}$は第$i$国から第$j$国が輸入する財の（世界価格での）輸入額，$\Delta m^{ij}$は特恵的な関税削減による輸入額の変化である。逆に，(15.1)式が負の値をとる場合，特恵的な関税削減は第1国の厚生を悪化させる。通常，関税削減によって第2国の財は第1国の消費者にとって安価になるので，$\Delta m^{21} > 0$が成立するが，第1国の消費者は第3国の財から安価になった第2国の財に消費の代替を行うので，$\Delta m^{31} < 0$となる。クリシュナの分析結果は簡単に言えば，ある国の総輸入の**適切な初期関税で加重した**合計額が上がると，貿易創出の効果が貿易転換の効果を上回る，ということだ。

　クリシュナは，米国の様々な貿易相手国について(15.1)式の値を推計し，米国がどの国との特恵的自由化によって利益を得られるかを調べた。その結果，ほとんどの場合(15.1)式は正の値をとり，貿易創出が貿易転換を上回ることを発見した。さらに，より近隣の国々や米国との貿易量が大きい国が最も大きな利益を米国に与える，という傾向はなかった。このことは，NAFTAを評価する際，3国間の物理的な近さや15.1節で述べた3国間における高い相互貿易比率は，この協定を支持する議論にはならないことを示唆している。

　クリシュナの研究は，NAFTAに関する詳細な研究というよりも，むしろPTAの厚生効果における大きなパターンの考察だ。NAFTAに戻って考える

と，その協定は主に貿易創出となったのだろうか，それとも貿易転換による歪みも引き起こしたのだろうか？　この問題に関して，初期の報告は心強いものだった。例えば，グールド（Gould 1998）は，協定が1994年に施行された後，米国のメキシコとの貿易は過去の傾向に基づいた予測よりも（1995年のメキシコの大不況を考慮しても）かなり増えたことを示した。この貿易創出は驚くべきことではなく，PTA のいかなるモデルでも予測されるものだ。しかし彼は，米国のNAFTA 非加盟国との貿易もまた，1994年以降，過去の傾向から予測されるよりも増えたことを示した。これは，NAFTA の貿易転換が非常に大きい場合に予想されることとは逆のものだ。このように，初期の傾向は楽観的で，NAFTA は貿易転換効果をほとんどまたは全く持たず，したがって全体としてプラスの効果を持つ，というものだった。

　Fukao et al.（2003）や Romalis（2007）などのその後の研究によって，この見解の修正が余儀なくされた。ロマリス（Romalis 2007）は，米国の非NAFTA 諸国との貿易が拡大したひとつの理由は，その期間を通じて中国や東南アジアからの輸出が拡大したことだと指摘している——それは NAFTA とは無関係だ。この影響をコントロールするために，ロマリスは比較の対象として，同じアジアからの輸入ショックを受けた EU を使うことを提案している[6]。細分化された産業分類の非常に詳細なデータを使用して，ロマリスはメキシコ産の財に対する米国の関税が最も低下した産業において，米国の輸入におけるメキシコのシェアが（同じ財の EU の輸入におけるメキシコのシェアと比較して）最も上昇したことを示した。その相関は非常に強く，NAFTA がその加盟国に与える関税の優遇措置に対して，米国の輸入品の供給元が非常に影響を受けやすいことを示している。これは，貿易転換が大きかったことを示唆している。この推定結果を一般均衡モデルに当てはめて，ロマリスは，貿易転換と貿易創出の厚生効果がちょうど打ち消しあう（図15.3において $D=E$ となる）ので，米国はその協定によって大きく利益を得ても損失を被ってもいないと結論づけている。メキシコは，NAFTA によってわずかに厚生損失を被ったと推定されている。

---

6　この考え方は，医学研究で対照群を使用するのと似ている。介入群は試験中の薬または治療を受けるが，対照群は受けない。そしてこれら2つの群の結果の差は，その介入が健康に与える効果を測定するために使用される。ロマリスの研究では，「介入」は NAFTA であり，「介入群」は北米の経済で構成され，「対照群」はヨーロッパの経済で構成されている。

　したがって，NAFTA が総厚生に与える純効果はおそらく小さいものだろう。この協定によって資源配分の歪みが発生したが，それと同程度の歪みが縮小したからだ。

## 15.4 分配上の懸念

### 15.4.1 米国の労働者

　総厚生に加えて，協定が労働者，特にブルーカラー労働者にどのような影響を与えるのかを問うことは重要である。これは議論の余地がある分野だ。メキシコ経済とのさらなる統合によって，一部の米国の労働者が損失を被ったことは間違いない。例えば，オハイオ州ヤングスタウンにあるヤングスタウン・スチールドアは，20 世紀のかなりの期間，米国における鉄道車両用ドアの大手製造メーカーのひとつであった。2005 年に工場は閉鎖され，資本の一部はメキシコで生産を開始するために移転された。NAFTA がなかったら工場に何が起こったかを推測するのは難しいが，協定の存在は間違いなく，そのような方向への転換を促すものだった。そして，ヤングスタウンの住民は近年における市の衰退と窮状の多くを協定のせいとして非難している[7]。

　その一方で，米国の労働者の中には NAFTA によって大きなチャンスをモノにした人々もいる。例えば，テキサス州の国境沿いの町ラレードは，NAFTAの後で雇用が急増したが，これは町を通過してメキシコを往復する貨物の量がわずか数年で 2 倍になったためだ。輸送部門や，トラック運転手やその関係者を支えるモーテルやレストランなどのサービス業で，仕事は急増した。町の 1 人当たり所得は 1990 年代を通じて 2 倍になったが，騒音や渋滞に関連する問題も発生した（Duggan 1999）。テキサス州は，より一般的にはメキシコへの輸出，特に電子機器や化学製品，輸送機器の輸出によって，大きな利益を得た（Kumar 2006）。

　しかし，個別の例からは，協定の効果が全体として労働者にどのような影響を

---

7　Leonhardt（2008）や，カナダ・ニュースワイヤの 2004 年 3 月 11 日付「グローバル・レイルウェイがオハイオを拠点とする鉄道供給である YSD インダストリー社の製造用資産を取得」，およびカナダ・ニュースワイヤの 2005 年 12 月 6 日付「グローバル・レイルウェイが YSD 子会社の土地および建物の売却を完了」を参照。

与えたのかを知ることはできない。その評価には，データが必要だ。ここで科学的証拠は異なる方向を指している。まず注目したいのは，NAFTA が施行され，メキシコと米国との間の貿易が急速に成長するにつれて，1990 年代後半における米国の平均賃金やブルーカラーの賃金が極めて着実に，それまでの四半世紀間での増加以上に増えていった（6.1 節を参照）ことだ。これは因果関係については何も証明していないが，NAFTA が米国のブルーカラー労働者に対して全体的に損害を与えたと主張する人々にとっては，都合の悪い話だ。NAFTA の効果をその他の効果から抜き出すことは困難なので，NAFTA が平均賃金や雇用水準に与える効果を計量経済学的に推定することは難しい。しかし，コンピューター・モデルのシミュレーションに基づいた研究によると，米国の平均賃金への影響は小さいと予測される（Burfisher et al.（2001）を参照）。

　データは，NAFTA が賃金**格差**に与える影響をより明らかにしている。すでに第 11 章で，メキシコへのオフショアリングによって熟練労働者に対する賃金プレムアムの支払いが増え，国境の両側で賃金格差が拡大したという Feenstra and Hanson（1996）の研究について述べた。メキシコへのオフショアリングは NAFTA の後に急増したので，これは NAFTA がおそらく賃金格差の拡大を促進したことを示唆している。繰り返しになるが，この例は，低技能の労働者の賃金が NAFTA によって絶対的に増えたか減ったかについては何も言っていない。個々の企業のデータから得られる，その問題に関するひとつの楽観的な証拠は，セートゥパティ（Sethupathy 2009）によって提供されている。彼は，NAFTA が発効した期間に，すでにメキシコへのオフショアリングを行っていた米国企業がメキシコへのオフショアリングを大幅に増やしたことを示し，またこれらの企業による米国の労働者 1 人当たりの営業利潤，およびこれらの企業が米国内の労働者に支払った賃金も大きく増加したことも示した――どうやら，米国内での労働力を減らすことなしに達成したようだ。これは，第 11 章で説明したグロスマン＝ロッシ・ハンスバーグ（Grossman and Rossi-Hansberg 2008）モデルと同じような方法で，NAFTA によって促進されたオフショアリングが米国の労働者に利益をもたらしたことを示唆していると思われる。メキシコへのオフショアリングは生産性の利益をもたらしたと思われ，その一部はオフショアリング企業の米国における労働者が享受した。

　それとは対照的に，ハコビヤンとマクラレン（Hakobyan and McLaren 2010）

は，米国の労働者のうち少数派の中にはNAFTAによって大幅な所得の減少を
被った者もかなりいたと主張している。その研究では，ある産業で当初，メキ
シコからの輸入に非常に高い関税が課されており，メキシコがその産業の製品
の純輸出国であった場合，その産業は「NAFTAに対して脆弱」だと定義して
いる。著者たちは，1990年と2000年の米国の国勢調査データを調べ，個人に関
する様々な特徴をコントロールした上で，次のことを示した。それは，NAFTA
に対して脆弱な産業で雇用されている，大学の学位を持たない労働者が，他の産
業の労働者に比べて賃金の伸びがかなり小さい，という結果だ。最も極端な例で
ある，最も脆弱な産業（履物産業）における高校中退の労働者については，1990
年代における賃金の上昇が，脆弱ではない産業（非貿易財であるサービス産業な
ど）の同様の労働者よりも17%低いと推計している。このような停滞は，一般
に高校中退者がそうであるように，すでに低所得で何とか生活している労働者に
とって悲惨なものだっただろう。

　結論としては，NAFTAが米国の労働者を全体的に苦しめたと論証すること
は難しいが，重大な所得分配効果があっただろうと思われる。この協定はおそら
く，米国における高学歴労働者と低学歴労働者との間の所得格差を広げ，多国籍
企業の従業員の所得を増やし，最もNAFTAに対して脆弱な産業のブルーカラー
労働者の所得を大幅に減少させた。

### 15.4.2　メキシコの貧困層

　もちろん，NAFTAはアメリカ人にのみ影響を与えたわけではない。メキシ
コの人々，特に貧困層への影響を評価してみることも重要だ。この話題は感情論
の源泉となる。協定の支持者は，メキシコに製造業の雇用をもたらすことで，メ
キシコの貧困と米国への不法移民をともに減らすだろうと主張した。反対派は，
NAFTAによって，巨額の補助金の下で生産され人為的に安価となった米国産
トウモロコシがメキシコにあふれることになり，その結果，主要作物としてのト
ウモロコシに依存している貧しい農民の生活を破壊する，と主張した。例えば，
オックスファム（Oxfam 2003）は，NAFTAが施行された後，米国からメキシ
コへのトウモロコシ輸出が劇的に急増し，メキシコ国内のトウモロコシ価格が
70%下落したと記している。トウモロコシ価格の下落に対する怒りはメキシコの
トウモロコシ農家の間で政治運動を引き起こし，ある農家はオックスファムに次

のように語った：「トウモロコシの価格は下がる一方，生産費は高騰した。もはや家族のための分さえ満足に手にできない」（Oxfam 2003, p. 5）。

　NAFTA が安価なトウモロコシを通じてメキシコの貧困を悪化させたという主張は，しかしながら，いくつかの統計的研究によって異議が唱えられてきた。例えば，マクミランたち（McMillan et al. 2007）は労働者レベルおよび家計レベルのデータを分析し，メキシコの貧しいトウモロコシ農家の大半はトウモロコシを販売していなかったと結論づけた。これは，彼らが市場に参加しなかった（この場合，トウモロコシ価格の下落は彼らに影響を及ぼさない）か，あるいは彼らがトウモロコシの純購入者だった（この場合，価格下落は彼らを助けることになる）ことを意味している。したがって，マクミランたちの結果によれば，貧しいトウモロコシ農家が NAFTA から利益を得た可能性は，少なくとも損をする可能性以上だったことが示唆される[8]。

　プリナ（Prina 2009a, b）による 2 つの研究も，NAFTA によってメキシコの農業部門に困窮が蔓延したかどうかを問うている。これらの研究は，メキシコ経済における農産物の「国境価格」の役割に焦点を当てている——国境価格とはつまり，メキシコの輸出者や輸入者が米国との国境に立地している場合に，輸出者が受け取る，あるいは輸入者が支払う（関税込みの）価格のことだ。（メキシコ国内でかかる輸送費のため，これはメキシコの他地域での価格とはかなり異なる可能性がある。）Prina（2009a）では，3 つの点が指摘されている。第 1 に，NAFTA で明記された関税の変化は，例えば第 7 章の 7.2.2 項におけるモデルのような単純なモデルが予測するのと全く同じように，トウモロコシ，果物，野菜の国境価格の変化と相関関係を持つ。具体的には，メキシコ政府による米国産トウモロコシへの関税の段階的廃止により，メキシコの最北端に住む人々がトウモロコシに支払う価格は大幅に下落し，米国政府によるメキシコから輸入した果物や野菜に対する関税の段階的廃止により，メキシコでこれらの作物の生産者が受け取る価格は大幅に上昇した。図 7.5 に示したのとちょうど同じだ。つまり，関税によって輸入国では作物の価格は上昇し，輸出国では低下する。第 2 に，ト

---

8　全体像はこれよりもっと複雑だ。貧困層・中所得層のトウモロコシ農家の所得は 1990 年代に減少したが，損失の一部は政府からの所得移転増によって補てんされた。その一方で，高所得層のトウモロコシ農家の所得は増加した（pp. 225-227）。これらの変化が NAFTA によるものなのか，それとも他の力によるものなのかは，明らかではない。

ウモロコシの国境価格の下落は農家の利潤の減少と相関関係があるが，**大規模の農家**ほどそれに比例して利潤の減少が**大きい**。このことは，トウモロコシへの投資が大きい農家ほど，利潤が大きく減少する傾向にあることを示唆している。これに対して，果物や野菜の国境価格の上昇は農家の利潤の増加と相関関係があるが，**小規模の**農家ほどそれに比例して利潤の増加は**大きい**。このように，農業分野ではNAFTAの分配効果はいくらか累進的なものだった。つまり，安い米国産トウモロコシは大規模農家に偏った形で大きな損失をもたらし，果物や野菜の輸出における米国市場の開放は小規模農家に偏った形で大きな利益をもたらした。最後に，メキシコの南部への影響については全く科学的根拠が得られなかった。このことは，米国との間で作物を出荷するのに必要な輸送費が十分大きいため，米国の貿易政策が南部地域の農家にはほとんど意味がないことを示唆している。オックスファムが，安価なトウモロコシ価格によって特にひどい打撃を受けた人々として南部の貧しい農家を取り上げたことを思い出してほしい。それは，メキシコ南部が北米経済の他の地域にうまく統合されていないからであって，NAFTA自体が悪いのではない，ということかもしれない。

　もうひとつの研究であるPrina（2009b）では，NAFTA後のメキシコの農村部における賃金と雇用について検討されている。多くの観測筋が憂慮したのは，農家が安い米国産トウモロコシによって損害を受けただけでなく，大打撃を受けたトウモロコシ農家の労働需要が減少したことにより，小作労働者が賃金の下落を経験したのではないか，という点だ。しかし，プリナは農産物の国境価格が農村部の賃金に影響を与えない，という結果を得た。これは，おそらく労働が十分に移動可能で，NAFTAへの反応はその地域における賃金の下落ではなく労働の移動という形で見られた，ということを示唆している。

　全体として，これら3つの研究は，NAFTAがメキシコの農村部の貧困に与えた影響について，多くの観測筋が予想したよりもはるかに楽観的な見方を示している。これらの研究は，NAFTAによる価格の変化が主に大規模農家に損害をもたらし，小規模農家に利益をもたらし，また農村の賃金にはほとんど影響を及ぼさず，南部の貧困農家には全く影響を与えなかった，ということ示唆している。

　NAFTAとメキシコの貧困問題に対する非常に異なるアプローチが，ハンソン（Hanson 2007）によってなされているが，彼は1990年と2000年のメキシコ

の一般国勢調査からの労働所得データを調べている。ハンソンは次の 3 つの基準に基づき，メキシコをグローバル化の影響に晒される程度が小さい州と大きい州とに分けている。3 つの基準とは，その州の経済におけるマキラドーラの重要性，その州の FDI ストック，そして州の GDP に対する輸入の規模である。ハンソンは，NAFTA 発効後の 10 年間で「グローバル化に晒される程度が大きい」州に比べて「グローバル化に晒される程度が小さい」州において，貧困率が上昇したことを発見した。この証拠は，NAFTA がメキシコの貧困に望ましい影響を与えたことを示唆している（ただし，「グローバル化に晒される程度」に関する変数は，NAFTA に限定されたものではない）。

　全体として，データはメキシコの貧困に対する NAFTA の影響について，批評家たちが恐れていたよりも肯定的な状況を示しているようだ。入手可能な証拠は，NAFTA がメキシコの貧困層に損害をもたらしたというよりもむしろ彼らを救済した可能性を，より大きく示唆している。

## **15.5**　悪名高き第 11 章

　NAFTA の最も激しく論争されている特徴はおそらく，貿易との接点はちょっとだけで，その代わりに——たぶん驚くだろうが——紛争解決手続きに関係している。その協定における紛争解決に関する議論の大部分は，無味乾燥の，法律家が取り上げる題材だ。それは，3 つの加盟国政府のうちいずれか 2 国による協定違反に対して，残りの国が申し立てを行う場合の方法と，そうした申し立ての解決方法に関するものである。そのほとんどは，この種の他の協定で見られるものと同様だ。しかし，NAFTA の第 11 章には，ちょっと変わったものが含まれている。それは，NAFTA の加盟国政府が協定の下で関与したいかなる違反に対しても，**企業が**その政府を訴えることができるという規定だ。特に，第 1110 条は，収用あるいは「国有化または収用と**同等の**」政府の行為を経験したと確信した企業は提訴することができるとしている。後者の表現——「収用と同等」——は，この問題の鍵である。第 1110 条は，政府が実際に生産施設を国有化した場合——これはラテンアメリカの歴史では未知のものではなく，よってメキシコの投資家にとっては懸念材料となっていた——に企業を救済するだけでなく，収用と**同様だ**と解釈され得る行動を政府がとった場合に企業が提訴することも認め

ている。最大限に解釈を広げると，これは企業の利潤を減少させるいかなる規制や政策の変更をも含み得る。（詳しい説明は，Hufbauer and Schott（2005, pp. 201-207）を参照。）

NAFTA の作成に関わった交渉担当者は，どうやら政府，特にメキシコ政府による日和見的行動の恐れを和らげることで投資を促進するつもりだったらしい。メキシコ政府は，過去において外国直接投資をいくらか敵視していたが，近年は多国籍企業への障壁を軽減してきたのだ。第 11 章の規定は，将来においてこの新たな経済開放が無効にならないことを企業に確信させるという，大きな役割を果たした可能性がある。しかし，第 1110 条をこのように広く解釈できる言葉で書いたために，交渉担当者は，様々な政策，特に環境政策に関する激しい攻撃の機会を与えてしまった。それらの政策は，もしもこの規定がなかったら，貿易協定によって危険に晒されるとは予想されなかったものだ。（もちろん，交渉担当者の真の意図は彼らだけが知っており，NAFTA に関する多くの批評家はこれらの効果が不注意なのか意図的なのかについて疑問視している。）

これらの規定が引き起こした可能性についての初期に見られたのは，メタルクラッド社の事例においてだ[9]。メタルクラッド社は米国の廃棄物処理企業で，1995 年にメキシコのサン・ルイス・ポトシ州に有害廃棄物処理場を建設する準備をしていた。メキシコ政府は同社に対してプロジェクトの認可を保証し，同社は作業を開始した。同社は後になって，州政府がその土地は生態系保護区域であると宣言した時に，プロジェクトを中止せざるを得なくなった。同社は NAFTA の第 1110 条に基づき訴訟を起こした。この行為は収用に匹敵すると主張し，最終的にメキシコ政府はこの訴訟の解決に 1,600 万ドルを支払った。これは，本書の第 8 章で議論された WTO のイルカ・マグロの事件の後と同じような騒ぎを引き起こした。貿易を保護するためという触れ込みで作られた制度が，環境保護措置を取ったという理由で一国を罰することになったのだ。

一部の観測筋が好ましくないと判断したのは，NAFTA 第 11 章によって設置された委員会には透明性の義務がなかったことだ。その委員会は裁判所の一部ではない。むしろ，拘束力のある調停を行うための専門家による裁決機関として設

---

9 Kass and McCarroll（2008）；Hufbauer and Schott（2005, p. 207）；および「投資家の目，メキシコがアメリカ企業に支払う」2001 年 10 月 29 日付ニューヨークタイムズを参照。

置されており，それは企業間の契約紛争を処理するために設計された委員会を参考にしている（DePalma（2001）や Kass and McCarroll（2008）を参照）。このような委員会では，紛争当事者は訴訟手続きと証拠についての機密性を要求することができる。その結果，第 11 章の委員会において紛争当事者の一方が政府であり，係争中の問題が環境規制のような公共政策に関するものであったとしても，一般的には公衆が議事録を精査する方法はない[10]。ある監視団体の代表の見解では，「ここで我々が話しているのは，秘密の政府についてだ。（中略）これは公的な事業を行うための方法ではない。」（DePalma 2001）。

　同じ問題を多く引き起こした他の事例が，1997 年に起きた。バージニア州リッチモンドのエチルコーポレーションの製品であるガソリン添加剤 MMT の禁止をカナダ政府が検討したときだ（Brown 2004, pp. 166-168）。カナダ政府は添加剤によって起こり得る健康への影響について懸念を抱いていたが，それを禁止する法律が提案されたとき，エチル社はカナダで販売できないことによって失われる利益と禁止の提案による風評被害に言及し，NAFTA 第 1110 条に基づいて提訴した。カナダ政府は委員会の裁決を待たずに，禁止を断念し，エチルコーポレーションに 1,300 万ドルを支払うことで解決した。またしても，1 社の企業が第 11 章の手続きを通じて，環境政策に打ち勝った。この事例において，その勝利はメタルクラッド社の事例よりも衝撃的であった。というのも，訴訟は補償金の支払いをもたらしただけでなく，政策決定をも覆したからだ。

　しかし，3 つ目の事例は潮流の変化を示すものかもしれない。メタネックスは，MTBE と呼ばれるガソリン添加剤を生産しているカナダの企業だ。MTBE は，カリフォルニア州政府が健康への効果に関する懸念から段階的に廃止することを決定していた。その添加剤はサンタモニカへの飲料水供給に含まれていることが分かり，いくつかの自治体の井戸を閉鎖しなければならなかった。段階的廃止が発表されると，メタネックスは第 1110 条に基づいて訴訟を起こし，9 億 7,000 万ドルという巨額の補償金を請求した。ここでもやはり，MTBE の段階的廃止が「収用と同等」の行為であるとの主張がなされた。しかし今回は，審理の結果，同社に不利な判決が下された。段階的廃止には合理的な科学的根拠があ

---

10　非公開で管理されているウェブサイト www.naftaclaims.com は，これらの委員会の文書を保存しているが，いかなる当事者にも文書の提供を強制する権限はない。

り，正当な手続きのもとに差別的でない方法で施行されたと認定したのだ（Kass and McCarroll 2008）。カリフォルニア州の司法長官は，この判決を「カリフォルニア州民の飲料水を安全で清潔に保つ権利のための驚くべき勝利」と呼んだ（Sacramento Bee, 2005 年 8 月 10 日，p. D1）。より一般的には，メタネックスについての委員会が従った論理がより一般的に適用される場合，企業が第 1110 条を用いて環境規制に対抗することはさらに困難となるだろう。なぜなら，環境訴訟が原告に損害をもたらしたと証明するだけでは，もはや十分ではなくなるからだ。

　本書の第 8 章で詳しく述べた WTO の環境法に対する格闘との類似点は，明らかだ。WTO は，環境上の利益と不釣合いな費用を貿易相手国に押し付けるような無謀な環境保護活動や，環境保全主義として偽装された保護貿易主義から，貿易を護ることに関心を持っている。その一方で，各国政府は環境保護の措置を，たとえそれが場合によっては貿易を妨げるとしても，取れなければならない。これら 2 つの動機のバランスをとるための初期の取り組みでは，WTO は環境を軽視する傾向があったが，おそらく世間の怒りに応じて，年を追うごとにバランスを調整していった。NAFTA 第 11 章の手続きも同様で，貿易そのものに加えて直接投資も保護するように設計されているが，論点は同じだ。規定は当初，環境保護活動に敵対するように使われていたが，その制度はよりバランスの取れた方向に発展してきたようで，また非政府組織からの法定助言書に対して透明性と開放性を高めている（Kass and McCarroll 2008）。

## 15.6　PTA により広く影響するいくつかの論点

　NAFTA の分析において，より一般的に PTA の議論において頻繁に登場する問題が，数多く生じている。

### 15.6.1　雇用の喪失を数える：よくある計測の間違い

　15.4 節で，NAFTA の労働者に対する影響を測定するいくつかの方法を見てきた。これらの影響を測定する際に，使用すべきでは**ない**と思われるひとつの方法について，簡潔に記しておくべきだろう。まず，定義から。**貿易赤字**とは，一国の輸入から輸出を引いたもので，**二国間貿易赤字**とは，ある国における他の特

定の国からの輸入からその国への輸出を引いたものである。ときどき，NAFTA
後の米国・メキシコ間の貿易赤字の変化を計算し，それに「貿易赤字の 1 ドル
当たりの雇用」量をかけることで，「NAFTA のせいで失われた米国の雇用」量
（米国のメキシコとの貿易が赤字の場合）あるいは「NAFTA によって創出され
た米国の雇用」量（米国のメキシコとの貿易が黒字の場合）を出している研究
が見られる。NAFTA 後の数年間で，メキシコからの米国の輸入は米国のメキ
シコへの輸出よりもはるかに増加したので，この種の計算は通常，NAFTA の
せいで米国の雇用が失われたという結果になり，NAFTA の反対派は，結果と
して何百万もの米国の雇用が失われたと大々的に主張することになる。（これが
メキシコでの何百万もの仕事の増加を意味することは，通常，言及されない。）
バーフィッシャーたち（Burfisher et al. 2001, pp. 130-132）は，例と分析を示し
ている。

　残念ながら，この計算は実在する経済学的ロジックの根拠を全く持たない。貿
易赤字に関する徹底的な議論は第 16 章までとっておくが，ここで強調したいの
は，ある国の貿易赤字とその国の国内労働需要との間に必然的な関係は全くな
い，ということである。貿易赤字が示しているのは，その国における投資支出
がその国の国民の貯蓄を上回るということだ[11]。ある国の貿易赤字の急増は，そ
の国民が貯蓄を減らすと決めたか，あるいは世界中の投資家が突然その国への投
資に熱心になったので投資資金が急にその国へと流入したことを意味する。前者
は，おそらく米国の貿易赤字における近年の傾向を上手く説明している（ただ
し，貯蓄率が低下した理由については議論の余地がある。第 16 章を参照）。後者
は，例えば 1960 年代の韓国における急激な貿易赤字の急騰を上手く説明してい
る。どちらの解釈も，貿易協定が貿易赤字の原因である可能性が高いことも，貿
易赤字が雇用の喪失をもたらすことも示唆してしない。（明らかに，2 番目の解
釈は，韓国で起こったように雇用の**急増**を意味している。）

　さらに，**二国間**貿易赤字は，単に比較優位を示しているだけかもしれない。簡
単な例として，ブルージーンズ，ソフトウェア，ワインの 3 財から成る経済を考

---

11　手短に言えば，マクロ経済学の基本的な国民経済計算の恒等式である $Y=C+I+G+X-M$ を思い
出してほしい。これは $I-(Y-C)=I-S=M-X$ と置き換えることができる。ここで $Y$ は国民所得，
$S=Y-C$ は国民貯蓄，$I$ は投資，そして $M-X$ は貿易赤字である。やはり詳細は第 16 章を参照して
ほしい。

えよう。米国はメキシコからジーンズを輸入するがメキシコには何も輸出せず，ヨーロッパは米国からソフトウェアを輸入するが米国には何も販売しない一方，メキシコはヨーロッパからワインを輸入するがヨーロッパへは何も輸出しないと仮定する。すると米国は，メキシコとの間で貿易赤字となり，ヨーロッパとの間で貿易黒字となる。任意の国との間の二国間貿易赤字は，必ずしも何かが間違っているという意味にはならない——単に，ある国にとっての外国の供給者と外国の購買者がすべて同じ国にいる必要はないことを示しているだけだ。

　このテキストの読者は今後，貿易協定が雇用に与える影響について，貿易赤字に基づく議論が公の場で浮上したときには，黙ってないで発言する義務がある [12]。

### 15.6.2　国の交渉力の問題

　PTA に対する反対意見の中には，加盟国**間**の分配問題から生じるものもある。Perroni and Whalley（2000）などの研究者によって指摘されたパターンは，大国と小国のとの間の PTA では，知的財産権のような問題に関して，小国による大国への譲歩を伴った貿易自由化を特徴とする傾向があるというものだ。例えば，CAFTA-DR はラテンアメリカの加盟国に対して，米国企業が DVD や音楽の使用料を受け取れるように著作権法の強化を求めており，また米国の製薬会社に追加的な特許権保護を与えるように求めている。14.3.2 項で述べたように，ペルーと米国との自由貿易協定は，ペルー国内の天然資源を米国企業に開放するのを促進する法律を要求した。この種の措置は，自由貿易について言及するほとんどの人にとって，頭に浮かぶものではない。

　このような結果はメイヤー（Mayer 1981）が予測しており，彼の主張は以下のように要約される。規模が大きく異なる 2 つの国の政府が，貿易政策を巡って交渉すると考えよう。議論の便宜上，これらの国々は第 2 章のリカード・モデルにおける 2 つの経済だが，アメリカはナイジェリアよりもずっと大きいものとす

---

12　最も優秀な経済学者でさえ，この「貿易赤字は雇用の喪失に等しい」という誤謬に陥ることがある。特にひどい例は，この分野の大黒柱であるポール・クルグマンが米国の中国との貿易赤字をまさにこれらの用語で分析したもので，http://krugman.blogs.nytimes.com/2009/12/31/macroeconomic-effects-of-chinese-mercantilism/ で見られる。（私たち人間は，自分の最低の瞬間で判断されないよう願うだけだ。）

る（2.6節と同じ設定だ）。この想定により，世界の相対価格は常にアメリカの自給自足価格と等しくなるので，ナイジェリア政府は何をしようと交易条件に影響を及ぼすことができない。このことは，ナイジェリアが関税によって交易条件の利益を得ることはなく，生産と消費の歪みが発生するのみで，したがって——一般に小国がそうであるように——最適関税がゼロに等しくなることを意味する（7.4.2項を思い出してほしい）。その結果，第8章で述べたようなタイプの国際的な関税交渉，つまり各国が関税の削減や撤廃を，他の国が同じことをするのと引き換えに提供する，ということは起こり得ない。ナイジェリアの関税は，交渉なしでもゼロなのだ。すると，小国が大国に関税を引き下げるよう説得できる唯一の方法は，他の何かを提供することである——それは知的財産権，海賊版DVDの取り締まり，ジェネリック医薬品の制限，多国籍企業の権利の拡大などだ。

　このような交渉力の問題は，貿易に対する経済の動学的な調整を考慮に入れたときに，最も顕著に現れる。一国の経済が時間の経過と共にあるひとつの貿易相手国に集中するようになり，またそれが一度起こってしまうと経済を方向転換するために大きな費用がかかる（労働者を再教育する，資本設備を一新する，異なる市場にアピールするために製品を再設計する，などのため）としたら，二国間の貿易関係がいったん構築されてしまうと小国経済は大国経済に比べて非常に弱い交渉力を持つ可能性がある。この状況の顕著な例は，19世紀の独立王国ハワイと米国との関係だ。米国政府は真珠湾に海軍基地を建設したいと思っていたが，ハワイの国王はそれを拒否し，ハワイの人々にとってその土地は神聖な場所であるので，交渉の余地はないと宣言した。しかし，自由貿易協定の数年後，協定によって米国から砂糖に対する高い関税を免除されたハワイの経済は，砂糖に完全特化し，米国が基本的に唯一の市場となった。米国政府は，王国が真珠湾について屈しない限り自由貿易協定を撤回すると脅すと，王は仕方なくそれを認め，海軍基地が建設された（詳細と出典についてはMcLaren（1997）を参照）。大国は確かに，小国との貿易交渉において非常に大きな交渉力を持ち優位に立てるので，貿易取引と引き換えに貿易と関係のない重大な譲歩を引き出すことができる。

### 15.6.3　特恵的協定と多国間プロセス

　これまで，NAFTAや同様の協定における，ジャグディシュ・バグワティ

(Bhagwati 1993) が言うところの静学的な効果について議論してきた——すなわち，貿易協定が貿易量や価格，所得にもたらす影響だ。しかし，多くの識者は，彼の言うところの動学的な時間経路の効果，つまり貿易協定が長期的な多国間貿易自由化のプロセスにもたらす影響について，少なくとも同じくらい関心を持っている。別の言い方をすれば，「これらの取り決めは直ちに，GATT 全体にわたる自由貿易の躓きの石（障害物）となるのではなく，より容易に自由貿易の積み上げ石（促進剤）としての役割を果たす」(Bhagwati 1991, p. 77) のだろうか？

　原則的には，どちらの場合もあり得る。ここでは多国間プロセスに対する PTA の影響に関して提示されてきた，いくつかの著名な理論を紹介する。(WTO 加盟国の **MFN 関税**は，特恵的協定を結んでいる国以外の他の WTO 加盟国に課す関税であることを思い出してほしい——第 8 章を参照。) 最初に，楽観的な解釈を検討しよう。

(i)　**積み上げ石説：自由化に拍車をかける貿易転換**。リチャードソン (Richardson 1994) とオルネラス (Orñelas 2005) はそれぞれ非常に異なるモデルで[13]，ある国に関税の優遇措置を与えることが他のすべての国に関税を削減する強いインセンティブを与えることをともに示しているが，その理由は貿易転換がもたらす非効率性を減少させるからである。例えば，第 7 章で説明したように，米国政府が交易条件効果，生産と消費の歪み，および砂糖生産者に有利な政府の政治的バイアスを考慮に入れて，砂糖に対して最適関税を課していたとしよう。ここで，NAFTA の一員として米国政府は，メキシコの輸出業者が米国で販売する際に支払うべき砂糖関税を引き下げると想定する[14]。これによって，北米以外のより安価な砂糖の供給源の代わりにメキシコからの輸入がいくらか代替する限り，このような貿易転換は，米国政府の観点から見た砂糖に対する MFN 関税の限界費用を引き上げ，最適な MFN 関税を低下させる。したがって，**特恵貿易協定に署名することは，その国の MFN 関税の引き下げをもたらし，多国間の自由化の促進を可能にする。**

---

13　リチャードソンは第 7 章のモデルとよく似た比較優位を伴う完全競争モデルを用いている一方，オルネラスは第 10 章のクールノー・モデルとよく似た寡占モデルを用いている。

14　メキシコの米国の砂糖市場へのアクセスに対する NAFTA の実際の効果は複雑で，完全な自由貿易にはほど遠い。Hufbauer and Schott（2005, pp. 315–317）を参照。

これは，次に述べる，より皮肉で悲観的な解釈とは対照的である：

(ii)　**躓きの石説Ⅰ：特恵レントの保護。** リマオ（Limão 2006）は，特恵的協定が多国間の自由化にブレーキをかけ得る理由を提示した。ある国の製品に対して関税を引き下げ，他の国の製品に対してはそうしないということは，関税引き下げを享受した国にとって所得創出の機会を生み出す。この利益は特恵レントと考えることができ，それは輸出自主規制によって生み出される割当レントと似た性質のものだ（第7章を参照）。このレントの大きさは，多国間関税が引き下げられると小さくなる。リマオの指摘によると，特恵レントが二国間の暗黙的な取引の一部で，特恵的措置を受ける国がそれを与える国に見返りとして非経済的な恩恵を与える場合，特恵を与える国は報復措置が機能し続けるように，MFN 関税を高くしたままにする動機を持つことになる。例えば，NAFTA の下では，第3章で議論した家具メーカーのようなカナダの製造者は，関税なしで米国市場での取引に参加できる。このように市場に参加できることは，例えば労働豊富な第三世界の輸出業者からその市場が保護されている場合に，より価値のあるものとなる。この場合，カナダの製造者は米国において高価格で販売することができるためだ。リマオの理論の下では，米国政府はこれを交渉の切り札として使うかもしれない。カナダ政府が米国の外交政策を支持しなかったり米国の知的財産権の主張を支援しなかったりすれば，NAFTA を解消または再交渉すると脅す，という形でだ。NAFTA の特恵的措置の価値が非常に高い場合，これはさらに効果的な脅しとなる――そして米国の市場が保護されたものであるならば，**特に**価値が高い。そして，このストーリーの下では，**特恵的な貿易協定に署名することで各国は特恵レントを守るために高い MFN 関税に固執するようになり，多国間の自由化の流れはストップしてしまう。**

これら2つの理論に関する検証結果は様々だ。エステバデオルダルたち（Estevadeordal et al. 2008）は，1991年から2000年までのラテンアメリカ諸国の関税を調べて，ある強固なパターンを見出した。それは，ある産業に関してひとつの国に特恵関税の引き下げを提供する国は，その後の数年において，同じ産業への MFN 関税を引き下げる傾向がある，というものだ。これはまさに，

上述のリチャードソンやオルネラスの理論が予測したパターンである。つまり，特恵的措置が実施されると，それは貿易転換をもたらす傾向があり，MFN 関税を引き下げて貿易転換を制限することが魅力的なものになる。これは特恵的協定が多国間貿易への礎となるという考えを支持している。これに対して，リマオ（Limão 2006）は，1970 年代後半から 1993〜1994 年のウルグアイ・ラウンド終結までの米国の関税を調べ，躓きの石説の証拠を見つけた。具体的には，彼が発見したのは，米国の MFN 関税は概してこの期間中で下落していたが，米国がその間に特恵貿易協定を締結した国から輸入した製品については，関税の引下げは平均よりもかなり小さかったという点だ。特に，米国は NAFTA 加盟国から輸入する製品に対して，MFN 関税の引き下げを最小限に抑えた。これは特恵レントを維持するという動機に関するリマオの理論とうまく合致している。結局のところ，PTA が多国間プロセスの障害となるのか助けとなるのかについては，まだ決着がついていない。

3 つ目の理論は検証するのがさらに難しいが，すべての中で最も悲観的なものかもしれない。

(iii)　**躓きの石説 II ：自己拘束的な予言**。歴史を見れば明らかな，特恵的な貿易自由化のひとつの特徴は，自己増強的という性質だ。つまり，2 つの国が相互に貿易障壁を減らすと，両国の企業は自社製品を相手国の市場に適応させ，お互いの市場をより重視するようになるので，世界の他の地域との貿易は，以前と比べると相対的に重要ではなくなる。マクラレン（McLaren 2002）は，これが自己実現的な予言としての特恵的な貿易ブロックをもたらし，世界の厚生を悪化させる可能性があることを示している。このアイデアを単純で明確な形で見るために，各国が異なる財に比較優位を持つような 3 国経済を考えよう。各国の労働者はそれぞれ，まず特化する産業を選ばなければならないと仮定する。これは，その産業に必要な訓練を受けることと考えることができる。そして，労働者が意思決定をした後，各国政府は特恵的関税による自由化か，多国間での自由化か，あるいは自由化を行わないかを交渉するために会合を持つ。もしも全員が多国間の自由貿易を期待するならば，各国の労働者は自国に比較優位のある産業を選ぶだろう。そして，すべての国は完全特化することになり，多国間自由貿易に対する抵抗は存在しないだろう。これに対して，第 1 国

と第2国が，第3国を除外する PTA を結ぶと期待される場合，第1国の労働者の中には第1国の比較優位産業に参入する者もいれば，第3国の比較優位産業に参入する者も出るだろう。なぜなら，第3国を除外する PTA の下では，第3国の比較優位財は第1国で高価になるからだ。同様に，第2国では一部の労働者が第2国の比較優位産業に参入し，一部の労働者は第3国の比較優位産業に参入する。

その結果，PTA の期待によって PTA 加盟国間での特化と貿易からの潜在的利益が**増加する**一方，PTA ブロックと世界の他地域の間における特化と貿易からの潜在的利益は**減少する**可能性がある。しかし，これは政府に対してPTA を交渉するように政治的要求が強まり，多国間自由化を交渉することへの政治的要求が弱まることを意味する可能性が高い。貿易協定の交渉が困難で費用がかかる場合，このことは，PTA の期待がもたらす国際的な特化のパターンが，政治的な結果として PTA につながる状況を生み出すことを意味する可能性がある。それは自己実現的な予言だ。

このことは，世界貿易を大きく，明確に区別されたグループに分割する，主要な貿易ブロック（NAFTA や EU，MERCOSUR，ASEAN など）の台頭と，数年間の試みの後に難航している GATT のドーハラウンドでの，多国間プロセスの勢いの喪失を，両方とも説明するのに役立つかもしれない。この解釈の下では，交渉される経済状況を考えると，ある PTA が有益なものになり得るとしても，PTA の可能性の存在は世界を誤った道に導いてしまう。多国間貿易を回避し，世界の厚生を悪化させてしまうのだ。

## 15.7 結　論

NAFTA に関する結論は，大まかに次のように要約される。(i) **総厚生について**：初期の楽観論にもかかわらず，最も説得力のある実証研究では，この協定はおそらく少なくとも貿易創出と同じくらいの貿易転換をもたらし，厚生の利益は小さく，マイナスの可能性が非常に高かったことを示唆している。(ii) **分配効果について**：この協定が全体的に米国のブルーカラー労働者に対して損害を与えた，といういかなる形跡も見つけることは困難だが，おそらく多くの産業で所得の不平等を高め，ブルーカラー労働者に重大な損害を与えただろう。いくつかの

検証結果は，この協定がメキシコの貧困率を低下させるのに役立ったかもしれないと示唆している。

したがって，この協定は，加盟国の厚生の上昇を望んでいた支持者の期待をはるかに下回り，またメキシコの貧困者に対する明確な効果を考えると，批評家が恐れていたよりもはるかにプラスの効果があったと思われる。

## 要　点

1．特恵貿易協定（PTA）は，GATT の最恵国待遇原則の重要な例外であり，GATT 本文の第 24 条で認められている。
2．PTA には，主に 2 つの種類がある。自由貿易協定という，単に協定の加盟国間での自由貿易を規定するものと，関税同盟という，共通の対外関税を作り出す，さらに一歩進んだものの 2 つである。原産地規則は自由貿易協定では重要だが，関税同盟では重要でない。
3．PTA は貿易障壁を低下させるが，貿易政策に差別的要素を導入することにもなり，それが独自の歪みを生み出す。これは貿易転換による損失につながる可能性がある。PTA 内のより高コストの供給元が，PTA 外のより低コストの供給元の代わりになるためである。貿易転換によるこれらの損失は，PTA の厚生効果を評価する上で，貿易創出による利益と比較検討される必要がある。
4．PTA の研究の中には，貿易転換が最恵国（MNF）関税を引き下げる動機付けとなるため，PTA の増殖が多国間の自由化を促進するのに役立つ可能性がある，ということを理論的に示した研究もある。
5．別の研究では，PTA は特恵措置を付与する国に特恵レントを維持する動機を与えたり，PTA への期待が自己実現的予言となって，地域間貿易を強化するような民間投資を誘発したりする可能性があるので，PTA は多国間の自由化を**阻害し**かねないと主張している。これらの理論に関する科学的証拠はまちまちである。
6．紛争解決メカニズムは，PTA の効果を評価する上で極めて重要である。NAFTA の場合，これらのメカニズムは，少なくとも当初は，加盟国政府が環境規制の法案を可決させる能力に対して脅威となりうる方法で設定されていた。

## 章末問題

1．洋服と携帯電話という 2 つの財と，熟練労働と非熟練労働という 2 つの生産要素が存在すると仮定しよう。スウェーデン，メキシコ，バングラデシュという 3 つの国を考える。スウェーデンは非熟練労働者に対する熟練労働者の比率が高く，メキシコは中程度で，バングラデシュはその比率が低いものとする。各国では，両方の財は 2 種類の労働によって規模に関して収穫一定の技術を用いて生産され，また 2 つの財の生産関数は 3 つの国すべてで同じであるとする。各国において，携帯電話は洋服の生産に比べて熟練労働集約的である。当初，すべての国が高い MFN 関税を設定していて，それは貿易が実質的にゼロになるほど高いと仮定する。当初，PTA はないものとする。

(a) スウェーデンとメキシコが自由貿易協定を締結し，それが発効された後も，各国の MFN 関税は変わらず，また両国は両方の財を生産し続けるものと仮定する。協定に加盟した両国について，次のそれぞれに対する影響はどうなるか？ (i) 両タイプの労働の実質所得，(ii) 一国全体の実質所得，(iii) 所得格差。(明らかに数値では表せないが，それぞれの場合において，変化の方向を特定することはできるはずだ。)

(b) 今度は，同じ問いについて，スウェーデンとメキシコとの間の自由貿易協定の代わりに，メキシコとバングラデシュとの間の自由貿易協定を仮定して，答えなさい。

(c) メキシコについての予想された結果が(a)と(b)で異なる場合，簡単にその理由を説明しなさい。

2. 米国における点火プラグの需要曲線は $Q = 100 - P$ で与えられる。ここで $Q$ は点火プラグの購入量，$P$ は価格を表している。点火プラグは米国では生産されないが，メキシコもしくは世界の他の地域から輸入できると仮定する。メキシコの点火プラグの価格は 20 ドルで，世界の他の地域における最も安価な供給者からの価格は 10 ドルだ。いずれの場合も，点火プラグの生産は水平な供給曲線で示されるため，これらの価格は固定されており，米国の政策の変更によって変わることはない。米国の点火プラグに対する MFN 関税は，輸入 1 単位につき 15 ドルの従量税である。

(a) PTA がないとすると，すべての国は同じ関税を支払わなければならないが，このとき米国の消費者はどこから点火プラグを輸入するだろうか？ メキシコか，それとも世界の他の地域か？ 米国における点火プラグの均衡価格，輸入量および消費量，そして米国の消費者余剰，関税収入，および社会厚生を計算しなさい。

(b) 今，米国とメキシコが，メキシコからの点火プラグへの関税を撤廃するが，世界の他の地域からの点火プラグの関税はそのままとする自由貿易協定に署名すると仮定しよう。均衡はどう変わるだろうか？ 新しい政策レジームの下で(a)と同じ問いに答えなさい。

(c) 貿易創出による厚生の変化と，貿易転換による厚生の変化を求め，それらを，自由貿易協定の前後の均衡価格と貿易量を記入した図に丁寧に描きなさい。この貿易協定は，米国の厚生を高めるか，それとも低めるか？

(d) では，MFN 関税が 50 ドルだった場合，(c)で求めた答えはどう変わるだろうか？ 明確に説明しなさい。図を用いるといいかもしれないが，追加の計算は必要ない。

(e) MFN 関税が 5 ドルだったとしたら，答えはどう変わるだろうか？ 繰り返しになるが，計算は必要ない。

3. Krishna (2003) のようなモデルを考えよう。次のような性質を持つ効用関数を仮定する。第 2 国の財に対する第 1 国の関税を 1% 引き下げると，常に第 1 国における第 2 国からの財の輸入が 5 単位増加し，第 1 国における第 3 国からの財の輸入が 4 単位減少する。(言い換えると，(15.1) 式の表記では，初期の関税水準の値に関わらず $\Delta m^{21} = 5$ および $\Delta m^{31} = -4$ である。)

(a) 当初，貿易の特恵措置はないものと仮定する。第 1 国による他の国からの財に対する関税はどちらも 10% の値に設定されている。第 1 国が第 2 国の財に対する関税を 9% に特恵的に引き下げ，第 3 国の財に対する関税はそのままだとすると，第 1 国の厚生は上昇するか，それとも低下するか？

(b) 今度は，当初，第 1 国による第 2 国の財に対する関税が 1% で，第 3 国の財に対する関

税は依然として 10% であると仮定する。第 1 国が第 2 国の財への関税を撤廃し，第 3 国の関税はそのままにする場合，第 1 国の厚生は上昇するか，それとも低下するか？

(c) 問(a)と(b)の結果の違いを，貿易創出と貿易転換に言及しながら説明しなさい。

4．（難度が高く，Krishna（1998）に基づいている。）リチウムイオン電池が 3 社の企業で生産され，それらの企業は A 国，B 国，C 国にそれぞれ 1 社ずつ存在していると仮定する。これらの企業を，それぞれ企業 A，企業 B，企業 C と呼ぼう。各企業は電池 1 個当たり 10 ドルの限界費用で生産し，また生産される電池は同質的だとする。これらの企業はクールノー競争をしている。各国におけるリチウムイオン電池の需要は $Q=100-P$ で与えられる。ここで $Q$ は電池の購入量，$P$ は価格を表す。当初，各国は，いずれの国からの輸入であっても電池 1 個につき 10 ドルの MFN 関税を課している。電池を生産している 3 社を除いて，ある国から別の国に電池を出荷することは誰もできないと仮定し，したがって 3 つの市場を別々に分析することができる。

(a) 当初の MFN 関税の下での均衡を計算しなさい。**注**：3 社のクールノー競争企業が存在するため，各国で 3 つの数量が同時に選択されているので 3 つの未知数があるが，3 本の方程式，つまり 3 つの企業の最適反応の式もある。しかし，MFN の下では，各国で 2 つの外国企業は同じ状況に直面し，同じ数量を選択する。これにより，この問題は 2 本の方程式（自国企業の方程式と外国企業の方程式）と 2 つの未知数（自国企業の販売量と各外国企業の販売量）として表すことができる。

(b) 今，A 国と B 国が自由貿易協定に署名し，相互の関税をゼロに設定する一方，すべての MFN 関税は変更なしとする。これによって均衡はどのように影響を受けるか？　企業 A と企業 B はこの自由貿易協定から利益を得るだろうか，それとも損失を被るだろうか？　企業 C についてはどうか？　説明しなさい。

## 参考文献

Austen, Ian (2008), "Trade Pact Controversy in Democratic Race Reaches into Canadian Parliament," *The New York Times*, March 7, p. A14.

Bhagwati, Jagdish N. (1991), *The World Trading System at Risk*, Princeton, NJ: Princeton University Press.

Bhagwati, Jagdish N. (1993), "Regionalism and Multilateralism: An Overview," in Jaime De Melo and Arvind Panagariya (eds.), *New Dimensions in Regional Integration*, Cambridge, UK: Cambridge University Press.

Brown, Sherrod (2004), *Myths of Free Trade: Why American Trade Policy Has Failed*, New York: The New Press.

Burfisher, Mary E., Sherman Robinson and Karen Thierfelder (2001), "The Impact of NAFTA on the United States," *Journal of Economic Perspectives* 15: 1 (Winter), pp. 125-144.

DePalma, Anthony (2001), "Nafta's Powerful Little Secret; Obscure Tribunals Settle Disputes, but Go Too Far, Critics Say," *The New York Times*, March 11, Section 3, p. 1.

Duggan, Paul (1999), "NAFTA a Mixed Blessing for Laredo," *The Washington Post*,

Sunday, April 18, p. A17.

Estevadeordal, Antoni, Caroline Freund, and Emanuel Orñelas (2008), "Does Regionalism Affect Trade Liberalization Toward Nonmembers?" *The Quarterly Journal of Economics* 123 (November), pp. 1531-1575.

Feenstra, Robert C. and Gordon H. Hanson (1996), "Foreign Investment, Outsourcing and Relative Wages," in R. C. Feenstra, G. M. Grossman and D. A. Irwin (eds.), *The Political Economy of Trade Policy: Papers in Honor of Jagdish Bhagwati*, Cambridge, MA: The MIT Press, pp. 89-127.

Freund, Caroline and Emanuel Orñelas (2010), "Regional Trade Agreements," *Annual Reviews of Economics* 2, pp. 139-166.

Fukao, Kyoji, Toshihiro Okubo and Robert Stern (2003), "An Econometric Analysis of Trade Diversion under NAFTA," *North American Journal of Economics and Finance* 14: 1 (March), pp. 3-24.

Gould, D. (1998), "Has NAFTA Changed North American Trade?" Federal Reserve Bank of Dallas *Economic Review*, First Quarter, pp. 12-23.

Grossman, Gene M. and Esteban Rossi-Hansberg (2008), "Trading Tasks: A Simple Theory of Offshoring," *American Economic Review*, 98: 5, pp. 1978-1997.

Hakobyan, Shushanik and John McLaren (2010), "Looking for Local Labor-Market Effects of NAFTA," NBER Working Paper #16535 (November).

Hanson, Gordon H. (2007), "Globalization, Labor Income, and Poverty in Mexico," in Ann Harrison (ed.), *Globalization and Poverty*, Chicago: University of Chicago Press.

Hufbauer, Gary Clyde and Jeffrey J. Schott (2005), *NAFTA Revisited: Achievements and Challenges*, Washington, DC: Institute for International Economics.

Kass, Stephen L. and Jean McCarroll (2008), "NAFTA's Chapter 11 and U.S. Trade Agreements," *New York Law Journal*, June 27.

Krishna, Pravin (1998), "Regionalism and Multilateralism: A Political Economy Approach," *Quarterly Journal of Economics* 113, pp. 227-250.

Krishna, Pravin (2003), "Are Regional Trading Partners 'Natural'?" *The Journal of Political Economy* 111: 1 (February), pp. 202-226.

Kumar, Anil (2006), "Did NAFTA Spur Texas Exports?" *Southwest Economy* (Federal Reserve Bank of Dallas), March/April, pp. 3-7.

Leonhardt, David (2008), "The Politics of Trade in Ohio," *The New York Times*, February 27, p. C1.

Limão, Nuno (2006), "Preferential Trade Agreements as Stumbling Blocks for Multilateral Trade Liberalization: Evidence for the United States," *American Economic Review* 96: 3 (June), pp. 897-914.

Mayer, Wolfgang (1981), "Theoretical Considerations on Negotiated Tariff Adjustments," *Oxford Economic Papers* 33: 1 (March), pp. 135-153.

McLaren, J. (1997), "Size, Sunk Costs, and Judge Bowker's Objection to Free Trade," *American Economic Review* 87: 3 (June), pp. 400-420.

McLaren, J. (2002), "A Theory of Insidious Regionalism," *Quarterly Journal of Economics* 117 (May), pp. 571–608.

McMillan, Margaret, Alix Peterson Zwane and Nava Ashraf (2007), "My Policies or Yours: Does OECD Support for Agriculture Increase Poverty in Developing Countries?" in Ann Harrison (ed.), *Globalization and Poverty*, Chicago: University of Chicago Press, pp. 183–237.

Orñelas, Emanuel (2005), "Rent Destruction and the Political Viability of Free Trade Agreements," *Quarterly Journal of Economics* 120, pp. 1475–1506.

Oxfam (2003), "Dumping without Borders: How U.S. Agricultural Policies Are Destroying the Livelihoods of Mexican Corn Farmers," Oxfam Briefing Paper 50.

Perroni, Carlo and John Whalley (2000), "The New Regionalism: Trade Liberalization or Insurance?," *Canadian Journal of Economics* 33: 1 (February), pp. 1–24.

Prina, Silvia (2009a), "Who Benefited More from NAFTA: Small or Large Farmers? Evidence from Mexico," Working Paper, Department of Economics, Case Western Reserve University.

Prina, Silvia (2009b), "Effects of NAFTA on Agricultural Wages and Employment in Mexico," Case Western Reserve University.

Richardson, Martin (1994), "Why a Free Trade Area? The Tariff Also Rises," *Economics and Politics* 6, pp. 79–96.

Romalis, John (2007), "NAFTA's and CUSFTA's Impact on International Trade," *The Review of Economics and Statistics* 89: 3 (August), pp. 416–435.

Sethupathy, Guru (2009), "Offshoring, Wages, and Employment: Theory and Evidence," Working Paper, Columbia University.

Viner, Jacob (1950), *The Customs Union Issue*, New York: Carnegie Endowment for International Peace.

# 貿易赤字は時限爆弾か？

Mort Gerberg/Cartoon Bank

*"But we're not just talking about buying a car—we're talking about confronting this country's trade deficit with Japan."*

「ですが，私たちは車を買う話だけをしているのではありません——この国の日本との貿易赤字への対処についてお話ししているのです。」

## 16.1　微妙な変化ではない

　米国の貿易データをざっくり見るだけでもパッと目に飛び込んでくる，最も
目立つ事実のひとつは，貿易赤字の爆発的な増加だ。これは図 16.1 で見ること
ができる。この図は 1960 年以降の米国の**貿易収支**，つまり輸出額と輸入額との
差額を，対 GDP 比で示したものだ。時間軸上でのプラスの値は**貿易黒字**を表す
が，これは輸出額が輸入額を上回っているという意味で，またマイナスの値は**貿
易赤字**を表し，輸出額が輸入額を上回っていることを意味している。貿易収支が
ゼロに等しい場合，輸出額と輸入額は等しく，貿易は**均衡している**と言われる。

出典：米国経済分析局。

**図 16.1　1960〜2007 年における米国の対 GDP 比でみた貿易収支**

　1980 年代半ば以前は，米国の貿易収支は通常，黒字だった。それは，時間軸
上でプラスの値が示されているとおりだ。貿易赤字はその頃から一般的になり始
めたが，2000 年以前は，米国の貿易赤字は GDP の 3％に達することはなく，通
常はそれよりはるかに低かった。2000 年以降，貿易赤字は常に GDP の 3％をか
なり上回るようになり，実際しばしば 5％に近くなっている。一世代の間に，貿
易赤字は，存在しなかったのが巨大なものへと変貌し，そしてそれは消えること
がないように見える。

　貿易赤字を米国の問題のひとつとして取り上げることは，当たり前になってきている。2000 年，チャック・シューマー上院議員（民主党，ニューヨーク州）はこの問題を「我々の経済における数少ない汚点のひとつ」と呼んだ[1]。2005 年には，バイロン・ドーガン上院議員（民主党，ノースダコタ州）が上院議会の議場で次のように宣言した：「この貿易赤字は増え続けている。危険だ。この国の長期的な経済的利益にとって損害となる。何とかしないといけない。[2]」2008 年には，シェロッド・ブラウン上院議員（民主党，オハイオ州）が，貿易赤字によって 1,000 万人のアメリカ人の職が失われたことをほのめかした[3]。さらに，ドーガン上院議員は，貿易赤字が GDP の 5％に達したら直ちに緊急行動計画を作成することを米国の貿易担当当局に義務付ける法案（S.355，2005 年 2 月 10日）を提出し，著名な投資家であるウォーレン・バフェットは，行政の判断によって基本的に貿易赤字をゼロにさせる政策を提案した[4]。（いずれの提案も，進展はなかった。）

　ここで私たちは，貿易赤字に対するこのような懸念が妥当かどうかを検討していく。貿易赤字は問題となり得るのか？　問題の**兆候**となり得るのか？　それは「治療」できるのか？　それとも，それはうまく機能している経済からの無害な副産物なのか？　これらの疑問について分析していくが，先ずはいくつか基本的なことを見ていく必要がある。

## 16.2　貿易赤字とは何か？

### 16.2.1　定義と，今までそれが表面化しなかった理由

　貿易赤字および貿易黒字のトピックは，このテキストではこれまで出てこなかった。というのも，私たちは今まで静学モデル——時間次元のないモデル——を

---

1　2000 年 3 月 13 日の貿易赤字検討委員会での証言。
2　S.355 すなわち 2005 年対外債務上限法の導入にあたっての発言。2005 年 2 月 10 日の連邦議会議事録。
3　上院の議場で，ブラウン上院議員は——情報源としてジョージ・H. W. ブッシュ大統領を引用して！——10 億ドルの貿易赤字は平均して 13,000 の職を失わせることを示唆した。2008 年 4 月 16 日の米国上院の連邦議会議事録。
4　バフェットが提案した法案は，輸出業者に輸出品の販売 1 ドルにつきひとつの輸入証明書を交付し，輸入業者に対して，輸出業者から購入する輸入品 1 ドルにつき「輸入証明書」をひとつ購入することを義務づけるものだ（Buffett 2003）。

分析してきたからだ。静学モデルでは，貿易収支は均衡していなければならない。このことを見るために，米国が医薬品を輸出し，衣料品を輸入するという第6章のモデルを再び考えよう。米国の消費者 $i$ を考え，その所得が $y^i$ であり，衣料品の消費量 $c^{Ai}$ と医薬品の消費量 $c^{Pi}$ を，これら2つの財の価格 $P^A$ と $P^P$ を所与として選ぶものとする。予算制約は

$$P^A c^{Ai} + P^P c^{Pi} \leq y^i$$

で表されるが，静学モデルでは消費者 $i$ は貯蓄を行う動機がないため，これは等号で成立する。ここで，すべてのアメリカ人消費者についてこの式を合計すると，次の式が得られる：

$$P^A \sum_{i=1}^{n} c^{Ai} + P^P \sum_{i=1}^{n} c^{Pi} = \sum_{i=1}^{n} y^i$$

ここで $n$ は米国の消費者の数である。さて，この式の右辺は米国の総所得であり，これはもちろん米国の総生産額に等しい。したがって，

$$P^A \sum_{i=1}^{n} c^{Ai} + P^P \sum_{i=1}^{n} c^{Pi} = P^A Q^A + P^P Q^P$$

を得る。ここで $Q^A$ と $Q^P$ はそれぞれ米国における2つの財の生産量である。上の式を書き換えると，次の式が得られる：

$$P^A \left( \sum_{i=1}^{n} c^{Ai} - Q^A \right) = P^P (Q^P - \sum_{i=1}^{n} c^{Pi})$$

左辺は米国の衣料品の輸入額で，右辺は米国の医薬品の輸出額だ。つまり，これは貿易収支の均衡を述べているに過ぎない。要するに，静学モデルでは**貿易収支の均衡は消費者の予算制約から論理的に得られる**ということだ。（重要な例外は国際的な移転で，例えば，米国政府が対外債務の支払いのために国民に税を課す必要があったり，他国に対する対外援助の寄付を行ったりする場合だ。その場合，米国の消費額は米国の GDP を下回り，結果として貿易黒字となるだろう。）

　動学モデルでは，消費者は**異時点間の予算制約**に直面する。つまり，消費の割引現在価値が所得の割引現在価値に等しくなければならない。無限期間モデルにおいて，これは次の式を導く：

$$\sum_{t=1}^{\infty} \frac{P_t^A \left( \sum_{i=1}^{n} c_t^{Ai} - Q_t^A \right)}{(1+r)^t} = \sum_{t=1}^{\infty} \frac{P_t^P \left( Q_t^P - \sum_{i=1}^{n} c_t^{Pi} \right)}{(1+r)^t}$$

ここで下付きの $t$ は $t$ 時点における消費または生産を表し，$r$ は利子率を表す。言い換えれば，この国の貿易は割引現在価値で均衡していなければならない。一国の輸入の割引現在価値は，その国の輸出の割引現在価値と等しくなる必要がある，ということだ。途中の過程においては，貿易収支が赤字あるいは黒字になることもあるが，長期的には両者は釣り合うことになる。

### 16.2.2　国民所得の恒等式

　貿易赤字について非常に役立つ考え方は，国民所得会計によるものだ。マクロ経済学の基本的な方程式を思い出してほしい：

$$Y = C + I + G + X - M$$

ここで $Y$ は GDP，$C$ は国内の民間総消費支出，$I$ は国内総投資支出，$G$ は国内の政府消費支出，$X$ は輸出，$M$ は輸入を表している。税金 $T$ を差し引き，政府移転収支 $R$（社会保障費や失業保険など）を加えると，左辺は個人の可処分所得となる：

$$Y - T + R = C + I + G - T + R + X - M$$

これを書き換えると，次の式になる：

$$[Y - T + R - C] + [T - G - R] + [M - X] = I \tag{16.1}$$

1 番目の角括弧内の項は個人の貯蓄，つまり個人の消費に対する個人の可処分所得の超過分だ。2 番目の角括弧内の項は政府の財政黒字であり（マイナスになることもある），これは政府の支出（$R + G$）に対する政府の所得（$T$）の超過分なので，政府の貯蓄として解釈できる。3 番目の角括弧内の項はもちろん貿易赤字だが，ある種の貯蓄として解釈できる。というのは，これは世界の他の地域が私たちから買うよりどれだけ多く私たちに売っているかを示しているので，外国の消費に対する外国の所得の超過分を表すことになり，そのため海外の貯蓄と呼ぶことができる。

したがって，国民所得勘定のこれら3項目は，一国の投資に対する3つの異な
る資金源を示している。その結果，貿易赤字が急増すると，次のように問うこと
ができる：(a)その国の投資率は上昇したのか？　(b)その国の個人貯蓄は減少し
たのか？　それとも(c)政府の財政赤字が増加（あるいは財政黒字が減少）した
のか？　あるいは，これら3つが組み合わさったのか？　(16.1)式は，貿易赤字
の増加が可能になるためには，これらのうち少なくともひとつが発生**していなけ
ればならない**ことを示している。

　米国の場合，(b)と(c)の両方が貿易赤字の増加を説明しているように思われる。
（投資率に劇的な上昇がなかったので，(a)は理由には入らない。）図16.2は個人
貯蓄率，すなわち個人貯蓄の個人可処分所得に対する割合を表したもので，米国
経済分析局の報告に基づいている。1980年代半ば以前は，個人の貯蓄率はほぼ
常に8％を超え，多くの場合はそれをはるかに上回っていた。1980年代半ば以降
からは，8％に届かなくなってしまった。つまり，貯蓄率は着実に低下し，現在
はゼロ付近に留まっている。図16.3はGDPに対する財政赤字の割合を表したも
のだが，それほど劇的な変化は示していない。1970年代以前は，米国連邦政府
は大抵の場合，黒字だった。1980年代以降，ほぼ常に赤字となっている。

　ところで，米国の貿易赤字の増加が米国国内の個人や政府の貯蓄減少に「起因
する」と言うことは，因果関係の説明というよりはむしろ会計上の演習問題にす

出典：米国経済分析局。

図16.2　1960～2007年における米国の個人貯蓄率

出典：米国経済分析局。

**図 16.3　1960〜2007 年における対 GDP 比としての米国連邦政府の財政赤字**

ぎない。次節では，貿易赤字の経済学的解釈に目を向け，因果関係の疑問に対して理解し始めることができるかどうかを確認する。

　しかし，まず始めに 2 つ重要な事柄について明確にする必要がある。

### 16.2.3　経常収支と金融収支

　最初に明らかにしたいのは，貿易赤字と，同じ文脈でしばしば言及される別の概念である経常収支との関係だ。**経常収支**の**赤字**は，貿易赤字に，外国への債務返済の純支払い額（アメリカ人が外国人に支払う利子の支払いから，外国人からアメリカ人に支払われる利子の支払いを引いたものなど）や外国の要素サービスへの純支払い額（外国人が所有する米国企業の株に支払われる配当から，アメリカ人が所有する外国の株に支払われる配当を引いたものや，米国の子会社から外国の多国籍企業に送還される利益から，逆にアメリカ人に送還される利益を引いたものなど）を加えたものである。経常収支の赤字は，その国が外国からどれくらい借金しているかを完全に示すものだ。これは**金融収支**の**黒字**にちょうど一致する。金融収支の黒字とは基本的に，国内生産に関する外国債権の純取得額（国内株式・債券の海外取得から外国株式・債券の国内取得を引いたものに，国内事業体への外国の純貸付額を足したものなど）である[5]。統計上の誤差を別にする

と，金融収支の黒字は経常収支の赤字に等しくならなければならない。本章の大部分では，簡単化のため，国際的な利子支払いと要素支払いは無視し，したがって経常収支ではなく貿易赤字に焦点を当てることにする。ただし，まず最初に，これらのフロー会計の全体像について確実に理解しておく必要がある。

実際の会計処理の一例を，表 16.1 に示した。これは 2010 年の米国経済に関する国際取引の表を簡略化したもので，フルバージョンは米国経済分析局ウェブサイト www.bea.gov から入手可能だ。各項目は，10 億米ドル単位で表示されてい

表 16.1 2010 年の米国経済の国際取引

| | 経常収支<br>（米国への支払いはプラス，米国から他国への支払いはマイナス） | |
|---|---|---|
| 1 | 財・サービスの輸出および所得の受取（＋） | 1,838 |
| 2 | 他国からのアメリカ人の所得受取（＋） | 663 |
| 3 | 財・サービスの輸入（−） | −2,338 |
| 4 | アメリカ人から外国人への所得支払（−） | −498 |
| 5 | 一方的な経常移転，政府補助金や年金の純額，およびその他の移転<br>（他国の政府から米国に支払われる場合はプラス，それ以外の場合はマイナス） | −55 |
| 6 | 民間送金（米国への送金はプラス，米国からの送金はマイナス） | −81 |
| | 金融収支 | |
| | *米国保有の対外資産［増加／資金流出（−）］* | |
| 7 | 公的資産 | 5.7 |
| | *民間資産* | |
| 8 | 直接投資 | −351 |
| 9 | 銀行，証券仲介業者，その他関係者によって報告された外国証券と米国の債権 | −660 |
| | *米国における外国所有の資産［増加／資金流入（＋）］* | |
| 10 | 公的資産（主に米国政府の発行する有価証券） | 350 |
| | *民間資産* | |
| 11 | 直接投資 | 236 |
| 12 | 銀行，証券仲介業者，その他関係者によって報告された，証券，通貨，および外国人への負債 | 660 |
| 13 | 統計上の不突合（符号を反転したときの上記の項目の合計） | 230.3 |

---

5 このテーマに関する昔の文献では，「金融収支」という用語のかわりに「資本収支」という用語が用いられていた。

る。経常収支は1〜6行目に表示され，米国への支払いはプラスの値，米国から外国への支払いはマイナスの値となっている。1行目と3行目は貿易フロー額を示している。米国企業が10億ドル相当の商品を外国の消費者に販売する場合，それは1行目に＋1として記載され，米国の消費者が10億ドル相当の商品を外国企業から購入する場合，それは3行目に−1として記載される。したがって，米国の貿易黒字は1行目と3行目を足したものであり，マイナスの場合は貿易赤字を示すことになる。2行目と4行目は，国境を越えた所得支払いを示している。これには，例えば，米国以外の国々から送金された米国の多国籍企業の利益（2行目にプラスの値として記載）や米国から送金された外国の多国籍企業の利益（4行目にマイナスの値として記載）といった形の所得が特に含まれる。5行目は他国への政府移転を示しており，それには対外援助などが含まれ，負の値で示される。そして6行目は民間送金，つまり自国の外に住む民間人の自国民への送金を示している。例えば，カリフォルニアでぶどうを収穫するグアテマラ人の労働者が，故郷の家族を援助するために100ドルを送金すると，6行目に−100ドルとして表示される。

　7〜12行目は金融収支を表している。これらの行における各項目は米国の純資産状況の**変化**を示しており，米国の外国資産保有の増加をマイナスの値として記録し（7〜9行目），外国が保有する米国資産の増加をプラスの値として記録している（10〜12行目）。7行目は公的資産の変化を記録しており，それは米国政府が保有する資産を意味している。例えば，米国の連邦準備制度が外貨準備の保有額を10億ドル相当増やした場合，この行に−1と表示される。8行目は米国の海外直接投資の民間保有における変化を表し，9行目は米国の民間対外金融資産の変化を表している。これらの数字によると，2010年，米国の企業および個人による海外直接投資（FDI）の保有額はは3,510億ドル増加した。10，11，12行目は，米国資産の外国保有に関するという点を除いて，7，8，9行目と完全に対応している。例えば，外国政府は2010年の間に米国証券の保有を3,500億ドル増加させた。

　さて，これらの統計のすべてが誤差や欠落なく集計されて，表に正確に追加された場合，1行目から12行目までの合計は定義によってゼロになるはずだ。例えば，経常収支のすべての行（1〜6行目）が，民間送金の810億ドルを除いてゼロに等しかったとしよう。もしも，例えば米国のグアテマラ人労働者が自国に

810億ドルを送金し，そのお金が米ドルのままグアテマラ国内で貯蓄されるとすると，それは12行目に外国の民間が保有する米国通貨の増加として，プラスの符号で810億ドルと示される。したがって，6行目と12行目を合計するとゼロとなる。これに対して，もしもそれがグアテマラの銀行に預金され，その銀行がグアテマラの中央銀行にそのお金を預けたとすると，それは10行目にプラスの符号で810億ドルとして現れるので，6行目と10行目の合計がゼロとなる。あるいはまた，その810億ドルが米国製の財やサービスの購入に使われるならば，それは1行目に表示され，プラスの符号となるので，経常収支はそれ自体が合計ゼロとなる。その810億ドルに何が起こるとしても，行全体の合計がゼロになるように，表のどこかに810億ドルというプラスの符号の項目が現れなければならない。この思考実験は，民間送金から始める必要はない。表の中のどの行で考えても良く，結論は常に同じになる。それらの行は，合計するとゼロになる必要がある。

　もちろん，実のところデータ収集には誤差や欠落が常に発生するので，行の合計は実際には正確にゼロになるわけではない。13行目がこの不一致の大きさを表しており，それは2,303億ドルとかなりの額になっている。

### 16.2.4　二国間の赤字と多国間の赤字

　貿易収支と経常収支との違いは，はっきりと説明すべき第1の点だった。説明すべき第2の点は，二国間の貿易赤字と関係している。ある国は，全体として貿易赤字ではなくても，別の一国との間では貿易赤字になることがある。これは**二国間の貿易赤字**と呼ばれる。例えば，米国のメキシコとの間の二国間貿易赤字は，メキシコからの米国の輸入からメキシコへの米国の輸出を引いたものだ。これまで議論してきた全体的な貿易赤字は，その国と貿易をする各国との間の二国間貿易赤字（マイナスの値も含むが，それは二国間貿易黒字がある場合だ）の合計である。この全体的な貿易赤字は，二国間貿易赤字と対比して**多国間の貿易赤字**と呼ぶことができる。

　多国間の貿易赤字が国内貯蓄と国内投資とのバランスに関係があることはすでに指摘したとおりだが，これは二国間の貿易赤字には必ずしも当てはまらない。二国間の貿易赤字は，純粋に比較優位から生じる可能性がある。例えば，米国は多国間の貿易赤字が巨額であるにもかかわらず，一般的にブラジルとの二国間貿

易は黒字である。これは主に航空機のエンジンや部品といった資本集約的な重工業品の輸出が原因であり，これらの輸出品はブラジルで大きく発展しているリージョナルジェット機産業に役立っている。

　これら2種類の赤字は，公の討論において時々混同される。例えば，米国の中国との二国間貿易赤字は，しばしば米国の多国間貿易赤字の主な原因として認識されているようだ。バウンたち（Bown et al. 2005）は，なぜそれが信ぴょう性がなく[6]，なぜ米中間の貿易赤字を減らすための努力が多国間貿易赤字に大きな影響を及ぼす可能性が低いのかを示している。本章の残りの部分では，多国間の貿易赤字のみに焦点を当てる。

## 16.3　なぜ国は貿易赤字になるのか？

　経済の均衡における貿易赤字を分析するには，動学モデルが必要だ。最も単純な動学モデルは，2期間（それより期間が短いものは静学モデルとなる）で財がひとつのみのモデルである。この種のモデルは，20世紀初頭の先駆的な経済学者アーヴィング・フィッシャーにちなんで，しばしばフィッシャー・モデルと呼ばれる。このモデルから得られる主な主張は，より現実的な多数財のモデルにも引き継がれる。

　自国の経済はあるひとつの財を生産できると仮定し，この財をトウモロコシと呼ぶことにしよう。これは唯一の消費財でもある。トウモロコシは消費される以外に，投資にも使われる。つまり，作物の一部を種子として使用することで，次の期のトウモロコシの生産量を増やすことができる。この経済の生産可能性フロンティアは，図16.4に示されている。横軸は第1期のトウモロコシの純生産量，すなわち種子に転用した分を除いたトウモロコシの生産量を表している。縦軸は，第2期のトウモロコシの生産量を表している（2期間しかないため，第2期にはトウモロコシは種子として使われない）。第1期に種子として投資されるトウモロコシが多いほど，第1期の純生産量は少なくなるが，第2期の生産量は多くなるので，図は右下がりの曲線になる。

　トウモロコシは国際貿易が可能だとする。他に交換する財がないので，第1期

---

6　例えば，米中間の貿易赤字は全体の赤字に比べて小さすぎるので，主要な原因とはいえない。

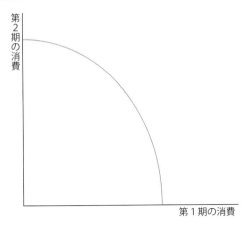

**図 16.4　フィッシャー・モデルにおける生産可能性**

にトウモロコシを輸入するには，第2期のトウモロコシで返済するという借用証書を供給者に渡す必要がある。（言い換えると，第1期でのトウモロコシの輸入は，実際には借金の形になっている。このため，このモデルはしばしば異時点間貿易のモデルと呼ばれる。）

　世界市場の利子率は $r$ で表され，自国は利子率を所与と見なす。

　自国におけるすべての国民が同じ生産可能性（同じ土地区画を持つ農家と考える）と同じ選好を持っていると仮定すると，均衡を図16.5のように示すことができる。これはしばしば**フィッシャーの図**と呼ばれる。

　効用はいま，第1期と第2期のトウモロコシの消費量の関数になることに注意しよう。第1期に借りたトウモロコシは第2期に利子をつけて返済されなければならないので，各消費者の予算制約は以下の式になる：

$$C_2 \leq Y_2 - (1+r)(C_1 - Y_1)$$

ここで $C_t$ は第 $t$ 期の消費，$Y_t$ は第 $t$ 期の生産を表している。右辺の括弧内の項 $(C_t - Y_t)$ は，第1期に借りたトウモロコシである。第2期の生産量からその借り入れた分の利子と元本を差し引くと，第2期に可能な最大の消費量が得られる。これが予算制約の右辺である。この式は次のように書き換えることができる：

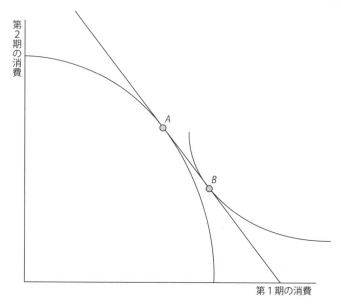

**図16.5　貿易赤字を伴うフィッシャー・モデルの均衡**

$$C_1 + \frac{C_2}{(1+r)} \leq Y_1 + \frac{Y_2}{(1+r)}$$

別の言い方をすると，消費の割引現在価値は生産の割引現在価値よりも大きくなることはない。もちろん，均衡ではこの式は等号で成立することになる。

　この予算制約の右辺が増加すれば消費者は必ず得をするので，自国の家計は生産の割引現在価値を最大化するように自らの生産計画を立てる。このことは，生産が図16.5の$A$点で表されることを意味し，そこでは第1期のトウモロコシから第2期のトウモロコシへの限界変形率が$(1+r)$に等しくなる。この点を通り，傾きが$-(1+r)$の直線は，自国消費者の異時点間の予算制約線である。最適消費は$B$点で行われ，そこではこの予算線が異時点間の無差別曲線と接している。

　図に示されているように，最適消費は最適生産の右下に位置し，これは当初，自国の各消費者が生産するよりも多く消費していることを意味する。**したがって，この図では第1期に貿易赤字が発生し**，続く第2期で貿易黒字となっている。反対に，貿易黒字の後に貿易赤字になるのは，$B$点が$A$点の左上にある場

合だ。貿易赤字がゼロになるのは（通常は貿易収支が均衡することだが，ここでは貿易が実際に行われないことを意味する），$B$ と $A$ が同じ点のときに起こる。

これで，上で示した第1期が貿易赤字という結果になる状況について，議論することができる。貿易赤字をもたらし得る，2つの異なる状況について述べていこう。

**状況1：災害。** 均衡は当初，図16.6 の $A$ 点にあり，貿易赤字はないと仮定する。いま，この経済に災害が起こり，第1期の生産量の一部が失われたと仮定する。これはトウモロコシの一部を食べてしまうバッタや，生産物の一部を破壊する戦争などが考えられるが，その災害は第1期に発生し，第2期には再発しないものと仮定する。これにより，純生産可能性フロンティアは左へと平行にシフトし，それは破線の曲線で示されたものとなる。投資用トウモロコシの種子が一定水準ならば，第2期に得られる生産量は災害前と同じ水準だが，第1期の純生産量は減少する。新しい最適生産点は $B$ であり，生産可能性フロンティアが左に平行移動したので（つまりどの高さでも災害前と同じ傾きであるので），その点は $A$ の左の真横に位置する。しかし，新しい消費点は $B$ では**ない**。なぜなら，$B$ 点では第1期の消費が $A$ 点に比べてより少なくなっており，それは $B$ 点における異時点間の限界代替率（無差別曲線の傾き）が $A$ 点における値よりも厳密に大きいことを意味しているからだ[7]。したがって，無差別曲線は $B$ 点で予算線と接することはなく，均衡は $B$ の右側に位置することになる。例えば，$C$ 点のような点だ。これは，貿易赤字が起こり，それに続いて貿易黒字が発生することを意味する。このケースで見られるのは，**一時的なショックによって引き起こされる貿易赤字で，それは自国の消費者が消費を平準化するために第1期に借り入れたり貯蓄の取り崩しをするために発生する。**

これは実際のところ，第二次世界大戦による荒廃の後にヨーロッパで起きたことをかなり上手く説明している。ヨーロッパ経済は経済の再建に伴い，大戦後から1950年代の大半にかけて巨額の貿易赤字を抱えていたのに対して，米国やカ

---

7 $A$ 点と比べると $B$ 点では第1期の消費は少なくなるが，第2期の消費はちょうど同じ大きさなので，$B$ 点における第1期の消費の限界効用は $A$ 点よりも大きくなり，第2期の消費の限界効用は $A$ 点よりも小さくなることはない。無差別曲線の傾きはこれらの限界効用の比なので，以上のことは無差別曲線が $A$ 点より $B$ 点で急勾配となることを意味する。

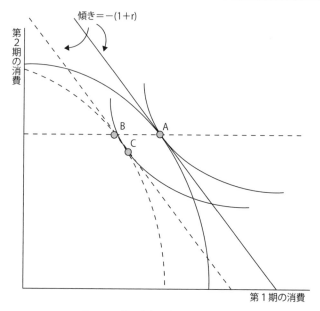

図 16.6　貿易赤字の動機としての災害

ナダは同様の破壊を被らなかったので，貿易は黒字だった。このことは図 16.7 に示されている。この図は 1948 年から 1970 年にかけての選ばれたいくつかのヨーロッパ諸国，米国，およびカナダにおける貿易収支を示したものだ。当初，すべてのヨーロッパ諸国は明らかに赤字で，また米国の貿易黒字は他のすべての数字を凌駕している。ドイツは，貿易黒字を出し始めた最初の国だ。ここで示されている期間よりも後の期間では，両国の役割は逆転している。つまり米国は巨額の貿易赤字を，ドイツは巨額の黒字を出している。

　ちなみに，戦後の時代における大きな問題は，通貨の兌換性の問題や借り入れの一般的な困難さのために，必要な分だけの赤字をヨーロッパ経済が出せなかったことだった（この期間についての説明は De Grauwe（1989）を参照）。このことは国際復興開発銀行（International Bank for Reconstruction and Development：IBRD）設立への主な動機となった。IBRD は，復興への努力に際して，民間からの借り入れに問題を抱えている政府に融資を行う，政府間機関である。IBRD は，私たちが世界銀行として知っているものに発展したが，その主な使命は，開発プロジェクトのために低・中所得国の政府に貸し付けを行うこ

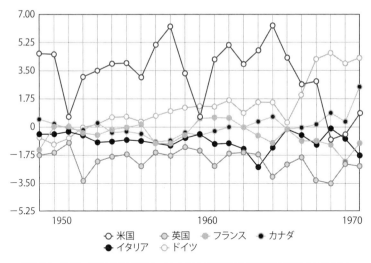

図 16.7　1948～1970 年における，いくつかの選ばれた国の貿易収支（十億ドル）

とだ。ほとんどの人々は，世界銀行が生まれたのは戦後のヨーロッパが十分に大きな貿易赤字を出せなかったからだ，とは認識していない。

**状況２：明るい見通し。** さて，図 16.6 から「災害前」の状況に戻って，今度は自国の国民が種子として投資したトウモロコシの限界生産物が，以前よりも高いことに気付いたと仮定しよう。これにより，生産可能性フロンティアは各点でより急な傾きを持ち，図 16.8 の破線のように上方にシフトする。これは元の生産可能性フロンティアよりも急な傾きを持つので，新しい生産点 $B$ は元の生産点 $A$ よりも上に位置するだけでなく，左方向に離れた点に位置する。その結果，$B$ 点における異時点間の限界代替率は $A$ 点に比べて大きくなるので，$B$ は新しい消費点とはならない[8]。新しい消費点は $B$ よりも右下にあり，$C$ と表されている。やはり，これは貿易赤字の後に貿易黒字となることを意味している。この場合に見られることは，経済の将来見通しの改善によって貿易赤字が起きるということであり，それは自国の消費者が国内投資の拡大を賄うために資金を借り入れるからだ。

---

8　第 1 期の消費が一定のまま第 2 期の消費が増加した場合，第 2 期の消費の限界効用は低下するので，異時点間の限界代替率は上昇する。第 2 期の消費が一定のまま第 1 期の消費が減少した場合，第 1 期の限界効用は上昇するので，やはり異時点間の限界代替率は上昇する。

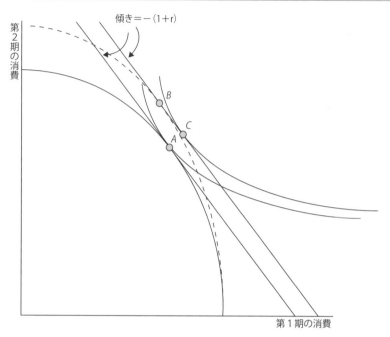

**図 16.8　貿易赤字の動機としての明るい見通し**

韓国の貿易赤字が融資を促進した部分。釜山近郊の造船所。

　これは，1960 年代から 1980 年代にかけて著しく急成長した韓国における貿易赤字を上手く説明している。韓国政府は，対象を限定した補助金政策を含む複数の政策の組み合わせを通じて，国内の事業部門が様々な製造業の投資に積極的に参入することを奨励した。その話の詳細な分析については，Rodrik（1995）を参照してほしい。結果として，大きな投資ブームが起きた。その投資は，図 16.9 に示されているように，部分的に海外貯蓄（つまり貿易赤字）の大幅な増加を通じて賄われた。やはりこの図は WTO によるもので，ここでも輸出から輸入を引いているため，マイナスの値は貿易赤字を示している。貿易収支は，1980 年代後半まで黒字を示すことはなかった。図 16.9 のグラフにおけるマイナスの値は，いかにして韓国の国民が一世代以内に繁栄に向けて進んでいったかについて，その大部分を物語っている。

出典：世界貿易機関。

図 16.9　1948〜1990 年における韓国の貿易収支（十億ドル）

　貿易赤字は，一時的な負のショックと経済の将来についての朗報の両方から生じる可能性がある，ということが分かった——そして，ここで分析したように，どちらの場合も**貿易赤字はこれらの出来事に対する経済の最適かつ効率的な反応の一部である**ということは，強調しておかなくてはならない。

## 16.4 貿易赤字はそもそも問題となり得るのだろうか？

　前節の分析によって，貿易赤字は問題にはなり得ず，貿易赤字への介入は損害にしかなり得ないことが示唆されたのではないかと思われる。しかし，貿易赤字を問題（つまり何百万もの職を失わせる「危険な汚点」）と見なす共通の見解に何らかの妥当性がある，と考えることはできるだろうか？

　私たちのモデルでは，人々は自分たちの将来を最適に計画する（異時点間の無差別曲線が異時点間の予算線と接するようにする）と仮定した。しかし，多くの経済学者を含め，多くの評者はこの仮定に異議を唱えている。彼らはその代わりに，退職計画に必要となる計算の複雑さと将来の状況を予測することの困難さのために大規模な誤差が生じると主張し，また過去の世代にわたる貯蓄率の著しい低下は変化した状況への最適な反応というよりもむしろ大きな過ちだと主張している[9]。

　本書では，その議論について立場を明らかにすることはやめておく。単に，次のことを指摘しておきたい。**もしも**民間貯蓄が次善の最適水準だと思われる**としたら**，貿易赤字が最適水準よりも大きく，それを減少させる政策が厚生を改善できると信じることは，極めて理にかなっている。

　定型化された例を見るために，トウモロコシを使った2期間モデルに戻ろう。各期において自国の政府は，自国を洪水から守る堤防を補強するため，100単位のトウモロコシを引き抜く必要があると仮定する。（トウモロコシの束は堤防を丈夫にするのに役に立つ。1財の経済で，もっと現実的な例を思いつくのは困難だ。）政府はこれら必要とされるトウモロコシを，供給者である自国の国民から徴収することができる。あるいは，必要なトウモロコシを世界市場から借り入れることもできるが，これは実質的に財政赤字を出すことと同じだ。この状況は図16.10に描かれている。点線の生産可能性フロンティアは，政府のすべき要件を踏まえて修正されたもので，それは元の生産可能性フロンティアを100単位ずつ左下にシフトさせたものとなっている。最適消費はA点であるとしよう。そ

---

　9　この問題は，Lazear（1994）で概説されている。バーンハイム（Bernheim 1994）は，アメリカ人が十分に貯蓄をしていないという簡明な事例を提示している。より最近の分析は，経済諮問委員会（2006）に見られる。

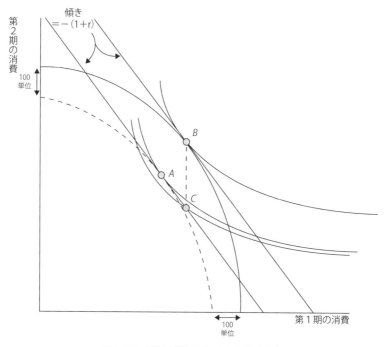

図 16.10　貯蓄問題の病状としての貿易赤字

こでは貿易赤字は存在しない。政府が第1期にトウモロコシ100単位を徴収し，
第2期も同じように徴収するとアナウンスした場合，この点が消費者の選ぶ消費
の組み合わせとなる。

　さて，今度は政府が赤字財政を選択し，第1期に世界市場から100単位のトウ
モロコシを借り入れるものとしよう。その際，政府は第2期に$(1+r)$100単位を
返済する必要があることが分かっているとしよう。もし自国の消費者がこのこと
を**理解している**なら，この赤字財政は消費の決定を変化させないだろう。彼ら
は今は税金を支払う必要がないが，次の期に$(2+r)$100単位を税金として支払う
ことが分かるだろう——堤防用の100単位と，政府が借金を返済するための$(1+r)$100単位だ。彼らの予算線は赤字財政によって変わることはなく，消費者は依
然として$A$点で消費する。別の言い方をすると，彼らは課税されたかもしれな
かった100単位のトウモロコシを貯蓄し，その貯蓄を第2期に納税するのに用い
る。これは，正しい情報を持っている合理的な消費者が存在する単純なモデルに
おける政府赤字の特性で，リカードの等価性と呼ばれ，ロバート・バロー（Barro

1974) の有名な論文で指摘されたものである。

　しかし，もしも自国の消費者が新聞を読まず，堤防の問題も知らず，政府が世界市場で借金していることも知らないとしたら，消費者は元の実線の純生産可能性フロンティア上で生産していると**信じている**可能性がある。その場合，彼らは$B$点で消費することを選ぶだろう[10]。第2期に入ると，自国の消費者は堤防用の100単位だけでなく，外国からの借金返済に$(1+r)100$単位も支払わなくてはならないことを知って，ショックを受けることになる。実際の消費は$C$点であり，$B$点の真下になる。$C$は$B$より下の無差別曲線上にあるだけでなく，$A$より下の無差別曲線上にもあることに注意したい。政府の財政状況を誤解していたことで，彼らの厚生は悪化してしまったのだ。

　もうひとつ注意すべきは，$C$点が，第1期の貿易赤字の後に第2期に貿易黒字が起こることを示していることだ。最初に主張したように，これは非効率的に低い民間貯蓄が非効率的に大きな貿易赤字をもたらし，自国の厚生を悪化させるケースである。

　したがって，この場合，貿易赤字は貯蓄問題の病状である。もしも政府が貿易赤字を貿易政策——例えば，第1期にトウモロコシ100単位の輸出を強制し，輸入を禁止すること——を通じて防ぐことができたならば，原理上は経済を$A$点に戻すことで問題を改善できただろう。しかし，できることなら，この症状を回避し，問題の原因に対処する方が良い——赤字財政を放棄し，政府支出が発生した場合にはそれを支払うために増税するか，あるいは少なくとも必ず国民に対して政府の貯蓄状況に関する情報を十分に知らせるか，のいずれかの方法によってだ。これは，いくつかの理由で貿易赤字を規制する政策よりも優れているだろう。ひとつの理由は，強制と禁止は抜け道の原因となったりそれ自体が非効率性を生み出す，ということだ。もうひとつの理由は，最適な貿易赤字は一般的にゼロではなく，また政府は実行すべき最適な貿易赤字の水準が分からない可能性が高い，ということだ。これは，最適な貿易赤字が選好や技術（無差別曲線や生産可能性フロンティアの傾きなど）に依存し，それらを政府は不完全にしか知り得ないためである。

---

10　単純化のため，$B$点は生産可能性フロンティアが無差別曲線と接する点として描かれているが，必ずしもそうでなくてもよく，主な論点はそのことに依存しない。

　さらに述べておきたいのは，貿易赤字が問題の症状である場合でさえ，これが雇用の喪失に対してどれだけ責任があるかを検証するのは難しい，ということだ。ここでの例において問題なのは，経済が十分な雇用を生み出していないことではなく，消費者が消費のための資源を生涯の間に最適に配分していないということだ。経済の総生産量は赤字の影響を受けていない。貿易赤字10億ドルにつき一定の雇用が失われることを示唆する経験則——ブラウン上院議員がジョージ・H．W．ブッシュ大統領から学んだという発言など（脚注3を思い出してほしい）——は，単純に経済学的な混乱の結果であると思われる。

　要するに，米国が貯蓄不足をもたらす市場の失敗に苦しんでいると信じる（信じている人もそうでない人もいるが）ならば，それは現在の貿易赤字が実際に過大であることを示唆している。この場合，バフェットの提案のような，貿易赤字を直接減らすための政府の行動は，十分に厚生を改善できる可能性がある。しかし，これは対症療法であって，これに対して理想的な解決策は，主張されている貯蓄問題を直接ターゲットとするものだろう。

## 要　点

1. 貿易赤字は，ある国の輸入額から輸出額を引いたものである。貿易黒字は，輸出額から輸入額を引いたものである。ある国の輸出額が輸入額と等しい場合，その国の貿易収支は均衡している。
2. 貿易の静学モデルでは，富や所得の国際的な移転がない限り，予算制約により貿易収支は均衡していなければならない。
3. 第二次世界大戦直後の期間，ヨーロッパの経済が大きな貿易赤字を出していた一方で，米国の経済は黒字であった。過去20年で，それらの役割は反転した。ヨーロッパの貿易は全体的にかなり収支が均衡するようになっているが，米国経済はかつてないほど巨額の貿易赤字を出すようになった。
4. 貿易赤字を「海外の貯蓄」として解釈するならば，国民経済計算の恒等式は，国内貯蓄（政府および民間）と海外貯蓄との合計が国内投資に等しくなければならないことを意味する。これは貿易赤字の所与の変化を解釈するのに役立つ。
5. 一時的な悪いショック（第二次世界大戦直後のヨーロッパなど）や成長の見通しの改善（1960年代から1980年代の韓国など）に対する最適反応として，貿易赤字が発生する可能性がある。このような場合，赤字を「矯正する」ための努力は有害となる。
6. ある国の国民が最適な量以下の貯蓄しか行っていない場合，経済は最適水準以上の貿易赤字を出す傾向にある。この場合，貿易赤字を直接減らす政策は役に立つかもしれないが，可能ならば貯蓄問題に直接取り組む方が良い。この未解決で論争の的になっている問題は，米国の貿易赤字に関する現代の議論の中心である。

## 章末問題

1．表 16.1 において，経常収支の部分の行をひとつ選び，その行の値が 1,000 億ドル増加すると仮定する。その表における他の行が変化し，表の合計が依然としてゼロとなるような 4 つの異なる方法を説明し，それぞれのケースにおいて，（16.2.3 項の民間送金の議論でなされたように）その行の変化の経済学的な意味を説明しなさい。

2．16.2 節から，ある種の国際的な移転がある場合，静学モデルであっても一国が貿易黒字や貿易赤字となり得ることを思い出してほしい。このような移転について，現実世界の例を 3 つ，現在の出来事あるいは歴史上の出来事から考えなさい。また，それらがいかにして貿易収支の不均衡をもたらしたかを説明しなさい。

3．多国間の静学的貿易モデルにおいて，$i$ 国が $j$ 国から所得移転を受け取り，他に政府間の移転はないものと仮定する。これは $i$ 国が $j$ 国との二国間で貿易赤字となることを意味するか，それとも $i$ 国が多国間貿易赤字となり，$j$ 国が多国間貿易黒字となることを意味するか？説明しなさい。

4．"trade_flows_data.xls" スプレッドシートから，貿易赤字の国を（米国以外で）ひとつ，貿易黒字の国をひとつ特定しなさい。それぞれの国における，この赤字や黒字の原因について，当該国についてあなたが知っていることと本章で説明した理論を使って意見を述べなさい。

5．第 9 章のメモリーチップ生産における学習効果モデルを思い出してほしい。ある経済がこれらのチップの大規模生産に参入したばかりで，その労働力の大部分がその産業で雇用されるとしよう。学習曲線のため，GDP は最初急速に，その後労働者が経験を積むにつれてゆっくりと成長する。この経済の消費者は将来をよく見据えて計画を立て，選好は消費が時間を通じて一定となる（すなわち，彼らは自分の恒常所得を消費する）ようなものであると仮定する。この国の GDP，消費，貿易赤字の時間経路がどうなるかを示す図を描きなさい。この経済が世界市場で純貸し手ではなく純借り手であると仮定して，この経済の対外債務の時間経路も描きなさい。もちろん数値は必要なく，これらの時間経路の定性的な外観を図示するだけでよい。

6．本文の 2 期間のトウモロコシ経済を考える。当初，均衡で貿易赤字はゼロであるとしよう。ここで，利子率が上昇したとする。フィッシャーの図はどのように変化するか，示しなさい。貿易収支は均衡したままだろうか？　そうでなければ，貿易は赤字となるか，黒字となるか？

7．**貧困国は貿易赤字を抱えているか？**　再び 2 期間のトウモロコシ経済を考えよう。当初，均衡で貿易赤字はゼロであると仮定し，フィッシャーの図を描きなさい。ここで，同じ図の中に，選好が同じだが生産能力が半分である経済の生産可能性フロンティアを描きなさい。つまり，元の生産可能性フロンティアの各点に対して，新しい生産可能性フロンティア上の対応する点は，第 1 期の純生産量の半分と第 2 期の生産量の半分となる点となる。無差別曲線との新しい接点である，新しい均衡点を描きなさい。その新しい均衡では，貿易赤字は発生しているだろうか？　なぜ発生するか，あるいは発生しないのか？　答えがはっきりしない場合，明確な解答を得るためにはどのような仮定が必要か？　あなたの説明は，図と同じくらい重要だ。

8. **保護主義は貿易赤字の原因となり得るか？** 第6章で示した米国と中国の貿易モデルを思い出してほしい。米国は中国にプラスチックを輸出し，中国は米国に衣料品を輸出している。中国政府が，単に米国からのプラスチックの国内への輸入を全く許可しなくなったとしよう。これは米国の貿易赤字を引き起こすだろうか？ なぜ引き起こすか，あるいは引き起こさないか？

## 参考文献

Barro, Robert (1974), "Are Government Bonds Net Wealth?" *Journal of Political Economy* 82: 6 (November-December), pp. 1095-1117.

Bernheim, B. Douglas (1994), "Comment on Chapters 4 and 5," in David A. Wise (ed.), *Studies in the Economics of Aging*, Chicago: University of Chicago Press for the NBER, pp. 171-179.

Bown, Chad P., Meredith A. Crowley, Rachel McCulloch and Daisuke J. Nakajima (2005), "The U.S. Trade Deficit: XLS 302 IS THE TRADE DEFICIT A TIME BOMB? Made in China?" *Economic Perspectives* (Federal Reserve Bank of Chicago) (4th quarter), pp. 2-17.

Buffett, Warren E. (2003), "America's Growing Trade Deficit Is Selling the Nation Out From Under Us. Here's a Way to Fix the Problem—And We Need to Do It Now," *FORTUNE*, November 10.

Council of Economic Advisers (2006), *Economic Report of the President*, Washington, DC: United States Government Printing Office.

De Grauwe, Paul (1989), *International Money: Post-War Trends and Theories*, Oxford: Oxford University Press.

Lazear, Edward P. (1994), "Some Thoughts on Savings," in David A. Wise (ed.), *Studies in the Economics of Aging*, Chicago: University of Chicago Press for the NBER, pp. 143-169.

Rodrik, Dani (1995), "Getting Interventions Right: How South Korea and Taiwan Grew Rich," *Economic Policy: A European Forum* 20 (April), pp. 53-97.

# 17 貿易と為替レート：
人民元は悪者か？

被疑者。

## 17.1　最後通牒

2003 年の秋，チャールズ・シューマー上院議員（民主党，ニューヨーク州）は我慢の限界に来ていた。彼の見解では，中国はその為替市場操作の政策について，いかなる対処も繰り返し拒否したという。彼が主張するには，その政策は，中国の通貨（**人民元**つまり「人民の通貨」と呼ばれ，**元**を通貨単位とする）の価値を人為的に低く維持し，それによって中国の製造業は米国の製造業よりも不当に優位性を得たという。彼は上院に S.1586 法案を提出し，断固たる態度で臨むことにした。その法案の本文は，次のように主張している：

> 人民元の過小評価により，中華人民共和国からの輸出は外国の消費者にとってはさらに安くなり，外国の製品は中国の消費者にとってはさらに高くなる。それは事実上，中国の輸出に対する多額の補助金と外国からの輸入に対する実質的な関税であり，それによって中華人民共和国はその国際貿易の相手国との間で巨額の貿易黒字を享受する。（中略）過小評価された中国の通貨と米国の中華人民共和国との間の貿易赤字は，米国の大幅な失業の原因となっており，米国の企業に損害を与えている。特に，2001 年 3 月以降，米国の製造業部門は 260 万人以上の雇用を失った。

法案が定めた措置は恐ろしいものだった。180 日以内に中国が通貨操作をやめたと大統領が特定できなければ，米国政府はすべての中国製品に 27.5％の関税を課す，というものだった。あるジャーナリストは，それは「まるで米国の消費者の頭に銃を突きつけ，中国に『改革せよ，さもなくば撃つ』と言っているようなものだ」と述べた (Ramzy 2006)。法案は暗礁に乗り上げ，2005 年に再提出されたが失敗に終わった。数年後，ついに同様の法案が 2011 年 10 月に 63 対 35 で上院を通過した——しかし，下院で暗礁に乗り上げた (Steinhauer 2011)。

法案が法律となることが妨げられ続けたという，その法案が直面したトラブルにもかかわらず，そこで表明されている見解は非常に一般的だ。著名な経済学者である C. フレッド・バーグステン (Bergsten 2007) は，中国政府が為替レート政策を通じて「失業を輸出して」いて，これは世界貿易システムを「破壊的な影響」で脅かし，「米中の経済関係で唯一ずば抜けて最も重要な問題」だと論じ

た。オバマ大統領も同意したようだ[1]。

これは正しいのだろうか？　中国政府は自国の通貨を人為的に安くする政策を採用しているのだろうか？　それは米国の中国に対する貿易赤字を生み出しているのだろうか？　それは米国の雇用に壊滅的な被害を与えるのだろうか？　米国政府は厳しい態度で中国政府に人民元の価値を上げるよう主張すべきだろうか？

これらの問題に今から光を当てようと思うが，まずは外国為替市場について，ある程度の理解を深める必要がある。最初にいくつかの基本的な制度について知識を確かにし，次に人民元の問題の分析に利用可能な為替レート決定の単純な均衡モデルを構築する[2]。

## 17.2　外国為替市場に関する基本的な事実

メキシコには独自の通貨であるペソがある。米国には独自の通貨，米ドルがある。そして日本には円がある。ほとんどの国がこのパターンだ。つまり，各国には独自の通貨がある。ただし，例外がある。いくつかの国では他の国の通貨を使用しており（例えば，パナマは米ドルを使っている），また合同で共通の通貨を維持している国々もあり，それは**通貨同盟**と呼ばれている。最もよく知られている通貨同盟は欧州連合（EU）の経済通貨同盟（Economic and Monetary Union：EMU）であり，それはヨーロッパのほとんどの国で構成され，共通の通貨はユーロである。別の重要な通貨同盟はアフリカのCFAフラン圏であり，CFAフランを共用しているコートジボワールやニジェールなど，いくつかのフランス語圏の国で構成されている。ほとんどの通貨は互いに自由に交換可能で，ある通貨から別の通貨に交換するための市場は**外国為替市場**と呼ばれており，ある通貨を別の通貨で表した価格は**為替レート**と呼ばれている。（より正確には，

---

1　2008年の大統領選挙の準備期間において，オバマ陣営の選挙運動では中国に関する概況報告書を発行した。そこでは，例えば「中国の通貨価値の操作は，巨大なグローバル・インバランス（世界的な経常収支の不均衡）の一因であり，中国企業に不当な競争優位をもたらす行為」だと述べている。オバマ大統領は，人民元が過小評価されているという意見を2011年1月19日の胡錦濤国家主席との合同記者会見で再び表明した。

2　本章は，これらの疑問に対する解説の入門編だ。米中間のマクロ経済問題に関するより詳細な背景は，Tatom（2007）やBown et al.（2005）を参照のこと。ステイガーとサイクス（Staiger and Sykes 2010）は，本章の多くの領域を，読みやすい一般向けの形式でカバーしている。

これは**名目為替レート**である。後で実質為替レートの概念を紹介する。今のところ，「名目」という修飾語が暗に示されている。）例えば，人民元とドルの為替レートは，1米ドルの購入のために外国為替市場でどれだけ人民元が提供される必要があるかを示している。ある通貨の価格が他の通貨に対して上昇する場合，その通貨は**増価する**と言い，価格が下落する場合，**減価する**と言う。必然的に，一方の通貨の増価は他方の通貨の減価を意味する。例えば，元／ドル・レートが8から6になった場合，人民元はドルに対して増価し，ドルは人民元に対して減価したことになる。

為替レートは価格であり，外国為替市場の異なる通貨の需給バランス（投機的需要を含む）によって決定される，という点に留意することが重要だ。ただし，これはいつでも事実だったわけではない。過去には，特に第三世界で多くの**不換通貨**が存在した。それは政府の規制のために外国為替市場で取引できなかった通貨だ。これらの通貨の場合，政府は単に政策として為替レートを公表する（通常，その過程で闇市場を作る）。しかし，現在では不換通貨は一般的ではなく，よって為替レートは市場で決定される。その結果，ある国の政府が自国の通貨を別の通貨について特定の値に**固定している**と分かった場合，通常それが意味することは，その国の中央銀行が**公開市場操作**——市場為替レートを操作するために，問題となっている通貨とそれらの通貨建ての金融証券とを売買すること——に従事しているということだ。例えば，中国の中央銀行（中国人民銀行，略してPBCと呼ばれる）は，大量の人民元を新たに発行し，それでドルや米ドル建て債券を買うことで，人民元の価値をドルに対して低く抑えることができる。

したがって，世界経済を観察する際に**固定**為替レートと**変動**為替レートとを区別する場合，実際には異なる種類の金融政策を区別している。ある国において中央銀行が公開市場操作を行い，為替レートをある固定された目標値付近の狭い範囲内に抑えている場合，その国は固定為替相場制の政策を採用している。中央銀行が公開市場操作をせずに，為替レートを自由に変動させているだけの場合，その国は変動相場制を採用している。実際には，ほとんどの国はこれらの両極端の間のどこかにある制度を維持しており，為替レートをある広い範囲内に維持しているか，あるいは急激な変動がある場合にのみ外国為替市場に介入する。この種の中間的な立場は，しばしば**管理された変動為替制**と呼ばれる。時として，通貨を狭い範囲内に維持しようとする政府が，目標とする範囲の変更を発表すること

もある。通貨の価値を低くするような変更は**通貨の切り下げ**と呼ばれるが，やはりそれは金融政策の変更と考えるのが最も良い解釈だ。

第二次世界大戦後，国際社会は新しい機関を創設することによって，1930 年代の経済破綻や戦争を回避しようとした。戦争に頼らず紛争を解決するための国際連合や，第 16 章で述べた戦後復興のための IBRD と世界銀行，そして第 8 章で議論した GATT と共に，国際金融システムの秩序を維持するのを助けるために国際通貨基金（International Monetary Fund：IMF）と呼ばれる新しい政府間の銀行が設立された。基本的に，IMF 加盟国は，米ドルが金に対して一定の値に永久に固定され，他の通貨がドルに対して一定の値に固定される制度に同意した。IMF の主な役割は，決められた為替レートの維持に必要な公開市場操作を実行するのに一時的な支援を必要とする国に，融資を行うことだった。よって，IBRD が開発プロジェクトのための長期融資を行う銀行であったのに対し，IMF は国際金融の安定のために短期融資を行った。このシステムは，それが計画されたニューハンプシャー州のリゾート地域にちなんで**ブレトンウッズ体制**と呼ばれ，1971 年まで続いたが，その頃にはほとんどの国が決められた固定レートを放棄し，単純に管理された変動為替制を採用していた。

中華人民共和国が社会主義計画経済だったとき，その通貨は政府公表の為替レートで交換することはできなかったが，1990 年代初頭の市場改革で，兌換通貨に変わった。公式なレートは 1 ドル = 2〜3 元だったが，すぐに人民元の価値は 1 ドル = 8 元以上に急落した。それは図 17.1 に示されているとおりで，この図は 1990 年から現在までの元／ドル・レートを示している[3]。（図において，右上がりの動きが人民元の減価およびドルの増価を意味していることに注意しよう。）政府は，2005 年 7 月から徐々に人民元の切り上げを認めるようになるまでの数年間，為替レートの値をちょうど 1 ドル = 8.28 元で一定に保っていた。したがって，この図を一見すると，いくつかのタイプの基本的な為替レート政策を示していることがわかる。すなわち，不換通貨の後に固定為替レートの兌換通貨となり，最終的に管理された変動為替の兌換通貨となった（「変動」よりも「管理」に重点が置かれている）。

---

3 混乱を避けるため，**通貨**の名前は人民元だが**単位**は元と呼ばれることを思い出してほしい。したがって，人民元の減価は，1 ドルを購入するためにより多くの元を必要とする，という意味になる。

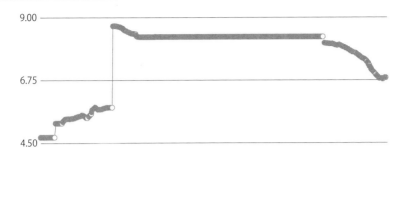

出典：Econstat.com

**図17.1 1990～2008年における月々の元／ドル為替レート**

　ここで疑問となるのは，これは問題なのかどうか，そしてどれほど問題なのか，ということだ。元／ドル・レートが高すぎる（つまり人民元が安すぎる）ことは，米国経済に損害をもたらしているのだろうか？　経済システムの一般均衡を考えずに，この疑問に答えることはできない。国際マクロ経済政策を観察する際に通常行うことは，元／ドル・レートが下落する一方でシステム内の他の変数が変化しない場合，例えば米国の失業率に実際に何が起こるかを問う，というものだ。しかし，これは私たちの問題を考える上では役に立たない。なぜなら，元／ドル・レートが下落するためには，中国の金融政策や米国の金融政策，関連する貿易財の需給条件，中国や米国の生産性，あるいはこれらの条件についての期待など，システム内の他の何かが変更されている必要があるからだ。そしてこれらの変化は，米国の失業率にも影響を与えるだろう。**為替レートは，経済システムにおいて変化をもたらす外生変数ではなく，他のすべての内生変数とともに，外生的なショックに反応する内生変数なのだ**。そのため，人民元の増価を分析する際，他の変数を不変のままとすることは意味がなく，むしろ外生的な変化が発生したときに全体の均衡（例えば，両国の貿易財の価格を含む）がどう変化する

かを見ることに意味がある。

　例えば，次の問いを考えるとしよう：PBC が人民元の価値を切り上げたらどうなるか？　この問いに答えるためには，この問題が元／ドル・レートの変化だけでなく，PBC の金融政策の変化——それは為替レートだけでなく，一般にシステム内のすべての価格を変化させ得る——も必然的に伴うことを思い出す必要がある。この問いの分析には，通貨を含む一般均衡モデルが必要だ。次節で，そのようなモデルを展開する。

## 17.3　為替レート決定の動学的一般均衡モデル

### 17.3.1　設定

　外国為替市場が存在する国際貿易の単純なモデルを構築しよう。分析の道のりをスムーズにするために，お馴染みの貿易モデルを使用し，それに通貨を付け加えることにする。この分析の主要な論点については，どの貿易モデルを使うかは，それが一般均衡モデルである限り重要な問題ではない。第 6 章のヘクシャー＝オリーン・モデルを思い出してほしい。そこでは米国と中国が，熟練労働と非熟練労働を用いて，衣料品（A）とプラスチック（P）を生産し貿易していた。問題を単純化するため，6.2 節で提示した固定係数（レオンティエフ）の生産技術のモデルを使用し，また自由貿易を仮定する。

　このモデルに，次のように通貨を追加しよう。連邦準備制度という米国の中央銀行が総額 M ドルの通貨を発行し，PBC は総額 $M^*$ 元の通貨を発行すると仮定する。（以下ではアスタリスクなしの名目変数はドル建てであり，アスタリスク付きの名目変数は元建てとする。）さしあたり，この通貨のすべては個々の消費者が保有しており，全員がこれら通貨ストックは絶対に変化しないと知っているものとする。金融経済学の多くのトピックでは重要な違いである，異なる種類の貨幣，つまり通貨と要求払預金，定期預金などの違いは無視することにしよう。単純化のため，交換の手段は通貨（金融経済学の分類体系では M0）のみであると仮定する。

　均衡為替レートを決定するには，各通貨に対する需要が必要である。このような需要をモデルに組み込む方法は数多くあるが，恐らくもっとも単純なのは**キャッシュ・イン・アドバンス（前払い金）制約**として知られているものを導

入することだ。これは，米国製の製品を購入するためには最初に米ドルで必要な
額の貨幣を持っていなくてはならず，中国製の製品を買うためには最初に元で
必要な額の貨幣を持っていなくてはならない，という仮定である。(国際貿易の
キャッシュ・イン・アドバンス・モデルは，Stockman (1980) によって最初に
分析された。分析の主要な点は，例えば，この制約が財の一部のみに適用される
場合でも成り立つ。)

　通貨は資産であり，各時点におけるその市場価値（為替レート）は，それが将
来に有用だという期待に部分的に依存する。為替レートの経済学におけるこの要
素を捉えるには，動学モデルが必要だ。そこで，生涯消費の全期間にわたる消費
者の選好を定義しよう（不必要な複雑さを排除するため，消費者は無限の寿命を
持つものとして取り扱うことにする）。すべての消費者は同じ効用関数を持ち，
それは両方の財の現在および将来の全期間にわたる消費について定義されると仮
定する。よって，ある消費者の効用を次のように書くことができる：

$$U(c_0^A, c_0^P, c_1^A, c_1^P, ..., c_t^A, c_t^P, ...)$$

ここで $c_t^j$ は $t$ 時点における $j$ 財の消費で，$U$ は増加関数かつ凹関数である。この
関数について，いくつかの仮定を置く。第 1 に，任意の時点において，効用最大
化は相対需要関数がどの時点でも同じになることを意味し，次の式が成り立つも
のとする：

$$\frac{c_t^A}{c_t^P} = RD\left(\frac{P_t^A}{P_t^P}\right)$$

ここで $P_t^j$ は $t$ 時点における $j$ 財の価格を表し，$RD$ は時間とともに変化すること
のない減少関数である。これは第 6 章の静学的モデルと全く同じように機能す
る。実際，これから考察する例では，この相対需要曲線は第 6 章の 6.3 節で説明
された静学的モデルの相対需要曲線と同じとなる。消費者はまず各期の支出をど
う配分するかを決定し，その後各期において，その期に消費者が配分する支出額
を所与として，その期の効用を最大化するように $c_t^A$ と $c_t^P$ を選ぶ，と考えること
ができる。

　第 2 に，異時点間の限界代替率の概念を思い出してほしい。それは例えば図
16.5 などにおける無差別曲線の傾きだ。このモデルでは財が 2 つあるので，原則

として2つの異なる異時点間限界代替率がある。それは各財について，$t$時点におけるその財の消費の限界効用を，$t+1$時点における同じ財の消費の限界効用で割ったものだ。ここで，2つの連続する時点で消費量が等しい，つまり両方の財$j=A, P$について$c_t^j=c_{t+1}^j$である場合，どちらの財についても異時点間の限界代替率は$(1+\gamma)$に等しいと仮定する。ここで$\gamma$は**時間選好率**と呼ばれる正の定数である。言い換えると，消費者は忍耐強くないとする。つまり，将来の消費よりも現在の消費を重視し，したがって定常状態からスタートした場合，消費者が今期に1単位の消費を失った場合，この損失を補うためには来期には1単位以上の消費が必要になるということだ[4]。これは不忍耐の仮定と呼ぶことができる。

　不忍耐の仮定の意味を理解するためには，異時点間にわたる最適消費について述べておくのが適切だ。図16.5のフィッシャーの図に要約された2期間の異時点間最適化問題から，時間を通じた最適消費のための条件を思い出してほしい。それは，異時点間の限界代替率が異時点間の予算線の傾き（それは異時点間の限界変形率と呼ぶこともできる）に等しくなるべきだ，というものだった。同じことが，ここで考えるような多期間のモデルにもあてはまる。米国の消費者にとって，財$j$についての異時点間限界変形率は次の式に等しい：

$$(1+i_t)\,\frac{P_t^j}{P_{t+1}^j}$$

ここで$i_t$は$t$時点における（名目）利子率である。なぜなら，今日消費されない1単位の財$j$は，$P_t^j$ドルの貯蓄として貸し出しに回すことができ，次の期間に

---

4　これら2つの仮定が満たされる例は簡単に作れる。例えば，

$$U(c_0^A, c_0^P, c_1^A, c_1^P, ..., c_t^A, c_t^P, ...) = \sum_{t=0}^{\infty} \frac{1}{(1+\gamma)^t}\, v((c_t^A\, c_t^P)^{1/2})$$

で，$v$が増加関数かつ凹関数である場合，これらの仮定が満たされていることは簡単に確認できる。この場合，相対需要曲線は単に次のようになる：

$$\frac{c_t^A}{c_t^P} = \frac{P_t^P}{P_t^A}$$

これはほんの一例だ。本文で分析する例では，これとは異なる相対需要曲線を使うが，それは第6章のモデルに準拠している。

$(1+i_t)P_t^j$ ドルを生み出して財 $j$ を $\dfrac{1}{P_{t+1}^j}$ 単位購入するのに使用できるからだ。この異時点間限界変形率は通常，$i_t - \pi_t^j$ で定義される**実質利子率**に 1 を加えたものによって近似できる。ここで $\pi_t^j \equiv \dfrac{P_{t+1}^j - P_t^j}{P_t^j}$ は財 $j$ の価格上昇率である[5]。この近似値は，価格上昇率が大きすぎない限り非常にうまく機能する。以下では「異時点間限界変形率」という言葉をやめて，単に省略形である実質利子率に注意を向けることにしよう。

したがって，非常に適切な概算では，最適消費の条件は各時点において異時点間限界代替率が 1 プラス実質利子率に等しいことだ，と言って差し支えない。すると，不忍耐の仮定は，消費者が今日と同じくらい明日も消費するように将来の予算を組もうとするなら，実質利子率が $\gamma$ に等しくなるべきだ，ということを意味する。実質利子率がこの値より大きい場合，消費者は将来の消費にもっと多くの予算を配分することになり，これは今期よりも来期の方が消費が大きくなることを意味する。実質利子率がこの値より小さい場合，消費者は将来に充てる予算を減らし，来期の消費は現在よりも少なくなる。

重要なこととして，このモデルにおけるすべての経済主体はモデルを理解しており，均衡において将来どうなるかを正確に予測することができる，と仮定しよう。これは通常，合理的期待の仮定と呼ばれる。

ここで，典型的な一日がこのモデルでどのようなものになるかを示そう。各期 $t$ の初めに，各国の消費者はそれぞれ，前の期に貯めておいた通貨を使用し，その一部あるいはすべてを外国為替市場で他国の通貨に交換することができる。彼らはまた，その過程で通貨を貸したり，借りたりするかもしれない。これらの取引において，彼らは以下の変数の市場均衡水準に直面する。為替レート（$e_t$ で表すが，これは $t$ 期における元に対するドルの価格だ），ドルの貸し借りにおける利子率 $i_t$，そして人民元の貸し借りにおける利子率 $i_t^*$ だ。このとき，各消費者

---

[5] 異時点間限界変形率は $1 + (1+i_t)\dfrac{P_t^j}{P_{t+1}^j} - 1$ と書くことができ，それは $1 + \dfrac{(1+i_t)}{(1+\pi_t^j)} - 1 = 1 + \dfrac{(i_t - \pi_t^j)}{(1+\pi_t^j)}$ と書き換えられる。これは $\pi_t^j$ がそれほど大きくなければ，1 に実質利子率を足したものでうまく近似できる。

はこの通貨を財市場へ持っていき，その期に消費したいと望む分の財を注文する。支払いは注文が行われた時点で行われ，米国製の財にはドル建て価格 $P_t^A$ と $P_t^P$，中国製の財には元建て価格 $P_t^{A^*}$ と $P_t^{P^*}$ で支払われる。次に，支払いを受け取った企業は，その通貨を使用して熟練労働者と未熟練労働者を雇用し，注文を満たすための生産量を生産する。（これらの労働者は，もちろん消費者でもあり，賃金として受け取った通貨を次の期に消費するため貯めておく。）最後に，生産が発生し，財が消費者に送られ，消費が行われる。その期は終了し，新しい期が全く同じ流れで始まり，ある期から次の期へとこれが何度も繰り返される。

## 17.3.2 均　　衡

　最も単純なケースに焦点を当てることにより，主要な点を強調することができる。それはすなわち，両国の消費者が当初は自国の通貨のみを保有し，両国が共に当初，対外純資産の状態がゼロである初期状態から均衡が始まるケースだ。これは単に，どちらの国の人々も，当初は他の国に支払い義務がないことを意味している。これらの条件の下で，ここで特定化したモデルを用いると，単純な**定常状態**の均衡，つまり内生変数が変化しないような時間経路が存在することが分かる。この状況における均衡の条件は，次のように説明される（もちろん，貨幣のないモデルよりいくらか複雑だが，簡単に扱うことができる）。

　まず第1に，両国の熟練労働と非熟練労働の市場における，需給の一致を考える必要がある。これはまさに 6.3 節で説明されているとおりだ。衣料品1単位の生産には2単位の非熟練労働と1単位の熟練労働が必要で，プラスチック1単位の生産には両タイプの労働とも3単位必要である。米国には 7,200 万単位の非熟練労働と 6,000 万単位の熟練労働があるとすると，労働市場の需給の一致は，米国経済が 1,200 万単位の衣料品と 1,600 万単位のプラスチックを生産することを意味する。中国には5億 4,000 万人の非熟練労働者と3億人の熟練労働者がいるとすると，労働市場の需給の一致は，中国経済が2億 4,000 万単位の衣料品と，2,000 万単位のプラスチックを生産することを意味する。

　第2に，製品がどこで生産されたかに関わらず，各国では各製品に同じ価格が設定されなければならない。中国の消費者はプラスチック1単位を買う際，中国企業から買う場合は $P^{P^*}$ 元を支払い，米国企業から買う場合は $P^P$ ドル，つまり $eP^P$ 元を支払えばよい。均衡では，中国の消費者はプラスチックを両国の供給者

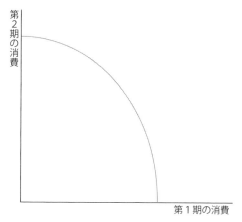

図16.4　フィッシャー・モデルにおける生産可能性

からいくらかずつ購入するので，これらは等しくなければならない。同様の理屈は，米国の消費者が衣料品を購入する場合にもあてはまる。つまり，彼らは米国の供給者には $P^A$ ドル，中国の供給者には $P^{A^*}/e$ ドルを支払う。その結果，以下の式が成立する：

$$P^{P^*} = eP^P$$
$$P^{A^*} = eP^A \qquad (17.1)$$

これは**一物一価の法則**と呼ばれる。つまり，為替レートで修正した後は，各財はどこで販売されても同じ価格で販売される，というものだ。（もちろん，それは実際には法則ではない。それはこのモデルや他の多くのモデルの仮定から導き出されたものだ。しかし，これが現実世界で成立するどうかは実証的な問題であり，後で議論する。）関連する概念が，**購買力平価**だ。**実質為替レート**を，中国の消費者にとっての人民元建て消費者物価指数を，$e$ に米国の消費者にとってのドル建て消費者物価指数をかけたもので割ったものととして定義する。このモデルでは両国の消費者が同じ選好を持っているという仮定，および一物一価の法則から，このモデルの実質為替レートは常に1に等しくなる。**購買力平価仮説**は，任意の2国間の実質為替レートが一定になる，という仮説だ。明らかに，このモデルではそれが当てはまる。しかし，これらの命題——一物一価の法則，実質為替レートが1の値を取ること，購買力平価——のすべてが成立するモデルもある

が，成立しないモデルもある。そして，そのいずれも現実世界のデータに正確には当てはまらない。

　第3に，世界の財市場は需給が一致しなければならない。これは，各消費者の衣料品に対する相対需要が世界の相対供給に等しくなるように衣料品の相対価格が決まる必要があることを意味する。再び，これは第6章の分析に従うものであり，またそこでの分析で仮定された相対需要曲線を用いると，次の式が成立する：

$$\frac{P^A}{P^P} = \frac{P^{A^*}}{P^{P^*}} = 0.42$$

(6.3節を参照。) 第4に，両国において両産業ともゼロ利潤が成立する必要がある。ここから，6.4節のように，製品価格が分かれば両国の熟練労働者と非熟練労働者の賃金を導出することができる。衣料品の相対価格は0.42であることが分かっているので，$(w^U/P^A) = 0.0867$，$(w^S/P^A) = 0.247$，$(w^U/P^P) = 0.206$，$(w^S/P^P) = 0.587$ と計算される。

　第5に，世界の貸付市場は均衡状態でなければならない。しばらくの間，定常状態について議論していることを忘れて，$t$時点における米国と中国の利子率がそれぞれ $i_t$ と $i_t^*$ に等しく，為替レートは$t$時点と$t+1$時点でそれぞれ $e_t$ と $e_{t+1}$ に等しいと仮定しよう。金融市場の人々は常にお金を稼ぐ新しい方法を探しており，彼らが試みるかもしれないひとつの方法は，**三角金利裁定取引**と呼ばれる仕組みである。この仕組みにおいて，投資家は$t$時点で1ドルを借り，それを $e_t$ 元に交換し，それを貸し付け，次の期にその貸付から $(1+i_t^*)e_t$ 元を受け取り，さらにそれをドルに交換して $\dfrac{(1+i_t^*)e_t}{e_{t+1}}$ ドルを受け取ることができる。最初のドルの借入（元々ドルを借りていたことを忘れないように！）を利子付きで返済すると，取引による利益は $\dfrac{(1+i_t^*)e_t}{e_{t+1}} - (1+i_t)$ に等しくなり，$\dfrac{1+i_t^*}{1+i_t} > \dfrac{e_{t+1}}{e_t}$ であればそれはプラスとなる。言い換えれば，1ドルの借入から始まる三角金利裁定取引は，人民元の減価率（この不等号の右辺）が中国の金利プレミアム（この不等号の左辺）よりも小さい場合には利益をもたらす。これが起きる場合，金融市場は均衡とはならない。なぜなら，誰もがこの目的でドルを借りようとし，誰も貸し

付けようとしないからだ。同様に、この不等式が反対向きの不等号で成立する場合、誰もが裁定取引のために人民元を借りようとし、市場では反対のことが起きる。その意味するところは、金融市場が均衡となるには以下の式が成立しなければならないということだ:

$$\frac{(1+i_t^*)}{(1+i_t)} = \frac{e_{t+1}}{e_t} \tag{17.2}$$

この条件は、**カバーなし金利平価**と呼ばれる[6]。それは、ある通貨の増価が予想される場合、他の国の利子率が、投資家がどちらの通貨を保有してもよいと思うようになるまで上昇するということを保証する。もちろん、定常状態に焦点を当てれば、(17.2)式は簡単に満たされる。定常状態では、為替レートは一定となり、(17.2)式の右辺は1に等しく、カバーなし金利平価は単に2国間の利子率の均等化を必要とするだけとなる。後で、為替レートの減価が期待されると利子率が違ってくるような状況について考えることにする[7]。

　ちなみに、一物一価の法則(17.1)とカバーなし金利平価(17.2)を合わせると、米国の消費者の異時点間限界変形率 $(1+i_t)\dfrac{P_t^j}{P_{t+1}^j}$ が中国の消費者の異時点間限界変形率 $(1+i_t^*)\dfrac{P_t^{j*}}{P_{t+1}^{j*}}$ に等しいことを意味する、ということに注意しよう。言い換えれば、金利平価と一物一価の法則を組み合わせると、2国間の実質利子率が常に等しくなることが保証される。

　第6に、利子率は、各時点において世界の総消費需要が世界の総生産に等しくなるように調整されなければならない。この定常状態の状況では、このことは、消費者が時間を通じて両方の財を一定量消費し続けるように利子率が調整されな

---

6　この条件は $i_t^*-i_t=\hat{e}_t$ の形で表現されることが最も多い。ここで $\hat{e}_t \equiv \dfrac{e_{t+1}}{e_t}-1$ は為替レートの期待減価率である。利子率と減価率があまり大きくなければ、これは(17.2)式のかなり良い近似となる。

7　このモデルの定常状態では、貸し借りは発生しない。なぜなら、投資すべき資本がなく、また同じ国の中で異なる人々の間で違いはないので、ある人が別の人に貸付を行うようなことがないからだ。よって、各国の利子率は単に各消費者がゼロ借入を最適に選択するような水準である。それでも、この経済システムに対する様々なショックによって利子率がどう変化するかを見ることは有益だ。後で、中国だけに打撃を与え、均衡で借り入れを発生させるような生産性ショックを見ることにする。

ければならない，ということを意味する。17.3.1 項での不忍耐の仮定に続く議論
から，このことは各国の実質利子率が時間選好率 $\gamma$ に等しくなければならないこ
とを意味する，ということを思い出してほしい。このモデルの定常状態では，物
価上昇は起こらないので，実質利子率と名目利子率の間に違いがない，というこ
とに注意しよう。このことは，定常状態の均衡において $i = i^* = \gamma$ となることを意
味する。つまり，両国の利子率は単純に時間選好率に等しい。（これ以降，時間
を表す添え字は定常状態では不要なので，すべての変数について省略する。）

　第 7 に，各国の物価水準は，その国の通貨に対する需要がその供給に等しくな
るように調整されなければならない。$P^A/P^P = 0.42$ ということが分かっているの
で，米国の名目 GDP は，百万ドル単位で次のように書くことができる：

$$
\begin{aligned}
GDP^{US} &= P^A Q^A + P^P Q^P \\
&= P^P (0.42 Q^A + Q^P) \\
&= P^P (0.42 \cdot 16 + 12) \\
&= P^P \cdot 18.72
\end{aligned}
\tag{17.3}
$$

これは米国の消費者の所得である。定常状態を考察していることから，消費者は
貯蓄する理由がないので，彼らは各期において自分の所得を使い切る。しかし，
このことはこのモデルにおいて，(17.3)式が米国の消費者の毎期の支出であるこ
とも意味する。今，米国の消費者は各年で自分が保有している通貨を使い，また
米ドルはすべて米国製の財に対する支出に使われていることに注意しよう。（こ
れらのドルの一部は中国の消費者が支出しており，彼らは米国から何か輸入する
ためにその期の最初にドルを買うが，いずれにせよ，その期の最初に保有されて
いるドルは米国製の製品に使われることになる。）その結果，米国の消費者の名
目支出は(17.3)式によっても，また $M$ によっても，等しく表される。これらを
等号で結ぶと，次の式を得る：

$$
P^P = M/18.72
\tag{17.4}
$$

つまり，米国の物価水準は米国の貨幣供給に比例する。中国に対しても同様に計
算すると，同様の結果となる。中国の名目 GDP を $CDP^{CH^*}$ で表すと，次のこと
が分かる：

$$GDP^{CH^*} = P^{P^*} \cdot 120.8 \tag{17.5}$$

これは次の式になる：

$$P^{P^*} = M^*/120.8 \tag{17.6}$$

最後に，為替レートは外国為替市場が均衡するように調整されなければならない。一物一価の法則(17.1)から，為替レートの均衡値は，中国におけるプラスチックの元建て価格を米国におけるプラスチックのドル建て価格で割ったもの（あるいは，衣料品についての同様の計算）として求めることができる。これは(17.6)式を(17.4)式で割ることで，次のように求められる：

$$e = \frac{M^*}{M} \frac{18.72}{120.8} \tag{17.7}$$

これは重要な結果だ。為替レートは，2つの項の積である。第1項は，2国間の貨幣供給の比率だ。他の条件が等しい場合，流通している人民元の量を2倍にする，あるいはドルの量を半分にすると，元／ドル・レートは半分になり，1元の価値は半分に切り下げられる。第2項は，2つの経済の規模の比率だ。(17.3)式と(17.5)式の計算から，18.72は米国のGDPを米国のプラスチック価格で割ったもの（あるいは，同じことだが，プラスチックの価格を1とし，衣料品の価格を0.42として評価した，米国のGDP）であることに注意しよう。同様に，120.8は中国のGDPをプラスチック価格で割ったものだ。したがって，(17.7)式の2つ目の分数は，2つの経済の相対的な規模である。他の条件が同じならば，中国経済の規模が米国経済よりも相対的に大きくなると，元に対する需要が高まり，人民元の増価が引き起こされる。

## 17.4 均衡の反応

このモデルで均衡がどのようになるかを理解したので，均衡が様々な出来事に対してどのように反応するかを問うことができる——最も重要な，PBCがシューマー氏の最後通牒に従ったら均衡はどう反応しただろうか，という問いも含めて。

### 17.4.1　人民元の価値が上がると何が起こるか？

さて，このモデルにおいて中国人民銀行がシューマー上院議員やその他多くの評論家の望み通り，人民元の価値を上昇させるとしたら，何が起きるか，という問題を取り上げてみよう。繰り返しになるが，17.2 節で強調したように，これは他のすべての変数を所与としたままで $e$ の値を**下げる**という意味**ではない**。それが意味するのは，中国の金融政策の変化，具体的には人民元の供給である $M^*$ の値を下げることであり，それに伴うすべての均衡値の変化だ。ここでは具体的に，$M^*$ の値を上院議員自身が提案した値である 27.5％だけ下げると仮定しよう。

均衡分析での 7 つの点を考慮すると，両国によって生産される両方の財の量は変化しないので，結果として 2 つの財の相対価格も変化しない。定常状態では，両国の利子率は時間選好率に等しくなければならない。(17.4)式が示すように，米国の物価水準は変化しない。中国の名目 GDP である (17.5)式および中国の名目価格水準である (17.6)式に至って，初めて変化が見られるようになる。両方の財の元建て価格は政策変化の結果，ちょうど 27.5％下落し，中国の名目 GDP もちょうど 27.5％減少する。もちろん，(17.7)式から，人民元は 27.5％増価する。

中国のすべての消費者の予算線は変化しない。なぜなら，すべての所得は名目値で見て，すべての消費者価格とちょうど同じ割合で減少するからだ。したがって，中国の各消費者が得る効用水準は変化しない。各国における各財の生産と消費は不変なので，貿易量も変化しない。為替レート政策の変化は，貿易収支に何ら効果をもたらすことはなく，したがって貿易収支はゼロのままだ。

その結果，この例において人民元の平価切上げは何ら意味のある効果をもたらさない。特に，それが米国の製造業の競争力を高めることはない。米国のプラスチック輸出者が中国で 1 単位販売することで得られる収入は，ドルに換算すると $PP^*/e$ である。この式の分母は下落するが，それは人民元の取り締まりを推奨したほとんどの論者が指摘した効果である。しかし，分子も同じだけ低下するので，ドル価格は不変のままとなる。

このモデルの枠組みにおいては，人民元の価値をめぐる議論は有益でも有害でもない。この問題は，単に無関係なだけだ。

人民元の取り締まりの提唱者たちは，一般均衡の問題を部分均衡で考えるという過ち——為替レートの変更には政策の変更が必要で，それは経済システムにおける他の価格を変化させるということを忘れている——を犯しているか，ここで

考えているのとは異なるモデルに基づいているか，のどちらかだ。この後すぐ，このモデルに対する，結論のいくつかを変える可能性のある重要な追加について議論する。最初に，この基本モデルで行うことのできる他の啓蒙的な実験について，いくつか検討しよう。

## 17.4.2　予想された通貨切り下げ

　通貨政策の変更を1期前に発表することがもたらす効果の分析は，有用だ。通貨はある意味，金融資産（利子や配当の支払いがないが，キャピタル・ゲインやロスをもたらし得るもの）なので，事前に発表された政策変更は，その政策が実際に施行される前に重大な効果をもたらす可能性がある。具体例として，PBC が $t=0$ 時点で既存ストックの10%に相当する人民元を追加的に発行し，$t=1$ 時点の初めにその人民元をすべての中国国民に等しく配ることを発表したと仮定しよう。このような変更は，少なくとも $t=1$ 時点で人民元の価値を必然的に下げるので，これは予想された通貨切り下げのケースと呼ぶことができる。

　$t=1$ 時点以降のモデルの分析はこれまで見てきたとおり，為替レートと人民元建ての財価格の定常均衡値だけが10%高くなるが，それ以外の変数は何も変わらない。$t=0$ 時点はちょっと厄介だ。$t=0$ 時点においては，両方の財の生産と相対供給は不変なので，衣料品の相対供給は変化せず，結果として相対価格も変化しない。米国の名目 GDP および米国の価格水準の計算において何ら新しいことはないので，(17.3)式と(17.4)式は変化することなく成立する。プラスチックの元建て価格が分かると，中国の名目 GDP の計算も通貨切り下げがなかった時と同じなので，(17.5)式も依然として成立する。さらに，第0期の間は人民元の供給 $M^*$ は変わらない（第1期の初めにのみ10%増加する）。これらの人民元のすべてが実際に $t=0$ 時点で支出されるならば，それは中国製の財に支出されなければならないので，$M^*$ は依然として中国の名目 GDP に等しく，(17.6)式もやはり成立する。$t=0$ 時点の中国の価格水準はこの政策アナウンスによって変化しないので，(17.7)式より，$t=0$ 時点の為替レートも変化しないと結論づけられる[8]。

---

8　$t=0$ 時点の為替レートが $t=1$ 時点で通貨切り下げを行うという発表によって変化しないという事実は，このモデルの構造によって強制されたものだ。このモデルでは，貨幣の流通速度，あるいは貨幣ストックに対する GDP の比率は常に1でなくてはならない。より精緻なモデルでは，通貨切り↗

　これまでの議論で，$t=0$ 時点での生産，消費，価格，および為替レートは通貨切り下げの発表によって変化しないことが分かった。すると，消去法によって，$t=0$ 時点で唯一変化し得るのは利子率のみだ。ドル価格は両期間で同じなので，米国の利子率は変化できない。したがって，米国では物価は上昇しない。よって，実質利子率と名目利子率の間に違いは発生せず，そして実質利子率は $\gamma$ に等しくなる。ここで，カバーなし金利平価条件 (17.2) を思い出すと，次の式が成立する：

$$\frac{(1+i_0^*)}{(1+i_0)} = \frac{e_1}{e_0} \tag{17.8}$$

これは次のように書き換えられる：

$$\frac{(1+i_0^*)}{(1+\gamma)} = 1.1 \tag{17.9}$$

右辺は人民元の期待切り下げ率であり，$t=0$ 時点と $t=1$ 時点との間で為替レートが 10% 上昇するので，その値は 1.1 となる。条件 (17.9) は，$t=0$ 時点で人民元の均衡利子率が $i_0^* = 1.1(1+\gamma) - 1 = 0.1 + \gamma + (0.1)\gamma$ に等しいことを示しているが，これは時間選好率に 10% を加えたものに極めて近い値となる。

　要するに，通貨切り下げのアナウンスは，予想された効果を生み出す。つまり，人民元の価値の期待損失を補償するのに十分なだけ，人民元の名目利子率が直ちに上昇するので，人民元はドルとちょうど同じくらい魅力的な投資なのだ（あるいは，言い換えると，三角金利裁定取引による利益は発生しない）。しかし，すべての消費者が直面している両国の**実質利子率**は変化しない。それは時間選好率に等しいままだ。

　この単純な例から，為替レートに関するより一般的なことが明らかになる。それは，為替レート政策における予想された**将来の**変化が，経済効果に関する**現在の**大きな効果をもたらす可能性がある，ということだ。ここでは，予想された将来の人民元切り下げによって，中国の現在の利子率が上昇する。これは，国際経済学者が時として**ペソ問題**と呼ぶ例であり，それは投機家が通貨切り下げを予想

___
＼下げが発表されると直ちに為替レートは減価することが可能になる。

し，それに従って行動するという状況だ。1980年代初頭において長い間，それはメキシコが固定為替レートを維持していたときだが，投資家は政府が否定したにも関わらず，通貨切り下げが起こりうると考えていた。この期待はメキシコの利子率を引き上げ，中央銀行に圧力をかけることとなった。

### 17.4.3 生産性の効果

為替レートは金融政策だけでなく，供給や需要の条件の変化にも反応する。ここで単純な例を考えよう。中国の各労働者の生産性が10%上昇したと仮定し，よって中国では衣料品1単位の生産に必要な労働投入は2/1.1 = 1.8単位の非熟練労働者と1/1.1 = 0.9単位の熟練労働者で済むことになり，プラスチック1単位の生産にはどちらの労働者も3/1.1 = 2.7単位のみで良いことになったとする。米国の労働者の生産性は変化しないとする。この状況は，私たちの目的から見れば，中国の熟練労働者と非熟練労働者の労働力が10%増加したことと同じだ。（ただし，中国人の労働者にとっては，生産性の向上は**1人当たり**の所得を増やすので，同じとは言えない）。

新しい均衡について最初に注意すべきは，中国における両方の産業の生産量が10%増加するので，中国は衣料品を2億6,400万（2億4,000万ではなく）単位，プラスチックを2,200万（2,000万ではなく）単位生産するという点だ。2番目に注意すべきは，図6.6でどちらの国の相対供給曲線も変化しないにもかかわらず，中国経済の規模の拡大によって，生産性の変化前と比べて，世界の相対供給曲線が中国の相対供給曲線により近づくという点だ。よって，中国の生産性が上昇する結果 $RS^W$ は右に移動し，世界の衣料品の相対価格は当初の値である0.42を下回る。ここでは具体的に，新しい相対価格の値が0.4であると仮定する。すると，中国の新しい名目GDPの値は次のようになる：

$$
\begin{aligned}
GDP^{CH^*} &= P^{A^*}Q^A + P^{P^*}Q^P \\
&= P^{P^*}(0.4Q^A + Q^P) \\
&= P^{P^*}(0.4 \cdot 264 + 22) \\
&= P^{P^*} \cdot 127.6
\end{aligned}
\tag{17.10}
$$

米国の名目GDPは，衣料品の相対価格の変化によってほんのわずかに変化する：

$$GDP^{US} = P^P(0.4 \cdot 16 + 12)$$
$$= P^P \cdot 18.4 \tag{17.11}$$

(17.3)式から(17.7)式までの以前の議論と同様のロジックをたどると，為替レートの新しい値が次のように求められる：

$$e = \frac{M^*}{M}\frac{18.4}{127.6} < \frac{M^*}{M}\frac{18.72}{120.8} \tag{17.12}$$

不等式 (17.12) の右辺は，生産性が変化する前の為替レートである (17.7)式だ。明らかに，生産性の向上は人民元のドルに対する価値を高めている。重要なのは，中国経済が大きくなり中国製の財がより多く買われることで，人民元に対する需要がドルに対する相対需要に比べて増加した，という点だ。

### 17.4.4　予想された生産性の変化

　さて，いま議論したばかりの恒久的な生産性の変化を再び考えよう。ただし，それが発生するのは $t=1$ 時点であって，$t=0$ 時点の生産性は元のモデルと同じだと仮定する。この生産性の変化が起こることは，皆が知っているとしよう。$t=0$ 時点で，両方の財の2つの国の通貨建て名目価格および為替レートは，17.3.2 項における元のモデルと全く同じであることが分かる。$t=1$ 時点でこれらの価格は，ついさっき述べた生産性の変化を伴う定常状態にあると見なすことができる。したがって，$t=0$ 時点と $t=1$ 時点の間で人民元の増価が予想され，カバーなし金利平価(17.2)より，ドルの名目利子率は人民元の名目利子率よりも高くなる必要がある。

　しかし，この例ではもう少し興味深いことが起こる。$t=1$ 時点およびそれ以降，両方の財の世界生産量は $t=0$ 時点よりも多くなることに注意しよう。したがって，世界の消費も多くなければならない。ここで，カバーなし金利平価と一物一価の法則から，実質利子率が両国で等しくなることが保証される（(17.2)式に続く議論を思い出してほしい）。よって，(ⅰ)実質利子率は $\gamma$ に等しく，世界中の誰もが $t=0$ 時点と $t=1$ 時点とで同じ消費水準となるか，(ⅱ)実質利子率は $\gamma$ よりも高く，世界中の全員にとって $t=0$ 時点よりも $t=1$ 時点の方が消費は多くなるか，(ⅲ)実質利子率は $\gamma$ よりも低く，世界の全員にとって $t=0$ 時点よりも $t=$

1時点の方が消費は少なくなる，のいずれかが成立する。世界全体の消費は $t=0$ 時点よりも $t=1$ 時点の方が多くなければならないという事実から，(ii)のみが可能となる。

予想された将来の中国の生産性上昇は，現在の世界の実質利子率を上昇させる，と結論づけられる。この事実に関するひとつの解釈の仕方は，中国の消費者が将来の所得の増加を期待し，増加した富の恩恵を直ちに享受し始めるために借り入れを希望する，というものだ。借り入れ需要の増加は実質利子率を押し上げ，米国の消費者に所得の一部を貸し付けるよう促す。これが意味するのは，米国は $t=0$ 時点で貿易黒字となり，中国に貸し付けるため消費がGDPを下回るが，それ以降はずっと貿易赤字が続き，$t=0$ 時点の貸し付けから利子支払いを得てGDPよりも**多く**消費する，ということだ。これは実のところ，16.3節で展開した楽観的主義がもたらす貿易赤字の事例についての，より手の込んだ例である（ここでは，中国が16.3節の事例における韓国の役割を果たしている）。

### 17.4.5　財政的な解釈

米中の経済関係の話は主に米国の財政赤字の管理の問題だ，という主張がある。このモデルの枠組みで，その話に関する以下の非常に定型化された説明を考えてみよう。

米国の経済には7,200万人の非熟練労働者の代わりに8,000万人，6,000万人の熟練労働者の代わりに6,667万人がいるとしよう。国防などの不可避的な公共事業のため，政府は毎期800万人の非熟練労働者と667万人の熟練労働者を雇用する必要があると仮定する。これは両方のタイプの労働者について全体の10%であり，民間部門には非熟練労働者7,200万人と熟練労働者6,000万人が残っている——基本モデルとちょうど同じだ。政府が雇用する労働者は，民間部門の労働者への支払いと同様に賃金が支払われるものとする。

今，この支出を税金で支払う代わりに，政府は紙幣を印刷すると仮定しよう。その支出はGDPの10%となるので，政府は既存の貨幣供給の10%に相当する金額の紙幣を印刷することで，そのニーズを満たすことができる。これは赤字財政の単純な調達方法で，シニョレッジと呼ばれる。実際には，米国政府はこの方法で赤字を賄うのではなく，むしろ国債発行によって資金を調達しているが，この特定の議論においては違いはあまりない。政府はその期の初め，外国為替市場

での取引の直前に労働を雇用すると考えると，政府に雇われた労働者は（新しく印刷された）ドルを受け取り，その一部を人民元と交換することができる。PBCは米国政府を次の方法によって支援すると仮定する。それは，新しく発行されたドルのうち，$x$の割合を買って，新しく印刷された人民元で支払い，そして購入したドルを永久に金庫で保管する，というものだ。事実上，PBCは米国の財政赤字のうち$x$の割合を融資している。

すると，各期において，米国の貨幣ストックは$0.1(1-x)M_t$だけ増加する。それは，新しく印刷されたドル$0.1M_t$からPBCによって購入された量$0.1xM_t$を引いたものだ（均衡では米国の名目GDPは常に$M_t$に等しいことを思い出してほしい）。このとき，米国の貨幣供給の変化率は，この増加分を現在の総供給で割ったもの，つまり$0.1(1-x)$である。

この特定の量のドルをPBCが外国為替市場で購入するために支出する人民元の量は$e_t(0.1)xM_t$なので，人民元ストックの成長率は以下の式で表される：

$$e_t(0.1)x\frac{M_t}{M_t^*}$$

ドルの供給が元の供給より速く成長するのは

$$0.1(1-x) > e_t(0.1)x\frac{M_t}{M_t^*}$$

のときで，このモデルでは各国の名目GDPと貨幣供給が等しいという事実から，それは次のように書き換えられる：

$$x < \frac{GDP^*/e_t}{GDP^*/e_t + GDP}$$

言い換えると，米国の貨幣供給が中国の貨幣供給よりも速く成長するのは，PBCが米国の赤字を融資するための支出割合が，世界経済に占める中国経済のシェアよりも小さい場合だ。中国の融資額がこれよりも小さい場合，ドルは際限なく減価していく。中国の融資額がこれよりも大きい場合，ドルを買いつくし，ドルは際限なく増価することになる。中国が融資する米国の財政赤字の割合が世界経済における中国のシェアに等しい場合，為替レートは一定となる。これにより，図

17.1 で示された 1995〜2006 年の為替レートの変遷と非常によく似た図が導かれる。そこでは，為替レートの水準は非常に安定し，その背後に PBC による米国の政府証券の巨額で継続的な購入があった[9]。

この点は，典型的な米国のプラスチック部門における非熟練労働者の状況を考えることで理解できるだろう。プラスチックの非熟練労働者の実質賃金はヘクシャー＝オリーン・モデルのロジックによって決定されるので，金融政策に関係なく同じとなる（衣料品部門の非熟練労働者の実質賃金についても同様だ）ので，$x$ に依存しない。もちろん，**名目**賃金は貨幣政策に依存**する**。現在の貨幣の状態で，前の期の非熟練労働者の賃金が 100 ドルになったとしよう。このとき，生産物価格に対する賃金が 17.3.2 項で述べたのと同じように与えられたとすると，前の期における衣料品の単価 $P^A$ は 1,153 ドルとなり，プラスチックの単価 $P^P$ は 485 ドルとなる[10]。まず，$x=0$ だとしよう。いま，今期の消費に使うため，前の期の終わりに 100 ドルの賃金が貯蓄されたが，今期に財市場が開かれるまでの間に市場には米国の通貨が 10% 多く存在し，それによって両方の財の価格が 10% 上昇している（したがって，衣料品は 1,268 ドル，プラスチックは 534 ドルとなる）。その結果，前の期に貯蓄した 100 ドルの賃金は，物価上昇がなかった場合よりも 10% 分少ない量しか購入できない。今度は，$x=1$ であると仮定する。この場合，ドル価格の物価上昇は起こらないので，労働者が前の期に稼いだ 100 ドルを今期に支出するとき，前の期と同じく $P^A=1,153$ ドルと $P^P=$ 485 ドルの価格で購入することができる。この場合，米国の国防費は中国人労働者によって支払われている。彼らが物価上昇の負担を肩代わりするからだ。

このように，米中のマクロ経済関係の歴史は，世界経済における中国のシェアが $x$ に等しいモデルのようなものであり，そこでは安定した元／ドルの為替レートが達成されている。これは問題だろうか？　特に，米国は中国に対してもっと小さい $x$ の値を選択するよう主張すべきだろうか？　このモデルの中では，簡単に言えばノーだ。公共事業は無料ではない。紙幣の印刷は製品価格を絶えず上昇

---

9　実際には，米国政府は紙幣の印刷によってではなく，国債の発行によって赤字を賄っており，それこそが PBC の購入するものである。しかし，この議論の目的にとっては，その効果は同様だ。現実の世界では，貨幣供給は単に現金通貨（M0）のみではない。当座預金がより大きな要素であり，それは部分準備銀行制度を備えた銀行システムを通して創出される。国債が多いほど，銀行システムに対する準備金も多くなり，銀行システムが生み出す貨幣も増える。

10　これは $(w^U/P^A)=0.0867$ という情報と，$w^U=\$100$ という仮定から生じている。

させることで，貨幣の価値を絶えず下落させる。アメリカ人は，ある期の終わりにお金を貯蓄するが，それに見合うだけの量を次の期の初めに購入できないことに気づく。この貨幣のキャピタル・ロスは，公共事業のための資源の確保に必要な分だけ，消費を減少させる。$x=0$ の場合，その負担はすべてアメリカ人にかかり，中国の消費者は物価の上昇に悩まされることはない。$x=1$ の場合，インフレ税はすべて中国の消費者に課され，米国では物価上昇は発生しない。PBC が賄う米国の財政赤字が多ければ多いほど，米国のインフレ率は低くなり，米国の消費者の厚生は改善する。

この解釈によると，シューマー上院議員は PBC に $x$ の価値を下げるよう求めており，事実上，中国政府にアメリカ人へのそんな気前の良い贈り物の支出を止めるよう懇願している，ということになる。

## 17.5　名目硬直性を追加する

今までの話を要約すると，このモデルは，人民元の価値自体が米国の貿易赤字や米国の厚生と無関係であることを示唆してきた。しかし，この結論はモデルの持つ特定の仮定によって導かれたものかどうかを検討する必要がある——もしかしたら，このモデルは現実世界で重要となる効果を省いていて，そうした効果をモデルに含めると異なる答えが出てくるかもしれない。私たちが置いた最も重要な仮定は，何が起ころうとすべての価格が市場均衡水準に即時に調整される，というものだ。そのため，この種のモデルは**伸縮価格**モデルと呼ばれる。しかし，多くの経済学者は，少なくとも短期的には，製品価格の少なくとも一部がひとつの通貨から見て固定的である可能性を考慮せずに国際的な調整の動学を理解することはできない，と論じている。これは**名目硬直性**と呼ばれる。それは金融政策，為替レート，そして厚生の関係に大きな影響を与える可能性がある。

名目硬直性が世界経済において問題となるかどうか，そして厳密にどのように問題となるかという問いは，膨大な量の研究と議論がなされてきたテーマだ。今までの節で検討した伸縮価格モデルが，一物一価の法則と購買力平価を特徴としたことを（17.3.2 項から）思い出してほしい。多くの経済学者は，データがこれらの両方の原則から大きく乖離していると指摘しており，多くの文献で，購買力平価からの乖離がどれほど持続的かを推計している。クルチーニとテルマーと

ザカリアディス（Crucini, Telmer and Zachariadis 2005）やクルチーニと新谷（Crucini and Shintani 2008）は，その多くの研究を要約している。しかし，だからと言って名目硬直性が実際に重要であると結論づける必要はない。一物一価の法則は，例えば，輸送費がかかるため，非貿易財が存在するため，あるいは異なる国の消費者が異なる品質の同じ財を消費するためなどから，成立しないこともあるだろう。実際，クルチーニたちは，製品レベルでの価格（実際の為替レートの研究で使用されている集計的な物価指数ではなく）を見ると，一物一価の法則からの乖離パターンは名目硬直性によって生まれるようなパターンではないようだ，という検証結果を示している。

　ここでは名目硬直性を巡る論争に決着をつけることはせず，名目硬直性が政策的な問題の分析にどのように影響するかということにコメント**しよう**。このようなモデルに名目硬直性を完璧なやり方で追加することは，本書の範囲を超える大きな研究課題となってしまう。しかし，それを行った経済学者が展開したものの中で，より重要な効果のいくつかを挙げることができる。

　国際金融モデルにおける名目硬直性に対する最も影響力のあるアプローチは，オブストフェルドとロゴフ（Obstfeld and Rogoff 1995）によるものだ。彼らが構築したモデルは，多くの点でここで分析したものと似ているが，3つの非常に重要な違いがある：(i) モデルは独占的競争（第3章を思い出してほしい）を特徴としている。(ii) 労働者は右上がりの労働供給曲線を持っている（ここでのモデル，つまり労働供給が非弾力的，というのとは違う）。(iii) 価格は名目硬直性を特定の形で示しており，それは**生産者通貨建て価格設定**と呼ばれる。これは，各国において，各時点で各企業は**自国の通貨**で次の時点に**すべての**消費者に対して請求する価格を選ぶ，というものだ。したがって，$t$時点で，各米国企業は次の期の市場の状況がどのようになるかを考慮しながら，$t+1$時点の価格をドル建てで設定する。そのため，例えば，$t$時点と$t+1$時点との間で人民元が予想外に10%増価した場合，それはその時点における米国の消費者にとっての米国企業の価格には影響を与えないが，**中国の消費者にとっての米国企業の価格には影響を与えることになる**。その価格は元建てで10%下落することになるからだ。生産者通貨建て価格設定では，自動的に一物一価の法則が成立するということに注意したい。その結果，両国が同じ財のバスケットを消費する場合，購買力平価も同じく成立する。

　オブストフェルドとロゴフは，この種のモデルにおいて，予想外の通貨切り下げが重大な実物面での効果をもたらす可能性があることを示している。ドルの供給が今まで一定で，また $t=T$ 時点まで一定であると予想されているが，その時点で米国政府が突然，新しい紙幣を印刷し米国の消費者に均等に分配することによってドルの供給を10％増やすと仮定しよう。すると，その時点において，ドルは減価するが，各企業がそれぞれの自国通貨建てで請求する価格は，当分は変化しないままだ——それは各企業が $t=T-1$ の時点で設定した価格である。その結果，米国の各消費者にとって，中国製の各財のドル価格が急騰するので，中国製の財は米国製の財と比べて（当分は）相対的に高価になる。そして中国の各消費者にとって，米国製の各財の元建て価格は急落し，そのため米国製の財は（当分は）中国製の財と比べて相対的に安価になる。結果として，世界中の消費者が米国製の財への支出を増やし，中国製の財への支出を減らすことになる。この支出転換効果により，中国の GDP に対する米国の GDP は相対的に増加し，米国の所得は増加する[11]。

　ただし，この支出転換効果は一時的なものだ。$t=T+1$ 時点で，両国の企業は新しい金融状況を考慮して新しい価格を設定し，経済は新しい永続的な定常状態に入る。$t=T$ 時点において，米国の消費者は相対的な所得の増加が一時的であることを理解しているので，その大部分を貯蓄し，経常収支は $t=T$ 時点では黒字だがそれ以降はずっと赤字が続くことになる。事実上，アメリカ人は一時的に大儲けし，その儲けの大部分を中国人に貸し出すことで，自分たちの消費の永続的な増加に利用している。その結果，$t=T$ 時点で，アメリカ人は所得よりも少ない量を消費し，それ以降はすべての時点で所得を超える消費を行う。

　国際的な均衡における名目硬直性に対する別のアプローチは，**市場別価格設定**（pricing to market：PTM）と呼ばれるものである。この仮定の下では，企業は消費者の通貨建てで価格を設定する。よって，PTM の下では，米国企業は米国市場においてはドル建てで価格を設定し，中国市場では人民元建てで価格を設定する。この種のモデルでは，一物一価の法則は一般に成り立たないことに注意が必要だ。なぜなら，為替レートが急に変動した場合，中国市場で販売される財の

---

11　詳細が重要だ。支出転換効果が米国の GDP を増やすという事実は，独占的競争と右上がりの労働供給の結果である。

ドル建て価格は変化するが，米国市場で販売される財のドル建て価格は変化しないからだ。一物一価の法則が成立しないので，購買力平価も成立しない。

デヴェリュー（Devereux 2000）は，PTM のモデルにおける通貨切り下げの経常収支に対する影響が，生産者通貨建て価格設定のモデルと比べてどのように異なるかを明らかにしている。オブストフェルド＝ロゴフ・モデルと同様だが PTM を特徴とするモデルにおいて，デヴェリューは米国の貨幣ストックの突然の増加が 2 つの効果を引き起こすことを示している。第 1 に，それは米国の所得を世界の他の地域に比べて一時的に増加させる。これは，支出転換効果によるものではなく（ここではそれは生じない。なぜなら，通貨切り下げは消費者価格に何ら影響を与えないので，米国の財を中国製の財に比べて相対的に安くすることもできないからだ），米国の各企業が今や中国において固定された元建て価格で販売することで多くのドルを受け取る一方，中国の各企業はドルの固定価格で米国市場において販売することで受け取る人民元が少なくなるためである。この一時的な米国の所得の増加は，米国の消費者に $t=T$ 時点で貯蓄を増やす動機となり，オブストフェルド＝ロゴフ・モデルのように，一時的な経常収支の黒字を生み出す。

第 2 に，米国の貨幣ストックの急増は，米国の実質利子率を一時的に低下させる。なぜなら，$t=T$ 時点で価格はまだ変化しないが，米国の価格が $t=T+1$ 時点で上方修正されることを皆が知っているからだ。言い換えれば，米国経済は $t=T$ 時点と $t=T+1$ 時点の間で大きなインフレを経験することを誰もが知っている。その結果，米国の消費者にとって消費は $t=T$ 時点で一時的に安くなり，これが米国の消費者に $t=T$ 時点において貯蓄を**減らす**動機をもたらし，一時的に経常収支の**赤字**を生み出す。以上の理由から，$t=T$ 時点において米国では貿易赤字と貿易黒字のどちらも起こる可能性があり，それはこれら 2 つの効果のどちらが強いかに依存する。

この分野の研究は豊富で複雑であり，開放経済の一般均衡の設定において，貨幣ショックが為替レートや貿易，貯蓄，投資，経常収支，厚生に影響を与える多くの点を明らかにしてきた。しかし，強調すべきことがある。それは，貨幣ショックにより，元・ドルレートあるいはその他の名目為替レートのある特定の値が，他のどの値よりも好ましくなることは**ない**，ということだ。これらのモデルすべてにおいて，米国の通貨の量を各時点で 10％ずつ増やすと，ドルの価値

は下落し，ドル建ての価格は各時点で10％ずつ上昇するが，生産，消費，消費
者の効用などの実物的な変数は影響を受けない。この分野の文献が注目する効果
は，為替レート政策における**予想外の変化**に関するものだ。**名目為替レートの絶
対的な値それ自体は，依然として重要ではない。**

## 要　点

1. 為替レートとは，ある通貨の別の通貨から見た価格である。不換通貨は政府によって価格
   が設定される傾向にあり，現在ではほとんど見られない。兌換通貨の為替レートは，外国為
   替市場の供給と需要の強さによって決定される。
2. 中央銀行は，外国為替市場での公開市場操作を通じて，兌換通貨の為替レートに影響を与
   えることができる。彼らは，固定レートか変動レートの方策，あるいは中間的な方策である
   管理された変動レートを選ぶ可能性がある。
3. 為替レートは，生産性，需要，金融政策，そしておそらくこれらすべての将来の期待を含
   む，経済のあらゆる面によって一般均衡で決定される**価格**である。そのため，他の条件が変
   わらないとして，例えば特定の通貨が切り下げられた場合に何が起こるか，という問いは意
   味をなさない。するべきことは，例えば，通貨を切り下げるような方法で金融政策が変化し
   た場合に何が起こるかを問い，その政策の変化が一般均衡にもたらす影響をたどることだ。
4. 一般に，ある通貨の供給量が多いほど，**他の条件が同じ下では，**外国為替市場でのその価
   値が低くなるが，それを発行する国の経済における生産性の上昇や規模の増加は，その通貨
   の価値を上げる。
5. 外国為替市場における重要な均衡条件は，カバーなし金利平価である。その条件は，各国
   間の名目利子率が為替レートの予想減価率だけ異なる，というものである。
6. 動学的な一般均衡の開放経済モデルでは，一般に，ある通貨の供給が各時点において一定
   割合で増加すると，為替レートは各時点で比例的に下落することになり，生産，貿易，消費，
   および効用は変化しない。この意味で，為替レートの絶対水準は意味をなさない。これは伸
   縮価格モデルでも名目硬直性モデルでも当てはまる。
7. 一物一価の法則と購買力平価は，共に最も単純な伸縮価格モデルにおける均衡の特徴であ
   る。どちらも，データからは棄却される。このことが，政策を分析する上で名目硬直性モデ
   ルの方が伸縮価格モデルよりも優れていることを意味するかどうかは，議論の余地がある。
8. 名目硬直性のあるモデルでは，貨幣政策の予想外の変更は，為替レートの予想外の変動を
   引き起こし，実物面での影響を生産，消費，効用に与える可能性がある。
9. 生産者通貨建て価格設定という形で名目硬直性があるモデルでは，通貨の急な切り下げ
   は，一時的な支出転換効果を引き起こす。それは，世界の他の地域に比べて通貨価値が下
   がった国のGDPを増加させ，その国は一時的に経常収支が黒字になるが，長期的には経常
   収支が赤字となる。
10. 市場別価格設定（PTM）の形で名目硬直性があるモデルでは，通貨の急な切り下げは，
    パラメーターに依存して経常収支の黒字または赤字を引き起こす可能性がある。
11. 中国政府が人民元を持続的に「過小評価」することで米国経済に損害を与えている，とい

う考えは，首尾一貫した一般均衡分析では支持するのが難しい。より妥当な解釈は，中国政府が，アメリカ人が支払うことになっていたかもしれない米国の財政赤字に融資することで米国経済に援助している，というものである。

## 章末問題

1．2つの国のペアを選び，oecd.org や econstat.com などのサイトから，為替レートのデータをダウンロードしなさい。時間を通じた為替レートの値を図示し，その経路の主な特徴を簡単に述べなさい。この為替レートにおける主要な動き（あるいは動きがないこと）を，17.3 節や 17.4 節のモデルで見てきた種類のロジックや，それら2か国についてあなたが知っていることと整合的な形で，経済学的に上手に説明できるだろうか？

2．新聞の解説者が，米国経済が不況から抜け出すための一時的な景気起爆剤として，米ドルの早急な切り下げを求めると仮定しよう。このような提案は支持できるだろうか？　どのような状況下で？　本章の理論を用いて，このような戦略がどのように実施され，その効果はどうなるかを説明しなさい。分析において，どの経済モデルを使用したかを明らかにすること。

3．17.3 節の伸縮価格モデルにおいて，中国の名目利子率が 15％で，米国の名目利子率が 10％であると仮定する。
   (a) どちらの通貨が減価すると予想されるか？　また減価率はいくらか？
   (b) このモデル内でそのような状況をもたらしうる出来事を述べなさい。
   (c) 2 国間の**実質**利子率の差について，何か結論づけることはできるだろうか？　それはなぜか？　あるいはなぜできないか？

4．東と西という2つの国を考え，これらの国が食料と衣服という2つの財を，熟練労働と非熟練労働を用いて生産し，貿易するとしよう。食料1単位の生産は，1単位の非熟練労働と2単位の熟練労働を必要とする。衣服1単位の生産は，2単位の非熟練労働と1単位の熟練労働を必要とする。東には 90 万人の非熟練労働者と 60 万人の熟練労働者がいる。西には 60 万人の非熟練労働者と 90 万人の熟練労働者がいる。時間選好率は $\gamma = 0.1$ であり，相対需要曲線は次の式で表される：

$$\frac{c_t^F}{c_t^C} = \frac{P_t^C}{P_t^F}$$

ここで $P_t^i$ は $i$ 財の価格，$c_t^i$ は $i$ 財の消費である。東の貨幣供給は永久に 100 万東ドル（E\$ と表示）に維持され，西の貨幣供給は永久に 100 万西ドル（W\$）に維持されている。次の計算を行いなさい：
   (a) 各国における両方の財の供給量，世界の相対供給，および相対価格。
   (b) 各国通貨建ての各財の名目価格，および均衡為替レート。
   (c) 各国通貨建ての実質金利と名目金利。
   (d) 最後に，東の貨幣供給が2倍になった場合，(a)から(c)の計算はどのように変化するか，簡単に述べなさい。どちらかの国の厚生は変化するだろうか？

5．前問で述べた東と西の経済，そこでは両方とも貨幣供給が各国の通貨建てで 100 万単位に

等しかったが，この経済において 30 万人の非熟練労働者が東から西に移動すると仮定する。前問と同じ（ただし(d)を除く）計算を行いなさい。移民は為替レートに影響するだろうか？それはなぜか，あるいはなぜ影響しないか？ 移動しない労働者が得る効用に対して影響はあるだろうか？ 移動する労働者が得る効用に対して影響はあるだろうか？

6．東と西の経済をもう一度考えるが，問 4 の最初のバージョンで，2 国間で貨幣供給が等しい場合を考える。0 時点で画期的な技術革新が発表されるとしよう。それは西が以前と同じ労働者数で食料と衣服をそれぞれ永久に 5 万単位多く生産可能となるものであり，したがって世界の相対供給は変化しない。しかし，生産量の増加は $t=1$ 時点になってやっと始まるものとする。この発表は，どのように均衡を変化させるか？ $t=0$ と $t=1$ の両時点における，消費，生産，名目価格，為替レートについて議論しなさい。

7．17.4.5 項の財政の例で，米国政府が公共事業への支払いのために，米国の各世帯に単純に課税したら，結果はどうなるか？ 具体的には，各期の最初に，政府は各労働者に対し，その労働者にとってのその期の期待賃金の 10％に等しい額を課税し，そのお金で政府は公共事業のための労働者を雇うものと仮定する。均衡における結果，つまり価格，数量，そして為替レートはどうなるか？ 本文で議論した結果，つまり公共事業のための支払いとして紙幣を印刷し，（中国政府が援助しないように）$x=0$ とした場合で議論した結果とどう違うだろうか？

8．（難問）再び 17.4.5 項の財政の例で，米国の各労働者の 2 つの財の消費を，$x=0$ と $x=1$ のそれぞれの場合で計算しなさい。PBC の通貨介入が米国の消費に与える効果は，どのように説明されるか？

## 参考文献

Bergsten, C. Fred (2007), "The Dollar and the Renminbi," Statement before the Hearing on U.S. Economic Relations with China: Strategies and Options on Exchange Rates and Market Access, Subcommittee on Security and International Trade and Finance, Committee on Banking, Housing and Urban Affairs, United States Senate, May 23, 2007.

Bolt, Kristen Millares (2007), "Baucus Looks Beyond Tariffs in Trade Dispute," *Seattle Post-Intelligencer*, April 2.

Bown, Chad P., Meredith A. Crowley, Rachel McCulloch and Daisuke J. Nakajima (2005), "The U.S. Trade Deficit: Made in China?" *Economic Perspectives* (Federal Reserve Bank of Chicago) (4th quarter), pp. 2-17.

Crucini, Mario J., Chris I. Telmer and Marios Zachariadis (2005), "Understanding European Real Exchange Rates," *American Economic Review* 95: 3 (June), pp. 724-738.

Crucini, Mario J. and Mototsugu Shintania (2008), "Persistence in Law of One Price Deviations: Evidence fromMicro-data," *Journal of Monetary Economics* 55: 3 (April), pp. 629-644.

Devereux, Michael B. (2000), "How Does a Devaluation Affect the Current Account?" *Journal of International Money and Finance* 19, pp. 833-851.

Obstfeld, Maurice and Kenneth Rogoff (1995), "Exchange Rate Dynamics Redux," *The*

*Journal of Political Economy* 103: 3 (June), pp. 624–660.

Ramzy, Austin (2006), "10 Questions for Charles Schumer," *TIME Magazine*, Sunday, March 26.

Staiger, Robert W. and Alan O. Sykes (2010), "Currency 'Manipulation' and World Trade: A Caution," in Simon Evenett (ed.), *The US-Sino Currency Dispute: New Insights from Economics, Politics and Law*, Chapter 13, London: Center for Economic Policy Research, pp. 109–113.

Steinhauer, Jennifer (2011), "Senate Jabs China Over Its Currency," *The New York Times* (October 11), p. B1.

Stockman, Alan C. (1980), "A Theory of Exchange Rate Determination," *The Journal of Political Economy* 88: 4 (August), pp. 673–698.

Tatom, John A. (2007), "The US-China Currency Dispute: Is a Rise in the Yuan Necessary, Inevitable or Desirable?" *Global Economy Journal* 7: 3, pp. 1–13.

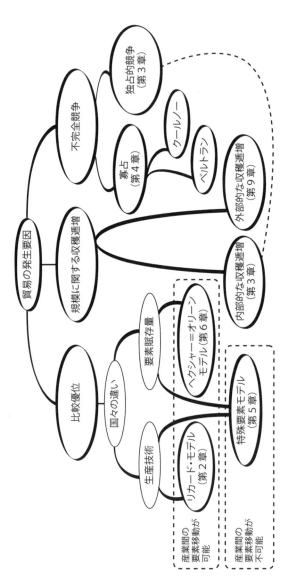

貿易モデルの系統図

# 訳者あとがき

　本書は，John McLaren, *International Trade: Analysis of Globalization and Policy*（Wiley, 2012）を翻訳したものです。「はしがき」で著者自らが述べているように，本書は他の国際経済学の教科書にはない，ユニークな特徴を持っています。各章の最初にはナイジェリアの食料政策から始まり，コダックと富士フイルムの競争や日米貿易摩擦，さらにはアメリカ南北戦争に至るまで，古今東西の様々な逸話が語られ，関連する国際経済問題を分析するためのツールとしての理論モデルに対するスムースな導入がなされています。標準的な国際経済学のテキストで扱われる理論モデルはすべて網羅しており，それらは極めて明快に解説されています。理論的な説明に加えて，現実のデータの観察や実証分析結果の紹介を通じたエビデンス（科学的根拠）についても豊富な議論が展開されています。さらには，貿易と環境，児童労働，移民問題など社会的に大きな関心を集めている諸問題について，著者自身のものも含めた最先端の研究を紹介し，経済学がこうした問題にどうアプローチしているかを鮮やかに示しています。本書の主なターゲットは言うまでもなく大学や専門職大学院で国際経済学を学ぶ学生ですが，単なる教科書にとどまらない本書の魅力を考えると，国際経済問題に関心のあるすべての方々に本書を手に取っていただき，諸問題への対処に経済学の知見がどう生かされるのかを本書を通じて理解していただければ幸甚です。

　原著の著者である McLaren 教授とは，翻訳を開始した当初は面識がありませんでしたが，訳者が 2019 年 3 月にメルボルンで開催された国際貿易研究の学会に参加した際，基調講演の講演者として McLaren 教授も参加されており，直接お会いする機会に恵まれました。本書の翻訳を進めているお話をしたところ，大変喜んでおられ，予想以上に手間のかかる翻訳作業への励みになりました。翻訳作業に際しては，中級レベルのテキストである『国際貿易：モデル構築から応用へ』（名古屋大学出版会，2018 年）を多和田眞・名古屋大学名誉教授と共著で執筆していたこともあり，教授のお嬢様である多和田浩子さんに下訳でお手伝いい

ただきました。また，名古屋大学大学院生の菊池悠矢君には不自然な翻訳箇所についてのコメントと本書の校正をしていただきました。お二人のご協力に感謝申し上げます。訳出の過程で発見した誤植については，著者に連絡したうえで訂正してありますが，誤訳や用語のミスなどがあれば，それらはすべて訳者の責任に帰するものです。なお，原著テキストには専用ウェブサイトが用意されていますが，この邦訳では残念ながら対応できておりません。本文や練習問題で使用されているエクセルのスプレッドシートに関しては，お手数ですが原著テキストの専用ウェブサイトをご参照ください。

　原著が出版されて以降，世界経済の情勢は日を追うごとに目まぐるしく変化しています。例えば，本書の第 11 章で取り上げられている iPod は，今では既に一昔前の製品と認識されています。その一方で，米国ではトランプ政権の下で保護主義的な政策運営が目立ち，それには第 12 章で取り上げられている米国・メキシコ間の国境フェンスの建設も含まれるなど，依然として論争の的となり得る問題も存在しています。なお，2020 年に入り，新型コロナウィルスの世界的な感染拡大が発生し，この文章の執筆時点においても未だに猛威を振るっています。既に世界経済は大きなダメージを受けており，第 1 章で述べられているグローバル化の第二波の危機がまさに現実のものとなりつつあります。「アフター・コロナ」の世界経済は，これまでと大きく変容する部分もあれば，今までの通り進んでいく部分もあるでしょう。いずれにしても，本書で説明された学術，政策，実務の各方面におけるこれまでの経験が生かされることが望まれます。

　最後に，文眞堂社長の前野隆氏には翻訳書出版の提案をご快諾くださり，翻訳原稿の提出に予想以上の長い時間を要したにもかかわらず，辛抱強くお待ちいただきました。また，文眞堂編集部の山崎勝徳氏には，翻訳に伴う諸手続きや訳稿のチェック等，ご尽力いただきました。心より感謝申し上げます。

2020 年 8 月

柳瀬 明彦

# 索　引

## 訳者紹介

## 柳瀬 明彦（やなせ・あきひこ）

1971 年生まれ。慶應義塾大学大学院経済学研究科博士課程単位取得退学。博士（経済学）。高崎経済大学経済学部准教授，東北大学大学院国際文化研究科准教授などを経て，現在，名古屋大学大学院経済学研究科教授。

主要著書に『国際貿易―モデル構築から応用へ―』（共著，名古屋大学出版会，2018 年），主要論文に "Trade, Strategic Environmental Policy, and Global Pollution", *Review of International Economics*, vol.18, 2010, "History-Dependent Paths and Trade Gains in a Small Open Economy with a Public Intermediate Good", *International Economic Review*, vol.53, 2012（共著）など。

### 国際貿易
――グローバル化と政策の経済分析――

2020 年 10 月 31 日　第 1 版第 1 刷発行　　　　　　　　検印省略

著　者　ジョン・マクラレン

訳　者　柳　瀬　明　彦

発行者　前　野　　　隆

発行所　株式会社　文　眞　堂
東京都新宿区早稲田鶴巻町 533
電　話 0 3（3 2 0 2）8 4 8 0
Ｆ Ａ Ｘ 0 3（3 2 0 3）2 6 3 8
http://www.bunshin-do.co.jp/
〒162-0041 振替00120-2-96437

製作・モリモト印刷
©2020
定価はカバー裏に表示してあります
ISBN978-4-8309-5103-9　C3033